Praxis und Methodik der Schulsportarten

Praxis und Methodik der Schulsportarten

Themenbeispiele für die Arbeit im Seminar und in der Schule

UTE KERN
WOLFGANG SÖLL

unter Mitarbeit
von
Hans Dassel
Wolfgang Scheuer
Manfred Zugck

VERLAG KARL HOFMANN SCHORNDORF

Die Deutsche Bibliothek – CIP-Einheitsaufnahme

Kern, Ute:
Praxis und Methodik der Schulsportarten : Themenbeispiele für die Arbeit im Seminar und in der Schule / Ute Kern ; Wolfgang Söll.
Unter Mitarb. von Hans Dassel … – 2., unveränd. Aufl. – Schorndorf : Hofmann, 1999
ISBN 3-7780-7550-0
NE: Söll, Wolfgang:

Bestellnummer 7552

2., unveränderte Auflage 1999

Gesamtherstellung in der Hausdruckerei des Verlags
Umschlagentwurf: Barbara Rau
Printed in Germany · ISBN 3-7780-7550-0

Inhalt

Vorwort

In diesem Buch wird – in dieser Vollständigkeit unseres Wissens erstmals – versucht, eine „reflektierte Praxis des Sportunterrichts" vorzulegen, eine Praxis, die sich einerseits von der Struktur der Sache ableitet, und die andererseits auf die Leistungsmöglichkeiten der Schüler ausgerichtet ist. Dabei stehen, im wesentlichen eingegrenzt auf die sogenannten traditionellen Schulsportarten, zwar methodische Erwägungen im Vordergrund, doch wird auch den didaktischen und pädagogischen Bezügen des unterrichtlichen Handelns genügend Raum gegeben.

Dieses Buch beruht auf langjährigen Erfahrungen in der Sportlehrerausbildung, vor allem in der zweiten Ausbildungsphase, und ist speziell auf die Bedürfnisse dieser Phase abgestellt. Es kann damit aber auch allen, die Sport unterrichten, in Form eines kurzgefaßten Kompendiums Anregungen für die Praxis bieten und zugleich die Möglichkeit eröffnen, etwas mehr „Hintergrundwissen" zu erwerben oder zu vertiefen.

Die in diesem Buch enthaltenen Übungen, Übungsreihen und methodischen Modelle sind ausnahmslos in eigener Unterrichts- und Seminartätigkeit erprobt. Sie wollen vor allem Rat und Hilfe bieten und erheben keinen Anspruch auf Allgemeingültigkeit. Die Standardwerke zu den Einzelsportarten können und sollen damit ebensowenig ersetzt werden wie die sportwissenschaftliche Grundlagenliteratur.

Dieses Buch hätte nicht geschrieben werden können ohne die vielen Anregungen, Gedanken und Erkenntnisse aus zahllosen Gesprächen und Diskussionen mit Kolleginnen und Kollegen und nicht zuletzt mit unseren Referendarinnen und Referendaren. Ihnen allen sind wir zu Dank verpflichtet, ganz besonders aber unseren Mitarbeitern Hans Dassel, Wolfgang Scheuer, Manfred Zugck.

Mannheim/Walldorf, im Frühjahr 1997 *Ute Kern, Wolfgang Söll*

Es hat sich seit einiger Zeit die Gewohnheit verbreitet, auch für Gattungsbegriffe sowohl die männliche als auch die weibliche Bezeichnung zu verwenden.

Was in der gesprochenen Sprache im allgemeinen unproblematisch ist, wirkt in der geschriebenen störend und beeinträchtigt die Lesbarkeit des Textes.

Wir beschränken deshalb in diesem Buch die Benennung beider Geschlechter auf die Fälle, in denen die Besonderheit der Situation gekennzeichnet werden soll, und schließen uns im übrigen unseren Schweizer Kollegen an, wenn sie im Vorwort des Bandes SCHWIMMEN in der Reihe TURNEN UND SPORT IN DER SCHULE (Bern 1993) feststellen:

*„Lehrpersonen sind **Lehrerinnen und Lehrer**; Lernende sind **Schülerinnen und Schüler**. Verschiedenste Bemühungen, durch geeignete Schreibweise konsequent beiden Geschlechtern gerecht zu werden, haben sich bis heute nicht bewährt und sind – zumindest in einem Lehrbuch – umständlich. Wir sprechen darum vom Lehrer und Schüler im Sinne einer Berufs- oder Funktionsbezeichnung und bitten alle Lehrerinnen und Lehrer bzw. alle Schülerinnen und Schüler um Verständnis.“*

„Zu Risiken und Nebenwirkungen lesen Sie die Packungsbeilage..."

Dieses Buch soll zunächst ein Ratgeber für die alltägliche Praxis des Sportunterrichts sein. Es ist aber auch konzipiert als Leitfaden für die *praktisch-methodische Ausbildung im Fachseminar Sport*. Bei einer Verwendung in diesem Zusammenhang sollte die nachfolgende „Gebrauchsanweisung" beachtet werden:

(1) Die in diesem Buch gesammelten Themenbeispiele sind *Vorschläge*. Sie geben an, wie man ein Thema behandeln *könnte* und erheben nicht den Anspruch, daß man es nur so und nicht anders darstellen kann, ja nicht einmal, daß es auf diese Weise „richtig" behandelt ist.

(2) Die hier gemachten Vorschläge stellen *Modelle* dar. Als solche haben sie den Charakter des Selbstverständlichen, Abgerundeten und vielleicht auch Vollständigen. Dies bedeutet aber auch, daß man sie in der Praxis kaum jemals in der dargestellten Form verwirklichen kann. In der Regel wird man sich mit „Näherungslösungen" begnügen müssen.

(3) Die beschriebenen Modelle stehen zur *Auswahl*. Es wird sich in keiner, auch noch so langen Ausbildungszeit erreichen lassen, alle hier vorgelegten Themenbereiche, Ausbildungsinhalte und Diskussionsgegenstände zu berücksichtigen. *Wie* die Auswahl erfolgen könnte, muß der Fachleiter aus der jeweils gegebenen Situation heraus entscheiden.

(4) Die Themenbeispiele sind nach *Sportarten bzw. Lehrplanbereichen* gegliedert, denen jeweils die allgemeinen und übergeordneten Themen zugeordnet werden. Es war dies die wohl schwierigste Entscheidung bei unserem Vorhaben. Sie läßt sich vielleicht damit rechtfertigen,

- daß die Referendare eine solche inhaltliche Orientierung bevorzugen, weil sie daraus einen unmittelbaren Nutzen für ihre Unterrichtstätigkeit ziehen können,
- daß die Sportarten als wesentliche Bedeutungsträger des Sports jeweils ihre eigenen Tätigkeits- und Leistungsziele haben, denen bei der Vermittlung Rechnung zu tragen ist.

(5) Aus dieser Vorentscheidung ergab sich die – gleichfalls nur modellhaft zu verstehende – *Zweiteilung* eines jeden Themenbeispiels in eine mehr praxisorientierte *„Programm-" oder Darbietungsebene* und eine mehr theoriebezogene *Auswertungs- oder Reflexionsebene*. Diese Unterscheidung wird sich in der praktischen Durchführung nicht ebenso konsequent durchhalten lassen. In der Regel werden Darbietungs- und Reflexionsphasen mehrfach wechseln und in verschiedener Weise miteinander verschränkt sein.

(6) Die Themenbeispiele sind keineswegs mit Seminarsitzungen gleichzusetzen. Es kann sehr wohl sein, daß mehrere Beispiele in einer Sitzung behandelt werden, aber auch, daß ein Themenbeispiel sich über mehr als eine Sitzung erstreckt.

(7) Die Erfahrung hat gezeigt, daß die Referendare vor allem in den *einfachen und elementaren Dingen*, die den Grundstock des Schulsports bilden, einen konkreten Informationsbedarf haben. Gegenstände, die dem Leistungssport entstammen, sind ihnen, zum Teil durch eigene sportliche Erfahrungen, zum Teil durch eine entsprechend strukturierte Hochschulausbildung, im allgemeinen etwas vertrauter.

(8) Es ist im Rahmen dieses Buches weder möglich noch beabsichtigt, alle Themenbeispiele in gleicher Ausführlichkeit darzustellen. Die Mehrzahl von ihnen kann nur grob vorstrukturiert werden. Die tatsächliche Gewichtung kann sich nur aus der praktischen Seminararbeit ergeben; sie ist sowohl von den Interessen, Bedürfnissen und Defiziten der Referendare als auch von den besonderen Kenntnissen und Erfahrungen des Fachleiters abhängig.

(9) Ebenso war es schwierig, innerhalb der einzelnen Kapitel eine allseits zufriedenstellende *Reihenfolge der Themenbeispiele* zu finden. Die schließlich gewählte Abfolge stellt einen Kompromiß aus verschiedenen Überlegungen dar. Auch hier sollte nach den jeweiligen Bedürfnissen verfahren werden.

(10) Es wird sich in der Praxis nicht erreichen lassen, alle *theoretischen Bezüge* eines Themenbeispiels „in einem Zug" aufzuarbeiten. Wenn dennoch – und auch mehrfach wiederholt – darauf verwiesen wird, so auch im Sinne eines Vorausblicks auf ihre spätere Integration in einen größeren Zusammenhang.

Die Verweise beziehen sich ausschließlich auf das 1996 unter dem Titel *Sportunterricht – Sport unterrichten* erschienene „Handbuch für Sportlehrer", und dies deshalb,

- weil beide Bücher als Einheit konzipiert sind,
- weil nur eine erste „Auskunftstelle" genannt werden soll, die keineswegs die übrige Fachliteratur ersetzen kann.

Kapitel 1

Entwicklung körperlicher Fähigkeiten

Im Bereich der Entwicklung körperlicher Fähigkeiten, allgemein auch „Gymnastik“, „Körperschule“ oder „Konditionsschulung“ genannt, lassen sich zwei konträre Ansätze unterscheiden, die man grob vereinfachend als den funktionsgymnastischen und den zweckgymnastischen bezeichnen kann.

Der *funktionsgymnastische Ansatz* ist personorientiert und richtet sich auf die Verbesserung der körperlichen Befindlichkeit des Menschen, z.B. auf gerade Haltung, gutes Aussehen und allgemeine Fitneß.

Der *zweckgymnastische Ansatz* ist sachorientiert und hat die Verbesserung der sportlichen Leistung zum Ziel.

Selbstverständlich ist in jedem der beiden Ansätze der andere mit enthalten, doch ist die Dominanz des einen oder anderen zumeist offensichtlich. Aufgabe des Sportunterrichts ist es nun, beiden Aspekten gerecht zu werden. Dabei gilt die Regel, daß eine sportartspezifische Konditionsschulung nur auf einer allgemeinen körperbildenden Basis aufbauen kann. Für die Unterrichtsplanung folgt daraus, daß im Verlauf eines Schuljahres in dieser Hinsicht deutliche Schwerpunkte zu setzen sind. Außerdem sind die geschlechtsspezifischen, alterstypischen und die jeweils aktuellen Bedürfnisse einer Klasse zu berücksichtigen.

Eine *didaktische „Theorie der Körperbildung“* steckt noch in den Anfängen. In den gegenwärtigen, nach Sportarten gegliederten Lehrplänen ist dieser Bereich deutlich unterrepräsentiert. Im Hinblick auf diese Sachlage sind die Themenbeispiele dieses Kapitels nicht nach Funktionen, sondern nach Bewegungsmöglichkeiten (z.B. Springen, Hangeln) oder allgemeinen Kategorien (z.B. kleine Spiele, Circuit-Training) geordnet. Damit ergibt sich freilich die Schwierigkeit, den Punkt genauer zu bestimmen, an dem bei einer bestimmten Tätigkeit, z.B. Springen, die allgemeine körperbildende in die spezielle konditionsschulende Funktion übergeht. Es muß also eine gewisse Willkür in der Zuweisung bestimmter Gegenstände zu dem hier anstehenden allgemeinen Teil oder zu den nachfolgenden speziellen Teilen des Ausbildungsprogramms hingenommen werden. Es gehört jedoch zum Wesen der Schulsportarten als typischen „Grundsportarten“, daß diese Grenze nicht näher bestimmbar ist.

Inhaltlich mußte dieser Themenbereich angesichts der unendlichen Fülle von möglichen Bewegungen, Tätigkeiten und Übungen auf einige wenige Beispiele beschränkt werden. Für weitere Anregungen wird auf die Fachliteratur verwiesen.

Die *Einstellung der Schüler* zu diesem Stoffbereich ist zumeist recht indifferent. Es gilt also, ihr Interesse zu wecken. Dies ist aber nicht nur eine Frage der Darbietung, sondern hängt auch von der Fähigkeit des Lehrers ab, konkrete Nah- und Fernziele zu setzen.

Die *Vorkenntnisse* der Referendare in diesem Fachbereich sind zumeist recht eingehend, aber oft sehr punktuell und speziell. Die dabei anzutreffenden Sichtweisen reichen von einer konsequent medizinisch-therapeutisch ausgerichteten Funktionsgymnastik bis hin zu einem disziplinspezifischen Konditionstraining. Hier ist ausgleichend zu wirken.

Seminardidaktisch eignen sich die nachstehenden Themenbeispiele vor allem für eine erste Einführung in die „handwerkliche Kunst des Unterrichtens", vor allem unter folgenden Aspekten:

- methodische Maßnahmen,
- organisatorische Formen,
- Steuerung des Übens und der Belastung.

Außerdem können einige grundsätzliche Einsichten in die Struktur des „didaktischen Feldes" vermittelt werden.

„Gymnastik“

Inhalte

- „Standardprogramm“ aus „körperbildenden Übungen“ für die Unter- und Mittelstufe.
- Beispiel eines „geschlossenen“ Stundenbeginns.

Ziele

- Die Komplexität von (Sport-)Unterricht sichtbar machen.
- Unterrichten – auch – als „handwerkliche Kunst“ darstellen.
- Hinweise für Unterrichtshospitationen (Beobachtung und Analyse von Unterricht) geben.
- Einen ersten Einblick in den Problemkomplex „Planung und Gestaltung von Sportunterricht“ vermitteln.

Programm

Es erscheint angezeigt, dieses Themenbeispiel etwas ausführlicher, sozusagen im Wortprotokoll, wiederzugeben.

Wir stellen uns vor, Sie (die Referendare) seien eine 5. oder 6. Klasse, die eben relativ pünktlich aus dem Umkleideraum in die Sporthalle gekommen ist.

Bitte verteilt euch gleichmäßig in diesem Bereich der Halle. (Der Fachleiter grenzt durch Armzeichen eine Fläche entsprechender Größe ab.) Wir lernen jetzt ein Gymnastikprogramm, das wir in dieser oder einer ähnlichen Form die nächsten sechs bis acht Wochen zu Beginn jeder Stunde durchführen werden:

Übung 1

Wir hüpfen auf der Stelle – jeder macht gleich mit, wie ich es vormache –, und zwar: beidbeinig, einbeinig rechts und links, wieder beidbeinig; ganz leicht und locker, etwas höher, mit Armkreisen, mit gelegentlichem Tiefgehen und anschließendem Strecksprung; dasselbe noch einmal von vorn; halt und hinsetzen.

Übung 2

Ich mache die Übung vor: Aus der Rückenlage, Arme und Beine gestreckt, „rollen“ wir den Oberkörper ein und führen die Arme so weit nach vorn, daß die Hände die Füße berühren. Das machen wir fünfmal, wie ich es ansage: und hoch und vor – und zurück ...

Übung 3

Aus der Bauchlage, Arme gestreckt auf dem Boden, heben wir Arme und Oberkörper an, wie ich es mit den Händen anzeige, und zwar alle zusammen fünfmal: und hoch – halten – ab ...

Übung 4

Jeder macht gleich mit, was ich vormache: Aus dem Sitzen, Oberkörper so weit zurückgelehnt, daß wir uns mit den Ellbogen aufstützen können, beide Beine anziehen, Unterschenkel nach oben strecken, die gestreckten Beine langsam ablegen; die Bauchmuskeln dabei anspannen! Und noch einmal: anziehen – strecken – langsam ablegen ... (fünfmal).

Übung 5

Ich mache die Übung so vor, daß ihr sie von der Seite sehen könnt: Liegestütz, der Körper bleibt während der ganzen Übung steif wie ein Brett; tiefgehen, aber nicht hinlegen, und wieder hochdrücken. Das macht jeder für sich fünfmal.

Abschluß

Zum Schluß hüpfen wir noch einmal auf der Stelle und schütteln dabei die Arme aus.

Als *Anhang* zu diesem Programm werden einige *Variationsmöglichkeiten* der dargestellten Übungen gezeigt, z.B.:

Zu Übung 2: In maximaler Hüftbeugung verharren und leicht „nachschieben"; dieselbe Übung im Grätschsitz abwechselnd nach rechts und links. Alle Übungen auch im Wechsel mit folgender Übung: Aus der Rückenlage mit aufgestellten oder angewinkelten Beinen Anheben und „Einrollen" des Oberkörpers.

Zu Übung 3: Dieselbe Übung mit gleichzeitigem Drehen oder Seitbeugen des Oberkörpers nach rechts und links; den angehobenen Oberkörper noch „ein Stockwerk höher" heben; Arme und Beine gleichzeitig anheben (und dabei auch nach Art des Kraulbeinschlags auf- und abbewegen).

Zu Übung 4: In derselben Ausgangsstellung Beine nur leicht anheben und dabei wiederholt grätschen und scheren; dieselbe Übung auch im Sitzen mit aufgestützten Armen oder „freihändig" im Schwebesitz.

Zu Übung 5: In Beugestellung Schultern nach rechts und links verschieben; „Bodenwelle" (Schultern zurückschieben – Arme beugen – Schultern vorschieben – Arme strecken); „Zeitlupenliegestütze" in betont langsamer Ausführung.

Auswertung

Die Auswertung gliedert sich in vier Teile, die in der Praxis jedoch nicht unbedingt in einem Zug „abgearbeitet" werden sollten.

(1) Ziel des *ersten Teils* ist es, anhand einer Standardsituation, wie sie in dieser oder einer ähnlichen Form zu Beginn einer beliebigen Stunde auftreten könnte, die *Komplexität von Unterricht* sichtbar zu machen und einige Hinweise für die *Beobachtung und Analyse von Unterricht* zu geben. Es soll versucht werden zu beschreiben, was in dieser Situation zu *beobachten* ist und was aus ihr *abgeleitet* werden kann. Im Mittelpunkt steht dabei das *Lehrerhandeln*, und zwar

- das unmittelbar sichtbare Handeln des Lehrers,
- die Intentionen und Überlegungen, von denen dieses Handeln – vermutlich – gesteuert ist.

Dabei ist in einen methodischen, einen organisatorischen und einen inhaltlichen Bereich zu unterscheiden.

Leitfragen zur Analyse des Unterrichtsbeispiels

Die Analyse kann im freien Gespräch erfolgen oder auch durch – evtl. schriftlich vorgegebene – Leitfragen gesteuert werden, z.B. wie folgt:

1. Welche methodischen Maßnahmen, welche Maßnahmen zur Steuerung des Übens werden verwendet? (Bewegungsanweisung, Bewegungsdemonstration; Vormachen – Mitmachen, Vormachen – Nachmachen, Ansagen – Ausführen, Üben auf Zeichen und/oder Kommando).
2. Welche organisatorischen Formen liegen vor? (Offene Aufstellung auf begrenztem Raum; Üben am Ort).
3. Welche „motivationalen" Maßnahmen (kognitiver und affektiver Art) sind erkennbar? (Kurze Kennzeichnung der Art und Dauer des Programms; Vorgabe von Wiederholungszahlen, Hinweise zur Übungsausführung u.ä.).
4. Welche Unterrichtsform wurde gewählt? Warum wohl? (Frontalunterricht, lehrerzentriert; Überblick über das Übungsfeld, Kontrolle der Übungsausführung u.ä.).
5. Was ist zur Übungsauswahl zu sagen? Von welchen Gesichtspunkten ist sie bestimmt? Welche Muskelgruppen werden angesprochen, welche nicht? Welche Überlegungen könnten dahinterstehen? (Zweckgymnastisch orientierte Standardübungen, vorwiegend Kräftigungsübungen für die Bein-, Rumpf- und Arm-Schulter-Muskulatur; Dehnübung nur für die Hüftgelenke; es fehlt eine Übung für die Armbeuger, da kein Geräteeinsatz vorgesehen ist; die Übungszusammenstellung geht offensichtlich von den bei Schülern dieses Alters hauptsächlich feststellbaren Defiziten aus).

(2) Im *zweiten Teil* wären die *Konsequenzen* zu erörtern, die sich für die *Planung und Durchführung* von Gymnastikprogrammen ergeben, und dies auch im Sinne eines ersten Einblicks in den Problemkomplex Unterrichtsplanung. Dabei sollte vor allem herausgearbeitet werden,

- daß auch Gymnastikprogramme sorgfältig und langfristig zu planen sind,
- daß sie lange genug durchgehalten werden müssen, um effektiv zu sein,
- daß die Anforderungen dabei gezielt gesteigert werden müssen, z.B. durch Erhöhung der Wiederholungszahlen, Veränderung der Übungsausführung, allmählichen Ersatz einfacher durch anspruchsvollere Übungen.

Einige Möglichkeiten zu einer solchen Belastungssteigerung sind oben unter „Variationsmöglichkeiten" bereits gezeigt worden.

Alle diese Gesichtspunkte werden schließlich unter dem Begriff des *„variablen Standardprogramms"* zusammengefaßt.

Ein solches Programm sollte – jedenfalls in der hier angesprochenen Altersstufe – vorwiegend *Kräftigungsübungen* enthalten, die in der Übungswirkung gezielt *dosierbar* und in der Übungsausführung von außen *kontrollierbar* sind.

(3) In einem *dritten Teil* sollte sich die Frage anschließen, welchen *Stellenwert* die Gymnastik in den Augen des Lehrers und der Schüler hat und wieweit diese beiden Sichtweisen übereinstimmen. Diesem Problem nähert man sich am einfachsten nach dem Raster eines *„Vorteil-Nachteil-Denkens"*, etwa in folgender Weise:

Welche *Vorteile* hat die Gymnastik?

Gymnastik ist überall und schnell organisierbar (keine Geräte, normalerweise auch keine Raumprobleme); sie kann rationell und intensiv gestaltet werden (alle üben zugleich und unter kontrollierbaren Bedingungen); es ist eine gezielte Übungswirkung möglich; die Belastung kann im allgemeinen gut dosiert und systematisch gesteigert werden; es liegt ein vielseitiges Übungsangebot vor.

Welche *Nachteile* sind zu bedenken?

Die Gymnastik besteht überwiegend aus „konstruierten" und „sportfernen" Übungen mit eher „kleinraumigen" Bewegungen; die Schüler können den „Sinn" der Gymnastik nicht einsehen, da die unmittelbare Rückmeldung über Erfolg oder Mißerfolg fehlt, das „Miteinander" und „Gegeneinander" stark eingeschränkt ist und dennoch volle Konzentration verlangt wird. Gymnastik ist also nicht sonderlich beliebt; sie wird eher als lästiges Ritual empfunden.

Möglichkeiten der *Abhilfe* wären hier:

- Interesse wecken, vor allem durch Information über die Absichten und Ziele des Vorhabens (dies aber kurz und knapp und ohne lange Vorträge).
- Zielstrebig und kontinuierlich arbeiten, aber in der zeitlichen Ausdehnung nicht überziehen: Ein Programm sollte nach sechs bis acht Wochen – auch hinsichtlich des Schwerpunktes der Beanspruchung – gewechselt werden.
- Kurze und konkrete Programme bevorzugen; Übungszeit eng begrenzen; auf reibungslose Organisation achten.
- Auflockerung durch allmählichen und systematischen Wechsel der Übungen, durch Einbeziehung bewegungsreicher Formen (z.B. Hüpf- und Kriechübungen), durch Partnerübungen, durch Verwenden von Hand- und anderen Geräten u.ä.

Aus diesen Überlegungen läßt sich die allgemeine Erkenntnis gewinnen, daß es *in unterrichtlichen Dingen nichts gibt, was nur Vorteile brächte*, sondern daß auch die unvermeidlichen Nachteile zu bedenken sind. Eine unterrichtliche (methodische, didaktische, pädagogische oder psychologische) Maßnahme ist dann „richtig" oder „gut", wenn die Vorteile die Nachteile überwiegen. Dieses Verhältnis kann sich jedoch von Klasse zu Klasse und von Situation zu Situation anders darstellen und läßt sich nicht immer genau voraussehen.

(4) In einem *vierten Teil* bietet es sich an, eine kurze *Systematisierung* des Fachbereichs der sogenannten *Wirkungsgymnastik* zu geben, z.B.

- nach den vorwiegend beanspruchten Muskelgruppen:
  Übungen für die Bein-, Rumpf- und Arm-Schulter-Muskulatur;
- nach der Art der Übungen:
  Kräftigungs-, Dehn- und ggf. Lockerungsübungen;

- nach der Zielrichtung:
  Funktionsgymnastik ⟶ allgemeine Körperbildung
  Zweckgymnastik ⟶ konditionelle Vorbereitung
  Ausgleichsgymnastik ⟶ Prävention und Rehabilitation.

Theoretische Bezüge

Funktionsgymnastik oder Zweckgymnastik? („Handbuch" S. 125); Aufwärmen – warum und wie? („Handbuch" S. 122); Methoden, methodische Maßnahmen, Unterrichtsformen („Handbuch" S. 160); Die organisatorische Gestaltung des Sportunterrichts („Handbuch" S. 74); Was heißt „Unterricht planen und vorbereiten"? („Handbuch" S. 89); Zum Verhältnis von Theorie und Praxis („Handbuch" S. 9).

Themenbeispiel 2

Sprungseil

Inhalte

- Einfache Übungen mit dem Sprungseil für den allgemeinen Übungsbetrieb.
- Beispiel eines „offenen" Stundenbeginns.

Ziele

- Hinweise zum Erlernen des „Seilhüpfens" geben.
- Die „dialektische Einheit" von Fertigkeiten und Fähigkeiten verdeutlichen.

Programm

Der erste Teil des Programms stellt die einfachste Form einer „Inszenierung" dar: Die Sprungseile sind in der benötigten Anzahl bereits vor Beginn der Sitzung ausgelegt. Wenn die Teilnehmer erscheinen, werden sie aufgefordert, sich mit ihnen zu beschäftigen, sofern sie dies nicht von selbst tun sollten. Nach einiger Zeit wird abgebrochen.

Im zweiten Teil werden Übungsbeispiele und methodische Hinweise zum „Seilhüpfen" gegeben, z.B. wie folgt:

1. Halten des Seils (Unterarme mindestens waagerecht).
2. Laufen mit dem Seil (als die für den Anfänger leichtere Form des Umgangs mit dem Seil: im „Zweierrhythmus", im „Dreierrhythmus", als Sprunglauf; schwieriger: im Hopserlauf; ständiger Hinweis: „Das Seil muß laufen!").
3. Laufen auf der Stelle, auch mit (kleinen) Nachstellschritten (vorwärts, rückwärts, jeweils mit Seildurchschlag vorwärts und rückwärts).
4. Hüpfen (beidbeinig, einbeinig, mit leichter Vor-, Rück- und Seitwärtsbewegung, mit Seildurchschlag vorwärts und rückwärts; auf Zeit, z.B. 2 x 30 bis 3 x 60 Sek.,

nach maximaler Zahl der Seildurchschläge in 10 – 20 – 30 Sek.; ständige Anweisung: „Aufrecht bleiben, Beine beim Sprung locker hängen lassen."

In einem dritten Teil ist folgende Erweiterung möglich: Isometrische Übungen mit dem Seil (z.B. „Wer kann das Seil zerreißen?") in verschiedenen Positionen und Fixierungen.

Auswertung

Zum ersten Teil

(1) Was spricht für einen solchen „offenen" Stundenbeginn?

Man erhält Informationen über Vorkenntnisse und Defizite der Schüler, über Leistungsstand und Leistungsstreuung in der Klasse, über besondere Kenntnisse einzelner Schüler, über die Einstellung der Schüler zur Sache.

(2) Wie müßte man weiter verfahren?

Eine solche Konzeption hat nur dann einen Sinn, wenn der Lehrer in irgendeiner Weise an das Gesehene anknüpft. Dies setzt aber solide Sachkenntnis und unterrichtliche Flexibilität voraus.

(3) Was wird man in aller Regel bei den Schülern beobachten?

Vor allem bei den Jungen: technische Defizite, einseitige Orientierung auf das beidbeinige Hüpfen.

Zum zweiten Teil

(1) „Seilhüpfen" ist zunächst eine technisch recht anspruchsvolle *Fertigkeit*, die erlernt und über einen längeren Zeitraum hinweg geübt werden muß.

(2) „Seilhüpfen" ist ein hervorragendes Mittel zur Konditionsschulung, also zur Entwicklung und Verbesserung von körperlichen *Fähigkeiten*, hier vor allem der allgemeinen Ausdauer und der Kraftausdauer. Das kann aber nur zum Tragen kommen, wenn die Technik beherrscht wird. Damit werden zugleich auch koordinative Fähigkeiten geschult.

(3) Fähigkeiten und Fertigkeiten stehen in einem *Wechselverhältnis*:

Fähigkeiten als Voraussetzung zur Bewältigung bestimmter Fertigkeiten	⟷	Fertigkeiten als notwendige Mittel zur Entwicklung von Fähigkeiten

Zum dritten Teil

Welche Vor- und Nachteile haben isometrische Übungen?

Die Vorteile sind im großen und ganzen dieselben wie bei den „Gymnastikübungen": leicht organisierbar, intensiv, dosierbar, bei entsprechender Belastung auch sehr effektiv; sie bringen jedoch eine eher „sportfremde" Belastung der Muskulatur, die Ausführung der Übungen ist nicht kontrollierbar, auf Dauer sind sie langweilig.

Partnerübungen

Inhalte

- Beispiele für (funktions-)gymnastische Partnerübungen.
- Zieh- und Schiebekämpfe als spezifischer Teilbereich der Partnerübungen.

Ziele

- Chancen und Probleme von „kooperativen Spiel- und Übungsformen“ aufzeigen.
- Partnerübungen (auch) als Ersatz für die im Pflichtbereich des Schulsports nicht vertretenen Zweikampfsportarten darstellen.

Programm

Das Programm soll einen gerafften Überblick über die Partnerübungen als einen spezifischen Bereich der funktionellen Gymnastik geben und durch einige wenige Beispiele verdeutlichen. Dabei wird in „unechte“ und „echte“ Partnerübungen unterschieden, dies jedoch mit dem Hinweis, daß zwischen diesen beiden Formen fließende Übergänge bestehen. Bei den „unechten“ Partnerübungen hat der Partner nur eine (mehr oder weniger deutliche) Hilfsfunktion, bei den „echten“ geht es um gleichgeartete Zusammenarbeit.

1. „Unechte“ Partnerübungen:

a) Der Partner hat eine passive Hilfsfunktion.
Beispiel: Festhalten der (angezogenen oder gestreckten) Beine beim Rumpfheben aus der Rückenlage.

b) Der Partner dient als Gewicht.
Beispiel: „Huckepacklaufen“.
Diese Form setzt konstitutionelle Gleichheit zwischen den Partnern voraus.

c) Der Partner hat eine Steuerungsfunktion.
Beispiel: „Schubkarrenlaufen“.
Bei dieser Form ist bereits echte Zusammenarbeit angesagt.

d) Der Partner verstärkt durch Zug oder Druck die Spannung bei passiven Dehnübungen.
Beispiel: „Nachschieben“ beim Rumpfbeugen vorwärts im Sitzen.
Diese Form ist im Klassenunterricht wegen möglicher Überbelastungen problematisch. Zudem ist der Nutzen passiver Dehnübungen umstritten.

e) Der Partner gibt Widerstand bei Kräftigungsübungen.
Beispiel: Widerstand beim Nach-vorn-Führen der in Seithalte angewinkelten Arme. (Der „helfende“ Partner berührt mit der Brust den Rücken des Übenden.)

Diese letzte Form setzt ein abgestimmtes Zusammenspiel der Partner voraus und führt bei beiden zu vergleichbaren Übungswirkungen. Damit ist der Übergang zu den „echten“ Partnerübungen gegeben.

2. „Echte“ Partnerübungen:

a) Die Partner agieren miteinander.
Beispiel: Rücken an Rücken in eine leichte Kniebeuge gehen und wieder strecken.

b) Die Partner agieren gegeneinander.
Beispiel: Zieh- und Schiebekämpfe.

Diese letzte Form der Zieh- und Schiebekämpfe ist in sich wiederum recht vielgestaltig. Es lassen sich z.B. unterscheiden:

- Übungen, bei denen der Partner im Stehen, Sitzen, Liegen, in der Bankstellung, im Liegestütz u.ä. zur Aufgabe der ursprünglich eingenommenen Position gezwungen werden soll,
- Übungen, bei denen der Partner, z.B. im Stehen oder Hüpfen auf einem Bein, aus dem Gleichgewicht gebracht werden soll,
- Übungen, bei denen der Partner mit einem Körperteil oder mit dem ganzen Körper über eine Linie gezogen, geschoben oder aus einem bestimmten Raum gedrängt werden soll.

Hier sollte man mit einfachen Formen, die jeweils zu einer schnellen Entscheidung führen, beginnen und erst allmählich zu längerdauernden und physisch belastenderen Übungen übergehen.

Zunächst sollten körperlich möglichst vergleichbare Partner gegeneinander antreten, sodann aber innerhalb einer gewissen Bandbreite auch ungleiche, zumal bei solchen Übungen nicht nur Kraft und Körpergewicht, sondern auch Gewandtheit und taktisch richtiges Verhalten eine Rolle spielen.

Auswertung

(1) Partnerübungen sind ein erprobtes Mittel zur *Ergänzung* und *Auflockerung* funktionsgymnastischer Übungsprogramme. Sie erlauben vor allem eine allgemeine – gelegentlich auch eine gezielte – Steigerung der Belastung und Erhöhung der Unterrichtsintensität.

(2) Partnerübungen setzen ein – je nach Art der Übung mehr oder weniger fein abgestimmtes – Zusammenspiel der beiden Partner voraus. Sie eignen sich daher in besonderer Weise dazu, in nicht allzu komplexen Situationen *kooperative Verhaltensweisen* zu entwickeln und einzuüben. Sie leisten damit einen Beitrag zum Erreichen sozialer Lernziele.

(3) Den eben dargestellten Vorteilen stehen freilich auch einige Nachteile, oder besser gesagt Probleme, gegenüber: Der Partner ist aus unterrichtlicher Sicht grundsätzlich (auch) ein *Störfaktor*. In unruhigen Klassen können Partnerübungen geradezu als „unruhestiftende Übungen“ wirken und Aggressionen hervorrufen. Dem kann man dadurch begegnen, daß man mit einfachen, überschaubaren und kontrollierbaren Übungen beginnt und die Übungszeit zu Anfang eng begrenzt.

(4) Besonderes Interesse dürfen die Partnerübungen nach dem Prinzip des Gegeneinanders, im wesentlichen also die Zieh- und Schiebekämpfe, beanspruchen. Sie können

als Ersatz (und methodische Vorstufe) für die in den Lehrplänen der alten Bundesländer unterrepräsentierten *Zweikampfsportarten* gelten.

Die unmittelbare körperliche Auseinandersetzung muß – zumindest bei den Jungen, wahrscheinlich aber auch bei den Mädchen – als ein biologisches Grundbedürfnis angesehen werden, das auch zum Aggressionsabbau beitragen kann. Als „ritualisierter Ernstkampf" erfordern die Zweikampfsportarten ein hohes Maß an Selbstkontrolle und werden damit zum Mittel einer höchst differenzierten „Kooperation auf höherer Ebene". Zwischen der kooperativen und wettkampforientierten Funktion der Partnerübungen besteht also kein innerer Widerspruch.

Speziell für die Mädchen kommt hinzu, daß solche Übungen das Gefühl eines prinzipiellen körperlichen Ungenügens abbauen und damit zu einem selbstbewußteren Verhalten in kritischen Situationen verhelfen können.

Themenbeispiel 4

Medizinball

Inhalte

- Einfache Übungen mit dem Medizinball für den allgemeinen Übungsbetrieb.
- Werfen und Stoßen als Grundtätigkeiten.
- Werfen und Stoßen als sportliche Grundfertigkeiten.

Ziele

- Grundsätze für ein effektives Üben aufzeigen.
- Beispiele für rationelle organisatorische Formen vorstellen, auch unter dem Aspekt der Unfallverhütung.
- Das Wechselspiel zwischen den didaktische Zielbereichen „Körperbildung" und „Bewegungsbildung" verdeutlichen.

Programm

Zur Vorbereitung des Programms ist die benötigte Anzahl von Medizinbällen bereitgelegt.

Organisatorische Anweisungen

(1) „Es gehen immer zwei gleich Große und gleich Schwere zusammen. Der eine davon holt sich einen Medizinball." (Sofern Bälle verschiedenen Gewichts verwendet werden, empfiehlt es sich, die leichteren Bälle zuvor an die körperlich schwächeren Teilnehmer/Schüler auszugeben. Sonst könnte es geschehen, daß die stärksten Leute sich die leichtesten Bälle aneignen.)

(2) „Bitte stellt euch mit vier Schritten Abstand gegenüber auf. Die Bälle werden – in der Art, wie ich es jeweils sage – mit *halber Kraft* dem Partner *genau* zugespielt, so daß der den Ball leicht fangen kann. Es wird *jeder* Ball gefangen; es fällt *kein* Ball auf den Boden."

Beispiele für mögliche Übungsfolgen

1. Beidhändige Schwungwürfe:
   - Schwungwurf vorwärts („über den Kopf") aus leichter Schrittstellung. Beobachtungsschwerpunkte: Weit ausholen, „aus dem Körper heraus" werfen.
   - Dasselbe aus leicht vergrößertem Abstand.
   - Dasselbe aus individuell gewähltem Abstand.
   - Dasselbe aus verkürzter Entfernung; der Ball wird über Kopfhöhe gefangen und geworfen.
   - Dasselbe im Knien, im Hockstand und im Sitzen.
   - Dasselbe mit Ausgangsstellung in Rückenlage. Anweisung: „Erst werfen, dann aufrichten."

   Hinweis: Der Wurf aus dem Stand ist eine Ganzkörperbewegung. Durch Veränderung der Ausgangsstellung wird der Schwerpunkt der Belastung auf die Arm-, Schulter- und Brustmuskulatur verlagert.

   Für geübtere Schüler:
   - Schwungwürfe mit kreisförmiger Ausholbewegung nach rechts rückwärts.
   - Schwungwürfe mit Angehen im „Dreierrhythmus" (Schritt links, Nachstellschritt rechts, Schritt links).
   - Schwungwürfe mit allmählich gesteigertem Krafteinsatz, ggf. auf maximale Weite. (Abstände vergrößern; Bälle können jetzt nicht mehr gefangen werden.)

2. Schwungwürfe aus verschiedenen Ausgangsstellungen:
   - Schwungwurf vorwärts-aufwärts mit Ausholbewegung durch die gegrätschten Beine.
   - Dasselbe rückwärts über den Kopf.
   - Schwungwürfe seitwärts (rechts und links).
   - Schockwürfe rechts und links: Aus leichter Schrittstellung, Beine leicht gegrätscht, wird der Ball mit einem Arm nach vorn abgeworfen; die andere Hand unterstützt nur noch.

   Hinweis: Alle Würfe mit dosiertem Krafteinsatz („halbe Kraft"). Auf Körpereinsatz achten.

3. Beidhändige frontale Stöße:
   - Stoß aus leichter Schrittstellung: Der Ball liegt auf dem Brustbein auf und wird mit beiden Händen, Fingerspitzen zum Körper zeigend, gehalten; Ellenbogen knapp unter Schulterhöhe.

     Beobachtungsschwerpunkte: Aus dem Körper heraus, mit beiden Armen zugleich, mit „halber Kraft", im flachen Bogen, genau zum Partner stoßen.

- Stöße mit wechselndem Abstoßwinkel: „Stoßt in immer höherem Bogen."
- Stöße aus dem Hockstand. Anweisung: „Erst springen, dann stoßen."
- Stöße auf maximale Weite und Höhe (ohne Fangen des Balls).

Für geübtere Schüler:
- Beidhändige Stöße aus der Bauchlage (beide Partner in kurzem Abstand gegenüber).
- Beidhändige Stöße aus seitwärtiger Ausgangsstellung und leichter Auftaktbewegung. (Der Körper dreht in Abstoßrichtung, nicht umspringen, auch gegengleich üben!)
- Stoß mit einem Arm (rechts und links): Ausgangsstellung und Auftaktbewegung wie bei der vorangegangenen Übung; die jeweils andere Hand stützt den Ball ab; Ausstoß in frontaler Körperhaltung.

4. Kräftigungs- und Beweglichkeitsübungen (Beispiele!):
   - Ball zum Partner rollen.
   - Ball mit dem Fuß zum Partner schlenzen (Fuß an den Ball anlegen, nicht „kicken "!).
   - Ball zwischen die Füße klemmen und zum Partner schleudern („Vorsicht, nicht umfallen!"). Dasselbe auch im Sitzen.
   - Ball im Sitzen auf den geschlossenen Beinen auf- und abrollen lassen.
   - Beide Partner in leichter Grätschstellung mit einer Armlänge Abstand Rücken gegen Rücken: Ball übergeben, so daß er in einem Kreis, in einer Acht beide Partner umrundet. („Die Füße dürfen sich nicht von der Stelle bewegen.")
   - Alle bewegen sich frei im Raum; die jeweiligen Partner spielen sich den Ball fortlaufend zu.

Auswertung

Zur Organisation:

(1) Wenn man die beschriebenen Vorsichtsmaßnahmen einhält, ist das Fangen eines Medizinballs spätestens ab der 5. Klasse für die Schüler kein Problem. Sollte es dennoch Schwierigkeiten geben, beginnt man mit kürzesten Abständen und läßt diese im weiteren Verlauf des Übens frei wählen. Die Aufgabe, die Bälle zu fangen, hat nicht nur eine körper- und bewegungsbildende Funktion, sie ist vor allem eine Sicherheitsmaßnahme: Ein genau zugespielter und gefangener Ball kann keinen anderen treffen.

(2) Das Fangen der Bälle dient zugleich der Intensivierung des Übens. Man spart sich auf diese Weise das umständliche Üben auf Zeichen oder Kommando. In gleicher Zeit wird erheblich häufiger geworfen bzw. gestoßen als bei anderen organisatorischen Formen. Die gewünschten Wiederholungszahlen werden jeweils zuvor angesagt.

(3) Beim Werfen und Stoßen mit hohem Krafteinsatz können die Bälle nicht mehr gefangen werden. Dann ist ausreichender Sicherheitsabstand einzuhalten. Beim Üben gilt folgende Regel: Die Bälle werden erst aufgenommen, wenn sie alle auf dem Boden liegen. Geworfen und gestoßen wird auf ein (optisches oder akustisches) „Start-

frei-Signal" (*nicht* auf Pfiff oder Kommando, da die Aushol- und Auftaktbewegungen einen zeitlich individuell gestalteten Ablauf verlangen).

Zum Inhalt:

(1) Übungen mit dem Medizinball sind vorwiegend Mittel zur *Körperbildung* und *Konditionsschulung*. Die körperbildende bzw. konditionsschulende Wirkung setzt aber eine entsprechende *Bewegungstätigkeit* voraus. Diese entstammt im allgemeinen dem Bereich der *Grundtätigkeiten* (hier beispielweise dem Werfen und Stoßen). Grundtätigkeiten sind angeborene oder in früher Kindheit erworbene Bewegungsmuster, die der Schüler normalerweise „kann", aber durchaus nicht immer voll beherrscht. Als solche Grundtätigkeiten gelten neben Gehen, Laufen und Springen auch Steigen, Hängen, Stützen, Schwingen, Schieben, Heben, Tragen u.ä.

(2) Auf den Grundtätigkeiten bauen die sportlichen *Grundfertigkeiten* auf. Grundfertigkeiten sind zweckmäßig gestaltete Bewegungsabläufe, die das elementare Bewegungsrepertoire der verschiedenen Sportarten – sehr oft auch in sportartübergreifender Funktion – bilden. Hier ist also der didaktische Zielbereich der *Bewegungsbildung* (oder auch der Technikschulung) angesprochen.

(3) Dieser Zusammenhang macht es notwendig, beim Üben mit Hilfe von Grundtätigkeiten darauf zu achten, daß *die Bewegung in ihrer Grundstruktur richtig ausgeführt* wird. Fehler, die sich hier einschleichen, lassen sich später nur schwer beheben.

(4) Wurf und Stoß stehen in Hinblick auf ihre Bewegungsstruktur in einem inneren Zusammenhang, haben aber doch deutlich unterscheidbare Merkmale:

a) Der gerade Wurf ist gekennzeichnet durch die deutliche Ausholbewegung, bei der sich das Gerät „hinter" dem Körper befindet, und durch die „peitschenartige" Armbewegung beim Abwurf.
b) Grundsätzlich gilt dies auch für den Schockwurf und dem daraus entwickelten Drehwurf. Der (gestreckte) Arm wird sozusagen hinter dem Körper nachgeschleppt.
c) Beim Stoß befindet sich der Körper – im Prinzip – hinter dem Gerät; dieses wird gewissermaßen weggedrückt.

Allen Würfen und Stößen gemeinsam ist das deutliche Nacheinander in der *Impulsfolge* von der Bein- über die Rumpf- zur Armmuskulatur, die eine zunehmende Beschleunigung des Gerätes bewirkt. Vor allem beim geraden Wurf, mit abnehmender Bedeutung aber auch beim Drehwurf und Stoß, äußert sich dies im Aufbau und in der Auflösung einer „Bogenspannung" im Körper.

(5) Der *beidhändige* Wurf und Stoß mit dem Medizinball (und gelegentlich auch mit anderen Geräten) soll diese Grundstruktur in Form einer methodisch „zwingenden Situation" zum Ausdruck bringen.

Theoretische Bezüge

Die organisatorische Gestaltung des Sportunterrichts („Handbuch" S. 74); Wurf und Stoß („Handbuch" S. 249).

Springen

Inhalte

- Springen in unterschiedlichen Formen als Grundtätigkeit und Grundfertigkeit.

Ziele

- Die Vielfalt der Bewegungsmöglichkeiten zeigen, die sich aus der Grundtätigkeit „Springen“ entwickeln lassen.
- Den Übergang von der (unspezifischen) Grundtätigkeit zur sportlichen Grundfertigkeit aufzeigen.
- Die Bedeutung einer allgemeinen und speziellen körperlichen Vorbereitung der Schüler herausstellen.
- Auf die sportartübergreifenden Aspekte des Sportunterrichts hinweisen.

Zur Terminologie

Unter „Springen, Sprung, Sprungbewegung“ ist jede Bewegung zu verstehen, die aus einem ein- oder beidbeinigen Absprung oder Abdruck heraus erfolgt. Im allgemeinen Sprachgebrauch wird damit die Vorstellung einer gewissen Intensität und räumlichen Ausdehnung der Bewegung verbunden. Mit „Hüpfen“ wird üblicherweise eine mehrfach wiederholte ein- oder beidbeinige Sprungbewegung, mit „Hopser“ eine einmalige Sprungbewegung mit einem Bein bezeichnet.

Programm

Das Programm ist in drei Teile gegliedert:
- einen schematischen Überblick über das Thema „Springen“,
- eine Reihe praktischer Beispiele, aus denen – ggf. nur andeutungsweise – ausgewählt werden kann,
- eine Demonstration, die den Übergang von der Grundtätigkeit „Springen“ zur Grundfertigkeit „Sprung“ aufzeigen soll.

Erster Teil

Übersicht über die Sprungbewegungen

1. Wie kann man springen?

a) auf der Stelle:
   - rechts, links, beidbeinig (jeweils langsamer und schneller, mehr oder weniger hoch),
   - mit zusätzlichen Beintätigkeiten (z.B. Hocken, Grätschen, Spreizen),
   - mit zusätzlichen Armtätigkeiten (z.B. Armkreisen vorwärts und rückwärts),
   - mit Drehungen um die Körperlängsachse,
   - mit leichter Vor-, Rück- und Seitbewegung („Figurenhüpfen“);

b) in der Bewegung:
   - in Mehrfachsprüngen: rechts, links, beidbeinig („Schlußsprünge"),
   - als Mehrfachsprünge mit wechselndem Sprungbein (z.B. als Dreisprung),
   - in „gymnastischen Sprüngen", z.B. als Strecksprung, Drehsprung, Schersprung, Anschlagsprung;

c) in Kombination:
   - von Laufen und Springen,
   - von Laufen, Springen und Werfen,
   - mit dem Seil (oder mit anderen Handgeräten),
   - als Sprung von den Füßen auf die Hände („Stützhüpfen").

2. Wo kann man springen?
   - auf ebenem Boden,
   - über Hindernisse, z.B. Leinen, Bänke, Partner in „Bankstellung", Kästen, Kastentreppen,
   - auf Hindernisse, z.B. Kästen, Weichböden,
   - an Hindernisbahnen, z.B. aus Bänken, Kästen, Matten (wobei die „Gräben" zwischen den Matten die „Hindernisse" darstellen),
   - von oben herab als „Tiefsprünge", z.B. von Kästen und anderen Geräten, von der Sprossenwand,
   - auf Weichböden mit Landung im Sitz, in Rücken- und Bauchlage.

Zweiter Teil

Beispiele für die Unterrichtspraxis

Hinweis: In der Praxis werden die nachfolgend genannten Sprungbewegungen in aller Regel, auch wenn der Schwerpunkt auf diesem Bereich liegt, mit anderen körperbildenden Übungen verknüpft sein.

1. Hüpfen und Springen, Kriechen und Stützhüpfen im Seitenwechsel:

   Die Schüler stehen in Linienaufstellung auf der einen Seite der Halle, des Spielfeldes oder eines anderen Übungsfeldes und bewegen sich in Quer- oder Längsrichtung auf die andere Seite
   - im Sprunglauf, im Hopserlauf,
   - einbeinig rechts und links (z.B. rechts hin, links zurück), beidbeinig,
   - beidbeinig im Hockstand, als Strecksprung aus dem Hockstand,
   - auch mit zusätzlichen Aufgabenstellungen (z.B. „Wer schafft es beim nächsten Durchgang mit einem Sprung weniger?" „Wer schafft es mit den wenigsten Sprüngen?"),
   - Laufen mit Drehsprüngen (z.B. 1/2 Drehung zum Rückwärtslaufen, 1/1 Drehung zum Vorwärtslaufen),
   - Laufen auf allen vieren, entweder vorlings („Bauch zum Boden") oder rücklings („Rücken zum Boden"), jeweils vorwärts, rückwärts und seitwärts,
   - Stützhüpfen („Froschhüpfen": vorsichtig beginnen, kein Zeitdruck!).

2. Partnerschaften; der eine geht in der Mitte des Lauffeldes in die „Bankstellung“:
   - Schrittsprünge (Landung auf dem Schwungbein), entweder als „Laufsprünge“ (in die Weite) oder als „Steigesprünge“ (in die Höhe),
   - Hopsersprünge (Landung auf dem Sprungbein),
   - Schlußsprünge (beidbeinig, auch mit einem oder mehreren Anlaufschritten).
3. Bänke, längsgestellt:
   - Schlußsprünge auf der Bank,
   - Grätschsprünge und Schlußsprünge im Wechsel,
   - Schlußsprünge als „Zickzackhüpfen“ über die Bank, (versuchsweise) auch einbeinig (bestbeinig, rechts, links),
   - Strecksprünge mit Abdruck eines Beines auf der Bank (rechts und links abwechselnd),
   - Stützhüpfen (Hände stützen auf der Bank), entweder als Grätschhüpfen oder Hockwenden.
4. Gerätebahn aus vier (oder mehr) quergestellten Bänken; je vier Schüler zugleich aus relativ schnellem Anlauf:
   - „Überlaufen“ der Bänke.
   - Schrittsprünge über die Bänke mit drei Zwischenschritten („Dreierrhythmus“); Abstand der Bänke: fünf bis sechs Schritte.
   - Schrittsprünge mit zwei Zwischenschritten („Zweierrhythmus“);
     Abstand der Bänke: vier bis fünf Schritte (Sprungbein wechselt!).
   - Schrittsprünge mit einem Zwischenschritt („Absprungrhythmus“);
     Abstand der Bänke: zwei bis drei Schritte.
   - Alle Formen (versuchsweise) auch mit Hopsersprüngen.
   - Schlußsprünge (mit und ohne Zwischenhupf) über die Bänke.
   - Bei noch weiter verkürztem Abstand der Bänke: Flanken- und Hockwendesprünge mit Stütz auf den Bänken (rechts und links im Wechsel).
5. Mattenbahn aus vier oder mehr quergelegten Matten, je zwei Schüler zugleich aus ausreichend langem und schnellem Anlauf:
   - Schrittsprünge von Matte zu Matte.
   - Einbeinsprünge: bestbeinig, rechts, links.
   - Alle Formen auch mit erhöhter Geschwindigkeit, verlängerter Laufstrecke und allmählich erweitertem Mattenabstand, ggf. auch als Ausscheidungswettkampf („Wer in den Graben fällt, scheidet aus“).
   - Schlußsprünge, entweder in aufrechter Körperhaltung oder aus dem Hockstand in den Hockstand („Strecksprünge“).
   - (Ohne Anlauf:) Stützhüpfen über die „Gräben“ (mit und ohne Zwischenhupf auf der Matte).

   Hinweis zur Organisation: Geübt wird im Seitenwechsel oder mit Zurücklaufen neben der Mattenbahn; „automatische“ Ablauffolge: „Der nächste läuft los, wenn der Vordermann den ersten Sprung macht“.

6. Kästen, quer- oder längsgestellt, als Einzelgeräte oder in der Gerätebahn: Schritt-, Hopser- und Schlußsprünge auf die Geräte, Niedersprung mit oder ohne Zwischenschritt oder -hupf auf dem Gerät.

7. Kastentreppen als:

a) „hohe" Kastentreppe: zwei Kästen, drei- und fünfteilig, quergestellt, davor zwei Sprungbretter nebeneinander (es üben zwei Schüler zugleich), Abstände, je nach Alter und Leistungsstand der Schüler variierend, etwa ein Schritt, Weichboden;

b) „flache" Kastentreppe: je ein Kasten ein- bis zweiteilig und zwei bis vierteilig, längsgestellt ohne Abstand, Sprungbrett, Weichboden:
   - Schrittsprünge, auch mit betontem Strecksprung vom hohen Kasten,
   - Einbeinsprünge: rechts, links, in wechselnden Schrittfolgen („Dreisprünge"),
   - Schlußsprünge,
   - (an der flachen Kastentreppe:) Stützhüpfen mit Strecksprung oder Abhocken vom höheren Kasten.

8. Weichboden, je nach Alter und Leistungsstand der Schüler einfach oder doppelt aufeinander, quergelegt; nach Möglichkeit je zwei Schüler zugleich:
   - Schrittsprünge, Hopsersprünge und Schlußsprünge auf den Weichboden,
   - Hopsersprünge rechts und links mit 1/2 Drehung (rechts und links), versuchsweise auch mit 1/1 Drehung zum Stand auf dem Weichboden,
   - Schrittsprünge und Schlußsprünge mit Drehungen,
   - Schrittsprünge mit Landung im Sitz oder in Rückenlage (Blick geradeaus),
   - Schrittsprünge mit 1/2 Drehung zum Sitz (Blick zurück zur Absprungstelle),
   - Schrittsprünge mit Landung in Bauchlage und Blick zurück zur Absprungstelle

   und andere „Erfindungen", soweit sie ungefährlich sind.

Dritter Teil

Springen als sportliche Grundfertigkeit

Der Übergang von der allgemeinen und sportartübergreifenden Grundtätigkeit zur sportlichen (und zumeist auch sportartspezifischen) Grundfertigkeit läßt sich mit Hilfe der beiden nachfolgenden „Experimente" verdeutlichen:

Springen als *leichtathletische* Grundfertigkeit:

a) Kasten, je nach Alter und Leistungsstand der Schüler zwei- oder dreiteilig, längsgestellt: Schrittsprung auf den Kasten nach folgender Anweisung: „Springt aus vollem Anlauf so auf den Kasten, daß der Schwungbeinfuß von oben aufsetzt."

b) Kasten, je nach Leistungsstand vier- oder fünfteilig, längsgestellt: Schrittsprung auf den Kasten nach der Anweisung: „Springt auf den Kasten."

Im ersten Fall wird sich fast automatisch die ideale Absprunggestalt für den *Weitsprung* ergeben. (Daraus läßt sich unmittelbar der Schrittweitsprung entwickeln.)

Im zweiten Fall wird sich der Sprung sowohl in der Anlauflänge als auch im Absprungverhalten unweigerlich in Richtung auf den *Hochsprung* verschieben, und dies ohne jede weitere Anweisung. Das Gerätearrangement wirkt sich in beiden Fällen als eine methodisch „zwingende Situation“ aus, die das angestrebte Verhalten geradezu von selbst herbeiführt.

Springen als *turnerische* Grundfertigkeit:

a) Kasten, drei- bis fünfteilig, längsgestellt: Aufhocken nach der Anweisung: „Springt mit beiden Beinen so vor dem Kasten ab, daß ihr etwa in der Kastenmitte zuerst auf den Händen, dann auf den Füßen landet.“
b) An demselben Geräteaufbau: Aufrollen nach der Anweisung: „Springt mit beiden Beinen ab und macht eine Rolle auf den Kasten.“

Das erste Beispiel repräsentiert das Grundmuster aller Stützsprünge, sofern die Devise: „Erst springen, dann stützen!“ eingehalten wird.

Das zweite Beispiel zeigt, daß solche Sprünge auch mit einer Vorwärtsdrehung verbunden werden können. (Aus diesem Ansatz lassen sich – auch wenn damit eine andere Strukturgruppe angesprochen ist – die Überschläge entwickeln.)

Anhang

Einführung in das Springen am Absprungtrampolin

Springen mit Hilfe des Absprungtrampolins war zur Zeit seiner allgemeinen Ausbreitung (etwa Anfang der 60er Jahre) die große Attraktion. Einige negative Erfahrungen, vor allem schwere Unfälle, konnten dabei nicht ausbleiben. Heute hält sich das Interesse in Grenzen.

Daneben hat das Absprungtrampolin als Hilfsgerät, d.h. als Absprunghilfe zum Erlernen schwierigerer Bewegungsfertigkeiten, eine feste methodische Position eingenommen (vgl. die Themenbeispiele 12, Methodische Hinweise zu anspruchvolleren Bodenübungen, und 19, Stützsprünge).

Voraussetzung für die Verwendung des Absprungtrampolins, ob als eigenständiges Sprunggerät oder als Hilfsgerät, ist das Erlernen des Absprungs, z.B. nach folgender Übungsreihe:

– Federn auf dem Trampolin und Niedersprung vorwärts auf einen Weichboden. Das Gerät ist dabei umgekehrt (mit der niedrigeren Seite zur Landestelle) aufgestellt. Zwei Helfer sichern anfangs durch Handfassen.
– Strecksprung mit Einsprung von einem (vier- bis fünfteiligen) Kasten herunter (Abb. 1). Ein Helfer sichert ggf. die Landung.

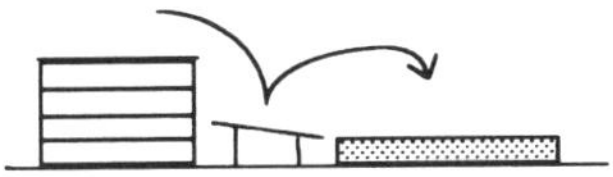

Abb. 1

– Aus dem Anlauf Strecksprung auf einen längsgestellten Kasten. Das Trampolin steht jetzt in Normalstellung (höhere Seite zur Landestelle).
– Dasselbe mit besonderen Aufgabenstellungen, z.B.: „Wer kann mit gestreckten Beinen auf dem Kasten landen?“, „Wer springt am weitesten in den Kasten hinein?“, „Wer springt sogar im Strecksprung über den ganzen Kasten hinüber?“

- Strecksprünge auf einen Weichboden mit Beintätigkeiten (z.B. Hocken, Grätschen, Bücken). Die Beinbewegung sollte deutlich vor der Landung beendet sein.
- Strecksprünge mit Drehungen: 1/2 Drehung rechts und links, 1/1 Drehung rechts und links.

Ständige Beobachtungsschwerpunkte:

Mit gestreckten Beinen in das Trampolin einspringen; kein Hohlkreuz beim Absprung; Körperspannung („Bauch leicht einziehen") beim Absprung und während der Flugphase.

Auswertung

Die Auswertung entspricht zunächst dem bei Werfen und Stoßen mit Medizinbällen Gesagten (S. 23 f.). Das Thema erlaubt jedoch einige weitere Präzisierungen:

(1) Springen ist, wie z.B. Werfen, zunächst eine *Grundtätigkeit*. Aus ihr lassen sich strukturell unterschiedliche *sportliche Fertigkeiten* entwickeln, z.B. als leichtathletische und turnerische Absprungbewegungen. Dabei wird deutlich, daß diese bereits einigen „technischen Anforderungen", d.h. bestimmten qualitativen und quantitativen Vorgaben, genügen müssen.

(2) Über die Qualität bzw. den Ausprägungsgrad solcher Grundfertigkeiten entscheidet in erster Linie das Niveau der *körperlichen Fähigkeiten*, im Falle der Absprungbewegungen also die Muskelkraft, die bei optimaler Koordination der Teilimpulse in der zur Verfügung stehenden Zeit realisiert werden kann. Sportliche Fertigkeiten setzen also bestimmte körperliche Fähigkeiten voraus. Neben dem „Lernen" erhält damit das „Trainieren" – auch im Schulsport – einen unverzichtbaren Stellenwert.

Den vermittelnden Begriff bildet hierbei das *Üben*: Es erscheint einerseits als notwendige Bedingung des Lernens, andererseits als Voraussetzung zur Entwicklung körperlicher Fähigkeiten, wie gerade die Übungsbeispiele zum Thema „Springen" deutlich machen können.

(3) Die Vielfalt der Bewegungsmöglichkeiten, wie sie hier angedeutet ist, muß für den Sportunterricht erhalten bleiben, auch wenn dies in den Lehrplänen nur unvollkommen zum Ausdruck kommt, und zwar aus zwei Gründen,

- um eine allgemeine, vielseitige und grundlegende körperliche Ausbildung der Schüler zu gewährleisten,
- um einen abwechslungsreichen und interessanten Unterricht zu bieten.

Hier ist primär der didaktische Zielbereich der *Körperbildung* (oder in der Terminologie der Trainingslehre ausgedrückt, der Konditionsschulung bzw. des Konditionstrainings) angesprochen.

(4) Daneben muß der Schüler im Sportunterricht mit den Grundfertigkeiten oder Basistechniken der elementaren und allgemein zugänglichen Sportarten vertraut gemacht werden,

- um jederzeit, d.h. in seinem gegenwärtigen oder zukünftigen Leben, eine zufriedenstellende sportliche Betätigung aufnehmen zu können,

– um einen Einblick in einen wesentlichen Bereich der menschlichen Bewegungskultur zu erhalten.

Hier ist primär der didaktische Zielbereich der *Bewegungsbildung* (nach der Terminologie der Trainingslehre der Technikschulung bzw. des Techniktrainings) angesprochen.

(5) Körperbildung und Bewegungsbildung stehen, wie schon wiederholt gesagt, in einem Wechselverhältnis, insofern als

- jede körperbildende oder konditionsschulende Wirkung eine entsprechende Bewegungstätigkeit voraussetzt,
- sportliche Fertigkeiten bestimmte körperliche (konditionelle und koordinative) Voraussetzungen erfordern.

Dabei sind die Beziehungen zwischen Körperbildung und konditionellen Fähigkeiten einerseits und Bewegungsbildung und koordinativen Fähigkeiten andererseits deutlich enger als im jeweils umgekehrten Fall. Das auf S. 18 wiedergegebene Schema läßt sich somit in folgender Weise weiter ausdifferenzieren:

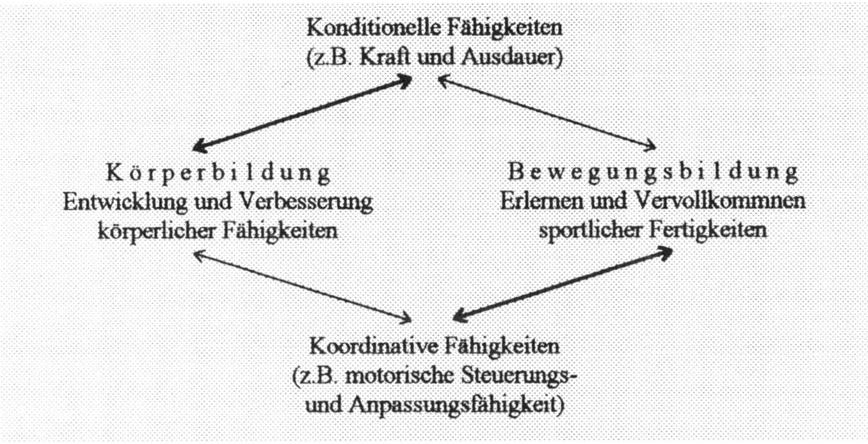

(6) Die unterrichtliche Konsequenz aus diesen Überlegungen besteht darin, daß in jeder Sportstunde deutliche *Schwerpunkte* hinsichtlich der beiden Zielbereiche zu setzen sind. Die in der Praxis häufig zu beobachtende Bevorzugung einer unstrukturierten „Technikschulung" ist in dieser Form jedenfalls nicht gerechtfertigt.

Theoretische Bezüge

Ziele und Inhalte im Sportunterrichts („Handbuch" S. 15); Sportunterricht ohne Sportarten? („Handbuch" S. 32); „Üben"(„Handbuch" S. 227); Der Sportlehrplan im Spannungsfeld von Tradition und Innovation („Handbuch" S. 345).

Hangeln, Schwingen, Schaukeln

Inhalte

- Beispiele für Übungen, die aus der Grundtätigkeit „Hängen" abgeleitet sind.

Ziele

- Auf einen im Schulsport häufig vernachlässigten Teilbereich der Körperbildung aufmerksam machen.
- Grundlagen und Voraussetzungen des „Schwungturnens" darlegen.
- Auf eine sinnvolle Einordnung des „Schaukelringeturnens" hinweisen.

Programm

Zur Terminologie

Beim *Hangeln* wird der Körper in einer annähernden Ruhelage überwiegend mit Armkraft bewegt. Die Bewegungsrichtung kann dabei waagerecht, schräg oder senkrecht sein.

Beim *Schwingen* bewegt sich der Körper relativ zu einem meist festen, gelegentlich auch beweglichen Gerät. Dieser Begriff ist im folgenden auf das Schwingen im Hang eingegrenzt.

Beim *Schaukeln* bewegt sich der Körper als Ganzes zusammen mit einem Gerät, unabhängig davon, ob er zugleich noch schwingt oder nicht.

Übungsbeispiele

Hangeln

1. Hangeln im Streckhang (an entsprechend hohen Geräten, z.B. Reck oder höherer Holm des Stufenbarrens):
   - im Seithang (Hände greifen nach),
   - im Querhang (Hände greifen über),
   - als Drehhangeln nach rechts und links (Körper dreht immer in dieselbe Richtung, Wechsel von Rist- und Kammgriff).

   Als Sonderform erscheint (an etwas niedrigeren Geräten) das Hangeln mit gestreckten Armen, aber gebeugten Beinen.
2. Hangeln im Beugehang (mit gestreckten oder gebeugten Beinen) an kopf- bis reichhohen Geräten.
3. Hangeln im Beugehang mit gebeugten Beinen und angehobenem Körper an niedrigen Geräten, am Barren auch im Querhang mit Griff an beiden Holmen.

   Alle Hangelübungen im Beugehang, vor allem die letztgenannte, lassen sich auch in Spielformen durchführen, z.B. wie folgt: Unter dem Gerät (z.B. Barren) liegt eine Matte, je nach Leistungsfähigkeit der Schüler quer oder längs, die einen Fluß mit Krokodilen darin darstellen soll. Wer die Matte berührt, ist „gefressen" und scheidet aus. Als vereinfachte Form bietet sich das Hangeln mit eingehängten oder aufgelegten Beinen an, z.B. am Barren oder Schwebebalken.

4. Hangeln an Kletterstangen oder Tauen:
   Die bislang waagerechte Bewegungsrichtung wird jetzt in die Senkrechte verlegt. Dieses sehr anspruchsvolle, aber mit einiger Übung durchaus erreichbare „Klettern nur mit den Armen“ wurde einstmals als „Klimmen“ bezeichnet, wovon sich noch heute die Bezeichnung „Klimmzug“ ableitet.

Schwingen

1. Schwingen im Streckhang („Langhang“) mit Absprunghilfe, z.B. von einem hinter dem Gerät stehenden, knie- bis hüfthohen Kasten oder kleinen Kästen:
   - Aus dem Stand auf dem Kasten mit Griff an der Stange (am Holm) oder aus dem leichten Anspringen: Vorschwung, Rückschwung, Niedersprung nach einem angedeuteten Anstemmen („Körper vor dem Loslassen senkrecht stellen“). Es üben stets zwei oder drei Schüler zugleich.
   - Vorschwung und Niedersprung aus einem angedeuteten Unterschwung heraus („Schnepper“). Bei den ersten Versuchen sichert ein daneben stehender Helfer.
   - Einzeln: Am Ende des Vorschwungs „Hüftschnepper“ mit 1/2 Drehung in den Zwiegriff, Niedersprung beim nächsten Rückschwung: „Hangkehre“ (auch mehrfach hintereinander).
   - Schwingen im Streckhang, mehrfach mit Schwungverstärkung, auch mit folgender Aufgabenstellung: Jeweils am Ende des Rückschwungs Anstemmen mit Grifflösen und sofortigem Wiederfassen der Reckstange.
2. „Schwungholen“ am sprunghohen Reck:
   Hier geht es um eine recht schwierige Übung. Die beiden einfachsten Formen:
   - Aus dem Stand genau unter der Reckstange: Sprung in den Beugehang und sofortiger Unterschwung.
   - Aus dem Stand etwas hinter dem Gerät: Vor- und Rückpendeln mit leicht gebeugten Armen, am Ende des Rückschwungs Klimmzug mit sofortigem Unterschwung.

4. Schwingen im Beugehang, z.B. wie folgt:
   - Aus dem Stand hinter dem knapp reichhohen Reck: mit kräftigem Anspringen Vorschwung, Rückschwung, Niedersprung.
   - Mehrfach schwingen und versuchen, den Schwung fortlaufend zu verstärken.
5. Schwingen an relativ niedrigen Geräten (Reck, ggf. Barren) mit gestreckten Armen und gebeugten Beinen:
   - Aus dem Stand hinter dem Gerät: Anspringen, Vorschwung, Rückschwung wieder zum Stand („Affenschaukel“). Es turnen zwei oder drei Schüler zugleich jeweils in mehreren Wiederholungen.
   - Dasselbe auch so, daß die Füße immer gleichen Abstand zum Boden haben, ggf. auch mit gestreckten Beinen.
   - Dasselbe auch mit 1/2 Drehung am Ende des Vorschwungs.

6. Schwingen an sprunghohen, ruhig hängenden Ringen oder mit entsprechender Griffhöhe an Tauen:
   - Schwingen im Streckhang, am Ende des Rückschwungs Anstemmen und Niedersprung.
   - Aufschwingen aus dem Pendelschwung in den Sturzhang, auch mehrfach. Der Körper sollte dabei möglichst gestreckt bleiben.
   - Für Geübte: „Einkugeln“ aus dem Rückschwung in den Sturzhang.
7. Schwingen an kopf- bis reichhohen, ruhig hängenden Ringen oder Tauen:
   - Aufschwingen aus dem Stand in den Sturzhang, mehrfach hintereinander (Tau zwischen den gegrätschten Beinen).
   - Aufschwingen in den Sturzhang, Senken zum Hang rücklings, Niedersprung oder (schwieriger) Rückbewegung über den Sturzhang zum Stand.

Schaukeln

Schaukeln sollte nicht mit Schaukelringeturnen gleichgesetzt werden. Schaukeln kann man, die übliche Geräteausstattung vorausgesetzt, an Ringen oder Tauen, die jeweils einzeln oder paarweise verwendet werden können. Taue (und wie Taue verwendete Ringe) haben den Vorteil, daß die Griffhöhe beliebig wählbar ist.

1. Schaukeln im Beugehang von Gerät zu Gerät (Weichböden, Kästen, Bänke), auch mit 1/2 Drehung bei der Landung:
   - in einfachem Durchgang (Die Taue oder Ringe werden dem nächsten zugeschwungen),
   - mehrfach hintereinander,
   - von einem niedrigeren auf ein höheres Gerät.
2. Schaukeln im Streckhang oder Beugehang mit Start von einem Gerät und Niedersprung am Ende des Vorschwungs, ggf. auch über ein Hindernis. Der Niedersprung erfolgt aus einem angedeuteten Unterschwung heraus.
3. Schaukeln mit Start aus dem Hockstand oder Sitzen auf dem Boden oder einem niedrigen Gerät, auch so, daß die Füße sich stets dicht über dem Boden bewegen.
4. Schaukeln im Streckhang mit Schwungverstärkung durch Bodenkontakte beim Vor- und Rückschwung und betontes Vor- und Rückschwingen des Körpers.
5. Einfache Übungen an den Schaukelringen:
   - Schaukeln mit Abgang beim Vorschwung („Ablaufen“) oder Rückschwung (Anstemmen und Niedersprung).
   - Schaukeln mit betontem Seitführen der Arme im hinteren Umkehrpunkt.
   - Schaukeln mit 1/2 Drehung am Ende des Vorschwungs (jeweils „einwärts“ und „auswärts“!).
   - Klimmzug in den Beugehang am Ende des Rückschwungs, Vorschwung im Beugehang, „Langwerden“ am Ende des Vorschwungs („Pumpe“).
   - Schaukeln im Sturzhang, den man entweder am Ende des Vorschwungs oder (schwieriger) am Ende des Rückschwungs einnehmen kann.

Klettern

Zur Terminologie:

Unter *Klettern* ist jede aufwärtsgerichtete Bewegung zu verstehen, die mit Armen und Beinen zugleich erfolgt. Dient die Armtätigkeit nur der Gleichgewichtserhaltung, geht das Klettern in ein *Steigen* über, trägt sie die Hauptlast der Fortbewegung, liegt mehr ein *Hangeln* vor. Im folgenden ist der Begriff des Kletterns auf die Aufwärtsbewegung an Stangen und Tauen eingegrenzt.

1. Erlernen des Kletterschlusses mit den Beinen: Füße und Unterschenkel werden so an die Stange (bzw. das Tau) angelegt, daß sie mit der Außenseite das Gerät berühren, das hintere Bein mehr mit dem Fußrist, das vordere mehr mit Ferse und Knöchel. Künstler unter den Schülern klemmen Stange oder Tau einfach zwischen die Fußsohlen.
2. Die Aufwärtsbewegung erfolgt anfänglich mehr durch den Beinschub; die Arme fixieren den Körper beim Nachziehen der Beine. Geübtere klettern mit aktivem Armzug. Abwärts wird geklettert, nicht gerutscht.
3. Übungsformen:
   - Abwärtsklettern (z.B. von einem Kasten aus).
   - Jeder klettert so hoch, wie er kann, und langsam wieder ab.
   - Wer kommt ganz hinauf?
   - Für Geübtere: Klettern auf Zeit oder auf Dauer (d.h. mehrere Bahnen ohne wesentliche Pause); beim Klettern zur nächsten Stange wechseln; an zwei Stangen zugleich klettern.

Anhang

Die „Tarzanbahn“

Eine mehr spielerische und in vieler Hinsicht recht attraktive Anwendungsform des Schaukelns (vor allem im Beugehang) ist die sogenannte Tarzanbahn. Ihr Grundprinzip besteht darin, daß der Schüler nur mit Hilfe von Schaukel-, Kletter- und Balanciergeräten die gesamte Halle durchquert, ohne dabei den Boden zu berühren.

Entwurf und Konstruktion einer solchen Gerätebahn erfordern freilich eine intensive – und für jede Halle von neuem anfallende – Vorbereitungs- und Experimentierphase, die normalerweise nicht im Unterricht stattfinden kann. Auch im Fachseminar dürfte sich diese Zeit kaum erübrigen lassen, so daß man hier eher auf eine Vorführstunde verwiesen ist.

Eine einmal gefundene Lösung sollte unbedingt in einem Plan festgehalten werden, der als Grundlage für den Aufbau im Klassenunterricht dienen kann. Der dennoch recht erhebliche Zeitaufwand ist nur vertretbar, wenn durch Absprache mit den Kollegen eine Mehrfachnutzung in mehreren Klassen hintereinander möglich ist.

Hinweise zum Aufbau:

Ringe und Taue werden prinzipiell einfach verwendet. Nicht benötigte Seile sollte man hochziehen. Sowohl Taue wie Ringe lassen sich in beliebigen Schwungebenen (also auch schräg zur Hallenlängsachse) benützen. Start- und Landeplätze müssen etwa gleichen Abstand zum Aufhängepunkt der Schaukelgeräte haben und auf einer Linie liegen. Die Landeflächen müssen groß genug sein. Die Schwungweite der Pendel sowie die Höhe der Start- und Landeplätze müssen auf den Leistungsstand der Schüler abgestimmt sein: Je größer der Pendelausschlag, desto höher die körperlichen Anforderungen.

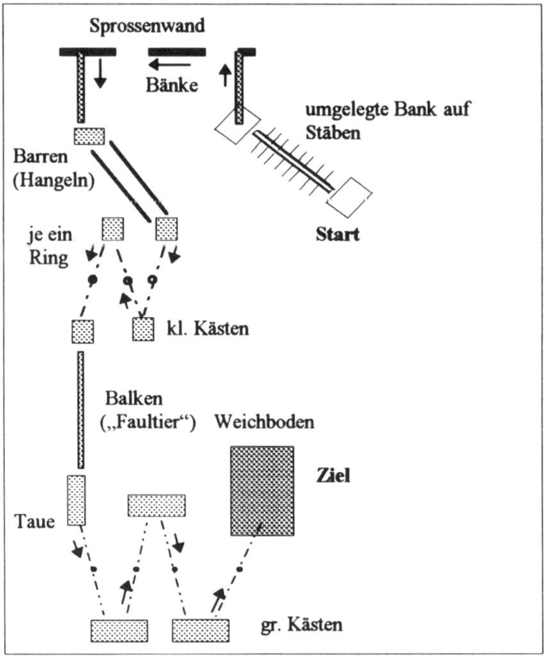

Abb. 1

Kletter-, Hangel- und Balancierstrecken (z.B. an Sprossenwand, Reck, Barren, Schwebebalken) sind ggf. durch Matten abzusichern.
Abb. 1 zeigt ein konkretes, für eine bestimmte Halle entworfenes Beispiel.

Auswertung

(1) Mit „Hangeln – Schwingen – Schaukeln“ stehen die in der Überschrift genannten Tätigkeiten in einer logischen Abfolge, ausgerichtet an dem jeweils ansteigenden Bewegungsumfang. Für die Unterrichtspraxis gilt jedoch, daß in jedem der drei Bereiche einfachere und schwierigere Übungen zu verzeichnen sind. Es hängt also primär vom *Anlaß* ab, ob man hangelt, schwingt oder schaukelt.

Der mit diesen Tätigkeiten umschriebene Bereich des Schulsports steht gegenwärtig etwas außerhalb des allgemeinen Interesses, wahrscheinlich deshalb,

- weil diese Übungen pauschal dem „Turnen“ zugeordnet werden und vielleicht als überholt gelten,

– weil der unausweichliche Geräteeinsatz, sofern die Geräte erst bereitgestellt werden müssen, als zeitraubend und unbequem empfunden wird.

(2) Zum ersten Problem ist zu bemerken, daß die hier behandelten Übungen eine unverzichtbare körperbildende, d.h. konditions- und koordinationsschulende Funktion haben. Dem zweiten Problem läßt sich dadurch etwas abhelfen, daß fest installierte Geräte (z.B. Sprossenwände, Kletterstangen, Taue) oder improvisierte Übungsmöglichkeiten (z.B. an Geländern und Abschrankungen) mit herangezogen werden. Solche Gelegenheiten sind naturgemäß beim Hangeln am ehesten gegeben.

(3) *Hangeln* ist unter den genannten Tätigkeiten die einfachste und zugleich die mit dem breitesten Anwendungsspektrum: Es ist in den einfacheren Formen jedem, auch dem schwächeren Schüler, zugänglich und stellt in den schwierigeren Formen höchste konditionelle Anforderungen. Hangeln im Streckhang dient vorwiegend der Griffsicherheit und ist damit Voraussetzung für das Schwingen und Schaukeln. Die nachhaltigste körperbildende Wirkung geht von Hangeln im Beugehang aus, nach Möglichkeit mit zugleich etwas angehobenem Körper.

(4) *Schwingen* ist überwiegend Schwingen im Streckhang und als solches eine primär „technische“ Fertigkeit. Es ist eine der Grundvoraussetzungen für das Gerätturnen. Dennoch sollten die übrigen Formen des Schwingens nicht vernachlässigt werden. Schwingen an beweglichen Geräten (z.B. an den Ringen) erfordert eine andere Technik als an festen Geräten (z.B. am Reck). Es ist sozusagen „Schwingen an sich“.

(5) *Schaukeln* hat nur als aktive Tätigkeit einen Sinn. Das häufig zu beobachtende passive Schaukeln an den Ringen bringt dem Schüler nicht viel und ist zudem nicht ungefährlich, da bei Griffverlust ein „Wegfliegen“ vom Gerät unvermeidlich ist. Mögliche Sturzfolgen können dabei auch durch gute Mattenlage (Weichböden) und Sicherheitsstellung nur abgemildert werden. Zum *Schaukelringeturnen* wird das Schaukeln erst, wenn zugleich auch geschwungen wird. Es sprechen also mehrere Gründe dafür, den Einstieg in das Ringeturnen über das Schwingen zu wählen, nicht zuletzt der Umstand, daß isoliertes Schaukelringeturnen die Intensität des Unterrichts in einem kaum zu verantwortenden Ausmaß verringert.

(6) *Klettern* war früher ein wesentlicher Bestandteil des Schulsports. Bis in die Nachkriegszeit hinein galt es als eine der „klassischen“ Disziplinen des Gerätturnens. Seitdem ist es eher in den Hintergrund getreten, vermutlich deshalb, weil den Schülern sehr oft die konditionellen Voraussetzungen dazu fehlen. An diesem Beispiel wird jedoch ein grundsätzliches pädagogisches Problem deutlich: Soll (oder muß) man auf einen bestimmten Lehr- oder Lerngegenstand nur deshalb verzichten, weil die Schüler damit Schwierigkeiten haben, oder ist dies nicht eher ein Grund, gezielt gegen diesen Mangel anzugehen?

Ungeachtet dieser Grundsatzfragen hat auch das Klettern seinen „wunden Punkt“: Ein Kletterschluß mit Schuhen und Strümpfen ist ineffektiv, weil zu „rutschig“, mit bloßen Füßen für viele aber recht schmerzhaft. Fazit: Wer Klettern für wichtig hält, sollte es sorgfältig vorbereiten, wer nicht, sollte auf entsprechende Hangelübungen nicht verzichten.

(7) Das *Fels- oder Sportklettern*, das durch die Anlage von Kletterwänden im Freien und in der Halle durchaus in den Schulsport einbezogen werden könnte, folgt gänzlich anderen Prinzipien als das hier dargestellte Klettern, vor allem den nachstehenden:

- Felsklettern ist Klettern auf einer Fläche; der Kletterer muß zuerst feststellen, wo und wie er überhaupt vorwärtskommen kann: Man klettert „mit den Augen".
- Felsklettern erfolgt überwiegend durch Hub mit den Beinen von einem festen, wenn auch noch so kleinen Tritt aus; die Hände halten das Gleichgewicht: Man klettert „mit den Beinen".
- Die Fortbewegung erfolgt so, daß von den vier möglichen Fixpunkten stets drei am Fels sind und nur einer verändert wird: Man klettert nach der „Drei-Punkte-Regel".

Theoretische Bezüge

Vgl. die Themenbeispiele 4, Medizinball, und 5, Springen.

Themenbeispiel 7

Kleine Spiele zur Konditionsschulung

Inhalte

- Ausgewählte kleine Spiele für den allgemeinen Unterrichtsbetrieb.

Ziele

- Die Eignung spielerischer Elemente für die Entwicklung konditioneller Fähigkeiten untersuchen.
- Einen ersten Einblick in die didaktische Problematik von „Spielformen" vermitteln.

Programm

Zum Thema

In diesem Themenbeispiel kann es nicht darum gehen, alle oder auch nur die Mehrzahl der kleinen Spiele auf ihre konditionsschulende oder körperbildende Funktion hin zu untersuchen. Hierfür wird auf die Literatur verwiesen Es soll vielmehr versucht werden, an einigen Beispielen die Bedingungen aufzuzeigen, unter denen solche Wirkungen erwartet werden können.

Fangspiele

„*Fangerles*" stellt bereits in seiner Grundform ein kleines „Konditionsspiel" dar: Schnelle Antritte, plötzliche Richtungswechsel, Ausweich- und Täuschbewegungen werden in spielerischer Form, also unbewußt und erlebnisreich geübt. Bedingung ist freilich, daß die Spielerzahl eine gewisse Grenze nicht überschreitet und zur Spielfeldgröße in einem vernünftigen Verhältnis steht. In großen Klassen sollte also, wo immer möglich, auf mehreren Feldern gespielt werden.

Beim weniger bekannten *„Paarfangen“* (paarweise mit Handfassen) kommt zur Laufbelastung eine spezifische Kraftbeanspruchung hinzu, da bei den Richtungswechseln der kurveninnere Partner den äußeren „herumziehen“ muß.

Beim *„Huckepackfangen“* verschiebt sich die konditionelle Belastung in Richtung auf Kraftausdauer. Die jeweiligen Partner müssen sich in Größe und Gewicht entsprechen und sollten nach Belieben wechseln können. Innerhalb der Gesamtgruppe dürfen die körperlichen Unterschiede nicht zu groß sein.

Einholspiele

Das bekannteste Spiel aus dieser Gruppe ist *„Tag und Nacht“*. Die Klasse steht in zwei Gruppen, der „Tag-“ und der „Nachtpartei“, mit zwei bis drei Metern Abstand entlang der Mittellinie des Spielfeldes. Auf ein optisches oder akustisches, am besten auf Zufall (Scheibe, Würfel) beruhendes Zeichen (weiß: Tag, schwarz: Nacht) versucht die entsprechende Partei, die Spieler der anderen (davonlaufenden) innerhalb eines bestimmten Raumes einzuholen und abzuschlagen.

Noch deutlicher wird das hier angestrebte Übungsziel des schnellen Antritts, wenn man feste Zuordnungen von etwa leistungsgleichen Partnern vornimmt. Der Start erfolgt jetzt an der Stirnseite des Spielfeldes. Der jeweils vordere Partner läuft nach Belieben ab, der andere setzt nach. Es sind die verschiedensten Startpositionen möglich (z.B. Hochstart, Tiefstart, aus dem Sitzen, aus der Rücken- und Bauchlage mit Blick zueinander und in Laufrichtung). Dasselbe kann auch mit neutraler Zone, in der nicht abgeschlagen werden darf, gespielt werden (Abb. 1).

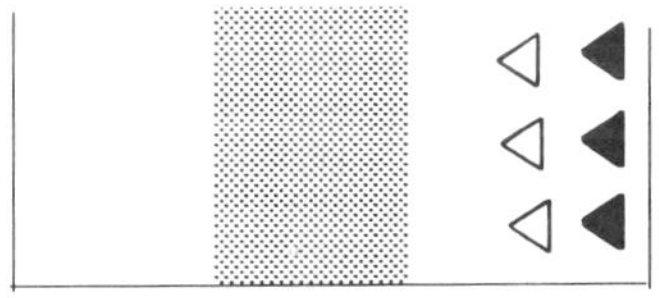

Abb. 1

Treibballspiele

Mit dem Medizinball gespielt, wird das altbekannte *Treibball- oder Grenzballspiel* zu einem „Konditionsspiel“ mit dem Kennzeichen einer ganzkörperlich ausgerichteten Kraftbelastung. Es sollte freilich nicht ohne spezielle Vorbereitung gespielt werden.

Zwei Parteien stehen beiderseits einer neutralen Zone in der Spielfeldmitte. Die jeweils werfende Partei versucht, den Ball so weit wie möglich in das gegnerische Feld zu werfen. Es ist ratsam, dabei nur beidhändige Schwungwürfe vorwärts und rückwärts über den Kopf zuzulassen. Der Rückwurf erfolgt von dem Punkt, an dem der Ball zu Boden gefallen ist. Wird der Ball gefangen, darf der Fänger je nach Spielfeldgröße einen bis drei Schritte nach vorn laufen. Es sollte in kleinen Mannschaften auf relativ schmalen Spielstreifen gespielt werden. Außerdem kann eine bestimmte Wurfreihenfolge innerhalb der Mannschaften festgelegt werden.

Sitzspiele

Die Fortbewegung erfolgt bei diesen Spielen ausschließlich im „Liegestütz rücklings" („Spinnen-" oder „Krebsgang"); Sitzen ist jedoch erlaubt. Sie stellen gewissermaßen das Nonplusultra der Kraftausdauerschulung mit Schwerpunkt auf der Oberkörperbelastung dar. Sie können als Handball- oder (interessanter) als Fußballspiele durchgeführt werden. Vor allem für das Fußballspiel empfiehlt es sich, innerhalb der beiden Mannschaften eine gleich große „Tor-" und „Feldpartei" zu bilden, die etwa alle zwei Minuten auf ein Zeichen „fliegend" wechseln (Abb. 2).

„Tor" ist die gesamte Hallenrückwand bis zur Kopfhöhe der sitzenden Spieler (Kreidestrich).

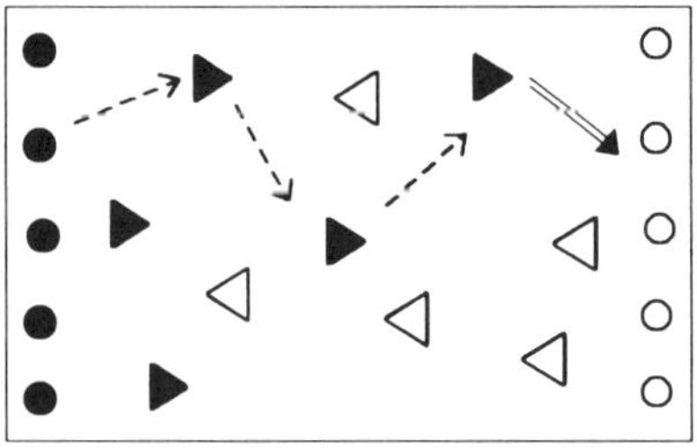

Abb. 2

Das Spielfeld sollte nicht allzu groß und von Wänden umgeben sein. Sofern quer zur Halle gespielt wird, errichtet man auf der offenen Seite eine „Bande" aus Bänken. Es kann auch mit zwei Bällen zugleich gespielt werden. Beim Handballspiel wird ein kleines Spielfeld besser ausgenützt, wenn auf hohe Ziele (z.B. Ring und Netz des Basketballkorbes) gespielt wird. Für dieses und alle ähnlichen Spiele sollte die Regel gelten, daß der Ball bei Torabwurf oder -abschlag nicht über die Mittellinie gespielt werden darf.

Raufballspiele

Raufballspiele (vgl. auch Themenbeispiel 38, Spielen – Spiele – Spiel), gleich welcher Art, bringen eine komplexe Kraft- und Ausdauerbeanspruchung. In der Grundform wird mit einem Medizinball gespielt, der in ein Mal (hinter eine Torlinie, auf eine oder mehrere Matten u.ä.) befördert (gerollt, geworfen, getragen) und dort niedergelegt werden soll. Der Ballbesitzer darf gehalten und geklammert werden, muß dann den Ball aber freigeben. Der Spielbeginn kann so erfolgen, daß beide Mannschaften von ihrer Torlinie aus zu dem auf der Mittellinie liegenden Ball starten.

Will man weniger die Kraft-, als vielmehr die Laufbelastung betonen, greift man zum *Blitzballspiel*: Der Ball (Hohlball, aber auch Medizinball) darf hier wie beim Rugbyspiel getragen, aber nur rückwärts oder seitwärts abgespielt werden. Der Ballbesitzer ***muß*** abgeben, wenn er von einem gegnerischen Spieler an der Schulter berührt wird.

Hockeyspiele

Die „volkstümlichen" Versionen des Hockeyspiels sind gekennzeichnet durch ein schnell wechselndes und stark vom Zufall bestimmtes Spielgeschehen, das eine hohe allgemeine Kreislaufbelastung bewirkt. Hier soll lediglich auf zwei Formen hingewiesen werden:

„*Ringhockey*“ wird mit Gymnastikstäben und einem Ringtennisring aus Gummi gespielt. Körpereinsatz kann dabei verboten oder in gewissem Umfang erlaubt sein. Mehr als zwei Spieler sollten ihren Stab nicht zugleich im Ring haben. Dieser darf von den Feldspielern nicht mit dem Fuß gestoppt werden. Es kann auf unterschiedliche Ziele (z.B. Hallenrückwand, normale Tore, umgekippte Bänke, freistehende und von beiden Seiten spielbare „Stangentore“) gespielt werden.

„*Schlappenhockey*“ ist noch bewegungsreicher und wechselhafter. Die Schüler spielen dabei in Strümpfen und haben einen ihrer Sportschuhe (als „Schläger“) in der Hand. Spielgerät ist ein Tennisball. Der Bodenbelag muß allerdings einigermaßen griffig sein; das dennoch unvermeidbare Rutschen ist aber durchaus erwünscht. Es wird ohne festen Torwart auf gekippte Bänke gespielt.

Auswertung

(1) In irgendeiner Weise kann fast jedes kleine Spiel einen Beitrag zur Körperbildung und Konditionsschulung leisten. Bedingung ist freilich,

- daß die Spielerzahl nicht zu groß wird,
- daß das Spielfeld nicht zu beengt ist,
- daß die „Stehzeiten“ nicht zu lang werden.

Diese drei Faktoren stehen untereinander im Zusammenhang. Die Eignung von kleinen Spielen für die Konditionsschulung ist zunächst ein *organisatorisches Problem.*

(2) Kleine Spiele erscheinen durchweg in einer großen Zahl von Varianten und Abwandlungen. Sie können nicht nur mit (fast) beliebiger Spielerzahl, sondern auch mit verschiedenen Spielgeräten und nach unterschiedlichen Handlungsregeln gespielt werden. Die gezielte Verwendung von kleinen Spielen zur Entwicklung und Verbesserung konditioneller Fähigkeiten ist somit auch ein Problem der *Regelgestaltung und -veränderung.*

(3) Diese Wandlungsfähigkeit und Manipulierbarkeit der Spielregeln kann jedoch auch zur Folge haben, daß das Spiel seinen Charakter verändert. Bei dem genannten Treibballspiel würde beispielsweise die erfolgversprechendste Taktik darin bestehen, stets den besten oder jedenfalls die besten Werfer zum Wurf zu bringen. Dem könnte man durch die Regel begegnen, daß derjenige, der fängt, auch werfen muß, doch wären auch dann die Spielanteile der einzelnen Schüler sehr unterschiedlich.

Sofern man jedoch, wie oben angemerkt, eine feste Wurfreihenfolge vorschreibt, macht man aus dem „Spiel“ einen *Gruppenwettkampf.* Bei einem solchen besteht aber immer die Gefahr, daß er nicht so sehr von den besseren Teilnehmern gewonnen, als vielmehr von den schwächeren verloren wird, was diese einem erheblichen sozialen Druck aussetzt (vgl. Themenbeispiel 28, Staffeln - Staffelspiele - Staffelwettbewerbe).

Beim Spiel „Tag und Nacht“ in der Originalversion ist es gleichgültig, wer wen verfolgt und abschlägt. Sobald man aber, wie oben empfohlen, feste Zuordnungen etwa gleichstarker Schüler vornimmt, verschiebt man den Charakter des Spiels unweigerlich in Richtung auf eine *Übungsform*, wenngleich das spielerische Element des Gelingens und Mißlingens noch erhalten bleibt.

Theoretische Bezüge

Was heißt „spielerisch"? („Handbuch" S. 207); Kleines ABC der Trainingslehre („Handbuch" S. 230).

Themenbeispiel 8

Circuit-Training und Stationsunterricht

Inhalte

- Übungen, die für Circuit-Training und Stationsunterricht geeignet sind.
- Beispiele für den Einsatz von Arbeitskarten.

Ziele

- Circuit-Training als Organisationsform der Konditionsschulung vorstellen.
- Das Prinzip des Stationsunterrichts verdeutlichen.

Programm

Das Programm besteht aus drei Teilen: der Demonstration eines Circuit-Rundgangs, den ergänzenden Hinweisen dazu und einem Überblick über den Stationsunterricht als Unterrichtsform.

Beispiel eines Circuit-Programms unter Verwendung von Arbeitskarten

Die Demonstration des Beispielrundgangs ist in folgende Schritte gegliedert:

a) Es werden acht Gruppen von je zwei bis (höchstens) vier Teilnehmern gebildet. Jede Gruppe erhält die Arbeitskarte für eine bestimmte Station. Der Aufbauplan wird ausgehängt oder mit Kreide auf dem Boden markiert.
b) Die Gruppen bauen ihre Station auf. Die Geräteanordnung wird überprüft.
c) Die Gruppen demonstrieren der Reihe nach die Übung ihrer Station. Es werden die notwendigen Ausführungshinweise gegeben.
d) Bei einem Proberundgang hat jeder Teilnehmer genügend Zeit, die Übungen kennenzulernen und auszuprobieren.
e) In einem „Testrundgang" nach bestimmten Zeitvorgaben versucht jeder Teilnehmer, ohne übertriebene Hektik eine möglichst große Zahl von Wiederholungen zu erreichen. Jeder zählt für sich mit.
f) Die erzielte Gesamtpunktzahl wird abgefragt und ggf. in eine Liste eingetragen.

Beschreibung der Stationen:

Station 1: „Liegestütze“ gegen eine Bank

Im Liegestütz, Hände auf einer Bank, werden die Arme gebeugt (Brust berührt die Bank) und wieder gestreckt. Einmal Beugen und Strecken ergeben einen Punkt.

Station 2: Medizinballstoß (2 kg) aus der Bauchlage

Aus der Bauchlage wird der Ball mit beiden Händen angehoben und gegen die Wand gestoßen. In der Ausgangsstellung liegt der Ball auf einer Markierung (z.B. Grund- oder Seitenlinie des Basketballfeldes). Jeder Stoß zählt einen Punkt.

Station 3: Medizinballwurf (3 kg) aus der Rückenlage

Der Ball wird im Liegen vom Boden an die Wand geworfen, im Sitzen wieder gefangen („Erst werfen, dann aufrichten“) und zurück auf den Boden geführt. In der Ausgangsstellung berühren die Fersen eine Markierung (z.B. Spielfeldgrenze). Jeder Wurf zählt einen Punkt.

Station 4: Beidbeinige Sprünge auf einen Kasten

Aus dem Stand (auf einer Matte) vor einem zwei- bis dreiteiligen Kasten wird ein beidbeiniger Aufsprung auf den Kasten (Landung mit ganzer Fußsohle) mit nachfolgendem Niedersprung rückwärts ausgeführt. Ein Sprung zählt einen Punkt.

Station 5: Klimmzüge aus dem Hangstand

Aus dem Hangstand am etwa hüfthohen Reck oder einem niedrigen Barren werden die Arme gebeugt (Brust berührt die Stange oder den Holm) und wieder gestreckt. Jeder Klimmzug ergibt einen Punkt.

Station 6: Reißen einer Reckstange oder Kugel

Die über einem „Mattengraben“ liegende Reckstange bzw. die auf einer Matte liegende Kugel wird aus leichter Hockstellung in einem Zug am Körper entlang schwunghaft nach oben geführt und wieder abgelegt. Jeder Versuch ergibt einen Punkt.

Station 7: Rumpfdrehbeuge aus der Rückenlage

Aus der Rückenlage, Beine angewinkelt, Hände im Nacken verschränkt, wird der Oberkörper angehoben, bis der rechte Ellenbogen das linke Knie berührt (und umgekehrt beim nächsten Versuch). Jedes Anheben ergibt einen Punkt.

Station 8: Beidbeinige Sprünge seitwärts über eine Bank

Aus dem Stand neben einer Bank wird ohne Vorwärtsbewegung hin- und zurückgesprungen. Einmal hin und zurück ergibt einen Punkt.

Zur Gestaltung der Arbeitskarten:

Die Arbeitskarten sollten enthalten

- eine bildliche Darstellung der Übung,
- die Bezeichnung der Übung,
- eine Kurzbeschreibung der Übungsausführung,
- die Angabe der Übungswirkung,
- einen Vermerk zur Zählweise,
- die notwendigen Angaben zum Gerätebedarf und Geräteaufbau.

Für Angaben solcher Art genügt im allgemeinen eine Karteikarte (Abb. 1).

Unabhängig vom gewählten Format und Material (Papier, Karton) sollte man Arbeitskarten in Klarsichthüllen stecken und am Ende der Stunde wieder einsammeln, da man keineswegs voraussetzen kann, daß die Schüler sorgsam mit diesen Dingen umgehen.

Station 8: Beidbeinige Sprünge seitwärts über eine Bank

Aufstellung: Seitlich neben der Bank.

Ausführung: Beidbeiniger Sprung über die Bank ohne Vorwärtsbewegung.

Übungswirkung: Kräftigung der Beinmuskulatur.

Zählweise: Zwei Sprünge (also einmal hin und zurück) = 1 Punkt.

Geräte: Eine Bank

Abb. 1: Beispiel einer Arbeitskarte

Ergänzende Hinweise zur Gestaltung eines Circuit-Trainings

a) Zur Auswahl der Übungen:

Die Übungen sollten einfach und eindeutig in der Ausführung sein. Es ist darauf zu achten, daß sie möglichst wenig Anlaß zu unvollkommener und nachlässiger Ausführung geben. Außerdem sollten die an den einzelnen Stationen erreichbaren Wiederholungszahlen nicht allzusehr voneinander abweichen. Ansonsten verleitet man die Schüler dazu, sich an den „langsamen" Stationen zu schonen, um an den „schnellen" umso mehr Punkte zu sammeln.

Bei näherem Hinsehen wird man freilich feststellen, daß die Zahl der für Wertungs- oder Testrundgänge geeigneten Übungen erheblich geringer ist, als man zunächst annimmt. Selbst in dem dargestellten Beispielrundgang ist nur eine in jeder Beziehung eindeutige Übung enthalten, nämlich die Seitwärtssprünge über die Bank. Dieses Problem läßt sich etwas entschärfen, wenn man für Übungsrundgänge in der Übungsauswahl etwas großzügiger ist.

b) Zur Anordnung der Stationen:

Die Stationen sind so anzuordnen, daß die verschiedenen Muskelgruppen im Wechsel beansprucht werden. Das Grundprinzip stellt sich dabei wie folgt dar:

Arme	⟶	Bauch
↑		↓
Rücken	⟵	Beine

Integriert man in diesen Ablauf einen zweiten, erhält man die Stationenfolge des Beispielrundgangs:

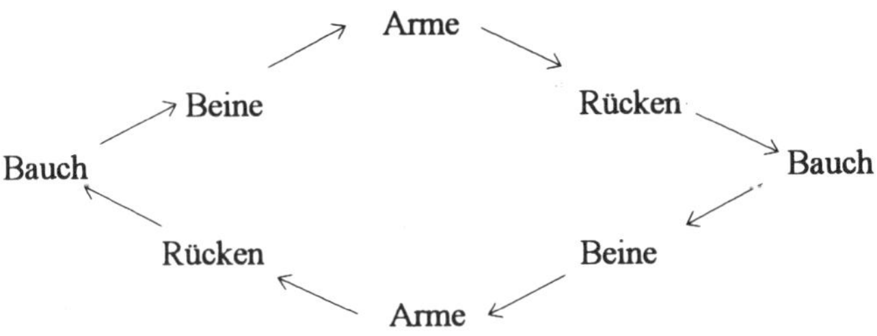

Neben solchen allgemeinen Rundgängen sind jedoch auch solche empfehlenswert, die bestimmte Schwerpunkte setzen, z.B. in der Kräftigung sonst vernachlässigter Muskelgruppen oder in der Vorbereitung auf spezielle sportliche Anforderungen.

Die Zahl der Stationen ergibt sich aus dem Gerätebestand und der Klassengröße; sie sollte aber nicht höher als acht sein. Bei größeren Schülerzahlen kann wechselweise in zwei Gruppen geübt werden: Die Übungszeit der einen Gruppe ist die Pause der anderen.

Die „richtige" Anordnung der Stationen ist auch ein räumliches Problem, denn nicht jede Station läßt sich an beliebiger Stelle der Halle aufbauen. Lange Transportwege für die Geräte sollten vermieden werden.

c) Zur Übungsweise:

Bei der üblichen Durchführung des Circuit-Trainings werden *feste Übungszeiten* mit den entsprechenden Pausen vorgegeben. Das Verhältnis von Belastungsdauer zu Pausenlänge kann dabei je nach Art des Rundgangs, aber auch nach Alter und Leistungsstand der Schüler zwischen 15/30 s und 30/20 s schwanken. Dabei sind zwei Verfahrensweisen möglich:

- Es werden nur Maximalrundgänge, ggf. mit fortlaufender Leistungskontrolle, durchgeführt. Dabei ist in der Regel nur ein Durchgang möglich.
- Die Maximaltests werden lediglich im Abstand von einigen Stunden vorgenommen. In der dazwischenliegenden Zeit werden Übungsrundgänge eingesetzt, bei denen die Schüler es etwas langsamer angehen lassen können. Dieses Vorgehen erlaubt dann aber mehrere Wiederholungen.

Eine weitere Möglichkeit liegt in der Vorgabe *fester Wiederholungszahlen*, und dies ebenfalls in zwei Varianten:

- Es sind keine Pausen vorgesehen; es zählt nur die Gesamtdurchlaufzeit. Dabei darf, dem Prinzip der Dauerleistungsmethode entsprechend, die Belastungsintensität an den einzelnen Stationen nicht zu hoch sein. Beim Aufbau der Stationen sind „Überholspuren" vorzusehen.
- Es wird nach den Regeln der Wiederholungs- oder intensiven Intervallmethode mit hohen Belastungsintensitäten und langen Pausen geübt. Damit ist der Übergang zum Stationsunterricht gegeben.

d) Leistungs- und Belastungskontrollen:

Bei den Leistungskontrollen kann das Ergebnis an jeder Station oder nur das Gesamtergebnis festgehalten werden. Dabei zählt entweder jeder selbst mit und schreibt auf oder der Partner kontrolliert.

Belastungskontrollen sind nur näherungsweise über die Pulsfrequenzen möglich. Diese aber sind sehr stark von der jeweils letzten Station abhängig und somit nur bedingt vergleichbar. Der Belastungspuls (unmittelbar nach Beendigung des Übens) kann bei Schülern durchaus über 200 liegen, was unbedenklich ist, wenn er sich nach einigen Minuten wieder normalisiert.

e) Zur Planung von Circuit-Programmen:

Das Circuit-Training sollte sinnvoll in die Jahresplanung eingefügt werden: allgemeine Programme eher nach längeren Ferienperioden, spezielle Programme im jahreszeitlichen Wechsel zur Vorbereitung auf kommende sportliche Anforderungen. Die Dauer eines Programms sollte sechs Wochen nicht übersteigen. Vor allem aus psychologischen Gründen ist dann ein Wechsel angezeigt.

Innerhalb einer Stunde kann das Circuit-Training an beliebiger Stelle plaziert werden. Bei größerem organisatorischen Aufwand und hoher körperlicher Belastung wird es freilich den Hauptteil beanspruchen.

Stationsunterricht

Die dem Circuit-Training zugrundeliegende Unterrichtsform ist der Stationsunterricht. Sein besonderes Kennzeichen besteht, wie schon der Name sagt, darin, daß *Übungsstationen* errichtet werden, an denen die Schüler selbständig nach einem – ggf. bis in die Einzelheiten – vorgegebenen *Programm* tätig werden.

Die Aufgabenstellungen können bei eindeutigen Stationen und einfachen Übungen mündlich erfolgen, ansonsten ist eher die schriftliche Form angezeigt. Diese sollte jedoch so knapp und übersichtlich wie möglich gestaltet sein.

Nachstehend sollen, nur mit den notwendigsten Erläuterungen versehen, drei Beispiele für den Stationsunterricht vorgestellt werden. Inhaltlich sind sie mit Absicht auf einfache Fertigkeiten beschränkt. Bei entsprechender Anleitung der Schüler sind auch schwierigere Übungen möglich.

Bei der Einführung solcher Stationsprogramme ist folgendes Vorgehen zu empfehlen:

(1) In einem gemeinsamen Rundgang werden die Übungen demonstriert und erklärt. Es werden die notwendigen Ausführungshinweise gegeben; auf mögliche Problempunkte wird hingewiesen. Als Gedächtnisstütze bleibt bei jeder Station eine Arbeitskarte zurück. Im allgemeinen genügt dabei die Angabe der Übungsbezeichnung.

(2) Auf einem Proberundgang machen sich die Schüler mit den Übungen vertraut. Auf Grund der dabei gesammelten Erfahrungen werden Richtwerte für die Wiederholungszahlen vorgegeben. Außerdem wird der Wechselmodus festgelegt: Die Schüler wechseln entweder individuell (was genügend Übungsmöglichkeiten voraussetzt) oder gemeinsam (was den Ablauf etwas verzögert).

(3) Bei den Rundgängen in den folgenden Unterrichtsstunden wird versucht, die Übungsausführung zu verbessern und – ohne jede Hast – die Wiederholungszahlen zu steigern.

Beispiel 1: „Kraftübungen“

Station 1: Reck, knapp reichhoch: Hangeln im Beugehang von der einen zur anderen Seite der Reckstange (Füße dürfen den Boden nicht berühren).

Station 2: Ringe, reichhoch: Aufschwingen in den Sturzhang, Rücksenken in den Hang rücklings und Rückbewegung in die Ausgangsstellung.

Station 3: Barren, knapp brusthoch: Aus dem Beugestütz Strecken der Arme zum Stütz („Beugestützdrücken“). Falls diese Übung zu schwierig: Langsames Senken aus dem Stütz in den Beugestütz.

Station 4: Barren wie Station 3: Klimmzüge aus dem Sitz unter einem Holm (Beine gebeugt).

Station 5: Liegestütz, Füße auf einem kleinen Kasten: „Stützeln“ (auf den Händen im Halbkreis um den Kasten laufen; Körper beibt völlig gestreckt).

Station 6: Reck, gut kopfhoch: Hüftaufschwung (je nach Können aus verschiedenen Ausgangsstellungen).

Diesem Programm sollten einige ganzkörperlich ausgerichtete Ausgleichsübungen angeschlossen werden, z.B.:

Station 7: Beidhändige Schwungwürfe mit dem Medizinball gegen eine Wand, abwechselnd vorwärts und rückwärts.

Station 8: Aus dem Hockstand „Herausspringen“ und beidhändiges Ausstoßen eines Medizinballs („Ball an die Decke stoßen“).

Es sei hier ausdrücklich darauf hingewiesen, daß „Kraftprogramme“ dieser Art nicht ohne entsprechende funktions- und zweckgymnastische Vorbereitung eingesetzt werden sollten.

Beispiel 2: „Technikrundgang“ für die Sportspiele

Station 1: Schlagwurf aus mittlerer Entfernung gegen eine Wand; der Ball soll beim Zurückprallen gefangen werden.

Station 2: Innenseitstöße rechts und links gegen eine umgekippte Bank, Stoppen des zurückprallenden Balls.

Station 3: Beidhändiger Druckwurf gegen eine Wand.

Station 4: Basketball-Dribbling im Achterlauf um 2 Malstangen; Abstand: 2 m.

Station 5: Jonglieren eines Fußballs (beliebig).

Station 6: Korbwurf aus dem Stand, Nachsetzen zum Rebound.

Station 7: Fußball-Dribbling im Achterlauf um zwei Malstangen; Abstand: 3 m.

Station 8: Korbleger.

Die in ein solches Programm einbezogenen Fertigkeiten müssen von den Schülern zumindest in der Grobform beherrscht werden.

Beispiel 3: Gerätübungen

Station 1: Barren: Kehre rechts am Barrenende, Weiterlaufen zur Gegenseite, Kehre links u.s.f.

Station 2: Reck: Hüftaufschwung, Niedersprung, Unterschwung, Zurücklaufen zum Ausgangspunkt.

Station 3: Barren: Wende rechts am Barrenende (Blick nach außen), Weiterlaufen zur Gegenseite, Wende links u.s.f.

Station 4: Reck: Sprung in den Stütz, Senken vorwärts und „Hüftabzug" in den Stand, Unterschwung, Zurücklaufen zum Ausgangspunkt.

Station 5: Zwei Böcke (quer) mit einer Mattenbreite Abstand hintereinander: Grätsche als Doppelsprung, Zurücklaufen zum Ausgangspunkt.

Station 6: Handstand (mindestens zwei Sekunden in völliger Streckung) entweder paarweise im Wechsel oder gegen eine Wand.

Station 7: Zwei Kästen, seitgestellt, mit einer Mattenbreite Abstand hintereinander: Hockwende rechts und links als Doppelsprung, Zurücklaufen zum Ausgangspunkt.

Station 8: Überschlag seitwärts (Rad) über eine quergelegte Matte, Rolle vorwärts zurück zum Ausgangspunkt.

Die verwendeten Übungen müssen von den Schülern so weit gekonnt werden, daß ein Üben ohne Hilfestellung möglich ist (Ausnahme Handstand). Die Niedersprungstellen sind durch Matten zu sichern. Die Gerätehöhen sollten im Hinblick auf Alter und Leistungsstand der Schüler eher etwas zu niedrig sein.

Auswertung

(1) Das *Circuit-Training* ist keine Trainingsmethode, sondern eine speziell für das Konditionstraining geschaffene *Organisationsform*. Es kann auf jede Trainingsmethode ausgerichtet werden.

Die üblichen Programme stellen durchweg Mischformen des extensiven und intensiven Intervalltrainings dar. Ihre Haupttrainingswirkung geht in die Richtung der Kraftausdauer. Bei relativ niedrigem Ausgangsniveau sind auch deutliche Fortschritte hinsichtlich Kraft und allgemeiner Ausdauer zu verzeichnen.

Das Circuit-Training hat in den 60er und 70er Jahren großen Anklang gefunden. Heute hat es an Interesse verloren, wahrscheinlich weil es einen doch recht erheblichen organisatorischen Aufwand erfordert und weil sich andere, vor allem funktionsgymnastisch orientierte Formen der Körperbildung in den Vordergrund geschoben haben.

Die im Zuge dieser Entwicklung zu beobachtende Vernachlässigung der Konditionsschulung dürfte jedoch nicht berechtigt sein.

(2) Der *Stationsunterricht* als die „Verallgemeinerung" des Circuit-Prinzips ist vor

allem dann angebracht, wenn Fertigkeiten, die von den Schülern in der Grundstruktur beherrscht werden, intensiv und rationell geübt werden sollen.

Die ausgewählten Übungen müssen jedoch eine gewisse Toleranz gegenüber fehlerhafter und nachlässiger Ausführung besitzen, da die Schüler bei dieser Unterrichtsform der direkten Kontrolle durch den Lehrer weitgehend entzogen sind. Ebenso ist ein höherer organisatorischer Aufwand in Rechnung zu stellen.

Ähnlich wie das Circuit-Training ist also der Stationsunterricht nur dann angebracht, wenn organisatorische Gründe, z.B. die Ausnützung räumlicher Gegebenheiten oder die Verwendung bestimmter Geräte, dafür sprechen. Sobald eine Klasse, z.B. bei Gymnastikübungen, gemeinsam üben kann oder jeder Schüler seinen Ball zur Verfügung hat, sind „frontale" Unterrichtsformen rationeller. Es spricht jedoch nichts dagegen, auch einen solchen Frontalunterricht nach dem Circuit-Prinzip durch vorgegebene Programme zu gliedern und zu steuern (z.B. durch Bildung von „Ketten" oder „Serien" bestimmter Übungen und die Angabe entsprechender Wiederholungszahlen).

Theoretische Bezüge

Die organisatorische Gestaltung des Sportunterrichts („Handbuch" S. 74); Methoden („Handbuch" S. 160); Was heißt „trainieren"? („Handbuch" S. 213); Kleines ABC der Trainingslehre („Handbuch" S. 220); Üben („Handbuch" S. 227).

Themenbeispiel 9

Konditionsgymnastik mit Musik

Inhalte

- Beispiele für „Gymnastikprogramme" mit Musik.

Ziele

- Möglichkeiten und Probleme des Einsatzes von Musik bei körperbildenden und konditionsschulenden Übungen aufzeigen.
- Einige Hinweise zum Umgang mit funktionsgymnastischen Übungen geben.
- Anmerkungen zur Beteiligung der Schüler bei der Programmgestaltung machen.

Programm

Zum Thema

Daß Musik im Sport eine „Motivationshilfe ersten Ranges" darstellt, ist unbestritten. Dies gilt für kommerzielle Sportanbieter, den Vereins- und Schulsport sowie für alle Altersgruppen gleichermaßen. Nichts liegt somit näher, als auch körperbildende und konditionsschulende Übungen in dieser „Verpackung" anzubieten. Nach wie vor dürften sich davon eher die Mädchen angesprochen fühlen, doch sollte man auch die bei den Jungen gegebenen Möglichkeiten nicht unterschätzen.

Bei der Behandlung im Seminar dürften jedoch weniger die emotionalen als vielmehr die methodischen Aspekte dieses Themas im Vordergrund stehen. Die ständige Frage lautet dabei: Welche Vorteile kann man von einem Musikeinsatz erwarten, welche Bedingungen sind zu beachten und welche Probleme könnten damit verknüpft sein?

Die Behandlung dieser Fragen soll hier anhand von drei Beispielen mit dem gemeinsamen Übungsschwerpunkt „Bein- und Rumpfmuskulatur" erfolgen. Sie können im Seminar nach Bedarf nur „angespielt" oder auch „durchgespielt" werden.

Ausdauergymnastik

Die unter dem mißverständlichen Begriff „Aerobic" populär gewordene Ausdauergymnastik mit Musik versucht, gymnastische Dehn- und Kräftigungsübungen zusammen mit Lauf- und Sprungübungen so in einen ununterbrochenen Ablauf einzuordnen, daß eine konkrete Ausdauerbelastung hinzutritt. Die Trainingswirkung liegt dabei zumeist im Zwischenbereich von allgemeiner Ausdauer und Kraftausdauer.

Übungsbeispiel 1 (nach E. GROOS)

Musikvorschlag: Surfin'/Beach Boys

Aufstellung: offene Aufstellung, so daß alle den Vormachenden sehen können.

- Laufen auf der Stelle, auch mit Anfersen und Knieheben (30 Sek.).
- Laufen auf der Stelle mit Armbewegungen (Strecken und Beugen nach unten, oben, zur Seite; 30 Sek.).
- Schrittwechselsprünge auf der Stelle, auch mit Händeklatschen vor und hinter dem Körper (8 mal).
- Federn auf einem Bein, dabei Seitspreizen des anderen (4 mal rechts, 4 mal links, Wiederholung).
- Rumpfseitbeugen, Hände mit gestreckten Armen über dem Kopf gefaßt (4 mal rechts, 4 mal links, Wiederholung).
- Rumpfbeugen vorwärts in Grätschstellung, Beine leicht gebeugt, mit Kreuzen der Arme und ganzem Armkreis vor dem Körper beim Aufrichten (8 mal).
- In der Rumpfbeuge, Beine leicht gebeugt, Hände auf dem Boden aufgesetzt: Strecken beider Beine mit Anheben der Fersen (8 mal).
- In der Rückenlage, Beine gebeugt, Füße aufgesetzt: Anheben des Beckens (Nacken hält Bodenkontakt, Arme gestreckt auf dem Boden), etwas verharren und wieder ablegen (8 mal).
- In der Rückenlage mit gestreckten Beinen: ein Bein beugen und mit den Händen zum Körper ziehen, zur Senkrechten strecken (Fußspitzen angezogen) und langsam mit gestreckten Fußspitzen wieder ablegen (je 4 mal).
- In der Rückenlage mit gebeugten Beinen (Knie- und Hüftwinkel etwa 90 Grad): Oberkörper einrollen, dabei die Arme zum Knie führen (8 mal).
- Dasselbe, beide Arme rechts bzw. links am Knie vorbeiführen (je 4 mal).
- Aufrichten zum Stand: Lockeres Vor- und Rückschwingen eines Beines, auch mit Gegenbewegung der Arme (je 10 mal).

Methodische Hinweise:

Programme dieser Art setzen normalerweise ein Vormachen (durch den Lehrer oder einen Schüler/eine Schülerin) voraus; die übrigen machen mit. Dennoch müssen die Übungen zuvor mit der Klasse erarbeitet worden sein. Dabei sollte auch dem Problem angemessener Wiederholungszahlen Beachtung geschenkt werden. Die oben genannten Zahlen stellen für eine gut vorbereitete Mittelstufenklasse eher die Untergrenze dar. Auf eine korrekte Übungsausführung ist immer wieder hinzuweisen. Die Rumpfübungen sollten ruhig und zügig, keineswegs ruckartig und hastig durchgeführt werden. Die Anpassung an die Musik ist bei den Lauf- und Sprungübungen kein Problem, unterliegt naturgemäß aber bei den Rumpfübungen einer gewissen Willkür. Auch dies sollte den Schülern bekannt sein.

Step-Aerobic

Step-Aerobic ist eine neuere Variante der Ausdauergymnastik. Es besteht aus einem immer wieder variierten Auf- und Absteigen auf eine Plattform, zumeist mit zusätzlichen Armbewegungen. Step-Aerobic ist eine der Möglichkeiten, im Unterricht aktuelle Trends zu berücksichtigen. Ein „vollständiges“ Programm umfaßt auch funktionsgymnastische Dehn- und Kräftigungsübungen (vgl. Übungsbeispiel 1).

Übungsbeispiel 2:

Musikvorschlag: One for you, one for me/F. Brown

(Als Ersatz für Stepgeräte können auch Kastendeckel und – etwas anspruchsvoller – stabile und standfeste Bänke dienen.)

1. Sequenz (jeweils acht Zählzeiten):

(1) Gehen auf der Stelle.
(2) Schritt rechts hoch, links hoch, rechts ab, links ab; Wiederholung.
(3) Dasselbe, beim Aufsteigen den Fuß aber diagonal aufsetzen.
(4) Wiederholung von (3).
(5) Schritt rechts hoch, links hoch mit Knieheben zum rechten Ellenbogen, rechts ab, links ab; .
(6) Wiederholung von (5)

2. Sequenz (jeweils acht Zählzeiten):

(1) Schritt rechts hoch an das Ende des Gerätes, links hoch an das andere Ende (Grätschstellung), dabei Arme zur Seite führen, rechts ab, links ab in die Ausgangsstellung; Wiederholung.
(2) Wiederholung von (1)
(3) Schritt rechts hoch, links hoch mit 1/4 Drehung rechts, rechts ab, links ab, links seitwärts hoch, rechts hoch, links ab, rechts ab.
(4) Wiederholung von (3).
(5) Seitwärts rechts und links im Wechsel auf- und absteigen.
(6) Wiederholung von (5)

3. Sequenz:

Acht funktionsgymnastische Dehn- und Kräftigungsübungen zu jeweils acht Zählzeiten.

4. Sequenz:

Wiederholung der ersten Sequenz.

Methodische Hinweise

Auch Stepübungen müssen vorbereitet werden. Wegen ihrer überschaubaren Struktur sind sie besonders dazu geeignet, die Eigeninitiative der Schüler, vor allem der Mädchen, anzuregen. So ist auch die oben beschriebene, relativ einfache Übungsfolge von Schülerinnen einer 10. Klasse zusammengestellt worden. Ob der so erarbeitete Gesamtablauf dann „auswendig" vorgetragen wird oder ob ein „Vortänzer" notwendig ist, muß von Fall zu Fall entschieden werden.

Die Anpassung an die Musik ist bei den Stepübungen geradezu selbstverständlich; für die funktionsgymnastischen Übungen gilt das beim Übungsbeispiel 1 Gesagte.

„Spielerische" Gymnastik

Der spielerische Ansatz der funktionellen Gymnastik versucht, durch Anknüpfen an eine Vorstellung oder ein Bild einen „Bewegungsspielraum" zu schaffen, in dem sich Phantasie und Kreativität entfalten können, dies jedoch in einer bestimmten, vorbedachten Richtung.

Die Musik muß dem Charakter der Aufgabe entsprechen. Es ist also notwendig, für jedes Programm eine passende Musikfolge zusammenzustellen.

Im folgenden werden nur einige Beispiele gegeben; auf ein komplettes Programm wird verzichtet. Zu den Musikvorschlägen vgl. Kapitel 3: Gymnastik/Tanz.

Übungsbeispiel 3 (nach R. POPP)

Einstimmung: „Lauft frei im Raum; bewegt euch dabei wie Blätter, die vom Wind umhergetrieben werden." Einzeln, mit Partner, um und über niedrige Hindernisse.
Musik aus: Lucille/T. Sheridan [1]

Dehnen: „Stellt euch vor, ihr haltet ein Gummiseil gespannt." Im Stehen, auch mit Drehungen, im Liegen, mit Partner (frontal, Rücken an Rücken).
Musik aus: Space Radio/The Galactics [1]

Hoch-tief-Bewegungen: „Betont die Akzente der Musik durch deutliches Hoch-tief-Gehen." Im Stand, in der Fortbewegung, mit Partner, in der Gruppe.
Musik aus: Drums Beguine/B. Christian [1]

Kräftigung der Rumpfmuskulatur: „Rollt wie ein Faß von der Rücken- in die Bauchlage und wieder zurück, ohne daß die Arme und die Beine den Boden berühren." Allein, zu mehreren, aufeinander zu, voneinander weg.
Musik aus: Air à dancer/Penguin [2]

Kräftigung der Bauchmuskulatur: „Ihr wollt aus der Rückenlage, Knie gebeugt, Füße aufgestellt, Früchte pflücken. Der Wind weht die Zweige aber immer wieder nach oben weg, so daß ihr euch ein Stück aufrichten müßt – nicht nur gerade nach oben, sondern auch nach rechts und links." (Die Lendenwirbelsäule bleibt auf dem Boden.)
Musik aus: Hot shot/A. Kahn u.a. [2]

Rumpfbeweglichkeit: „Ihr sollt von ein und demselben Standort aus mit einem Riesenpinsel immer größere Kreise an die Decke malen. Zwischendurch braucht ihr Farbe; dazu beugt ihr euch locker nach unten."
Musik aus: It's only make believe/L. Curtis [1]

Methodische Hinweise

Die an eine bildhafte Vorstellung geknüpfte Aufgabe soll (als „Bewegungsanregung") – zusammen mit dem von der Musik ausgehenden Anreiz – zum Versuchen und Probieren herausfordern. Dennoch müssen die Aufgabenstellungen klar genug umrissen sein, damit die angestrebten Trainingswirkungen auch erreicht werden. Sie sollten auch Variationsmöglichkeiten bieten, um nicht zu bald Langeweile aufkommen zu lassen. Die einzelnen Teile eines Programms sollten eine optimale Länge aufweisen (etwa 45 Sekunden bis höchstens eine Minute) und dazwischen genügend lange Pausen vorsehen, um die nächste Aufgabe anzusagen.

Vormachen wäre hier fehl am Platz, doch kann gelegentliches Mitmachen angezeigt sein. Auch auf Hinweise zur korrekten Ausführung der Bewegungen wird man nicht verzichten können.

Auswertung

(1) Die Bezeichnung *„Konditionsgymnastik"* für die hier dargestellten Übungsbeispiele ist in einem weiten Sinne zu verstehen. Die allgemein üblichen Programme bestehen zumeist aus funktionsgymnastischen Übungen, die vorwiegend auf Rumpfbeweglichkeit und Kräftigung der Rumpfmuskulatur ausgerichtet sind, im Verbund mit (mehr oder weniger ausgedehnten) Lauf- und Sprungübungen. Sie haben somit eine allgemeine körperbildende Funktion, die mit einer speziellen konditionsschulenden übereinstimmen kann, aber nicht muß.

(2) Vor allem die im engeren Sinne funktionsgymnastischen Übungen müssen sorgfältig erarbeitet und immer wieder auf korrekte Ausführung überprüft werden. Dies erfordert eine langfristige Planung im Rahmen von *„variablen Standardprogrammen"*, die eingeübt, systematisch variiert und mit steigendem Trainingszustand allmählich erschwert werden (vgl. Themenbeispiel 1, „Gymnastik"). Bei der Zusammenstellung ist darauf zu achten, daß die Hauptmuskelgruppen möglichst gleichmäßig beansprucht werden (vgl. Themenbeispiel 8, Circuit-Training und Stationsunterricht).

Die „Laufzeit" solcher Programme dürfte, je nach Wochenstundenzahl, bei vier bis sechs Wochen liegen. Längere Programme bedürfen besonderer Maßnahmen, z.B. der weiter unten erwähnten Mitwirkung der Schüler.

(3) Der *zeitliche Umfang* der bislang veröffentlichten Programme zur „Konditionsgymnastik mit Musik" liegt, den Bedürfnissen der Vereine und Studios entsprechend, zumeist bei 45 Minuten, was für die Schule nur in Ausnahmefällen von Interesse ist.

Hier werden normalerweise Kurzprogramme von etwa zehn Minuten benötigt, vor allem für den einleitenden Stundenteil. Für eine schwerpunktmäßige Verwendung im Rahmen bestimmter Unterrichtseinheiten sind auch 20-Minuten-Programme nützlich, die dann im Hauptteil oder gegen Ende einer Stunde plaziert werden.

(4) Der *Einsatz von Musik im Sportunterricht* sollte trotz der gegenwärtig zu beobachtenden Euphorie nicht gänzlich unkritisch erfolgen. Wie die oben aufgeführten Übungsbeispiele zeigen, kann die Musik eine bewegungssteuernde, bewegungsunterstützende oder auch eine mehr anregende Funktion haben.

Daraus ergeben sich im großen und ganzen folgende Vorteile:

- Die von der Musik ausgehende Rhythmusvorgabe zwingt die Übenden geradezu in die Bewegung hinein; die Übungen werden schwungvoller und gleichmäßiger ausgeführt.
- Durch geeignete Musikauswahl können Art und Dauer der Belastung relativ genau gesteuert werden.
- Die animierende Wirkung der Musik, die dadurch recht gelöste Atmosphäre, aber auch die voraussehbare Dauer der Musikstücke veranlassen die Übenden zur bereitwilligen und interessierten Mitarbeit.

Dem stehen aber auch einige Probleme gegenüber:

- Die von der Musik ausgehende Tempovorgabe ist für alle Übenden, unabhängig von ihren körperlichen Voraussetzungen, die gleiche. In extremen Fällen kann die Musik zu einer „Zwangssteuerung" werden, die eine unvollkommene Bewegungsausführung zur Folge hat. (Mögliche Abhilfe: Genaue Abstimmung der Musik auf die Bewegung, Erarbeiten der Übungen ohne Musik).
- Die Musik kann zu einem unentbehrlichen Stimulans werden; Bewegung ohne Musik wird als leer und langweilig empfunden: „Keine Musik, keine Bewegung". (Mögliche Abhilfen: Gelegentlich auch ohne Musik arbeiten; gezielte Hinweise zum Aufbau der Programme und zur Übungswirkung geben, um die „kognitive Komponente" der Konditionsschulung zu betonen).

Zusammenfassend läßt sich zu diesem Punkt feststellen: Musik im Sportunterricht muß eine konkrete Funktion haben; Musik und Bewegung müssen aufeinander abgestimmt sein. Eine nur animierende Rolle der Musik ist problematisch; bloße Hintergrundmusik ist abzulehnen.

(5) Gesundheits- und fitneßorientierte Konditionsprogramme der dargestellten Art bieten gute Möglichkeiten zur *Mitwirkung der Schüler* bei der Planung und Durchführung. Dies gilt vor allem für die Mädchen wegen ihrer meist aktiveren Auseinandersetzung mit der gerade aktuellen Musik und ihrer durchweg besseren Vorkenntnisse aus der Vereinstätigkeit. Dennoch sollte man den Schülern, auch den „Experten" unter ihnen, nicht unvorbereitet die Verantwortung übertragen. Anfangs können sie beispielsweise ein vom Lehrer begonnenes und erläutertes Programm mit eigenen inhaltlichen und musikalischen Ideen weiterführen. Von den Schülern allein entworfene Programme sollte man sich zuerst vorlegen lassen.

Theoretische Bezüge

Funktionsgymnastik oder Zweckgymnastik? („Handbuch" S. 125).

Zitierte Literatur: GROOS, E. in: KNEBEL, K. P.: Funktionsgymnastik. Reinbek 1994.
POPP, R.: Lehrgangsskriptum. Ludwigsburg o. J.

Kapitel 2

Gerätturnen

Als *Kunstsportart* (mit Betonung auf der sportlichen Komponente) ist das Gerätturnen auf *Bewegungsvielfalt* und *Bewegungsqualität* ausgerichtet. Ziel des Turnens ist es, eine möglichst große Anzahl von Bewegungsfertigkeiten auf einem möglichst hohen qualitativen Niveau zu beherrschen. Im Rahmen der sportlichen Leistungsbewertung spielt dabei auch die erreichte *Bewegungsschwierigkeit* eine besondere Rolle.

Das spezifische *Kennzeichen* des Gerätturnens liegt darin, daß der Mensch durch den Einsatz von Großgeräten „von den Beinen geholt" und befähigt wird, aus eigener Kraft eine beliebige Lage im Raum einzunehmen. Damit werden *raumorientierte Bewegungen* im eigentlichen Sinne ermöglicht. Im Vergleich zum Gerätturnen sind die übrigen Sportarten sozusagen „Fußgängersportarten" (was gerade ihre gesellschaftliche und pädagogische Bedeutung ausmacht). Diese besondere Stellung des Gerätturnens bringt es mit sich, daß das Körpergewicht – auch und vor allem – mit Hilfe der Arm-, Schulter- und Brustmuskulatur bewältigt werden muß, einer Muskelgruppe, die unter den heutigen Lebensverhältnissen relativ gering ausgebildet ist. Gerätturnen ist somit ohne eine spezielle *konditionelle Vorbereitung* kaum möglich.

Die didaktische Konsequenz aus diesem Befund besteht darin, daß einerseits die Geräte Reck und Barren bzw. Stufenbarren das „Eigentliche" am Gerätturnen darstellen und auch in der Schule unverzichtbar sind, daß andererseits die Stützsprünge (vorwiegend für die Jungen) und das Bodenturnen (vorwiegend für die Mädchen) einen geeigneten Zugang zum Gerätturnen bieten.

Aus diesen Gründen wird in diesem Kapitel versucht, innerhalb der genannten „Schulturngeräte" eine – freilich nur relative – Vollständigkeit herzustellen.

Die *Vorkenntnisse der Referendare* sind unterschiedlich, bei den Frauen zumeist besser als bei den Männern. Häufig sind auch gewisse Vorbehalte gegen diese Sportart festzustellen, was in der praktischen Seminararbeit berücksichtigt werden muß.

Die *Einstellung der Schüler* ist, zwar nicht durchgängig und bei den Jungen wiederum etwas deutlicher als bei den Mädchen, von einer gewissen Abneigung geprägt, die gelegentlich zur offenen Ablehnung werden kann. Darin mögen sich einige seit langern spürbare und auch in der Literatur feststellbare Zeitströmungen niederschlagen, doch gibt es hierfür auch objektive Gründe: Viele Übungen des Geräturnens erfordern zu ihrem Gelingen bestimmte körperliche Mindestvoraussetzungen (die nicht immer gegeben sind), sodann folgen sie mehr als in anderen Sportarten einem „Alles-oder-Nichts-Prinzip“ (sie gelingen entweder oder mißlingen sichtbar) und schließlich sind einige von ihnen mit einem gewissen Risiko verbunden (was bei manchen Schülern Angst auslöst).

Dies abzumildern ist Aufgabe der *Methodik*, die damit im Gerätturnen eine zentrale Bedeutung gewinnt. Neuerdings ist auf diesem Gebiet jedoch eine gewisse Tendenz zum Außergewöhnlichen und Attraktiven im nahezu artistischen Schwierigkeitsbereich und verbunden mit einem bisweilen nicht mehr vertretbaren Aufwand an Hilfsmitteln zu beobachten. Dies kann nicht im Sinne des Gerätturnens liegen. Hier geht es in erster Linie darum, auch einfache Dinge perfekt darzubieten. Dabei gilt der didaktische Grundsatz, „aus wenigem viel zu machen“. Daneben haben der mehr spielerische Umgang mit der Bewegung und das besondere Bewegungserlebnis durchaus ihre Berechtigung.

Für die *Behandlung* des Gerätturnens im Seminar ergeben sich aus dem hier Dargelegten folgende Schwerpunkte:

- rationelle Methoden und methodische Verfahrensweisen,
- Perfektion im Einfachen und Elementaren,
- Bewegungserlebnisse durch „kleine Kunststücke“.

Übergeordnetes Ziel muß freilich sein, die – in einigen Bereichen unverzichtbare – körper- und bewegungsbildende Funktion des Gerätturnens herauszuarbeiten, seine Rolle als eine der *Grundsportarten* im Schulsportkanon darzustellen und auf diese Weise zu einer positiven Einstellung zu dieser Sportart beizutragen.

Konditionsübungen an Großgeräten

Inhalte

- Übungsbeispiele für Konditionsübungen an Geräten, speziell als Vorbereitung auf das Gerätturnen.

Ziele

- Beispiele für motivierende, dem Schüler aber weniger vertraute körperbildende und konditionsschulende Übungen bieten.
- Die Bedeutung langfristig angelegter „Trainingsprogramme" zur Vorbereitung auf sportliche Leistungsanforderungen herausstellen.
- Den Zusammenhang zwischen (allgemeiner) Körperbildung und (sportartspezifischer) Konditionsschulung aufzeigen.

Programm

Das Programm ist in drei Teile gegliedert:

- Vorbereitende Übungen (ohne Gerät) zur Entwicklung der Stützfähigkeit und Körperspannung.
- Konditionsschulende Übungen an Geräten für den allgemeinen Übungsbetrieb.
- Spezielle Konditionsübungen für das (anspruchsvollere) Reck- und Barrenturnen.

Vorbereitende Übungen

Der hier anstehende Gesamtkomplex ist zunächst im Zusammenhang mit dem Themenbeispiel 6 zu sehen, in dem die aus dem Hängen abgeleiteten Übungen dargestellt werden. Bei den nachfolgenden Übungen geht es ausschließlich um die Verbesserung der Stützfähigkeit und der Körperspannung. Ausgangspunkt hierfür ist das im Themenbeispiel 5, Springen, beschriebene Kriechen („Laufen auf allen vieren") und Stützhüpfen („Von den Füßen auf die Hände springen").

Übungsbeispiele:

- Liegestütz: Arme beugen, auf halber Höhe verharren und wieder strecken.
- Liegestütz: Vor- und Zurückhocken, wechselseitig oder mit beiden Beinen zugleich; Ausführung möglichst langsam und kontrolliert.
- Aus dem Liegestütz ganze Drehung seitwärts über den Liegestütz rücklings wieder zum Liegestütz vorlings (und zurück).
- Liegestütz mit gestreckten Armen oder auf den Ellenbogen (ggf. Matte als Unterlage), Fußspitzen angezogen: wechselseitiges Anheben der Beine, jeweils einige Sekunden verharren.
- Aus dem Sitzen, Hände aufgestützt: Hüften anheben zum Liegestütz rücklings.
- Liegestütz rücklings mit gestreckten Armen oder (schwieriger) auf den Ellenbogen: Beine wechselseitig zur Seite führen, ablegen und wieder zurückführen oder

(schwieriger) Beine wechselseitig anheben. Vorsicht, Knie nicht überstrecken, Gesäßmuskulatur anspannen!

Einige dieser Übungen können auch mit Stütz auf einer Bank ausgeführt werden. Sie werden dadurch zumeist etwas einfacher. Nützliche Übung an der Bank: Aus dem Sitz auf der Bank, Hände aufgestützt, Anheben des Körpers zum Schwebestütz mit gebeugten (für Geübte auch mit gestreckten) Beinen. Damit die Bank nicht kippt, schaut der jeweils nächste auf die andere Seite.

Übungen an Geräten

Barren

1. Hangübungen:
   - Aus dem Sitz unter einem Barrenholm, Knie gebeugt: Klimmzug in den Beugehang, einige Sekunden verharren, langsam wieder senken. Wir schauen dabei über den Holm, genau auf den Holm, unter dem Holm hindurch. Geübt wird vorzugsweise im Ristgriff, aber auch im Kammgriff. Es können bis zu acht Schüler zugleich an einem Gerät üben (Abb. 1). Schwächere Schüler lassen beim Hochziehen die Füße auf dem Boden, geübtere versuchen die Übung mit gestreckten Beinen.

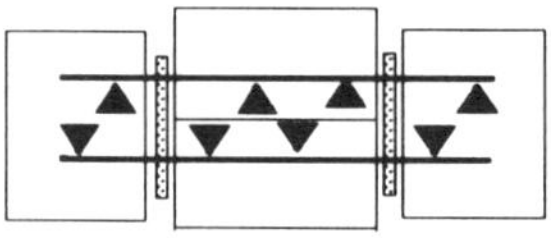

Abb. 1

   - Aus dem Hangstand, Knie gebeugt: Anheben des Körpers (mit oder ohne Abdruck vom Boden), Durchhocken unter dem Holm, Rücksenken zum Stand.
   - Dasselbe, aber wieder vordrehen zum Hangstand, auch mehrfach hintereinander und (schwierig) ohne Bodenkontakte dazwischen.
   - Aus dem Hangstand in der Holmengasse mit Griff an beiden Holmen: Aufschwingen in den Sturzhang („Kopf unten, Füße oben“), Beugen und Strecken des Körpers im Sturzhang.

   Vgl. dazu auch die Hangelübungen aus dem Themenbeispiel 6.
2. Stützübungen:
   - Aus dem Querstand vor dem Barren und kurzem Anlauf: Sprung in den Stütz, Niedersprung mit etwas Raumgewinn nach vorn usw. die gesamte Holmengasse hindurch; beim letzten Sprung mit einem angedeuteten Unterschwung aus dem Gerät hinausschwingen. Sobald genügend Platz ist, folgt der nächste, ggf. auch so, daß alle Sprünge zur gleichen Zeit erfolgen.
   - Dasselbe, bei jedem Sprung wird kurz der Grätschsitz eingenommen.
   - Aus einem „schlechten“ Außenquersitz mit etwas Raumgewinn zum Außenquersitz auf der anderen Seite wechseln usw. bis zum anderen Ende des Gerätes.
   - Aus dem Grätschsitz werden die Beine schwunghaft geschlossen und wieder gegrätscht. Wer kann das mit einer Vorwärtsbewegung verbinden? Wer kann die Übung langsam ausführen oder gar einige Sekunden den „Schwebestütz“ halten?

- „Stützeln“: Auf den Händen durch den Barren „laufen“; versuchen, auf beiden Händen zugleich durch den Barren zu „hüpfen“. Dasselbe auch im leichten Schwingen. Dabei kann man am Ende des Rück- oder Vorschwungs oder an beiden Punkten hüpfen. Alle Bewegungen erfolgen „aus den Schultern heraus“.
- Aus dem Stütz den Körper ganz langsam in den Beugestütz senken, und zwar „bis es nicht mehr weitergeht“. Wer kann sich aus dieser Stellung wieder hochdrücken? Wer schafft dies wenigstens aus halber Höhe?
- Aus dem Außenseitstand (mehrere Schüler zugleich): Sprung in den Stütz mit Anbücken oder Angrätschen der Beine. Wer kommt mit den Fußspitzen bis in Holmenhöhe?

Außerdem ist der Barren ein ideales *Hindernis*, das von allen Seiten auf verschiedene Arten überklettert und überstiegen werden kann.

Reck (ggf. auch Stufenbarren)

Am Reck bietet es sich besonders an, mit unterschiedlichen *Gerätehöhen* zu arbeiten, entweder um jeden Schüler die für ihn günstigste Höhe wählen zu lassen oder um die Anforderungen gezielt zu steigern.

1. Hangübungen:
   - Übungen im Beugehang und mit Überdrehen rückwärts entsprechend den oben beschriebenen Übungen am Barren.
   - Klimmzüge aus dem Stand am knapp reichhohen Reck, aus dem „Anspringen“ am hohen Reck, aus dem ruhigen Hang.
   - Aus dem Kniehang rücksenken, bis die Hände den Boden berühren und wieder hochziehen.
   - Schwingen im Kniehang, auch mit Niedersprung vorwärts.
   - Spielformen: Im Hang am hohen Reck die Beine einzeln oder geschlossen über einen davor knienden oder stehenden Partner heben; einen zugeworfenen Medizinball mit den Fußsohlen zurückstoßen; einen zwischen die Füße geklemmten Basketball oder Medizinball nach vorn wegschleudern oder (schwierig) nach hinten über die Stange heben.

Vgl. auch die im Themenbeispiel 6 verzeichneten Hangel- und Schwungübungen.

2. Stützübungen:
   - Sprung in den Stütz, mehrfach hintereinander. Dies mit möglichst gestreckten Armen und an immer höheren Reckstangen versuchen. Energisch auf die Stange drücken! Es üben zwei oder drei Schüler zugleich.
   - Dasselbe mit Vorschwingen der Beine und Niedersprung rückwärts, zuerst ohne, dann mit Loslassen der Hände („Abhurten“).
   - Dasselbe mit wechselseitigem Überspreizen eines Beines.

Von den einfacheren Reckübungen erweist sich der Hüftaufschwung als ideale Konditionsübung. Er kann mit Anschwingen des rechten oder linken Beines, mit Abdruck beider Beine, ohne jeden Abdruck sowie an immer höheren Geräten ausgeführt werden; dies auch als Ausscheidungswettkampf. Es werden stets mehrere Versuche hintereinander ausgeführt. Auch hier können mehrere Schüler zugleich an einer Reckstange turnen.

Anspruchsvollere Konditionsübungen (als „Testübungen" für den „echten" Turner)

Diese Übungen enthalten neben den konditionellen bereits spezifische „technische" Anforderungen.

1. Barren:
   - „Beugestützschwingen": Zu Beginn des Vor- oder Rückschwungs, also im toten Punkt, wird der Beugestütz eingenommen (ganz nach unten gehen!). Mit dem nun folgenden Schwung soll der Körper wieder relativ mühelos zum Stütz hochgetragen werden. Dasselbe auch im Hin- und Herschwingen im Beugestütz bis hin zur Idealform, daß sowohl am Ende des Vor- als auch des Rückschwungs wieder der Streckstütz erreicht wird.
   - Aus einem leichten Schwingen oder aus dem Grätschsitz: Rückschwung in den Oberarmstand, Vorschwung in den Streckstütz, auch mehrfach hintereinander.
2. Reck:
   - Hüftaufschwung am sprunghohen Reck, entweder aus dem „Anspringen" oder aus dem ruhigen Hang, auch mit gestreckten Beinen.
   - Hüftaufschwung aus dem Schwingen im Beuge- oder (schwieriger) Streckhang.

Auswertung

(1) Die unbefriedigenden Ergebnisse im Gerätturnen der Schule sind zu einem erheblichen Teil die Folge *fehlender körperlicher Voraussetzungen*, vor allem hinsichtlich der Arm-, Schulter- und Rumpfkraft, aber auch im koordinativen Bereich. Diese zu schaffen ist – heute mehr denn je – eine unabdingbare Aufgabe des Sportunterrichts.

Ein entsprechendes Konditionstraining hat aber nur Sinn,

- wenn es langfristig genug angelegt ist, damit entsprechende Trainingswirkungen sich überhaupt entfalten können,
- wenn es sportartspezifisch und „techniknah" erfolgt, damit die konditionellen Potentiale sich auch in bewertbare sportliche Leistung umsetzen können,
- wenn es auf der Basis einer allgemeinen funktions- und zweckgymnastischen Vorbereitung erfolgt, damit physiologische Überlastungen vermieden werden.

Für die Unterrichtsplanung bedeutet dies, daß allgemeine körperbildende Programme und spezielle konditionsschulende Übungen stets miteinander verschränkt werden müssen und als komplexe, alle Altersstufen und Jahreszeiten durchlaufende Aufgabe des Schulsports zu gelten haben.

(2) Kernpunkt einer auf das Gerätturnen ausgerichteten Konditionsschulung ist die Schaffung eines ausgeglichenen *Last-Kraft-Verhältnisses*, das die Schüler befähigt, das Körpergewicht auch „mit den Armen" zu bewältigen. Zentrale Bedeutung hat hierbei die Beugemuskulatur der Arme und der Körpervorderseite. Gefordert sind weiterhin Stützfähigkeit und Körperspannung.

(3) Eine solche Konditionsschulung muß auch spezifische *koordinative Anforderungen* enthalten. Dies wird dadurch erreicht,

- daß das Training möglichst an den „originalen" Geräten oder an entsprechenden Ersatzgeräten durchgeführt wird, und daß es sich an turnerischen Bewegungsabläufen orientiert,
- daß auch die einfachen turnerischen Fertigkeiten, z.B. die in den Themenbeispielen 11 und 13 dargestellten Boden- und Barrenübungen, in das Training einbezogen werden.

Es ist z.B. durchaus möglich, zu Beginn oder am Ende einer beliebigen Stunde die Schüler einige Handstände ausführen, Räder schlagen oder an den Tauen in den Sturzhang aufschwingen zu lassen. Wesentlich ist dabei auch, daß durch das Einnehmen ungewohnter Körperlagen das räumliche Orientierungsvermögen gefördert wird.

(4) Die unterrichtspraktische Umsetzung eines solchen Konditionstrainings erfolgt mit Hilfe von *„variablen Standardprogrammen"*, wie sie im Themenbeispiel 1, „Gymnastik", vorgestellt worden sind. Die Steuerung der Belastung erfolgt dabei durch Veränderung der Wiederholungszahlen, der Gerätehöhen, der Übungsausführung und schließlich dadurch, daß „zu leicht gewordene" Übungen durch schwierigere ersetzt werden. Für schwächere Schüler sind jedoch stets auch Alternativen vorzusehen für Übungen, die sie (noch) nicht bewältigen. Differenzierung wird gerade hier zu einem durchgängigen Unterrichtsprinzip.

(5) Das *Interesse der Schüler* für solche Konditionsprogramme ist durchaus gegeben. Es wird dadurch erhalten, daß konkrete, aber zu bewältigende Anforderungen gestellt werden, die Übungszeit eng begrenzt wird und das Programm auf diese Weise möglichst schwungvoll „durchgezogen" wird. Gute Organisation, hohe Übungsfrequenz und reibungsloser Gesamtablauf bewirken, daß die Schüler gerne mitmachen. Sie sollten darüber informiert sein, worum es geht und wieviel Zeit dafür vorgesehen ist.

Theoretische Bezüge

Was heißt „Unterricht planen und vorbereiten"? („Handbuch" S. 89); Motivation – was ist das eigentlich? („Handbuch" S. 46); Differenzierung als Alltagsproblem des Sportunterrichts („Handbuch" S. 117).

Nachbetrachtung

Eine überwiegend pragmatische Auswertung dieses Themenkomplexes, wie die oben vorgelegte, provoziert erfahrungsgemäß – und gerade an dieser Stelle – bei den Seminarteilnehmern (und wahrscheinlich auch bei unseren Lesern) einige weitergehende Fragen, beispielsweise die folgenden:

1. Ist denn Gerätturnen so wichtig, daß man einen solchen Aufwand darum treiben muß? Sollte man auf das Turnen nicht lieber ganz verzichten, zumal die Schüler es überwiegend ablehnen?
2. Ist Konditionsschulung oder -training wirklich Aufgabe des Schulsports? Bringt es dort überhaupt etwas?
3. Welche allgemeinen und gesellschaftlich anerkannten Aufgaben und Ziele hat der Schulsport überhaupt?

Fast unversehens sind damit die Grundfragen der gegenwärtigen sportdidaktischen Diskussion angesprochen, nämlich folgende:

1. Welchen Stellenwert haben die Sportarten im Rahmen des Schulsports? Sind einige davon wirklich unverzichtbar oder sollte man die Auswahl nicht generell freigeben?
2. Ist Körperbildung, d.h. eine allgemeine körperliche Ausbildung der Schüler, tatsächlich Aufgabe des Schulsports? Wenn ja, unter welchen Zielsetzungen und mit welchen Mitteln sollte sie stattfinden?
3. Ist die Hinführung zum Sporttreiben, also Bewegungsbildung oder Bewegungserziehung mit Hilfe des Sports, überhaupt das „richtige" Ziel für den Schulsport, oder sollte sich dieser nicht eher einer allgemeinen Gesundheits- und Freizeiterziehung zuwenden? Und wie steht es schließlich um den Spaß an Sport, Spiel und Bewegung?

Mit Sicherheit gibt es auf diese Fragen derzeit – und wahrscheinlich auch in Zukunft – keine allgemeingültigen Antworten. Für eine erste Annäherung sei hier auf folgende Beiträge im „Handbuch" hingewiesen:

Zu 1: Warum Gerätturnen in der Schule? (S. 335); Hat die Leichtathletik in der Schule noch eine Chance? (S. 328); Sportunterricht ohne Sportarten? (S. 32).
Zu 2: Was heißt trainieren? (S. 213); Kleines ABC der Trainingslehre (S. 220); Üben (S. 227).
Zu 3: Ziele und Inhalte im Sportunterricht (S. 15); Lernziele oder Bildungsziele? (S. 21)

Themenbeispiel 11

Bodenübungen

Inhalte

- Die „einfachen" Bodenübungen Rolle vorwärts und rückwärts, Handstand und Rad als Lern- und Übungsstoff der Klassen 4 bis 6 (und höher).

Ziele

- Beispiele für effektives methodisches Vorgehen und rationelle organisatorische Formen geben.
- Zur kritischen Beurteilung von Methoden und methodischen Hilfen anleiten.
- Die zentrale Bedeutung der Bewegungsqualität für das Gerätturnen aufzeigen.
- Auf Prinzipien hinweisen, die für die Lehrweise des Gerätturnens von grundsätzlicher Bedeutung sind.

Programm/Auswertung

Das Programm, dessen einzelne Punkte hier jeweils mit einer kurzen Auswertung gekoppelt sind, zerfällt in zwei Teile:

- eine Betrachtung der „einfachen" und allgemein bekannten Bodenübungen unter vorwiegend methodischen Aspekten,

– einen Überblick über die für das Gerätturnen wesentlichen Lehrweisen und Arbeitsformen.

Erster Teil

Zur Methodik der Bodenübungen

Rolle vorwärts

Organisation:

Je zwei Schüler haben „ihre" Matte wie in Abb. 1 ausgelegt und sitzen nebeneinander auf ihr.

Übungsreihe:

1. „Rückenschaukel": Zurückrollen, bis die Schulterblätter auf der Matte aufliegen, und vorrollen; dabei werden die Füße knapp *vor* der Matte auf dem Boden aufgesetzt.
2. Zurückrollen, vorrollen und ohne Hilfe der Hände aufstehen (Arme in Vorhalte).
3. Ausgangsstellung einen knappen Schritt ***hinter*** der Matte: Rolle vorwärts aus dem Stand in den Stand.

Dasselbe mit einem etwas „raumgreifenderen" Ansatz (deutlich abdrücken, hoch einrollen, Beine anfangs strecken).

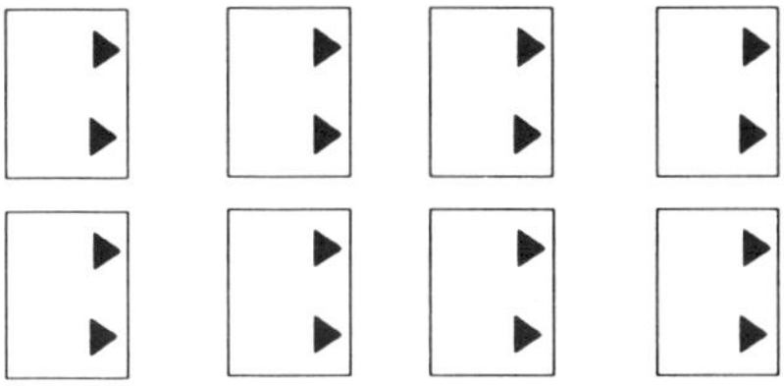

Abb. 1

Auswertung:

Es soll eine Übungsreihe gezeigt werden,

- die auf möglichst kurzem Weg zu einer möglichst perfekten Endform führt,
- die ein intensives Üben zuläßt, das vom Lehrer überblickt und kontrolliert werden kann,
- die eine unauffällige, aber wirksame methodische Hilfe enthält (Aufsetzen der Füße vor der Matte).

Rolle rückwärts

Organisation: wie bei der Rolle vorwärts.

Übungsreihe:

1. Rückenschaukel mit Aufsetzen der Hände neben dem Kopf (Handflächen nach unten, Ellenbogen hoch).
2. Beim Zurückrollen wird immer mehr „Druck auf die Hände genommen", bis schließlich die Rolle rückwärts gelingt. Diese führt in den Hockstand, *nicht* auf die Knie!

3. Für Schüler, die noch Schwierigkeiten haben: Es wird ein Sprungbrett (Reutherbrett) so unter die nunmehr längsgelegte Matte geschoben, daß eine leichte „schiefe Ebene“ entsteht.
4. Rolle rückwärts aus dem Stand in den Stand.

Auswertung:

Es soll ein Weg aufgezeigt werden,
- der an bereits Erarbeitetes anknüpft,
- der die zentrale Schwierigkeit (Entlastung des Nackens durch effektiven Armeinsatz) allmählich angeht (Übung 2),
- der den Übergang zur Endform vom individuellen Lernfortschritt abhängig macht.

Außerdem soll eine methodische Hilfe gezeigt werden,
- die einfach, d.h. zeitlich und materiell wenig aufwendig ist,
- die das eigene Bemühen des Übenden nicht überflüssig macht.

Handstand

Übungsreihe:

1. Offene Aufstellung; jeder übt für sich: Aus dem Hockstand, Hände etwa schulterbreit auf dem Boden aufgesetzt, schwingt das *Schwungbein* so weit wie möglich hoch, während das *Abdruckbein* nur wenig vom Boden abhebt. Dabei dürfen die Schultern nicht ruckartig zurückgenommen werden.
2. Zweiergruppen aus jeweils gleich großen und gleich schweren Schülern; falls erwünscht, eine Matte für jede Gruppe:
   a) Der übende Partner wiederholt die Übung 1; der helfende Partner stellt sich auf die *Schwungbeinseite*.
   b) Sobald das Schwungbein die Senkrechte annähernd erreicht hat, greift der Helfer am *Oberschenkel* knapp oberhalb des Knies zu und hält den Partner im Gleichgewicht. Arme und Körper des Übenden sind dabei völlig gestreckt (Hände, Schultern, Hüfte und Füße möglichst auf einer Geraden), der Kopf ist leicht in den Nacken genommen. Beim Abschwingen muß so lange festgehalten werden, bis das Abdruckbein wieder Bodennähe erreicht hat.
3. Aufschwingen in den Handstand aus dem Stand: Die Hände werden in „bequemer“ Entfernung vor den Füßen aufgesetzt; weitere Ausführung und Hilfe wie bisher.

Auswertung:

Die Übungsreihe repräsentiert dieselben Prinzipien wie die beiden vorangegangenen: Einfachheit, Direktheit, Individualisierung des Lernfortschritts durch ein allmähliches „Heranarbeiten“ an die Endform.

Sie kann weiterhin verdeutlichen,
- daß alle methodischen Maßnahmen im Einklang mit der Struktur der Übung und den ihr zugrundeliegenden biomechanischen Gesetzmäßigkeiten stehen müssen (vgl. die Anweisungen zum Einsatz des Schwung- und Abdruckbeins),

- daß erfolgreiches methodisches Handeln *auch* von der Beherrschung der „Kleinigkeiten“ abhängt (vgl. die Zusammensetzung der Partnerschaften, Bestimmung des Schwungbeins, Hilfe am Oberschenkel),
- daß der Lernerfolg der Schüler vor allem von der Bewältigung der maßgeblichen Bewegungsaktion bestimmt ist.

Rad (Handstützüberschlag seitwärts)

Übungsreihe:

1. Je zwei Schüler an einer Bank, Stütz am Bankende mit Blick nach außen:
   a) Wendeschwünge rechts und links („Das jeweils zur Bank zeigende Bein schwingt zuerst hoch und landet zuerst, das andere bleibt bei der Landung in der Luft. So schwingen wir hin und zurück“).
   b) Dasselbe immer höher, möglichst durch den Handstand („Das Schwungbein schwingt kräftig hoch, das Abdruckbein drückt lange nach“).
   c) Dasselbe aus dem Stand in den Stand.
2. Aufstellung (ggf. in kleinen Gruppen) hinter den Matten, die in einer offenen Reihe ausgelegt sind (Abb. 2): Rad *über* die Matten („Vor der Matte abdrücken, hinter der Matte landen; nur die Arme stützen auf der Matte“). Wir üben weiterhin gegengleich, also „hin und zurück, ohne umzudrehen“.

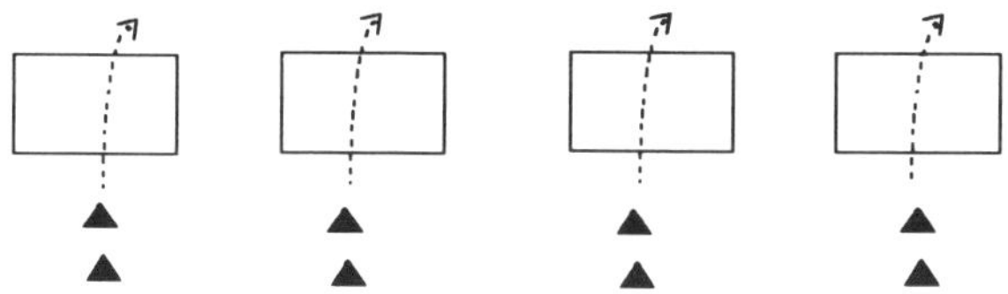

Abb. 2

3. Rad mit Anlauf

   Erste Möglichkeit:
   a) Geräteaufbau und Aufstellung wie bisher: Rad aus dem „Hopser“ („Der Hopser wird auf dem Schwungbein ausgeführt. Wir stellen uns also zwei knappe Schritte hinter die Matten, Schwungbein vorn, machen einen Hopser, nehmen dabei die Arme hoch und drücken uns vor der Matte ab wie bisher“).
   b) Rad mit Hopser und Anlauf („Wir machen vor dem Hopser noch zwei Anlaufschritte, mit dem Schwungbein beginnend. Der Anlaufrhythmus ist also: Schritt – Schritt – Hopser – Rad“).

   Zweite Möglichkeit (ohne Matten):
   a) Hopserlauf mit Doppelarmschwung.
   b) Rad aus dem Hopserlauf (Die Schüler merken zumeist von selbst, daß sie die Arme mit dem „Schwungbeinhopser“ nach vorn-oben nehmen müssen).
   c) Dasselbe aus dem Laufen mit nur einem Hopser.
4. Weitere Ausformung des Rades, z.B.
   - Rad mit raumgreifendem Hopser,

– Rad mit 1/4 Drehung in die Bewegungsrichtung; die Drehung erfolgt auf dem Schwungbein, noch bevor das Abdruckbein den Boden berührt.

Auswertung

(1) Die Übung 1 repräsentiert ebenso wie die vorangegangenen Übungsreihen das *Prinzip der graduellen Annäherung*, also das allmähliche Entwickeln der Zielübung aus einer strukturverwandten oder ähnlichen Ausgangsform. Dies erlaubt ein individuelles Üben auf verschiedenen Könnensstufen im selben organisatorischen Rahmen.

(2) Die Übung 1 kann weiterhin das Grundproblem der sogenannten Lernhilfen verdeutlichen: Die Verwendung der Bank erschwert – scheinbar – das Aufschwingen in die Senkrechte, zwingt aber zu energischem Einsatz von Schwung- und Abdruckbein; die Landung ist sichtlich erleichtert. In ganzen wirkt die Lernhilfe also in die „richtige Richtung".

(3) Die Matte in Übung 2 ist eine *Orientierungshilfe*, keine eigentliche Lernhilfe. Die gelegentlich empfohlene Ausführung des Rades durch eine „Gasse" aus Sprungseilen oder hochgestellten Matten ist gleichfalls keine Lernhilfe, sondern eine *Formungshilfe*, die eine gezielte Erschwerung enthält.

(4) Das Rad ist eine Übung, die sich gegengleich ausführen läßt. Davon sollte man, grundsätzlich in den ersten Lernschritten, aber möglichst auch später noch, Gebrauch machen,

– weil die Schüler auf diese Weise ihre tatsächlich „richtige" Seite kennenlernen,
– weil die Übungsausführung nach der „falschen" Seite zur Präzisierung der Bewegungsvorstellung beiträgt und damit eine Leistungsverbesserung bringt.

(5) Die beiden in der Übung 3 dargestellten Möglichkeiten, den Anlauf zu erlernen, lassen sich einer – sehr stark kognitiv orientierten – Teilmethode einerseits und einer – mehr an das Bewegungsgefühl appellierenden – Ganzmethode andererseits zuordnen. Auf welchem Weg man besser zum Ziel kommt, hängt von den Vorerfahrungen der Klasse sowie von individuellen Dispositionen ab und läßt sich nie genau voraussagen.

(6) Die Übung 4 soll verdeutlichen, daß mit dem „Lernen" allein weder der Zielsetzung des Gerätturnens noch der des Schulsports Genüge getan ist. Die didaktische Abfolge ist: Vorbereiten – Lernen – Üben und Anwenden, von denen in diesem Fall der erste Schritt überhaupt nicht, der zweite relativ ausführlich, der dritte nur andeutungsweise behandelt worden ist.

In der Praxis muß das Hauptgewicht aber im letzten Bereich liegen. Entsprechend ist auch der wiederholte Hinweis notwendig, daß es sich bei diesem Themenbeispiel – wie letztlich bei allen anderen auch – ***nicht*** um einen „Stundeninhalt" oder eine schnell zu bewältigende „Unterrichtseinheit" handelt, sondern um ein modellhaft verkürztes „Arbeitsprogramm", das sich – auch mit Unterbrechungen – über längere Zeiträume und über Schuljahresgrenzen hinweg erstreckt.

Zusammenfassend läßt sich folgendes herausarbeiten:

Man sollte aus der Vielzahl der methodischen Vorschläge kritisch auswählen. Welcher Weg dabei der geeignetste ist, kann nur von Fall zu Fall beurteilt werden.

Im Zweifelsfall sollte man sich für kurze und direkte Wege entscheiden.

Mögliche methodische Hilfen sind daraufhin zu überprüfen,

- welche Funktion sie tatsächlich haben (Orientierungshilfen, auch zur Verbesserung der Bewegungsvorstellung, Lern- und Ausführungshilfen im Sinne einer Übungserleichterung, Formungshilfen zur Optimierung des Bewegungsablaufs),
- ob sie mit der Struktur der Bewegung im Einklang stehen,
- ob sie organisatorisch praktikabel sind.

Zweiter Teil

Prinzipien und Arbeitsweisen des Gerätturnens

Am Anfang des Gerätturnens stand die Einzelübung und ihre Variation. Im Laufe der Zeit ging man jedoch mehr und mehr zum Turnen von Übungsverbindungen über, wovon das moderne Gerätturnen bestimmt ist. Somit ist in exakter Terminologie unter „Übung“ stets eine Übungsverbindung zu verstehen, während die Einzelübung als „Element“ bezeichnet wird. Als spezielle Arbeitsweisen haben sich daneben das Turnen an Gerätebahnen und -kombinationen sowie das Synchron- und Gruppenturnen herausgebildet.

Variation der Einzelübung

Das Gerätturnen ist zwar auf die ideale und perfekte Form der Bewegung gerichtet, aber nicht im Sinne einer Standardbewegung, die so und nicht anders ausgeführt werden muß, sondern in einer praktisch unbegrenzten Zahl von Ausführungsvarianten. Diese können zurückgehen auf unterschiedliche äußere Bedingungen (z.B. in der Gerätehöhe), auf wechselnde Ausgangs- und Endpositionen, auf die Integration zusätzlicher Bewegungen (z.B. Arm- und Beintätigkeiten) und auf Veränderungen in der Übungsausführung selbst.

Bei näherem Hinsehen wird sich zeigen, daß hier gerade die einfacheren Übungen die größte Variationsbreite haben.

Die *Rolle vorwärts* kann beispielsweise auf einen Kasten hinauf oder von einer Bank herunter geturnt werden; sie kann aus dem Hockstand, dem Grätschstand, dem „Bückstand“ mit gestreckten Beinen, aus dem Kniestand, dem Liegestütz oder als Partnerübung aus dem „Schubkarren“ heraus angesetzt werden; sie kann in den Hockstand, den Stand, den Sitz mit gebeugten, gestreckten oder gegrätschten Beinen und in den Schwebe- oder Winkelsitz führen; es kann ein Angehen, Anlaufen oder Anhüpfen vorgeschaltet werden; die Beine können beim Rollen gestreckt und wieder gebeugt oder gegrätscht und geschlossen werden; zur Einleitung kann ein Armkreisen vorwärts oder rückwärts dienen; die Rolle selbst kann mit Abdruck beider Beine oder nur eines Beines, mit oder ohne Aufstützen der Hände oder mit gestreckten, seitwärts aufgestützten Armen ausgeführt werden, und sicherlich sind damit noch nicht alle Möglichkeiten erschöpft.

Bei den übrigen Bodenübungen sind die Variationsmöglichkeiten zwar deutlich geringer, doch bieten auch sie der Erfindungsgabe einen breiten Raum.

Übungsverbindungen

Das eigentliche unterrichtliche Ziel des Gerätturnens ist das Turnen von Übungsverbindungen. Daran sollte man festhalten, auch wenn solche Zielsetzungen neuerdings etwas aus dem Blickfeld der Turndidaktik geraten sind. Gegenüber der Einzelübung stellt die Übungsverbindung eine deutlich höhere Schwierigkeitsstufe dar. Das oberste Gebot ist, die Schüler nicht zu überfordern, vor allem auch nicht in der Länge der Verbindungen. Es sollen ja keine Gedächtnisleistungen vollbracht, sondern sinnvolle und flüssige Bewegungsfolgen dargeboten werden, gleichgültig ob diese als (vorgeschriebene) Pflichtübungen oder (selbst zusammengestellte) Kürübungen erscheinen.

Übungsverbindungen setzen voraus, daß die Einzelübungen zumindest „gekonnt" werden. Andererseits können geeignete Zusammenfügungen gezielt als Mittel zur Verbesserung der „Hauptübung" eingesetzt werden. An eine Rolle läßt sich z.B. ein Strecksprung anschließen oder aus ihr – mit oder ohne Zwischenbewegungen – in den Handstand aufschwingen.

Anstelle der vielen, gerade im Bodenturnen fast selbstverständlichen Übungsverbindungen sei hier auf eine für alle Klassenstufen geeignete, sehr trennscharfe „Testübung" für turnerisches Können hingewiesen (Mattenlage und Übungsweg wie in Abb. 3):

Handstand gegen einen Helfer, Abschwingen, Rolle rückwärts, Strecksprung mit 1/2 Drehung, Anlauf, Rad (ggf. mit 1/4 Drehung).

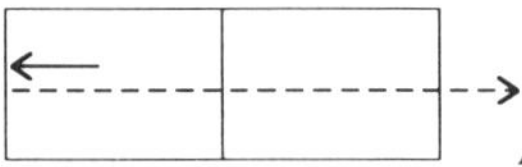

Abb. 3

Gerätebahnen und Gerätekombinationen

Eine *Gerätebahn* entsteht durch das Aneinanderreihen mehrerer gleicher Geräte, im Bodenturnen z.B. in Form einer „offenen Mattenbahn". Dabei können an jedem Gerät gleiche Übungen (an der Mattenbahn z.B. mehrere Rollen vorwärts mit zwischengeschalteten Strecksprüngen) oder auch verschiedene Übungen (z.B. Rolle vorwärts und rückwärts im Wechsel, jeweils verbunden durch einen Strecksprung mit 1/2 Drehung) geturnt werden.

Der methodische Vorteil der Gerätebahn liegt darin, daß durch die unmittelbare Übungswiederholung der Bewegungsablauf besser „eingeschliffen" wird. Durch das „Üben im Strom" ergibt sich auch ein gewisser Zeitdruck, der in Richtung auf eine unverzügliche und unverkrampfte Bewegungsausführung wirkt. Dazu müssen die herangezogenen Einzelübungen allerdings voll beherrscht werden. Ebenso ist darauf zu achten, daß die Übungswiederholungen nicht fortlaufend nachlässiger ausgeführt werden.

Die *Gerätekombination* ist eine Zusammenstellung verschiedenartiger Geräte. Dabei sollten aber flüssige und nach Möglichkeit auch nahtlos ineinander übergehende Bewegungsverbindungen herauskommen. Wie bei der Übungsverbindung gilt auch hier der Grundsatz, mit kurzen, einfachen und möglichst selbstverständlichen Beispielen zu beginnen und erst allmählich zu steigern. An eine Grätsche über den Bock läßt sich z.B. eine Rolle vorwärts anfügen, aus dieser ein Aufhocken auf einen Kasten.

Synchronturnen und Gruppenturnen

Das gemeinsame Prinzip dieser beiden Arbeitsweisen besteht darin, daß die Übungen stets zu mehreren und möglichst zeitgleich, im Idealfall im „Gemeinschaftsrhythmus" geturnt werden. Beim Synchronturnen geht es dabei um gleiche, beim Gruppenturnen (auch) um verschiedene Übungen. Auch hier gilt, daß die Einzelübungen voll beherrscht werden müssen und daß mit einfachen Formen begonnen werden sollte. In einem ersten Versuch können die Schüler z.B. an einer Mattenbahn die Verbindung Rolle vorwärts – Strecksprung jeweils zeitgleich zu den Vorderleuten ausführen (Anweisung: „Der jeweils nächste ‚steigt' so rechtzeitig ein, daß alle Rollen und alle Strecksprünge gleichzeitig geturnt werden").

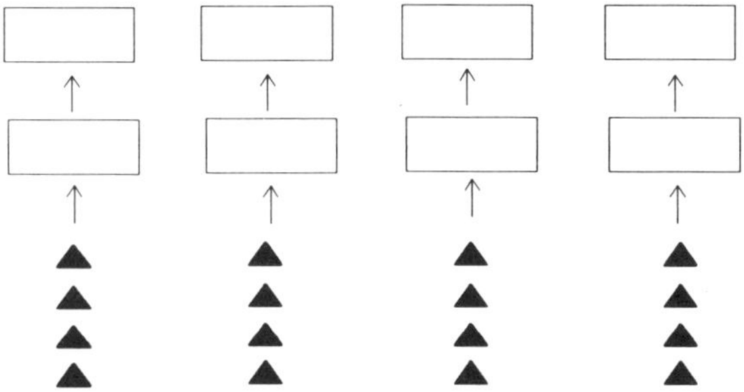

Abb. 4

Etwas schwieriger wird die Aufgabe, wenn an einem Geräteaufbau wie in Abb. 4 diese Verbindung sowohl synchron zu den Vorderleuten als auch zu den Nebenleuten ablaufen soll.

Als einfaches Beispiel für eine Gruppenübung sei hier die Aufgabe genannt, in Dreiergruppen an einer (relativ weit geöffneten) Mattenbahn den Handstand so auszuführen, daß an jeder folgenden Matte eine anderer aufschwingt, während die beiden übrigen die Helferfunktion übernehmen, und dies wiederum zeitgleich an allen Matten.

Zusammenfassend läßt sich feststellen:

Das Gerätturnen ist bestimmt durch die Prinzipien der Übungsvariation und der Übungsverbindung. Als besondere Arbeitsweisen sind das Turnen an Gerätebahnen bzw. -kombinationen sowie im Gemeinschaftsrhythmus zu verzeichnen. Die pädagogische Bedeutung aller dieser Formen liegt darin, daß sie die Selbsttätigkeit, Kreativität und Eigeninitiative der Schüler anregen können. Voraussetzung hierfür ist freilich die Erarbeitung eines soliden „technischen Repertoires". Außerdem muß der Lehrer verstehen, entsprechende – nicht zu weit, aber auch nicht zu eng gefaßte – Übungs-, Arbeits- und Bewegungsaufgaben zu stellen.

Theoretische Bezüge

Methodische Hilfen („Handbuch" S. 186); Lernen („Handbuch" S. 231); Üben („Handbuch" S. 227).

Methodische Hinweise zu anspruchsvolleren Bodenübungen

Inhalte

- Technik und Methodik der wichtigsten Bodenübungen des Lehrplans.

Ziele

- Einfache und praktikable Wege zum Erlernen technisch anspruchsvollerer Bewegungsfertigkeiten aufzeigen.
- Auf den Zusammenhang zwischen Bewegungsstruktur und methodischem Vorgehen hinweisen.

Programm

Zum Thema

Die „einfachen" Bodenübungen Rolle vorwärts und rückwärts, Handstand und Rad sind, verbunden mit einigen detaillierteren methodischen Überlegungen, im Themenbeispiel 11 bereits behandelt worden. Die folgenden, in den Lehrplänen üblicherweise verzeichneten Übungen sind zwar keineswegs „schwer", stellen aber doch etwas höhere technische Anforderungen und setzen damit auch ein höheres Niveau der koordinativen Fähigkeiten voraus. Gerade dadurch werden sie zu einem wichtigen, für die meisten Schüler relativ leicht zugänglichen Mittel der allgemeinen Körper- und Bewegungsbildung.

Flugrolle (Sprungrolle)

Die Flugrolle läßt sich fast problemlos aus der Rolle vorwärts entwickeln, zunächst aus dem Stand, dann aus dem (nicht zu langen und nicht zu schnellen) Anlauf. Höhe und Weite des Sprungs sollten dabei in einem ausgewogenen Verhältnis zueinander stehen. Den Weichboden sollte man zunächst nicht verwenden, um keine nachlässige Ausführung zu provozieren.

Rolle vorwärts aus dem Handstand („Handstand-Abrollen")

Das Handstand-Abrollen ist nicht eigentlich eine Übung, sondern eine Übungsverbindung: Aus dem Handstand läßt sich der Übende etwas überfallen und rollt mit deutlicher Vorwärtsbewegung ab in den Stand. Ein unvollständiges Aufschwingen in den Handstand macht die Übung wertlos, ebenso das „Zusammenbrechen" aus dem Handstand.

Aus dieser Kurzanalyse der Bewegung ergibt sich fast zwangsläufig das methodische Vorgehen: Der Übende wird von einem Helfer im Handstand kurz „angehalten" und führt erst dann eine kontrollierte Rollbewegung aus. Diese Hilfe darf nicht zu früh entfallen. Die Idealform dieser Übung ist das *Abrollen mit gestreckten Armen* (was keineswegs so schwer ist, wie es scheint). Dies läßt man zunächst aus dem Handstand vor einem Weichboden oder einer doppelten Mattenlage ausführen.

Rolle rückwärts in den Handstand (Felgrolle)

Die Umkehrung der eben beschriebenen Übung – und damit wäre ein wichtiges „Konstruktionsprinzip" des Gerätturnens angesprochen – ist die Rolle rückwärts in den Handstand. Wird diese weiträumig genug ausgeführt, kommt dabei fast zwangsläufig eine Felgbewegung heraus. Diese wird in folgender Weise erlernt:

a) Aus dem Sitz auf dem Boden oder einer Matte: Zurückrollen in den Nackenstand („Kerze"), Arme gestreckt auf dem Boden. Die Fußspitzen dürfen nicht „hinter" eine gedachte, vom Kopf des Übenden ausgehende Senkrechte geraten.
b) Dasselbe mit Aufsetzen der Hände neben dem Kopf und deutlichem Druck der Handflächen auf den Boden.
c) Felgrolle mit Hilfe: Die Helfer greifen (am Oberschenkel dicht oberhalb des Knies) erst zu, wenn der Übende die Beine senkrecht hochgeführt hat und den Nackenstand aus eigener Kraft verläßt. Diese Hilfe wird allmählich in eine reine Gleichgewichtshilfe überführt. Sie darf ebenfalls nicht zu früh entfallen.

Kippe rückwärts in den Handstand

Nicht mit der Felgrolle gleichgesetzt werden darf die Kippe rückwärts in den Handstand: Aus dem Nackenstand erfolgt eine deutliche Hüftbeugung in die Kipplage mit gleichzeitigem Aufsetzen der Hände neben dem Kopf und anschließender energischer Hüft- und Armstreckung in den Handstand. Zwei Helfer greifen oberhalb der Knie zu und unterstützen die Bewegung bzw. sichern das Gleichgewicht.

Kippüberschläge: Nacken- und Kopf(stütz)überschlag

Die Kippe rückwärts in den Handstand ist zugleich eine geeignete Vorübung für die Kippüberschläge. Diese entstehen dadurch, daß aus einer „eingesprungenen" Kipplage bzw. aus einem Kopfstand (mit entsprechend abgewinkelten Beinen) heraus eine schnelle, bis zur Überstreckung reichende Hüftstreckung mit gleichzeitigem kräftigem Nachdrücken der Arme ausgeführt wird. Die Bewegung führt aus dem Stand (bzw. Anlauf) wieder in den Stand. Bei der Landung sollten die Hüften gestreckt bleiben; die Knie dürfen gebeugt werden; die Arme verbleiben in Hochhalte.

Beide Übungen sind leichter, wenn sie als *Sprünge* über nicht allzu hohe Geräte ausgeführt werden. Dies gibt zugleich einen Hinweis auf ihre Erarbeitung. Dabei empfiehlt es sich, mit dem *Nackenüberschlag* als der kennzeichnenden und für Anfänger leichter kontrollierbaren Übung zu beginnen:

a) Rolle von einem (etwa vierteiligen) längsgestellten Kasten in den Stand: Die Rolle auf dem Kasten wird so ausgeführt, daß die Schulterblätter gerade noch aufliegen. Fast automatisch werden die Schüler nun versuchen, durch eine Hüftstreckung in den Stand zu kommen. Zwei Helfer sichern mit Drehgriff am Oberarm.
b) Durch allmähliche Verringerung der Gerätehöhe werden die Schüler zu einem immer stärkeren „Kippschlag" und zu kräftigem Nachdrücken mit den Armen veranlaßt. Die Helfer unterstützen ggf. die Streckung durch „Gegendrücken" an der Hüfte.
c) Nackenüberschlag aus dem Angehen über eine Gerätehilfe (z.B. einen zweiteiligen, seitgestellten Kasten). Anweisung an die Schüler: „Langsam einrollen, Schul-

tern fest auflegen, schnell strecken, Hüfte bei der Landung vor." Die Verwendung eines Weichbodens ist ratsam.

d) Versuchsweise: Nackenüberschlag ohne Gerätehilfe.

Handelte es sich beim Nackenüberschlag um eine langsame Roll- und eine schnelle Streckbewegung, so stellt der *Kopfüberschlag* eine schnelle Beuge-Streck-Bewegung dar. Diese wird besser – mit Gerätehilfe – direkt erlernt:

a) Aus dem Angehen Sprung in den Winkel-Kopfstand auf einem (etwa zweiteiligen) seitgestellten Kasten und sofortige Hüftstreckung in den Stand. Bewegungssicherung und ggf. -hilfe wie beim Nackenüberschlag.
b) Kopfüberschlag ohne Gerätehilfe, jedoch mit Stütz auf einem Weichboden.

Beide Übungen können auch als „halbe Überschläge" oder „Bodenkippen" aus der ruhigen Kipplage bzw. aus dem Kopfstand ausgeführt werden. Außer am höheren Kasten erfolgt die Hilfestellung bei allen Übungen am besten im Knien, um dabei möglichst „unter" die Last zu kommen.

Radwende (Handstützüberschlag seitwärts mit 1/4 Drehung)

Die Radwende ist nur sinnvoll, wenn sie korrekt ausgeführt wird: Der Übende setzt (mit etwas engerer Handstellung) an wie zum Rad, schließt im Handstand die Beine und drückt sich mit den Händen schwungvoll ab. Die Radwende dient vorwiegend der Einleitung von Rückwärtsüberschlägen; es läßt sich jedoch auch ein Strecksprung (ggf. mit 1/2 Drehung) anschließen.

Handstandüberschlag (Handstützüberschlag vorwärts)

Der Handstandüberschlag ist eine beliebte, aber technisch recht anspruchsvolle Übung, die sorgfältig erarbeitet werden muß. Für eine langfristige *allgemeine Vorbereitung* eignen sich folgende Übungen:

- Schnelles Aufschwingen in den Handstand, z.B. gegen die Wand, einen aufgestellten Weichboden oder einen Helfer, der die Bewegung im höchsten Punkt blockiert.
- Dasselbe mit Handstand auf einem quergelegten Kastendeckel.
- Aufschwingen in den Handstand mit zusätzlichem beidarmigen Hüpfer („Handstandhüpfen"), ggf. mit Hilfe.
- Handstand vor einem Weichboden und gestrecktes Überfallen in die Rückenlage.

Beim Handstandüberschlag selbst ist darauf zu achten, daß der Übende durch „Gegenstemmen" mit den Armen das „Vorschieben" der Schultern verhindert. Im Idealfall bilden dabei Arme und Oberkörper eine Gerade. Aktive Bewegungshilfe (die normalerweise unentbehrlich ist) erfolgt im Knien durch Gegendrücken an Schulter und Hüfte.

Zur Absicherung der Landung empfiehlt sich die Verwendung eines Weichbodens. Dies bedingt jedoch ein entsprechendes Höherlegen der Anlauffläche, z.B. durch zwei hintereinandergestellte niedrige Kästen oder drei nebeneinandergestellte Bänke.

Zur Sicherstellung von Anlauf und raumgreifendem „Impulshopser" läßt man an diesem Geräteaufbau zunächst das Rad ausführen. Diese Übung läßt sich zur sogenannten *Radkehre* weiterentwickeln: Der Übende schließt im Handstand die Beine, drückt sich mit den Armen kräftig ab und landet nach einer 1/4 Drehung mit Blick in die Bewegungsrichtung. Bewegungsbegabte Schüler können von hier aus direkt zum Handstandüberschlag übergehen.

Treten Schwierigkeiten bei der Landung auf (z.B. Einrollen oder Abbeugen des Körpers in den Sitz oder Hockstand), ist folgende „Gewöhnungsübung“ möglich: Handstand auf einem etwa hüfthohen Kasten und Überfallen in den Stand (mit Hilfe). Dabei bleibt die Hüfte gestreckt (Knie können gebeugt werden), die Arme verbleiben – auch zur Selbstkontrolle für den Übenden – in Hochhalte.

Flick-Flack (Handstützüberschlag rückwärts)

Der Flick-Flack stellt eine attraktive Übung dar, auf die regelmäßig dann verwiesen wird, wenn es darum geht, das Gerätturnen für die Schüler interessant zu machen. Entsprechend gibt es eine Reihe von methodischen Vorschlägen, die hier nicht wiederholt werden sollen. Es ist nämlich anzumerken, daß die Übung nicht ganz ungefährlich ist und nur wenige Schüler sie wirklich beherrschen werden.

Sie kommt damit weniger für eine allgemeine „Durchnahme“, als vielmehr für einen differenzierten Unterricht in Frage. Daraus folgt wiederum ein gewisser Zwang zu einfachen und direkten Lernwegen. Dennoch kann es keinem Schüler schaden, folgende vorbereitende Übung auszuführen: Aus dem Sitz auf einem etwa hüfthohen Kasten Rücksenken zum Handstand und Abbücken in den Stand. Ein Helfer sichert ggf. am Oberschenkel.

Der Flick-Flack gelingt am leichtesten bei Verwendung einer Absprunghilfe, z.B. eines Trampolins, das durch einen untergeschobenen Kastendeckel auf etwa 30 Grad schräggestellt worden ist: Der Übende stellt, Oberkörper aufrecht, Arme in Vorhalte, ein Bein auf das Tuch, setzt das andere schnell dazu und springt mit „langem Armzug“ nach hinten in den Handstand. Zwei Helfer unterstützen im Knien an Hüfte und Oberschenkel (Geräteaufbau wie in Abb. 1).

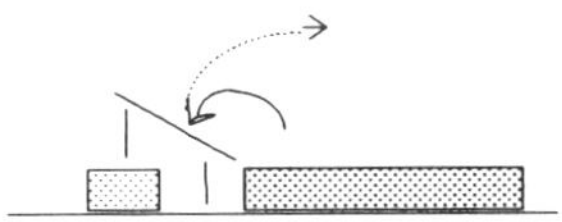

Abb. 1

Von hier aus kann direkt zum „richtigen“ Flick-Flack mit Hilfe durch (beidseitigen) „Hosenbundgriff“ übergegangen werden. Dabei gilt: Beim „Schwungholen“ sich sozusagen auf einen Stuhl setzen (Knie- und Hüftwinkel ca. 90 Grad) und „mit dem großen Fußzeh“ kräftig nach hinten abdrücken. Bei den ersten selbständigen Versuchen sichert ein Helfer am Rücken. Wichtig: Wer sich jetzt beim Absprung umdreht oder umschaut, muß unbedingt zur vorangegangenen Übung zurückkehren.

Die leichteste Einleitung zum Flick-Flack: Rolle vorwärts in den Hockstand, d.h. in die oben beschriebene Ausgangsstellung.

Salto (Überschlag) rückwärts

Der Salto rückwärts unterscheidet sich in Bewegungsstruktur und Ausführungsweise deutlich vom Flick-Flack: Aus einem kurzen und energischen „Anschwung“ springt der Übende steil nach hinten-oben und hockt die Beine an. Der Salto rückwärts ist in vieler Hinsicht leichter als der Flick-Flack, begegnet aber ähnlichen Schwierigkeiten.

Als vorbereitende Übung eignet sich der „Partnersalto“: Zwei Helfer fassen den Übenden mit Drehgriff am Oberarm, gehen bei der Ausholbewegung mit und sichern die Übung im weiteren Verlauf vollständig ab.

Auch beim Salto rückwärts empfiehlt sich zunächst eine Absprunghilfe, z.B. ein Absprungtrampolin oder ein Sprungbrett mit einer Matte darüber. Zwei Helfer sichern mit einer Hand durch „Hosenbundgriff“ und unterstützen mit der anderen am Oberschenkel die Drehung. Sie achten aber auch auf ein Überdrehen bei der Landung.

Salto (Überschlag) vorwärts

Im Gegensatz zu den beiden letzten Übungen ist der Salto vorwärts wohl jedem Schüler zugänglich, wenn auch in unterschiedlichen Ausführungsformen. Er ist jedoch gleichfalls nicht ganz unproblematisch, weshalb hier vielleicht einige allgemeinere Überlegungen angebracht sind.

Die methodischen Vorschläge zum Salto lassen drei Grundpositionen erkennen:

a) Salto aus dem Absprungtrampolin:

Hier gelingt der Salto immer. Letztlich „macht aber das Gerät die Arbeit“ und es ist fraglich, ob die hier gesammelten Erfahrungen sich auf „normale“ Verhältnisse übertragen lassen. Was sicherlich bleibt, ist das Bewegungserlebnis. Dem steht gegenüber, daß Unfälle – auch schwerere – nicht ausgeschlossen werden können, denn jede Hilfe während des Fluges oder bei der Landung ist schwierig. Es gibt aber auch hier eine (fast) sichere Methode, den „Partnersalto mit Handstütz“: Zwei Helfer fassen, Handflächen nach oben, den Übenden beiderseits bei der Hand, laufen mit ihm an und behalten den Griff bei – die Arme drehen nach hinten mit – bis zur Landung. Das Problem liegt hier darin, daß die Stützreaktion, selbst wenn sie noch so gering ist, einen „freien“ Sprung verhindert.

b) Salto mit Gerätehilfe:

Die Schüler beginnen, aus dem Absprung von einem Sprungbrett, mit der Rolle über einen seitgestellten, vier- bis fünfteiligen und mit einer Matte abgedeckten Kasten. Durch immer kurzzeitigeres Aufstützen wird die Rolle in den Salto überführt. Diese Methode der „graduellen Annäherung“ erlaubt bei entsprechend differenzierter Gerätehöhe jedem Schüler das Üben auf dem ihm angemessenen Niveau. Probleme entstehen beim Wegfall der Orientierungshilfe: Nur wenigen Schülern gelingt der Übergang zur freien Ausführung.

c) „Parterresalto“ am Weichboden:

Die Schüler werden aufgefordert, am Weichboden eine „Rolle ohne Hände“ zu probieren. Von hier aus ergibt sich fast automatisch die „Übungsreihe“: Salto auf den Rükken – in den Sitz – in den Hockstand – in den Stand. Sprungbretter sollte man erst in der letzten Stufe einsetzen. Dann können die Schüler auch ausprobieren, ob sie beim Absprung die Arme besser „nach oben“ führen oder die zuvor schon erhobenen Arme „nach unten“ schlagen. Solange die Landung im Sitzen erfolgt, müssen die Knie auseinandergenommen werden, damit der Kopf nicht auf sie aufschlägt.

Auch diese Art der graduellen Annäherung erlaubt ein intensives und individuelles Üben auf beliebigem Niveau. Außerdem entfallen alle Umstellungsschwierigkeiten.

Der Hauptvorteil dieser Methode liegt jedoch in der organisatorischen Einfachheit. Und das hat weitreichende Konsequenzen: Eine Fertigkeit wie der Salto, die eine differenzierte Bewegungssteuerung, verbunden mit einem ausgeprägten Orientierungsvermögen, erfordert, läßt sich nicht (sozusagen auf Befehl) in einer „Saltostunde" erlernen, auch wenn die Methodikbücher in dieser Weise mißverstanden werden könnten. Es gibt nur zwei Möglichkeiten: Ein Schüler *kann* das (dann ist er besonders bewegungsbegabt) oder er muß sich dies in einem langfristigen Lern- und Übungsprozeß aneignen. Es ist also ertragreicher, die Schüler bei jeder sich bietenden Gelegenheit einige Minuten den Salto versuchen zu lassen, als ihn – vielleicht nur einmal während ihrer Schulzeit – „durchzunehmen".

Auswertung

(1) Bodenübungen – auch in den hier beschriebenen schwierigeren Formen – stellen für die Schüler einen geeigneten *Zugang zum Gerätturnen* dar, vor allem,

- weil hier auch bei einem weniger günstigen Last-Kraft-Verhältnis noch ansprechende Leistungen erreicht werden können,
- weil die große Zahl von strukturell sinnvollen Vorübungen auch den schwächeren Schülern ein zufriedenstellendes Mitmachen ermöglicht.

Damit können die übergeordneten Leistungsziele des Gerätturnens, eine Vielzahl von Bewegungen auf einem qualitativ möglichst hohen Niveau zu erlernen und zu beherrschen, zumeist besser erreicht werden als in anderen Bereichen dieser Sportart.

Diese Feststellungen treffen uneingeschränkt jedoch nur auf die Mädchen zu. Für Jungen ist das Bodenturnen weniger attraktiv, als gemeinhin angenommen wird. Für sie ist der Zugang über die Stützsprünge geeigneter. Dies mindert jedoch den Stellenwert der Bodenübungen keineswegs.

(2) Die wirklich anspruchsvollen Übungen des Bodenturnens, die zumeist auch die volle Zuwendung des Lehrers erfordern, sollte man nur den hierfür geeigneten Schülern anbieten. Dies erfordert eine differenzierte Unterrichtsgestaltung und in ihrem Rahmen die Bevorzugung von einfachen methodischen Verfahrensweisen, die sich möglichst störungsfrei in den allgemeinen Übungsbetrieb einfügen lassen.

(3) Wie das Beispiel des Salto vorwärts verdeutlichen kann, ereignet sich motorisches Lernen – hier in seinem weitesten Sinne verstanden – nicht in einer Abfolge von isolierten „Durchnahmestunden", sondern stellt einen kontinuierlichen und differenzierten, „nach oben offenen" Prozeß dar, der sich nicht in eine Schablone zwängen läßt.

Theoretische Bezüge

Lernen („Handbuch" S. 231); Was heißt „Unterricht planen und vorbereiten"? („Handbuch" S. 89); Warum Gerätturnen in der Schule? („Handbuch" S. 335).

Barrenübungen

Inhalte

- Die „einfachen“ Barrenübungen Kehre und Wende als Lern- und Übungsstoff der Klassen 5 bis 7 (und höher).

Ziele

- Möglichkeiten der Variation und Kombination von einfachen Bewegungsfertigkeiten zeigen.
- Hinweise zur Entwicklung koordinativer Fähigkeiten geben.
- Ein „Übungsmodell“ im Sinne der „Einheit von Methodik und Organisation“ vorstellen.
- Auf die Möglichkeiten und Grenzen des „Hindernisturnens“ und der „Bewegungsaufgabe“ aufmerksam machen.

Programm

Das Programm besteht aus zwei Teilen:
- der praktischen Erprobung eines „Übungsmodells“ am Beispiel einfacher Barrenübungen,
- einigen Hinweisen zum sogenannten Hindernisturnen und zum methodischen Mittel der Bewegungsaufgabe.

Erster Teil

Übungsmodell „Barrenübungen“

Geräteaufbau:

Barren (nach Möglichkeit für je fünf bis sechs Schüler ein Gerät) quer zur Längsachse der Halle; je zwei Matten in asymmetrischer Lage: eine unter, eine neben dem Gerät (Abb. 1). Dabei ist darauf zu achten, daß zwischen den beiden Matten keine Kanten entstehen. Ggf. Absprunghilfen (Kastendeckel im Barren, Sprungbrett oder Kastendeckel vor dem Barren).

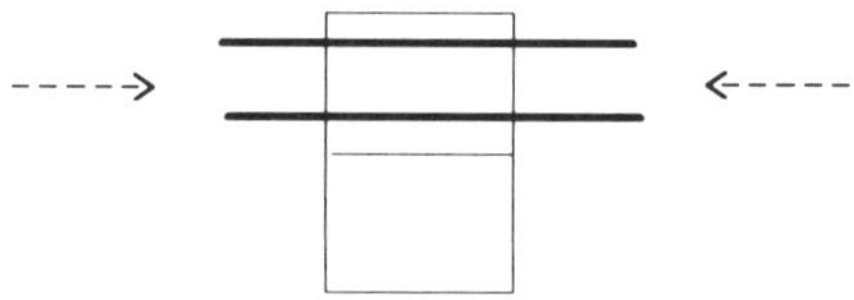

Abb. 1

Übungsweise:

Geübt wird vorwiegend im Seitenwechsel nach jeweils angesagter Anzahl von Durchgängen. Es empfiehlt sich, daß der Lehrer die Übungen vormacht und sie entweder ohne jeden Kommentar nachmachen läßt oder mit einer zusätzlichen allgemeinen Anweisung versieht (bei der Kehre z.B.: „In den Barren hineinlaufen/hineinspringen und nach vorn wieder hinausschwingen“, bei der Wende z.B.: „Vorschwung und Rückschwung aus dem Barren hinaus“).

Hinweis: Alle folgenden Übungen werden *„aus dem ersten Schwung heraus“* ausgeführt. Das Hin- und Herschwingen im Stütz ist eine nutzlose und nicht ungefährliche Übung. Die Schüler sollen vielmehr die notwendige Stützfähigkeit durch Übungen wie die hier beschriebenen erst erwerben. Bei Bedarf können gezielte Konditionsübungen vorgeschaltet werden (vgl. Themenbeispiel 10).

Übungsfolge:

Kehre

- Laufkehre rechts und links (je nach Laufrichtung).
  Anweisung: „Lauft in den Barren hinein und schwingt nach vorn aus ihm hinaus, und zwar immer auf die Seite, auf der die Matte liegt.“
  Beobachtungsschwerpunkte: Einsatz des Schwungbeins und Abdruckbeins („Bei der Kehre rechts schwingt das rechte Bein hoch, bei der Kehre links das linke“).
- Laufkehre mit Schließen der Beine über dem Barrenholm.
  Beobachtungsschwerpunkte: Hüftstreckung („Hüftschnepper“), raumgreifende Landung, „Nachgreifen“ mit der zuerst freiwerdenden Hand am Barrenholm.
- Kehre aus dem Vorschwung.
  Anweisung: „Springt mit beiden Beinen vor dem Barren ab und schwingt sofort wieder nach vorn hinaus.“ Absprung ggf. von einer Absprunghilfe.
  Beobachtungsschwerpunkt: Verstärkung des „Hüftschneppers“.
- Kehre mit 1/4 Drehung zum Gerät.
  Beobachtungsschwerpunkte: Drehung über Holmenhöhe, bei der Landung greifen beide Hände am Holm zu.
- Kehre mit 1/2 Drehung zum Gerät (Kehre rechts mit 1/2 Drehung links und umgekehrt).
  Diese Übung wird zunächst mit sofortigem Zurücklaufen zum Ausgangspunkt ausgeführt; nach einigen Durchgängen wechselt die gesamte Gruppe zur Gegenseite und übt gegengleich.
- Kehre mit 1/2 Drehung zum Gerät, Strecksprung mit 1/2 Drehung (in dieselbe Drehrichtung !), Weiterlaufen zur Gegenseite.
- Dasselbe mit anschließendem Rückweg (an demselben Gerät oder „im Rundlauf“ am Nachbargerät).

Für geübtere Schüler:

- Kehre mit 1/2 Drehung *vom* Gerät (Kehre rechts mit 1/2 Drehung rechts und umgekehrt).
  Anweisung: „Aus dem Vorschwung in die neue Richtung hineindrehen“.
- Kombinationen der Kehre mit 1/2 Drehung zum und vom Gerät, z.B. mit der Frage: „Wer kann beide Übungen in beiden Drehrichtungen ausführen?“ (Laufweg: zweimal hin und zurück).

Wende

- Wende rechts und links (je nach Laufrichtung).
  Anweisung: „Nach *einem* Vorschwung mit dem Rückschwung wieder aus dem Barren hinausschwingen, und zwar gestreckt."
- Wende mit betontem Übergreifen mit der zuerst freiwerdenden Hand.
  Anweisung: „Die Schultern schieben sich seitwärts aus dem Barren hinaus; die freie Hand greift vor die Stützhand."
- Kombinationen von Kehre (ohne und mit Drehungen) und Wende, entweder nach Ansage vor jedem Durchgang oder in vorgegebenen Abläufen.

Für geübtere Schüler:

- Wende mit 1/2 Drehung zum Gerät („Wendekehre": Wende rechts mit 1/2 Drehung rechts und umgekehrt).
  Anweisung: „Drehung mit dem Übergreifen ansetzen, mit der dann freiwerdenden Hand zurückschwingen und an den Holm fassen."
- Versuchsweise: Wende mit 1/2 Drehung *vom* Gerät (Wende rechts mit 1/2 Drehung links und umgekehrt).
- „Einwenden" (Wende in den Stütz): Aus dem Seitstand mit Zwiegriff am näheren Barrenholm (ggf. von einem Kastendeckel als Absprunghilfe) „Wende in den Barren hinein".
  Anweisung: „Mit beiden Händen auf den Holm drücken; spät übergreifen."
- Kombinationen von Einwenden mit Kehre und Wende.
- Versuchsweise: „Einkehren": Aus derselben Ausgangsstellung wie beim Einwenden: Drehkehre in den Winkelstütz.
  (Diese Übung ist leichter als sie aussieht, dennoch sollte man auf Hilfestellung nicht verzichten.)

Zweiter Teil

Hindernisturnen und Bewegungsaufgabe

Zunächst geht es darum, den Barren (auch) als *Hindernis* zu sehen, das in vielfältiger Weise überwunden werden kann. In Längsrichtung betrachtet, stellt er beispielsweise einen „Steg" dar, der über einen „Wildbach" führt und der im Hangeln (Beine ggf. aufgelegt), Stützen, Kriechen oder Gehen auf dem Gerät überwunden werden kann. In Querrichtung kann man über beide Holme, über den näheren und unter dem entfernteren hindurch oder unter dem näheren hindurch und über den entfernteren klettern. Wie man das machen kann, sollten die Schüler selbst herausfinden, gelegentliche Hinweise und Tips durch den Lehrer nicht ausgeschlossen.

Noch deutlicher wird der Hindernischarakter, wenn man den einen Holm 50 - 80 cm höher stellt und so einen Stufenbarren daraus macht: In Längsrichtung ergibt sich ein „Steg mit Geländer"; vom niedrigeren Holm her gesehen, erscheint das Gerät eher als eine „Treppe", über die man steigen oder springen kann; vom höheren Holm her läßt sich sehr gut auf den niedrigeren aufschwingen. Auch hier sind dem Erfindungsreichtum kaum Grenzen gesetzt.

Als Verbindung zwischen dem Hindernisturnen oder anderen Formen der „freien Bewegungstätigkeit“ und den „formalen“ Übungen des Gerätturnens (oder anderer Sportarten) kann das methodische Mittel der *Bewegungsaufgabe* dienen. Darunter ist eine bewußt recht allgemein gehaltene Aufforderung an die Schüler zu verstehen mit der Absicht, sie zur selbständigen Lösung eines „Bewegungsproblems“ anzuhalten.

Als Beispiel – auch im Sinne eines kleinen „Experiments“ – kann folgende, auf die *Kehre am Barren* zielende Bewegungsaufgabe dienen: „Lauft von der Seite unter dem näheren Holm hindurch in den Barren hinein und schwingt über den entfernteren Holm wieder aus dem Barren hinaus.“ Aller Wahrscheinlichkeit nach werden die Schüler nun aus der Holmengasse in den Stütz springen und mit gebeugten Knien über den entfernteren Holm rutschen.

Die Frage ist nun, welche weiteren Impulse notwendig sein werden, um das angestrebte Endverhalten zu erreichen (z.B.: „Versucht es einmal so, daß ihr vom Barrenende her in die Holmengasse hineinlauft“). Vielleicht ist aber auch ein Schüler dabei, der bereits weiß, was der Lehrer will, und es den anderen zeigt.

Auswertung

Zum ersten Teil

(1) Vorgestellt wird ein *Übungsmodell* im Sinne einer *idealtypischen Zusammenordnung von inhaltlichen und organisatorischen Formen.* Es handelt sich also *nicht* um eine methodische Übungsreihe und erst recht nicht um ein „Stundenbild“. Mit anderen Worten: Wenn man schon Barren aufgebaut hat, wird man einerseits an ihnen noch einiges mehr tun, als hier beschrieben, andererseits aber aus den vorgelegten Übungsfolgen nach Bedarf auswählen.

(2) Hinsichtlich des *Inhaltes* sollte nach dem Prinzip: „Aus wenigem viel machen“ gezeigt werden,

- daß auch mit einfachen Mitteln ein vielseitiges und abwechslungsreiches Üben gestaltet werden kann,
- daß sich aus einfachen Grundfertigkeiten sehr schnell auch anspruchsvollere Übungen entwickeln lassen.

(3) Hinsichtlich der *Organisation* sollte – nach dem Prinzip: „Zu jeder Übung die optimale organisatorische Form“ – darauf hingewiesen werden,

- daß einfache und übersichtliche organisatorische Formen den besten Überblick über das Übungsgeschehen gewährleisten,
- daß man bewegungsreiche Formen bevorzugen sollte, um die notwendige Intensität des Übens zu erreichen und der sprichwörtlichen Langeweile des Gerätturnens zu entgehen.

Dazu gehören u.a. das Üben im Seitenwechsel nach einer vorher angesagten Anzahl von Durchgängen und die Festlegung bestimmter Ablauffolgen (z.B. nach der Regel: „Der nächste läuft los, wenn der Vordermann in den Stütz springt“).

Das Üben auf dem Hin- und Rückweg und die asymmetrische Mattenlage schaffen eine „zwingende Situation“ im Hinblick auf die gegengleiche Ausführung der Übungen.

Es wird grundsätzlich *ohne* Hilfestellung geturnt. Diese ist bei so einfachen Übungen überflüssig, sofern die Übungsbedingungen (im wesentlichen die Gerätehöhe) die Schüler nicht überfordern. Sie würde hier nur den organisatorischen Ablauf stören und die Bewegungen behindern. Statt dessen ist ein Hinweis zur Selbsthilfe zu geben, z.B.: „Wer hängenbleibt, muß sich am Gerät festhalten."

(4) Der didaktische Schwerpunkt dieses Übungsmodells liegt auf der *Entwicklung koordinativer Fähigkeiten,* vor allem der motorischen Steuerungsfähigkeit („Koordinationsschulung"). Voraussetzung hierfür ist die Schaffung einer exakten *Bewegungsvorstellung* durch Bewegungsdemonstrationen und -anweisungen. Diese haben aber nur dann einen Sinn, wenn der Schüler auch „mitzieht", z.B. nach folgendem Merksatz: „Bevor du losläufst, mußt du schon wissen, was du am Gerät tun willst."

(5) Hauptsächliches Mittel der Koordinationsschulung ist das *variierende Üben*. Das beschriebene Modell enthält in dieser Hinsicht u.a. folgende Möglichkeiten: Übungsveränderung (z.B. durch Anfügen einer Drehung), Veränderung der Bewegungsrichtung (z.B. durch gegengleiche Ausführung), Kombination strukturgleicher Übungen in verschiedener Ausführung (z.B. bei den Kehren), Kombination strukturverschiedener Übungen (z.B. Kehren und Wenden). Auch die Verbesserung der Bewegungsausführung (z.B. durch Erfühlen des „richtigen" Krafteinsatzes) gehört hierher.

Die gegengleiche Ausführung von Bewegungen macht Schülern und Anfängern weniger Schwierigkeiten als einem schon „festgelegten" Erwachsenen.

(6) Entgegen manchen Vorbehalten sind die hier beschriebenen Übungen auch für *Mädchen* geeignet. Sie vermitteln nicht nur eine gewisse Stützfähigkeit, sondern sie machen auch „Spaß" (und sei es nur durch die gelegentliche Abwechslung).

Zum zweiten Teil

(1) Der Barren ist sicherlich mehr als alle anderen Turngeräte dazu geeignet, auch als Hindernis benutzt zu werden. Das hier mit einigen Beispielen angedeutete „*Hindernisturnen*" wird weithin als geeigneter didaktischer und methodischer *Einstieg* in das Gerätturnen angesehen. Daran ist sicher soviel richtig, daß ein solcher „freier", „kreativer" und „spielerischer" Umgang mit dem Gerät zur (materialen und emotionalen) Vertrautheit mit den neuen Verhältnissen führen, den Blick für die Bewegungsvielfalt des Gerätturnens schärfen und einiges zu einer allgemeinen konditionellen Vorbereitung beitragen kann.

Dem steht gegenüber, daß es sich in der Tat nur um einen „Einstieg" handeln kann, da im Gerätturnen weniger die ungebundene als vielmehr die geformte Bewegung im Mittelpunkt steht.

(2) Um die *Bewegungsaufgabe* ist es seit einiger Zeit etwas ruhiger geworden. Dies liegt vermutlich an dem ihr immanenten Widerspruch: Auf der einen Seite sollen die Schüler etwas selbständig erarbeiten, auf der anderen hat der Lehrer ein bestimmtes, oft recht eng umgrenztes Ziel (wie eben die Kehre) vor Augen. Beides zur Deckung zu bringen, erfordert viel Geduld und ist stets von einigen Unwägbarkeiten begleitet. Fast unweigerlich tendiert der Lehrer dazu, die vorgebrachten Lösungen recht schnell in

„brauchbare“ und „unbrauchbare“ einzuteilen, um irgendwie zum angestrebten Unterrichtsziel zu kommen. Vollends sinnlos wird das Prinzip der Bewegungsaufgabe, wenn die Lösung den Schülern im voraus bekannt ist. Angesichts dieser Schwierigkeiten orientieren einige neuere didaktische Strömungen auf eine noch weitergehende „Öffnung“ und noch konsequentere „Schülerorientierung“ des Sportunterrichts. Damit ist aber noch nicht ausgeschlossen, daß sich ähnliche Widersprüche eröffnen werden.

Theoretische Bezüge

Die organisatorische Gestaltung des Sportunterrichts („Handbuch“ S. 74); Gibt es einen Standardablauf methodischen Handelns? („Handbuch“ S. 104); Methoden („Handbuch“ S. 160); Üben („Handbuch“ S. 227).

Themenbeispiel 14

Methodische Hinweise zu anspruchsvolleren Barrenübungen

Inhalte

- Technik und Methodik der wichtigsten für den Sportunterricht geeigneten Barrenübungen.

Ziele

- Möglichkeiten zum Erlernen und Üben einiger bekannter und weniger bekannter Barrenübungen aufzeigen.
- Auf die Vielfalt turnerischer Übungsformen als Mittel der Körper- und Bewegungsbildung hinweisen.

Programm

Zum Thema

Der Barren ist das wohl vielseitigste Turngerät. Man kann an ihm nicht nur hängen, stützen und schwingen, sondern auf ihm auch in verschiedenen Positionen sitzen und liegen. Leider kommt diese Vielseitigkeit in den Lehrplänen nicht (mehr) zum Ausdruck. Neben den etwas schwierigeren Barrenübungen des Lehrplans – die „einfacheren“ Übungen Kehre und Wende sind im Themenbeispiel 13 unter spezifischen Aspekten bereits behandelt worden – sollen deshalb einige geraffte Hinweise auf weithin vergessene Übungen angefügt werden.

Kreishocke (Drehhocke)

Die Kreishocke als ein nicht allzu schwieriger und dennoch attraktiver Abgang wird im allgemeinen über die *Hockwende* (als vereinfachte Form der Wende) erarbeitet, z.B. in folgender Übungsreihe: Hockwende in der Barrenmitte – Hockwende mit 1/4

Drehung am Barrenende (Blick nach außen) – Kreishocke über einen durch ein Sprungseil „verlängerten" Barrenholm – Kreishocke mit Hilfe.

Diese Übungsreihe stellt erfahrungsgemäß jedoch keine methodisch genügend „zwingende" Situation dar und kommt deshalb nur selten über ihre Anfänge hinaus. Erfolgreicher, wenn auch nicht für alle Schüler gleichermaßen geeignet, ist im allgemeinen die direkte Erarbeitung durch die beiden folgenden Übungen:

a) Aufbücken auf die Barrenholme,

b) Kreishocke mit aktiver Bewegungshilfe.

Entscheidend für das Gelingen der Kreishocke ist nämlich die Erkenntnis, daß ihr eine *Bückbewegung* zugrunde liegt. Diese wird mit Hilfe der ersten Übung erlernt: Aus einem nicht zu starken Rückschwung führt der Übende die Hüfte energisch „von unten heraus" nach oben (Anweisung: „Zieh die Hüfte senkrecht hoch, drücke mit beiden Händen fest auf die Holme") und setzt mit gestreckten Knien die Füße so nahe wie möglich hinter den Händen auf die Holme auf. Wer diese Übung beherrscht, benötigt zum Gelingen der Zielübung nur noch einen geringen Drehimpuls (Anweisung: „Leg dich in die Kurve"). Dennoch ist bei den ersten Versuchen aktive Hilfe („halber" Klammergriff am Oberarm, die andere Hand unterstützt die Drehbewegung am Oberschenkel) unerläßlich.

Als vorbereitende Übung ist die Kreishocke als Sprung über einen seitgestellten (ggf. auch längsgestellten) Kasten geeignet (Abb. 1).

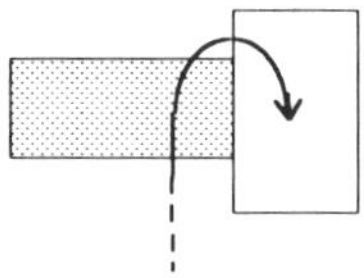

Abb. 1

Rolle vorwärts (Oberarmrolle)

Über den Stellenwert der Rolle vorwärts am Barren, zumeist aus dem Grätschsitz in den Grätschsitz geturnt, kann man geteilter Meinung sein: Für den Anfänger ist es eine höchst komplizierte, für den Fortgeschrittenen eine fast zu leichte Übung; sie erfordert ein bestimmtes Maß an Kraft, um den Körper so weit anzuheben, daß er überrollen kann; der Grätschsitz kommt in „modernen" Barrenübungen kaum noch vor.

Die (relative) Schwierigkeit der Übung hat zu einer Reihe von methodischen Vorschlägen geführt, auf die hier nur hingewiesen werden kann: Rolle aus dem Liegestütz (Griff der Hände am Barrenende, Füße auf einem davor stehenden Kasten aufgelegt) auf eine über den Holmen liegende Matte; Rolle aus dem Kniestand auf einem in der Holmengasse stehenden Kasten in den Grätschsitz; dasselbe aus dem Grätschsitz (Kasten dient nur noch zur Sicherung); Rolle mit aktiver Bewegungshilfe (eine Hand von unten am Rücken, die andere am Oberschenkel) u.a.m.

An vorbereitenden Übungen sind möglich: Rolle am Boden mit gestreckten Beinen aus dem Liegestütz in den Grätschwinkelsitz (Beine dürfen nicht auf dem Boden aufschlagen); dasselbe auf einem „Kastensteg"; Rolle am (relativ niedrigen) „Kastenbarren" (zwei parallel stehenden Kästen) oder entsprechend ausgelegten Weichböden.

Bei der Übung selbst müssen die Beine völlig gestreckt und der Körper bis zum Schluß stark abgewinkelt bleiben; die Ellenbogen werden seitwärts abgespreizt; die

Hände greifen frühzeitig um. All dies setzt beim Schüler eine exakte Bewegungsvorstellung und ein gutes Orientierungsvermögen voraus. Eine möglichst langsame Bewegungsdemonstration ist unerläßlich.

Schwieriger, aber schöner ist die *Rolle aus dem Rückschwung* (aus einem dosierten Schwung wird der Körper schnell abgewinkelt) und aus dem *Anlauf mit beidbeinigem Absprung als Aufgang* am Barrenende.

Oberarmstand

Der Oberarmstand aus dem Rückschwung ist eine der Schlüsselübungen des Gerätturnens. Er setzt freilich die Beherrschung des Körpergewichts mit Hilfe der Arm-Schulter-Muskulatur voraus: Aus einem nicht zu starken Rückschwung beugen die Arme zügig und kontrolliert nach vorn ab und der Körper schwingt gestreckt in den Oberarmstand. Dabei kommt es vor allem auf den richtigen Zeitpunkt der Schwungverstärkung an (Anweisung: „Schwinge von unten heraus nach hinten-oben"). Zwei Helfer blockieren die Bewegung im höchsten Punkt. Es läßt sich eine Rolle vorwärts anschließen (Körper zunächst abwinkeln, dann erst abrollen), doch sollte auch das „Zurückschwingen", d.h. der Vorschwung mit Wiederaufrichten in den Stütz, geübt werden.

Unentbehrliche Vorübung ist der Oberarmstand aus dem Grätschsitz. Dabei wird der Körper zunächst in den „Winkelstütz" auf den Oberarmen angehoben und dann erst gestreckt. Die Knie werden dabei nicht gebeugt. Zwei Helfer sichern die Bewegung.

Viel leichter, als es scheint, ist *die Rolle rückwärts in den Oberarmstand*. In der einfachsten Ausführung wird der Körper aus der Kipplage nach rückwärts-oben in den Oberarmstand gestreckt (mit Hilfe). Diese Bewegung wird später am hohen Barren aus dem Vorschwung heraus angesetzt. Ohne Anhalten im Oberarmstand geturnt, entsteht daraus die *Oberarmrolle rückwärts*. Als mögliche Vorübung hierfür erscheint die *Rolle rückwärts aus dem Grätschsitz* über die Kipplage wieder in den Grätschsitz.

Aufkippen in den Grätschsitz

Diese Übung wurde früher als Taucheraufschwung vorwärts bezeichnet: Aus dem Sturzhang am Barrenende beugt der Körper ein zum „Kipphang" und führt eine „halbe Streckung" mit gleichzeitigem energischem Armzug nach vorn-oben in den Grätschsitz aus. Ein Helfer unterstützt im Nacken.

Oberarmkippe

Diese Übung ist im Themenbeispiel 17, Kippen, behandelt.

Die folgenden Übungen können nur am sprunghohen Barren ausgeführt werden. Dabei sollte das Gerät aber nicht höher sein als notwendig. (Es empfiehlt sich, eine Trainingsjacke anzuziehen.)

Schwungstemme (Oberarmstemmaufschwung) vorwärts

Die Schwungstemme vorwärts wird aus dem Vorschwung im Oberarmhang in den Grätschsitz entwickelt. Zur Einleitung springt der Übende möglichst weit „in den Barren hinein". Dabei bleiben die Arme möglichst gestreckt, die Ellenbogen werden nach unten gedrückt. Mit immer stärkerem Vorschwung (und ggf. mit Bewegungshilfe am Rücken) wird schließlich der „freie“ Stütz erreicht.

Schwungstemme (Oberarmstemmaufschwung) rückwärts

Aus der Kipplage schwingt der Übende mit zügiger Körperstreckung nach vorn ab. Dabei werden die Schultern möglichst nahe an die Griffstelle „herangezogen“. Sobald der Körper die Senkrechte unter dem Barren passiert hat, folgt mit kräftiger Schwungverstärkung (Anweisung: „Schlage die Beine nach hinten“) der Aufschwung nach hinten-oben.

Die Schwungstemme rückwärts ist an sich nicht schwer, setzt aber eine genaue Bewegungsvorstellung und -steuerung voraus. Als Vorübung kann die Schwungstemme aus dem Oberarmliegehang rücklings (Beine auf den Holmen aufgelegt) dienen.

Handstand

Für Fortgeschrittene bietet es sich an, auch das Rückschwingen in den Handstand zu versuchen. Diese Übung setzt freilich das notwendige Maß an Stützkraft und einiges Gespür für die richtige Schwungverstärkung voraus. Zwei Helfer auf niedrigen Kästen sichern gegen Überfallen.

Für kräftige Schüler kaum ein Problem ist auch das „Handstanddrücken“: Aus dem Winkelstütz wird der Körper mit gleichzeitigem Beugen (höchstens bis zum rechten Winkel) und Strecken der Arme angehoben, bis der Handstand erreicht ist.

Anhang

Im Interesse eines vielseitigeren Barrenturnens, als es in den gegenwärtigen Lehrplänen zum Ausdruck kommt, aber auch im Interesse der schwächeren Schüler sei hier in Kurzbeschreibung auf einige nicht allzu schwierige, heute aber weithin vergessene Übungen hingewiesen. Die tatsächlich mögliche Vielfalt kann dabei freilich nur andeutungsweise zum Ausdruck kommen.

Spreizübungen im Liegestütz

Das Ein- und Ausspreizen im Liegestütz ist nur sinnvoll, wenn es mit einer weiteren Tätigkeit verbunden wird, z.B.:

- Einspreizen in die Holmengasse, Ausspreizen mit Niedersprung rückwärts,
- Einspreizen, hohes Ausspreizen mit Flanke über den vorderen Holm,
- Einspreizen, hohes Ausspreizen mit 1/4 Drehung in den Grätschsitz („Schere“).

Alle Übungen können gegengleich ausgeführt werden.

Schraubenspreizen

Das Schraubenspreizen dient zum Sitzwechsel aus dem Grätschsitz, Außenquersitz oder Liegestütz in eine andere Sitz- oder Stützart, z.B.:

- Schraubenspreizen rechts rückwärts aus dem Grätschsitz in den Liegestütz oder Außenquersitz,
- Schraubenspreizen rechts vorwärts aus dem Liegestütz in den Grätschsitz oder Außenquersitz.

Spreizübungen am Barrenende

Diese Spreizübungen beginnen aus dem Außenquerstand am Barrenende. Beim Sprung in den Stütz muß zum Einspreizen jeweils der Griff einer Hand kurzzeitig gelöst werden. (Wegen der Gerätehöhe nur für ältere Schüler geeignet.)

Beispiele:

- Einspreizen rechts (d.h. unter der rechten Hand über den rechten Holm) und Rückschwung in den Stand,
- Einspreizen rechts, sofortiges Ausspreizen links mit Rückschwung in den Stand,
- Einspreizen rechts in den Außenquersitz links,
- Einspreizen rechts und sofortige Kehre links.

Alle Übungen auch gegengleich.

Fechterabgänge

Die Fechterabgänge beginnen aus dem Außenquersitz mit Stütz nur eines Armes. (Im weiteren Verlauf kann auch kurzzeitig mit der anderen Hand zugegriffen werden). Der Abdruck erfolgt mit der Kniekehle des „Sitzbeins". Dabei muß der Körperschwerpunkt möglichst schnell über den Stützarm gebracht werden (Anweisung: „Zuerst den Oberkörper, dann die Beine über die Holmen bringen"). Es sind Fechterflanke, Fechterwende oder -hockwende und (schwieriger) Fechterkehre möglich.

Taucherauf- und -umschwünge

Der Taucheraufschwung vorwärts ist bereits als „Aufkippen" in den Grätschsitz beschrieben worden (S. 83). Der *Taucheraufschwung rückwärts* beginnt aus dem Hang oder Hockstand unter der Barrenmitte mit einem Aufschwung nach hinten-oben. Dabei werden die Beine gegrätscht und die Unterschenkel unter den Holmen eingehängt, so daß der Oberkörper in den Grätschsitz angehoben werden kann.

Diese Übung ist auch als *Umschwung* möglich, nämlich aus dem Rücksenken im Grätschsitz, wobei die Hände den Griff beibehalten.

Der *Taucherumschwung vorwärts* erfordert einigen Mut: Aus dem Grätschliegehang (der Körper liegt mit gestreckten Armen auf den Barrenholmen) läßt der Übende die Hände los – der Körper wird vorübergehend nur von den gegrätschten Beinen gehalten – und schwingt unter dem Barren durch in den Oberarmliegehang rücklings bzw. in den Grätschsitz.

Auswertung

(1) Der Barren als ideales Hindernis-, Konditions- und Turngerät hätte sicherlich eine etwas größere Beachtung im Sportunterricht verdient, als ihm gemeinhin zugebilligt wird. Dazu bedarf es freilich einer Erweiterung des Übungsangebotes über die standardisierten Übungen des heutigen Gerätturnens hinaus. Wenn Barren einmal aufgebaut sind, sollten sie auch in mehrfacher Hinsicht „ausgenützt" werden. Vgl. dazu die Themenbeispiele 10, Konditionsübungen an Großgeräten, und 13, Barrenübungen.

(2) Von der Bewegungsstruktur her sind die Barrenübungen eher leichter als die übrigen Gerätübungen. Voraussetzung ist allerdings ein bestimmtes Maß an Stützkraft,

um den Körper im Stütz halten und bewegen zu können, und an Spannungsvermögen, um im Körper willkürliche Muskelspannungen aufbauen zu können. Da in beiderlei Hinsicht heute bei den Schülern einige Defizite festzustellen sind, erhebt sich die schon öfter gestellte Frage, ob es gerechtfertigt ist, auf bestimmte Unterrichtsgegenstände nur deshalb zu verzichten, weil sie Schwierigkeiten machen, oder ob es nicht eher angebracht ist, gezielt gegen solche Schwächen anzugehen.

(3) Man darf freilich nicht übersehen, daß bestimmte Positionen des Barrenturnens, vor allem der Oberarmhang, aber auch der Grätschsitz und Liegestütz, recht schmerzhaft sein können, wenn sie unzweckmäßig ausgeführt werden. Dem kann man nur durch fachkundige Anleitung und allmähliche Gewöhnung begegnen.

Themenbeispiel 15

Stufenbarren

Inhalte

- Einfache Übungen am „normalen" Stufenbarren für den allgemeinen Übungsbetrieb (Holmdifferenz: 50 - 70 cm).

Ziele

- Auf Übungen hinweisen, die für Mädchen (und Jungen!) sowie für alle Alters- und Könnensstufen geeignet sind.
- Die Vielfalt der Turnübungen andeuten.

Programm

Zum Thema

Im folgenden werden nur Stufenbarrenübungen berücksichtigt, die nicht zugleich Reckübungen sind und sich am „normalen" Stufenbarren ausführen lassen. Der Verwendung eines wettkampfgerechten Spannbarrens dürften im Sportunterricht schon aus organisatorischen Gründen recht enge Grenzen gesetzt sein.

Der Stufenbarren als „Hindernisgerät"

Die hier verzeichneten Übungen stehen im Übergangsbereich vom Hindernisturnen zum geformten Turnen. Sie lassen in der Regel mehrere Ausführungsvarianten zu:

- Aus dem Angehen oder Anlaufen: Aufsteigen auf den niedrigeren Holm (z.B. durch Sprung in den Stütz mit Aufsetzen eines Beines), Abschwingen am höheren Holm.
- Dasselbe, aber mit Aufsteigen zum Stand auf dem höheren Holm und Niedersprung („Fallschirmspringer").
- Mit Anlauf von der Seite: Vorschwingen zum Stand auf dem niedrigeren Holm

und Griff am höheren Holm, 1/4 Drehung, Niedersprung rückwärts mit Nachgreifen am niedrigeren Holm.

- Dasselbe, aber mit Überspringen des höheren Holmes (mit Aufsetzen eines Beines oder mit einer Hockwende).
- Aus dem Angehen und mit Griff am höheren Holm: Aufsetzen der Füße und „Aufwinden" in den Stand auf dem niedrigeren Holm, Hockwende.

Diese Übungen lassen sich beliebig kombinieren und auch als Gemeinschaftsübung ausführen, z.B. wie folgt: Je zwei Schüler zugleich von beiden Seiten des Stufenbarrens: Vorschwingen in den Stand auf dem niedrigeren Holm, Hockwende (mit Blick zueinander), Platzwechsel, „Aufwinden" auf den niedrigeren Holm, Hockwende.

Spreizen, Flanken, Hocken, Grätschen

Die folgenden Übungen haben mehr konditionsschulenden Charakter. Sie beginnen aus dem Hang am höheren Holm bzw. aus dem leichten Anschwingen oder aus einem Konterschwung. Das *Spreizen* kann als Vor- und Rückspreizen eines Beines oder als Kreisspreizen (Beginn mit dem „vorderen" oder „hinteren" Bein: Über- bzw. Unterspreizen) ausgeführt werden. Entsprechend ist beim *Flanken* ein Vor- und Zurückflanken und ein Kreisflanken (am einfachsten aus dem Liegehang mit Abfedern) möglich. Das *Hocken* erscheint als Aufhocken sowie als Vor- und Zurückhocken, entsprechend auch das *Grätschen*.

Kehre, Wende

Wie am „Parallelbarren" kann auch am Stufenbarren die Kehre und Wende geturnt werden, hier jedoch im „Hangstütz", d.h. mit Stütz auf einem Arm und Griff der anderen Hand am höheren Holm.

Schraubenspreizen und Taucherschrauben

Das *Schraubenspreizen* führt zu einem Wechsel im Sitz- oder Liegehangverhalten. Beim Schraubenspreizen vorwärts aus dem Außenquersitz wird (mit Griff beider Hände am höheren Holm) das „hintere" Bein durch die Holmengasse wieder zum Außenquersitz in gegengleicher Position geführt. Beim Schraubenspreizen rückwärts beginnt das „vordere" Bein mit einer Rückwärtsbewegung.

Die Beinbewegungen bei der *Taucherschraube* vorwärts und rückwärts entsprechen denen des Schraubenspreizens. Der Oberkörper „taucht" dabei ab und „hängt" an einem Arm.

Aufstemmen

Das *beidbeinige* und das *einbeinige Aufstemmen* beginnt aus dem Hang am höheren Holm mit dem Aufsetzen der Füße auf dem niedrigeren. Aus dieser Ausgangsstellung werden die Beine gestreckt, der Körper schwingt nach hinten-oben, die *gestreckten* Arme drücken in der Schlußphase kräftig auf den Holm und „ziehen" den Körper in den Stütz. Dabei lösen sich die Beine vom niedrigeren Holm und schwingen zurück. Bei der einbeinigen Form wird das freie Bein ähnlich wie beim Kippaufschwung am Holm entlang nach oben geführt. Ein Helfer unterstützt ggf. die Bewegung am Rücken und Oberschenkel; falls erforderlich, verändert man die Holmdifferenz.

Hohe Wende und Überschlag

Bei der *Wende* rechts aus dem Stütz am höheren Holm greift die rechte Hand hinab auf den niedrigeren Holm (die linke verbleibt im Kammgriff am höheren), der Körper schwingt (sofort) über den flüchtigen Handstand (mit Griffwechsel) in den Querstand neben dem Barren. Diese Übung wird aus dem „einfachen" Abwenden entwickelt. Ein Helfer, der außerhalb des Barrens am niedrigeren Holm steht, sichert mit der einen Hand am Oberarm und unterstützt ggf. die Bewegung mit der anderen an der Hüfte. Der *Überschlag* aus derselben Ausgangsstellung erfordert etwas Mut und zuverlässige Hilfestellung.

Einige weitere Übungen lassen sich mit den entsprechenden Abwandlungen von anderen Geräten (Kasten, Reck) auf den Stufenbarren übertragen:

Das *Aufhocken* auf den niedrigeren Holm kann aus dem Anlauf oder aus dem Stütz mit Übergreifen einer oder beider Hände zum höheren Holm ausgeführt werden.

Der *Unterschwung* mit Griff am höheren Holm läßt sich (mehr oder weniger andeutungsweise) aus dem Sitz auf dem niedrigeren Holm oder in Gegenrichtung über diesen hinweg (auch mit kurzzeitigen Aufsetzen eines Beines oder verbunden mit 1/2 Drehung) turnen. Zwei Helfer in der Barrenmitte sichern und unterstützen die Bewegung.

Bei der *Hockwende* aus dem Stand auf dem niedrigeren Holm über den höheren (mit Zwiegriff) ist die Federkraft des Holmes eine wesentliche Hilfe. Wegen der Gerätehöhe ist nur eine abwartende Sicherheitsstellung möglich.

Der *Hüftaufschwung* aus dem Liegehang auf dem niedrigeren Holm kann mit Aufsetzen eines Beines oder aus dem Abfedern erfolgen.

Der *Hüftabschwung* kann aus dem Stütz am höheren Holm zum Liegehang geturnt (und ggf. mit einem Abfedern verbunden) werden, aber auch aus dem Stand auf dem niedrigeren Holm über den höheren zum Stand unter dem Barren.

Beim *Knieaufschwung* am niedrigeren Holm kann zum höheren umgegriffen werden.

Der *Kniehangabschwung* aus dem dem Liegehang mit Griff am höheren Holm beginnt mit dem Grifflösen; der Übende schwingt unter dem niedrigeren Holm hindurch nach vorn-oben, löst die Beine vom Holm und gelangt so in den Stand. Zwei Helfer sichern in der Endphase und ggf. am Unterschenkel. Diese Übung ist nicht besonders schwierig, sie erfordert anfänglich nur etwas Mut. Selbstverständlich muß der niedrigere Holm eine ausreichende Höhe haben.

Beim (relativ schwierigen) *Hüftumschwung* am niedrigeren Holm aus dem Schwingen am höheren erfolgt ein Griffwechsel vom höheren zum niedrigeren Holm.

Auswertung

(1) Das moderne Stufenbarrenturnen, das sich letztlich als Reckturnen am Spannbarren darstellt, läßt sich nur in speziellen Fällen (Arbeitsgemeinschaften, Sportabitur) auf den Sportunterricht übertragen. Es sollte also auf das Übungsgut am „normalen"

Stufenbarren nicht verzichtet werden, vor allem deshalb, um *allen* Schülerinnen und Schülern ein zufriedenstellendes Mitmachen zu ermöglichen.

(2) Die Vielseitigkeit des Stufenbarrens legt es nahe, nach Hindernis-, Konditions- und Turnübungen mit „Kunststückchencharakter" zu unterscheiden. Dies erfordert auch eine entsprechende Differenzierung in der Arbeitsweise: Vom Lehrer gesteuertes, auf Intensität und Effektivität bedachtes Üben im Klassenverband auf der einen, selbständiges Suchen und Probieren auf der anderen Seite.

(3) Methodisch bedeutsam ist die Feststellung, daß das Gelingen vieler Übungen von der „richtigen", d.h. *individuell* wählbaren Holmdifferenz abhängig ist und daß die meisten Übungen je nach Holmdifferenz entweder leichter oder schwerer werden. Dem sollte man durch ein entsprechendes Geräteangebot Rechnung tragen.

Themenbeispiel 16

Schwebebalken

Inhalte

- Überblick über die einfacheren Schwebebalkenübungen.

Ziele

- Anregungen für die organisatorische und inhaltliche Gestaltung des Turnens am Schwebebalken geben.

Programm

Zur Organisation des Schwebebalkenturnens

Das Turnen am Schwebebalken ist zunächst ein organisatorisches Problem. Nur selten wird einer Schule mehr als ein wettkampfgerechter Schwebebalken zur Verfügung stehen, und auch dieser macht beim Aufbauen oft einige Mühe. Möglicherweise sind einige niedrige (und zumeist auch kürzere und leichtere) Übungsbalken vorhanden. Diese wären immer mit heranzuziehen, nicht nur um die notwendige Übungsintensität zu gewährleisten, sondern auch um möglichst angstfreie Übungsbedingungen zu schaffen. Dabei ist nicht zu übersehen, daß die systematische Gewöhnung an die exponierten Bedingungen einen der Kernpunkte des Schwebebalkenturnens darstellt.

Organisatorische und methodische Gründe sprechen auch für die Bank als Ersatzgerät, und zwar mit der Sitzfläche nach oben als „breiten Balken" und umgedreht als „niedrigen Balken". In beiden Positionen kann die Bank auch an kleinen oder großen Kästen eingehängt oder auf sie aufgelegt werden.

Gelegentlich, z.B. beim Üben von Abgängen, bietet es sich auch an, den Schwebebalken durch einen Kasten zu „verlängern“. Wo immer möglich, sollte man auf einen flüssigen Übungsablauf achten. Je nach Eigenart der Übungen kann der Übungsweg dabei von einem zum anderen Balkenende, von der Mitte nach außen oder von außen zur Mitte führen. In vielen Fällen ist es nützlich, wenn die Übenden, z.B. mit Hilfe eines Kastens, schnell auf den Balken aufsteigen können.

Der Schwebebalken ist auch ein ideales Gerät für Übungsgestaltungen in Partnerschaften. Dabei sollen die Übungen zunächst räumlich, in zunehmendem Maße aber auch zeitlich und inhaltlich aufeinander abgestimmt werden.

Überblick über die Schwebebalkenübungen

1. Der Schwebebalken als Balanciergerät:

Der Schwebebalken ist, ebenso wie die genannten Ersatzgeräte, zunächst ein Balanciergerät, das langsam oder (etwas) schneller, vorwärts, rückwärts und seitwärts, mit „normalen“ oder Nachstellschritten und auch mit Tragen von Gegenständen überwunden werden kann. Bei aller notwendigen Körperspannung sollte dabei auf eine möglichst lockere und gelöste Haltung geachtet werden.

2. Gymnastische Grundformen:

Aus dem Balancieren lassen sich die auf dem Balken möglichen gymnastischen Grundformen entwickeln, z.B.:

- Gehen vorwärts mit großen und kleinen Schritten, auf den Fußballen, mit betontem Fußgelenkeinsatz, mit Nachstellschritten, im Schrittwechsel, mit Schwingen und Kreisen des Schwungbeins, mit Senken des Körpers (bis zum Hockstand).
- Laufen in entsprechenden Formen.
- Hüpfen und Springen mit einbeinigem Absprung (als Schrittsprung, „Pferdchensprung“, Nachstellsprung, Schersprung u.a.), mit beidbeinigem Absprung (als Strecksprung, auch mit Beinwechsel, mit 1/2 Drehung u.a.).
- Drehungen auf beiden Beinen (im Ballenstand, im Hockstand), auf einem Bein (als 1/2- und 1/1 Drehung, mit gestrecktem und gebeugtem Schwungbein, mit Spreizen und Kreisen des Schwungbeins).

3. Auf- und Abgänge:

- Sprung in den Stütz mit Überspreizen eines Beines in den Reitsitz, Aufstehen, ein- und beidbeinig (vor den Händen) oder Aufschwingen (hinter den Händen).
- Aufhocken mit beiden Beinen, mit einem Bein (dabei Aufgrätschen mit dem anderen Bein).
- Aufgrätschen.
- Auflaufen aus dem schrägen Anlauf (mit oder ohne Hilfe einer Hand).
- Auflaufen am Balkenende.
- Strecksprünge aus ein- und beidbeinigem Absprung als Abgänge (auch mit Drehungen, mit Grätschen, Spreizen und Anhocken der Beine).
- Abwenden aus dem (flüchtigen) Handstand.
- Radwende, Rad und Handstandüberschlag am Balkenende.

4. Statische Übungen:
- Schwebesitz.
- Hockstand, Kniestand, Ausfallschritt.
- Standwaage (in verschiedenen Ausführungen), Kniewaage.

5. Rollen (für Fortgeschrittene):
- Rolle vorwärts aus dem Kniestand oder Ausfallschritt in den Schwebe- oder in den Reitsitz.
- Rolle rückwärts aus der Rückenlage in den Kniestand.

Das Erlernen dieser Übungen kann mit Hilfe einer über dem Balken hängenden Matte erleichtert werden.

Einige (hilfreiche) Anweisungen für das Turnen am Schwebebalken

a) Zum Bewegen auf dem Balken:
- „Achte immer darauf, deinen Körper in Spannung zu halten." (Was natürlich nicht *nur* für das Turnen auf dem Schwebebalken gilt.)
- „Behalte den Kopf gerade, versuche einen festen Punkt an der Hallenwand zu fixieren."
- „Halte, wenn nicht zusätzliche Armbewegungen verlangt sind, deine Hände so, als hieltest du eine Balancierstange (wie ein Seiltänzer)."

b) Für das Üben des (flüchtigen) Handstands auf dem Balken empfiehlt es sich, zunächst am Übungsbalken durch doppelte Mattenlage eine „ebene" Fläche zu schaffen (s. Abb. 1) und erst, wenn einige Sicherheit erreicht ist, den „richtigen" Balken zu verwenden.

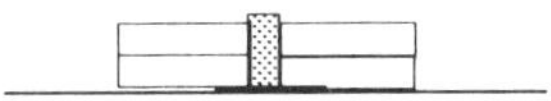

Abb. 1

c) Ausgesprochene „Hilfestellung" sollte außer beim Abgang mit Radwende o.ä. und ggf. bei Rolle und Handstand nicht notwendig sein. Bei Angst sollten sich die Übenden allmählich an die Höhe (wie es bei den organisatorischen Hinweisen beschrieben ist) „herantasten".

d) Für Übungsverbindungen sollten im allgemeinen nicht mehr als zwei (höchstens drei) Bahnen benötigt werden. Dabei ist auf einen flüssigen Bewegungsablauf zu achten. (Nur wer seine Übung „auswendig kann", darf sie auf dem Balken üben.)

Auswertung

(1) Unter den Turngeräten nimmt der Schwebebalken sowohl im Gerätturnen insgesamt als auch im Frauenturnen eine Sonderstellung ein, da er nicht wie sonst auf die Tätigkeiten des Hängens, Stützens und Schwingens, sondern auf das Balancieren orientiert ist.

Im modernen Kunstturnen wird hier letztlich „Bodenturnen unter artistischen Bedingungen" praktiziert, eine Entwicklung, die in sich konsequent ist, aber wohl kaum Leitlinie für den Schulsport sein kann.

In der Schule steht die Funktion als Balanciergerät im Vordergrund, was bedeutet, daß der *gymnastische Aspekt* des Schwebebalkenturnens dominiert. Damit kommt das Turnen am Schwebebalken auch den Schülerinnen entgegen, die wegen ungünstiger Last-Kraft-Verhältnisse an den übrigen Turngeräten Schwierigkeiten haben.

(2) Als Balanciergerät hat der Schwebebalken nicht nur für die Mädchen, sondern auch für die Jungen seine Bedeutung. Es wäre also erstrebenswert, daß er auch hier mehr als allgemein üblich zum Zuge kommt.

Bei koedukativem Unterricht ist dabei freilich zu bedenken, daß die Mädchen – sei es von Natur aus, sei es auf Grund ihrer Vorerfahrungen – hier wie auch in einigen anderen Bereichen des Gerätturnens „einfach besser sind" als die Jungen, was diese sehr schnell in eine Verweigerungshaltung treiben kann.

Aufgaben für die Jungen sollten daher mehr den Charakter von „Kunststücken" haben und mehr auf Herausforderung als auf „Schönheit" angelegt sein.

Themenbeispiel 17

Kippen

Inhalte

- Oberarmkippe und Kippaufschwung als Beispiele für schwierige und ungewohnte Bewegungsfertigkeiten.

Ziele

- Die Funktion einer zureichenden konditionellen Vorbereitung sichtbar machen.
- Die kognitive Komponente des motorischen Lernens verdeutlichen.
- Einen Einblick in die strukturelle Systematik des Gerätturnens vermitteln.

Vorüberlegungen

Struktur und Eigenart des Gegenstandes legen es nahe, mit einigen ausführlicheren Vorüberlegungen zu beginnen:

(1) Die Kippen gelten als schwierig. Dies ist nur bedingt richtig. Von der *Bewegung* her gesehen – und dies gilt für alle im Lehrplan verzeichneten Gerätübungen – sind sie eher zu den leichteren, die Oberarmkippe sogar zu den leichtesten sportlichen Fertigkeiten zu rechnen. Ihre Schwierigkeit resultiert vielmehr aus den *Ausführungsbedingungen*, die sich unter dem Stichwort „Bewältigung des Körpergewichts mit den Armen" zusammenfassen lassen.

(2) Daraus folgt, daß für die Kippen eine sorgfältige und langfristig angelegte *konditionelle Vorbereitung* unabdingbar ist. Diese muß sich vor allem auf die Kräftigung

der Arm-, Schulter-, Brust- und Bauchmuskulatur erstrecken. Hier füllt das Gerätturnen eine unübersehbare Lücke, da dieser Bereich der Körperbildung von den übrigen Sportarten nur unvollständig abgedeckt wird.

(3) Es kommt hinzu, daß die Kippen in den Lehrplänen durchweg für eine im Hinblick auf ein ausgeglichenes Last-Kraft-Verhältnis ungünstige Altersstufe, nämlich für die Mittelstufe, vorgesehen sind. Geeignetere Altersstufen wären Unterstufe (in der man freilich nur in Ausnahmefällen so weit kommt) und Oberstufe (in der an unseren Schulen allerdings kaum noch geturnt wird).

(4) Das Erlernen der Kippen ist nicht so sehr an eine allgemeine Bewegungsvorstellung darüber, als vielmehr an das Wissen um die zugrundeliegenden physikalischen Gesetzmäßigkeiten gebunden. Das motorische Lernen erhält hier eine konkrete kognitive Komponente, und dies auch im Sinne eines „fächerübergreifenden Unterrichts".

(5) Unter der Bezeichnung „Kippen" werden zwei strukturell unterschiedliche Gruppen von Übungen zusammengefaßt: die aus einer Ruhelage angesetzten „echten" Kippen und die aus einem Pendelschwung heraus geturnten Kippaufschwünge. Es ist durchaus fraglich, ob man diese beiden Bewegungen überhaupt zu einer Strukturgruppe zusammenfassen darf. Es ist jedenfalls möglich, die Kippaufschwünge ohne den für die echten Kippen typischen „bedingten Kippstoß", d.h. nach dem Muster der Felgbewegungen auszuführen.

Programm

Oberarmkippe

Die Oberarmkippe ist die für die Strukturgruppe der echten Kippen kennzeichnende Übung. Ihr mechanisches Prinzip ist relativ einfach: Aus der Oberarmkipplage, also einer relativen Gleichgewichtslage, wird eine energische Hüftstreckung ausgeführt, aber vor ihrer Beendigung wieder abgebremst.

Dadurch erfolgt eine Impulsübertragung von den (beschleunigten) Beinen auf den (bisher ruhenden) Oberkörper, die das Gesamtsystem in den Stütz und damit in eine höhere Endposition bringt. Die Oberarmkippe gelingt also immer, wenn die Intensität der Streckbewegung zureichende – oder auch beliebig höhere – Werte erreicht.

Dieser Vorgang läßt sich durch ein einfaches Experiment verdeutlichen: Aus der Rükkenlage auf dem Boden werden die gestreckten Beine, ohne das Becken anzuheben, so weit wie möglich angewinkelt, sodann energisch „weggedrückt" und in deutlicher Winkelstellung wieder angehalten. Dabei „kippt" der gewinkelte Körper unweigerlich nach vorn in den Sitz. Daher hat die Kippe auch ihren Namen.

Zur Methodik

(1) Es empfiehlt sich, die eben erlernte Bewegung direkt auf den Barren zu übertragen: Am knapp schulterhohen Gerät mit Griff am Barrenende, Blick nach außen, geht der Übende in die Kipplage und versucht, die *Kippe in den Winkelstütz* (Schwebestütz) auszuführen. Zwei Helfer unterstützen im Rücken und blockieren die Beine im Winkelstütz.

Wer bei dieser Übung die Beine unkontrolliert nach unten schlägt, ist noch nicht soweit, die Kippe zu lernen, und sollte auf folgende *Hilfsübung* verwiesen werden: Aus der Kipplage in der Mitte eines (niedrigen) Barrens Kippbewegung in den Grätschsitz. Beide Übungen können ersatzweise auch an zwei parallel aufgestellten Kästen ausgeführt werden.

(2) Bei den ersten selbständigen Versuchen müssen zwei Helfer den Übenden am Oberarm absichern, sobald er den Stütz erreicht. Er könnte nämlich nach vorn überkippen und würde dann, ohne sich selbst helfen zu können, vom Gerät fallen.

(3) Sobald wie möglich gehen wir zur sogenannten *Fallkippe* über: Aus dem Vorschwung Rückfallen in die Kipplage (Fallbewegung noch bei gestrecktem Körper einleiten) und Kippe in den Stütz. Wer diese Übung mehrfach hintereinander turnen kann, beherrscht die Kippe wirklich!

(4) Das eigentliche Problem beim Erlernen der Oberarmkippe ist nicht die Kippe selbst, sondern das Einnehmen der Kipplage. Für diese, wie auch für den in der Regel vorausgehenden Oberarmhang, gilt die generelle Anweisung: „Arme möglichst lang machen, Ellenbogen nach unten drücken. Laßt euch nicht vom Barren einklemmen."
Das Hin- und Herschwingen im Oberarmhang ist nicht nur schmerzhaft, sondern auch überflüssig; der sogenannte Oberarmstütz ist im Gerätturnen nur eine Durchgangsposition. Zur Gewöhnung eignet sich folgende Übung: Am sprunghohen Barren mit beidbeinigem Absprung vor dem Gerät Sprung in den Oberarmhang mit sofortigem Vorschwung in den Grätschsitz. Aus dieser Übung läßt sich auch leicht die Schwungstemme vorwärts entwickeln (vgl. S. 83).

(5) In den strukturellen Umkreis der Oberarmkippe gehören auch die Kippe rückwärts aus der Kipplage auf dem Boden (nicht zu verwechseln mit der Rolle rückwärts bzw. Felgrolle) in den Handstand und die Kippüberschläge (Kopf- und Nackenüberschlag) am Boden oder über Geräte (vgl. Themenbeispiel 12). Für den Schulsport kaum relevant ist die Kippe aus dem Sturzhang in den Stütz an den Ringen. Eine entsprechende Kippe läßt sich aber am Barren ausführen, nämlich als „Aufkippen" aus dem Sturzhang am Barrenende in den Grätschsitz (vgl. S. 83).

Kippaufschwung

Kippaufschwünge erfolgen aus einem Pendelschwung, also einer Rotationsbewegung heraus. Soll dabei eine im Vergleich zur Ausgangsposition höhere Endposition erreicht werden, muß der Körperschwerpunkt an den Drehpunkt angenähert werden. Dadurch wird die Winkelgeschwindigkeit erhöht und die „Ausschlagweite" des Pendels vergrößert. Auch dies läßt sich durch ein einfaches Experiment verdeutlichen: Man bindet einen Gegenstand, z.B. einen Turnschuh, an ein über die Reckstange laufendes Sprungseil und versetzt ihn ins Schwingen. Zieht man nun in dem Augenblick, da der Gegenstand die Senkrechte unter der Stange passiert, am Seil, schwingt dieser deutlich höher hinauf.

Bei den Kippaufschwüngen äußert sich dieses Prinzip darin, daß die Beine mit Beginn der eigentlichen Aufschwungbewegung – in der praktischen Durchführung muß diese Bewegung etwas früher angesetzt werden – „an der Stange entlang hochgeschoben werden". Diese *Hüftstreckung* ist jedoch nicht die Ursache der Aufschwungbewegung, sondern die Folge einer entsprechenden Muskeltätigkeit im *Schultergelenk*, durch die der Arm-Rumpf-Winkel verkleinert wird. (Hier liegt das *konditionelle* Problem der Kippaufschwünge.) Aufschwungbewegung und Hüftstreckung müssen zudem in ihrem zeitlichen Ablauf genau aufeinander abgestimmt sein. (Darin liegt das *koordinative* Problem der Kippaufschwünge.)

Hinsichtlich der *Formen der Kippaufschwünge* sind einige differenziertere Überlegungen notwendig:
Wenn man im Sturzhang, d.h. Kopf unten, Füße oben (z.B. mit an der Stange angelegten Fersen), am Reck schwingt, ergeben sich zunächst zwei *Schwungrichtungen*:

- vorwärts: Gesicht zeigt in Bewegungsrichtung,
- rückwärts: Hinterkopf zeigt in Bewegungsrichtung.

Beide Schwünge können wiederum in zwei *Verhaltensweisen zum Gerät* ausgeführt werden:

- vorlings: Die Stange befindet sich auf der Körpervorderseite bzw. am Schienbein,
- rücklings: Die Stange befindet sich auf der Körperrückseite bzw. an der Wade.

Abb. 1

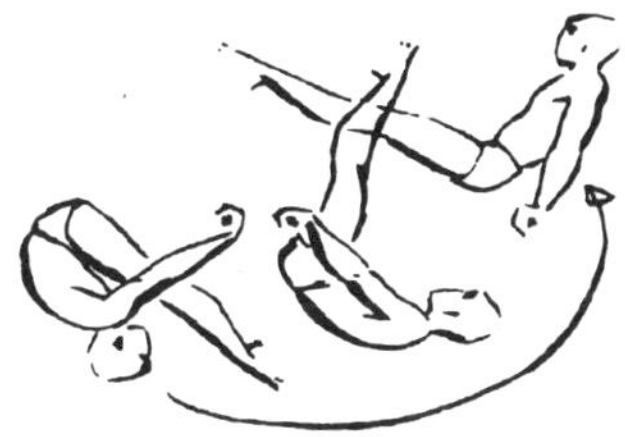

Abb. 2

In allen vier Arten kann man auf die Stange hinauf und um sie herumkommen, nämlich:

- vorlings vorwärts, was der allgemein bekannten Lauf-, Schwung- oder Stützkippe entspricht (Abb. 1),
- rücklings vorwärts, was dem früher so benannten „Durchschub" oder „Wolkenschieber" entspricht (Abb. 2),
- vorlings rückwärts, was zur eigenen Strukturgruppe der Felgbewegungen führt (eine Felgbewegung liegt nur vor, wenn das Gerät vom Körper nicht berührt wird),
- rücklings rückwärts, was der sogenannten Kreuzkippe entspricht.

In diesem Zusammenhang interessieren nur die beiden ersten Formen. Von ihnen ist der „Durchschub" die entschieden elegantere (und eigentlich auch leichtere) Übung, doch scheitert ihre Realisierung zumeist daran, daß die Schüler (auch die Turner unter ihnen) aus mangelnder Hüftbeweglichkeit das in der Einleitungsphase notwendige Durchbücken unter der Reckstange hindurch nicht zustande bringen. Somit werden im Schulsport allgemein nur die Laufkippe und die ihr entsprechenden Formen gelehrt.

Genau in der Mitte zwischen den beiden eben beschriebenen Bewegungen liegt der

Spreizkippaufschwung (auch Mühlaufschwung genannt): ein Bein vor, das andere hinter der Reckstange (Abb. 3).

Dieser ist zwar der leichteste der Kippaufschwünge, doch bringt er ähnliche Probleme mit sich wie der Durchschub und führt in eine ungünstige Endposition. Mädchen haben damit weniger Schwierigkeiten. So zählt diese Ausführung der Kippaufschwünge bei ihnen zu den Standardübungen.

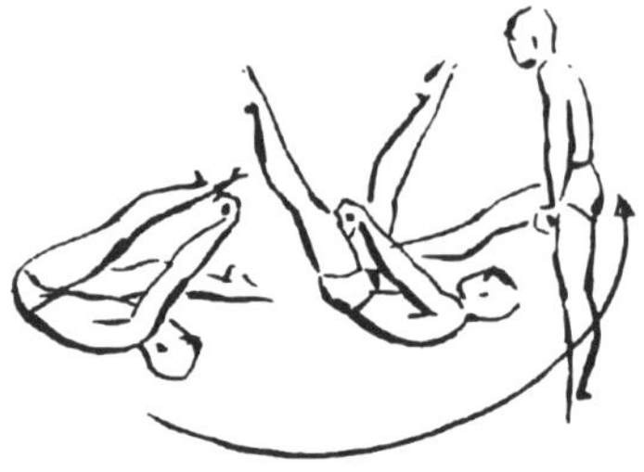

Abb. 3

Zur Methodik des Kippaufschwungs vorlings vorwärts

Selbst wenn auf der Grundlage des notwendigen Wissens eine zureichende Bewegungsvorstellung gegeben ist, wird kaum ein Schüler in der Lage sein, die Kippe ohne *aktive Bewegungshilfe* zu erlernen. Dabei geht es vor allem darum, die Sturzhangposition zu stabilisieren (z.B. durch Fixieren der Beine mit der einen Hand) und die Aufschwungbewegung zu unterstützen (z.B. durch Nachschieben mit der anderen Hand). Eine solche Hilfe kann nur vom Lehrer, allenfalls von sehr erfahrenen Schülern geleistet werden. Andere methodische Hilfen, z.B. Orientierungshilfen für das Vorlaufen, sind fragwürdig.

Auch *vorbereitende Übungen*, z.B. das beidbeinige oder einbeinige Aufstemmen am Stufenbarren oder einer Reck-Kasten-Kombination, sollten nicht in den eigentlichen Lernprozeß einbezogen werden, da die Krafteinsätze völlig andere sind. Veränderbar beim Kippaufschwung sind jedoch die *einleitenden Funktionsphasen*, d.h. die Bewegungen, die den Körper in die Ausgangsposition zur Aufschwungphase bringen. Diese Position entspricht dem Punkt, an dem bei optimaler (nicht maximaler) Schwingungsweite der Sturzhang-Pendelschwung sozusagen umkehrt. Die Erleichterung der einleitenden Funktionsphasen erfolgt vor allem durch Veränderungen in der Gerätehöhe und in der Ausgangsstellung. Daraus ergeben sich *drei Lehrwege* zur Kippe:

1. Kippe aus dem Hangstand (Abb. 4):

Aus dem Hangstand am knapp reichhohen Reck, Füße etwas vor der Reckstange, Hüften zurückgeschoben, drückt sich der Übende nach vorn ab und schleudert die Beine gewissermaßen in den Sturzhang. Anweisung: „Wirf die Hüfte nach vorn und drücke dich mit beiden Beinen ab; dabei darfst du deine Knie, aber *nicht* die Arme beugen.“

Hauptfehler: zu geringe Schwungweite.

Abhilfe: Nachdrücken am Rücken.

Dies ist die leichteste Form der Kippe. Sie führt zur Schwungkippe, die hier unmittelbar angeschlossen werden kann, z.B. mit folgender Übung: Aus dem Stand auf einem zwei- bis vierteiligen Kasten Vorschwung in den Sturzhang (der Vorschwung geht dabei durch die Veränderung der Körperlage in einen Sturzhang-Rückschwung über) und Kippaufschwung.

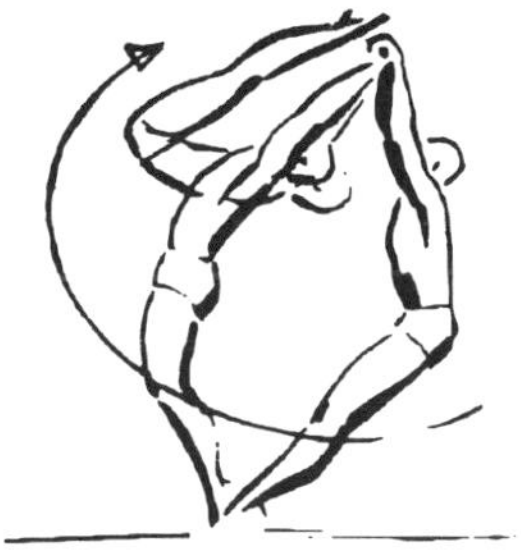

Abb. 4

Abb. 5

2. Kippe aus dem Stand (Abb. 5):

Aus dem Stand hinter dem knapp kopfhohen Reck, Arme gestreckt, Körper senkrecht (entspricht der Ausgangsstellung zum Unterschwung) Vorschwingen eines Beines und Einnehmen der Sturzhanglage. Anweisung: „Schwinge das eine Bein vor, drücke dich mit dem anderen ab und wirf beide Beine in den Sturzhang."

Hauptfehler: zu frühe Hüftstreckung.

Abhilfe: Fixieren der Beine und akustische Bewegungsbegleitung („und ... jetzt!).

Diese Einleitung des Kippaufschwungs führt zur sogenannten Stützkippe, die mit entsprechender Bewegungshilfe daraus entwickelt werden kann.

3. Laufkippe (vgl. Abb. 6):

Aus einer ähnlichen Ausgangsstellung wie bei der Kippe aus dem Hangstand, jedoch an einer etwas niedrigeren Reckstange, läuft der Übende mit zwei Schritten (genügt vollständig!) vor und drückt sich ab zum Sturzhang. Diese Form ist – entgegen der landläufigen Meinung – keineswegs leichter als die zuvor beschriebenen, hauptsächlich deshalb, weil sie fehleranfälliger ist und die Hilfestellung nicht ebenso wirksam eingreifen kann wie dort.

Abb. 6

Hauptfehler: zu weites Vorlaufen (z.B. bis zur Überstreckung), falsches Abdrücken, Hochziehen der Hüfte. Die übrigen Fehler entsprechen den bereits genannten.

Anweisung: „Drücke dich mit einem Bein so vom Boden ab, daß der Körper noch weiter nach vorn-oben schwingt; laß die Hüfte dabei unten; die Matte darf nicht nach vorn, sondern eher nach hinten wegrutschen" (Abb. 6).

Der Kippaufschwung läßt sich auf den Barren übertragen, vor allem als sogenannte *Ellgriffkippe* mit Griff am Barrenende, Blick nach innen.

Zusammenfassung

(1) Die Kippen sind bewegungsmäßig nicht unbedingt schwierige, aber dennoch technisch und methodisch *anspruchsvolle Fertigkeiten*, da sie spezifische konditionelle Voraussetzungen und die genauere Kenntnis der Bewegungsstruktur erfordern.

(2) Zu den Kippen, namentlich zum Kippaufschwung vorlings vorwärts, führen mehrere Wege. Welcher davon der erfolgversprechendste ist, läßt sich im voraus nicht entscheiden, und welche Maßnahmen für welchen Schüler in Frage kommen, muß man erst ausprobieren.

(3) Nicht jeder Schüler kann eine Kippe lernen. Es ist zwar für jeden zumutbar, die einfacheren Formen ernsthaft zu versuchen, aber nur wenige werden zum eigentlichen Ziel gelangen, eine Kippe so zu beherrschen, daß ein Weiterturnen möglich ist. Das setzt eine *differenzierte Unterrichtsgestaltung* voraus.

(4) Im Gerätturnen mit seinen teilweise recht „alltagsfernen" Bewegungen läuft nichts von selbst, es muß alles erst erarbeitet und sozusagen „erübt" werden. Eine gewisse Leistungsorientierung auf Seiten der Schüler ist dabei unabdingbar.

(5) Im Gerätturnen muß der Lehrer, um erfolgreich zu unterrichten, über exakte bewegungstheoretische und methodische Kenntnisse verfügen. Mit Intuition und Improvisation – was in anderen Bereichen allenfalls noch möglich ist – kann man hier nicht viel erreichen, wohl aber damit, daß man von der Sache, die man lehrt, selbst überzeugt ist.

Theoretische Bezüge

Was ist und was will die Methodik? („Handbuch" S. 157); Methoden („Handbuch" S. 160); Warum Gerätturnen in der Schule? („Handbuch" S. 335).

Nachbetrachtung

Wie die Erfahrung zeigt, erheben sich gelegentlich zu diesem Unterrichtsgegenstand bei den Seminarteilnehmern – und wohl auch bei unseren Lesern – einige zusätzliche Fragen. Diese gehen zunächst in die schon beim Themenbeispiel 10 erwähnte Richtung, sind jedoch um eine interessante Dimension erweitert, z.B. mit folgender Formulierung:

„Warum muß sich der Sportunterricht mit so künstlichen Bewegungsformen herumschlagen wie mit den Kippen? Wäre es nicht vernünftiger, sich auf einfache und natürliche Bewegungen zu beschränken?"

Damit ist einerseits ein altes pädagogisches Problem angesprochen, das sich einstmals im Schlagwort des „natürlichen Turnens" (etwa um 1920) konkretisiert hat, andererseits werden aber auch einige begriffliche und definitorische Fragen aufgeworfen, was Sport ist und sein kann.

Zur Frage der „Natürlichkeit" ist vorerst folgendes zu sagen:

1. Letztlich ist alles im Sport „künstlich", „konstruiert" oder „willkürlich". Niemand würde z.B. im „normalen Leben" über eine lose aufliegende Latte springen (er würde sie wegnehmen oder darunter durchgehen), und auch der Wurf in einen Korb mußte erst „erfunden" werden.

2. Dennoch gibt es im Sport offensichtlich „alltagsnähere" Tätigkeiten (wie Laufen und Springen) und „alltagsfernere" (wie eben die Kippen). Aber die Frage der „Natürlichkeit" im Sport ist differenzierter, als man zunächst annimmt: Autorennen und Drachenfliegen werden heute ebenso zum Sport gerechnet wie Jazztanz und Jonglieren.
3. Die bei uns dominierende Sicht des Sports als „Auseinandersetzung mit einem anderen" ist nicht die einzig mögliche. Sie ist kennzeichnend für die moderne Industriegesellschaft; andere Zeiten und Kulturkreise sahen und sehen dies anders. Turnen z.B. verstand sich ursprünglich als „Bewegungskunst", heute würde man sagen als „Auseinandersetzung" oder „Spiel" mit der Bewegung „an sich".

Die Widerstände gegen das Gerätturnen haben andere Ursachen. Sie liegen (auch) darin,
- daß die meisten Gerätübungen einem „Alles-oder-Nichts-Gesetz" folgen, also entweder gelingen oder völlig mißlingen,
- daß viele von ihnen bestimmte, nicht unterschreitbare körperliche Mindestvoraussetzungen verlangen.

Mißerfolgserlebnisse sind im Gerätturnen zwar nicht häufiger als in anderen Sportarten, werden aber deutlicher sichtbar: Ein Weitsprung gelingt immer, auch wenn er noch so kurz ist; bei der Kippe oder dem Hüftaufschwung steht man aber sehr schnell wieder auf dem „Boden der harten Tatsachen". Das aber erträgt nicht jeder. Und Frustration macht bisweilen aggressiv.

In einem ist Turnen, obwohl älter, Sport in seinem ursprünglichen Sinn: Bewegt wird der eigene Körper überwiegend mit eigenen Kräften. Letztendlich geht es bei all diesen Auseinandersetzungen gar nicht um das Gerätturnen: Der Sport als solcher steht auf dem Prüfstand. Zur Information zu diesen und zu anderen „Grundsatzfragen" sei auf die im „Handbuch" in Kapitel 7 „Spiel – Sportspiel – Sport" erfaßten Beiträge verwiesen.

Themenbeispiel 18

Methodische Hinweise zu einigen Reckübungen

Inhalte

- Technik und Methodik der wichtigsten Reckübungen für den Sportunterricht.

Ziele

- Möglichkeiten zum Erlernen von Übungen aufzeigen, die den Schülern normalerweise recht schwerfallen.
- Die Bedeutung allgemeiner und spezieller konditioneller Vorbereitung zeigen.
- Einige Einsichten in das Wesen und die Struktur des Gerätturnens vermitteln.

Programm

Zum Thema

Das Reck ist wohl das Gerät, das im Schulsport am weitesten im Abseits steht. Die Gründe hierfür sind unten näher darzustellen. An dieser Stelle sei lediglich die in den

Lehrplänen zu beobachtende allzu starre Konzentration auf wenige, „sportlich ergiebige“ Übungen angesprochen. Neben den üblichen Lehrplanübungen, auf denen auch hier das Hauptgewicht liegt, wird deshalb auf einige weitere, für Schüler im allgemeinen leichtere Übungen hingewiesen.

Unterschwung (Felgunterschwung)

Aus dem Stand hinter der (gut kopfhohen) Reckstange, Arme gestreckt, Körper senkrecht, schwingt der Übende mit Anschwingen eines Beines und Abdruck durch das andere nicht zu steil nach vorn-oben und mit einem „Hüftschnepper“ wieder in den Stand. Der Unterschwung ist dann „richtig“, wenn der Körperschwerpunkt mindestens Stangenhöhe erreicht. Hilfe durch Bewegungsführung am Rücken ist möglich, im allgemeinen aber nicht nötig. Spezielle Vorübungen (z. B. „Hangstandlaufen“ u.ä.) bringen nicht viel.

Anspruchsvollere Formen sind:

- Unterschwung mit beidbeinigem Abdruck, z.B. nach einem Niedersprung aus dem Stütz,
- Unterschwung aus dem Stütz.

Keine Probleme macht dagegen der Unterschwung mit 1/2 Drehung (Landung mit Blick zur Reckstange). Wird dieser aus dem Stütz geturnt, wird er gleich etwas schräg angesetzt.

Hüftaufschwung

Aus dem Stand hinter dem kinn- bis stirnhohen Reck, Arme gebeugt, ein Bein unter oder etwas vor der Reckstange, das andere zurückgesetzt, schwingt der Übende mit dem einen Bein kräftig nach oben-hinten und drückt sich mit dem anderen vom Boden ab. Dabei müssen die Arme gebeugt bleiben. Der Kopf darf nicht in den Nacken genommen werden.

Der Hüftaufschwung ist an sich nicht schwierig. Dennoch scheitern hier viele Schüler, weil ihnen die konditionellen Voraussetzungen fehlen. Um dem abzuhelfen, werden die verschiedensten methodischen „Hilfen“ vorgeschlagen. Die meisten von ihnen gehen jedoch an der Sache vorbei. So führt z.B. jeder Beinabdruck von einer wesentlich erhöhten Abdruckstelle – und ebenso die übliche Hilfe durch Hochziehen am Schwungbein – zu einem strukturwidrigen „Gegendrücken“ in eine Hohlkreuzhaltung, zumeist verbunden mit einem Absinken des Oberkörpers.

Mögliche Hilfen: (leichtes) Nachdrücken an Hüfte und Schulter, geringfügige Erhöhung der Abdruckstelle. Vor allem aber sollten die Schüler die für sie optimale Gerätehöhe selbst herausfinden. Damit werden sie auch veranlaßt, es unter wechselnden Bedingungen immer wieder zu versuchen.

In einigen anspruchsvolleren Formen wird der Hüftaufschwung zu einer sehr wirkungsvollen Konditionsübung, wie dies bereits im Themenbeispiel 10, Konditionsübungen an Großgeräten, dargestellt ist.

Die Umkehrung des Hüftaufschwungs ist der *Hüftabschwung*. Dieser stellt keine besonderen Anforderungen, ist aber nur sinnvoll, wenn er möglichst langsam ausgeführt wird und die Füße im Beugehang erst unter oder hinter der Reckstange den Boden berühren („Hüftabzug").

Hüftumschwung

Der Hüftumschwung, genauer der Hüftumschwung vorlings rückwärts, ist eine durchaus anspruchsvolle Übung, die jeder Schüler erst „lernen"' muß.

Hierfür bieten sich zwei Wege an:

a) Hüftumschwung aus dem Anschwingen:

Aus dem Stütz werden die Beine zurückgeschwungen; der Körper hebt deutlich von der Stange ab und schwingt genau in die Hüftbeuge wieder an sie heran. Dabei läßt der Übende mit leicht gebeugter Hüfte die Beine „weiterlaufen", bevor er auch den Oberkörper nach hinten senkt. Bei perfekter Ausführung wird der Körper vor Erreichen des Stützes wieder völlig gestreckt. Das „Anschwingen" sollte zuvor für sich geübt werden, ggf. auch mehrfach hintereinander.

Diese Methode erfordert normalerweise eine aktive Bewegungshilfe durch Nachdrükken an Rücken und Oberschenkel.

b) Hüftumschwung als „Rädchen":

Das „Rädchen" war früher eine beliebte Kinderübung: Aus dem Stand hinter dem gut hüfthohen Reck schwingt der Übende an die Stange heran, so daß er sie genau in der Hüftbeuge erreicht, schiebt sodann die Knie nach vorn und läßt sich zurückfallen. Die Reckstange wird dabei vom Oberschenkel gewissermaßen eingeklemmt, der Oberkörper schwingt von selbst um die Stange herum.

Auf diese Weise gelingt der Umschwung (fast) immer. Für den „richtigen" Hüftumschwung ist allerdings ein Umlernen notwendig: Die Übung wird zunächst aus dem Stütz heraus geturnt. Dabei werden die Beine allmählich gestreckt.

Hüftumschwung vorlings vorwärts

Der Hüftumschwung vorwärts ist eine reine „Trickübung": Aus dem (normalen) Stütz läßt sich der Übende zunächst gestreckt nach vorn fallen und beugt sodann den Oberkörper nach vorn-unten ab. Wird diese Bewegung richtig angesetzt, führt sie automatisch um die Stange herum. Ein erfahrener Helfer kann durch Bewegungsführung (zunächst an Brust und Oberschenkel, dann am Rücken) etwas unterstützen.

Hocke aus dem Stütz

Aus dem Stütz (Reckstange in der Hüftbeuge) schwingt der Übende die Beine nach hinten-oben und führt sie mit gleichzeitigem Armabdruck „auf kurzem Weg" über die Stange. Dabei muß der Oberkörper eine deutliche Vorlage haben. Die zumeist empfohlene Ausführung mit hohem Rückschwung bis zur Überstreckung des Körpers ist für Anfänger nicht geeignet; sie muß sich allmählich herausbilden. Zwei Helfer sichern am Oberarm und halten den Übenden in Vorlage. Bewegungshilfe (nur durch den Lehrer) ggf. mit „Hosenbundgriff" am Rücken.

Die beiden nachfolgenden Übungen dürften – neben anderen – nur noch für das Sportabitur in Frage kommen:

Riesenfelgaufschwung („Halbriesen")

Aus dem Stütz am sprunghohen Reck „wirft" sich der Übende weit nach hinten ab in den Hang und schwingt nach vorn-oben wieder in den Stütz, der im Idealfall mit gestrecktem Körper erreicht wird. Zwei Helfer sichern am Handgelenk gegen Griffverlust (Handwechsel unter der Stange) und verhindern das Aufschlagen auf der Stange. Sie stehen dabei vor der Stange auf Kästen und müssen sich selbst in geeigneter Weise fixieren (z.B. durch Einklemmen der Reckstange zwischen Körper und Oberarm). Die notwendige Griffsicherheit vorausgesetzt, ist der Riesenfelgaufschwung nicht schwer, doch gelingt er nur selten in guter Ausführung.

Stemmaufschwung rückwärts („Schwungstemme")

Aus einem hohen Unterschwung, der aus dem „Anspringen", dem Anschwingen oder aus dem Stütz angesetzt werden kann, schwingt der Übende nach hinten-oben in den Stütz. Die Schwungstemme ist sicherlich eine sehr schöne, durch den möglichen Griffverlust aber auch recht gefährliche Übung. Zwei Helfer, die hinter der Reckstange auf Kästen stehen, sichern am Handgelenk und unterstützen am Oberarm die Stemmbewegung.

Zusammen mit den im Themenbeispiel 17, Kippen, behandelten Kippaufschwüngen dürften die hier beschriebenen Übungen den üblichen Lehrplanvorgaben entsprechen. Sie haben zwar den Vorteil, daß sich aus ihnen flüssige Übungsverbindungen zusammenstellen lassen, doch fallen die meisten von ihnen den Schülern aus unterschiedlichen Gründen recht schwer. Vor allem fehlen in den neueren Lehrplänen die früher üblichen „kleinen Kunststücke", von denen die Schüler zu immer wieder erneutem Probieren verlockt werden. Zu einigen von ihnen hier die Kurzbeschreibung:

Knieaufschwung

Beim Knieaufschwung vorwärts schwingt der Übende aus dem einbeinigen Kniehang mit kräftigem Rückschwung des anderen Beines hoch zum Stütz. Etwas schwieriger ist der Knieaufschwung rückwärts, bei dem man sich nach ausgiebigem Schwungholen etwas „kleinmachen" muß.

Knieumschwung

Die übliche Ausführung ist hier der Knieumschwung rückwärts aus dem Stütz mit kräftigem Beinrückschwung in den Kniehang und Umschwung wieder in den Stütz.

Der Knieumschwung vorwärts erfordert etwas Mut – man muß zugleich mit dem Vornüberfallen im Kammgriff nach hinten-oben in den Kniehang schwingen –, ist aber interessanter. Der Knieumschwung rückwärts kann auch beidbeinig (als „Sitzwelle") ausgeführt werden. Dabei sollten zwei Helfer die Endphase absichern. Bei dieser Übung ist allerdings das Einnehmen der Ausgangsposition etwas umständlich.

Kniehangabschwung

Aus dem Schwingen im beidbeinigen Kniehang oder (schwieriger) mit „Abwerfen" aus dem Sitz in den Kniehang schwingt der Übende nach vorn-oben, löst die Beine von der Stange und gelangt so in den Stand. Zwei Helfer sichern in der Endphase und ggf. am Unterschenkel (vgl. S. 88).

Alle „Knieschwünge“ verursachen oft eine unangenehme Reibung in der Kniekehle. Abhilfe: lange Gymnastik- oder Trainingshosen.

Spreizumschwung

Der Spreizumschwung („Mühlumschwung“) rückwärts und vorwärts ist nicht schwieriger als der Knieumschwung, in mancher Beziehung sogar angenehmer: Die Reckstange bleibt zwischen den gestreckten Beinen. Hier kommt es nur auf die richtige Schwungausnützung an. Das muß jeder selbst ausprobieren. Beim Mißlingen kann man sich in den Kniehang „retten“.

Etwas schwierigere, aber recht attraktive Formen sind der *Aufhock- und Vorgrätschumschwung rückwärts* sowie der *Aufbückumschwung rückwärts* („Sohlenwelle“)

Auswertung

(1) Das Reck ist innerhalb des ohnehin nicht sonderlich beliebten Gerätturnens das wohl problematischste Gerät, und dies aus folgenden Gründen:

a) Bei den Reckübungen tritt das dem Gerätturnen innewohnende *„Alles-oder-Nichts-Prinzip“* am deutlichsten zutage: Entweder gelingen die Übungen oder sie mißlingen völlig. Auf Dauer ist das frustrierend. Eine gewisse Abhilfe könnte darin liegen, im Sportunterricht (wieder) etwas mehr die erwähnten „kleinen Kunststücke“ zu berücksichtigen.

b) Reckübungen erfordern ein ausgeglichenes *Last-Kraft-Verhältnis* und damit eine sorgfältige und langfristig angelegte konditionelle Vorbereitung, wie sie z.B. in den Themenbeispielen 6, Hangeln, Schwingen, Schaukeln und 10, Konditionsübungen an Großgeräten, vorgestellt worden ist. Übergewichtige Schüler sind in jedem Fall benachteiligt.

c) Reckübungen bedingen eine extreme Belastung der Handflächen. Sofern man die Schüler nicht zum Tragen von Handschutzriemen (einfache Ausführung genügt) veranlassen kann, ist stets nur ein relativ kurzes Üben möglich. Dem durchaus erwünschten Prinzip: „Lieber kürzer, aber öfter“, steht aber der erhebliche *organisatorische Aufwand* beim Aufbau der Reckanlage entgegen. Hier könnten Absprachen mit den Kollegen zwecks einer „Mehrfachausnützung“ der einmal aufgebauten Geräte Abhilfe schaffen.

(2) Reckübungen können auch etwas über das Wesen des Gerätturnens aussagen, z.B. in folgender Hinsicht:

a) Eine Übung wie der Hüftaufschwung verlangt ein bestimmtes Niveau an Kraft. Ist dieses gegeben, gelingt die Übung immer. Es verbleibt lediglich das Problem der qualitativen Vervollkommnung.

b) Übungen wie der Hüftumschwung rückwärts und vor allem vorwärts sind eher Geschicklichkeitsübungen. Sobald man den „zuständigen Trick“ beherrscht, gelingt die Übung regelmäßig, und zwar ohne wesentlichen Kraftaufwand.

Zwischen diesen beiden Polen der „Konditionsübung“ und der „Geschicklichkeitsübung“ pendelt das Gerätturnen sozusagen hin und her. In beiden Fällen müssen aber bestimmte *körperliche Mindestvoraussetzungen*, entweder in konditioneller oder in koordinativer Hinsicht, gegeben sein. Darin unterscheidet sich das Gerätturnen von den anderen Schulsportarten, die nicht so sehr von einem „Entweder – Oder", als vielmehr von einem „Mehr oder Weniger" bestimmt sind.

(3) Aus dieser Sachlage folgt, daß die Methodik im Gerätturnen zwar eine ungleich größere Rolle spielt als in den anderen Sportarten, aber keineswegs ein Allheilmittel ist. Einerseits können die meisten Übungen von den Schülern nur unter Anleitung und tätiger Mithilfe des Lehrers erlernt werden, andererseits kann die „Methodik" keine fehlenden Voraussetzungen ersetzen.

(4) Die Bedeutung organisatorischer bzw. organisationsmethodischer Maßnahmen sollte nicht unterschätzt werden. Eine große Rolle spielt im Reckturnen z.B. die Gerätehöhe. Nach der Devise: „Für jeden Schüler bei jeder Übung die optimale Höhe", sollte der Schüler diese selbst ausprobieren können. Es turnen, wo immer möglich, zwei und gelegentlich sogar drei Schüler zugleich an einer Stange. Bei Übungen, die nicht vom Gerät wegführen, sind mehrere Wiederholungen hintereinander zu empfehlen. Im anderen Fall sollte man auf einen schnellen „Durchlauf" achten. Das bedeutet, daß die Schüler sich zwischen den Durchgängen nicht hinsetzen sollten.

Theoretische Bezüge

Lernen („Handbuch" S. 231); Methodische Hilfen („Handbuch" S. 186); Die organisatorische Gestaltung des Sportunterrichts („Handbuch" S. 74).

Themenbeispiel 19

Stützsprünge

Inhalte

- Übungsformen und Übungsreihen für das Erlernen und Üben der Stützsprünge.

Ziele

- Methoden und Methodenprobleme am Beispiel der Stützsprünge verdeutlichen.
- Zum kritischen Vergleich unterschiedlicher methodischer Ansätze anregen.
- Kriterien für die Methodenwahl erarbeiten.

Programm

Zum Thema

Die didaktischen und methodischen Vorüberlegungen zu den Stützsprüngen sind im „Handbuch" auf S. 266 - 287 ausführlich dargestellt. Somit bietet es sich an, hier etwas mehr auf Methodenprobleme im engeren Sinne einzugehen, vor allem in Form von kritischen Methodenvergleichen, und dies umso mehr, als die Behandlung der Stützsprünge einen der sensibelsten Bereiche der Sportmethodik darstellt. Hierfür kommen folgende Vorgehensweisen, jeweils für sich oder in wechselnden Kombinationen, in Frage:

a) Die Seminarteilnehmer berichten über ihre – mehr oder weniger zufälligen – Erfahrungen.
b) Es sind zuvor Arbeitsaufträge zur praktischen Erprobung bestimmter Verfahrensweisen vergeben worden, deren Ergebnisse nunmehr verglichen werden.
c) Einige methodische Ansätze werden im Seminar vorgestellt, praktisch erprobt und diskutiert.
d) Ausgewählte methodische Konzeptionen werden anhand von schriftlichen und bildlichen Vorlagen im „Gedankenexperiment" gesichtet und überprüft.

Für eine solche Methodendiskussion lassen sich folgende Vorgaben machen:

a) Man sollte keine vorschnellen Urteile fällen, sondern die *Vor- und Nachteile* jeweils kritisch abwägen. Das schließt nicht aus, daß man danach zu eindeutigen Entscheidungen kommt.
b) Eine Methode ist sowohl von der Sache als auch vom Schüler her zu beurteilen. Der vom Gerätturnen ausgehende *Sachanspruch* läßt sich in den Forderungen nach struktureller Richtigkeit und qualitativer Vervollkommnung recht eindeutig kennzeichnen. Die *Angemessenheit* im Hinblick auf den Schüler bemißt sich nach der Zumutbarkeit der Anforderungen und der Sicherheit beim Üben.

Im folgenden werden die „einfachen" Stützsprünge Hockwende, Grätsche und Hocke über seitgestellte Geräte sowie die Längssprünge und Überschläge als die anspruchsvolleren Sprungformen in dieser Reihenfolge betrachtet. Dabei handelt es sich um eine Schwierigkeitsrangfolge, nicht aber um eine methodische Abfolge.

Hockwende (Dreh-Sprunghocke)

Die Hockwende ist eine einfache und durchaus natürliche Bewegung, die unter den verschiedensten Bedingungen ausgeführt werden kann. Dies läßt z.B. an folgende „Übungsreihe" denken:

- Stützhüpfen als Hockwendesprünge an längsgestellten Bänken.
- Seitwärtiges Aufhocken auf einen etwa vierteiligen Kasten.
- Hockwende.

Hockwendesprünge an der Bank sind vorbereitende Übungsformen im eigentlichen Sinne dieses Begriffes, nämlich Übungen, die lange *vor* der Behandlung der Stützsprünge ausgeführt werden und in einem anderen didaktischen Umkreis, nämlich dem der allgemeinen Körperbildung, angesiedelt sind. Hier eröffnet sich ein weites Feld der körperlichen Ausbildung sowohl unter konditionellen als auch unter koordinativen Aspekten, z.B. mit folgenden Übungsformen (vgl. auch Themenbeispiel 5, Springen):

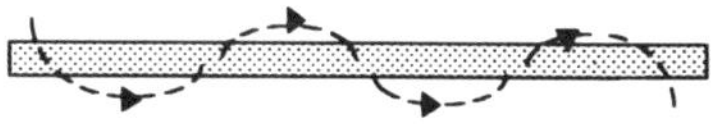

Abb. 1

- „Hockwenden" als Stützhüpfen mit Vorwärtsbewegung an längsgestellten Bänken (Abb. 1).

- Dasselbe mit zwischengeschalteten Strecksprüngen.
- „Hockwenden“ rechts und links im Wechsel an einer Gerätebahn aus seitgestellten Bänken oder niedrigen Kästen mit und (vor allem) ohne Zwischenschritte oder -hüpfer (Abb. 2).
- Dasselbe auch als Flankensprünge mit Stütz nur eines Armes.

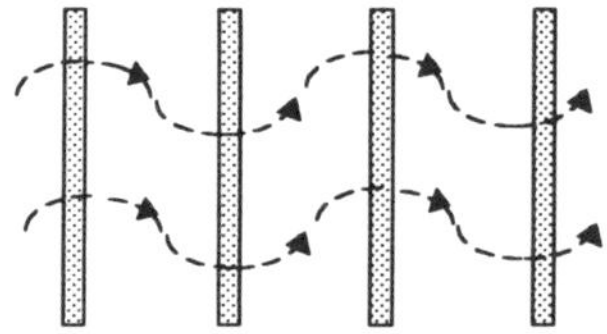

Abb. 2

Seitwärtiges Aufhocken ist überflüssig, sofern die Schüler durch die vorbereitenden Übungen genügend Sprunggewandtheit und -sicherheit erworben haben. Als „Ausweichübung“ kommt es allenfalls für extrem sprungschwache Schüler in Frage. Bei einem schnelleren Anlauf ist es nicht ganz ungefährlich.

Das *direkte Erlernen der Hockwende* ist primär eine Frage der Gerätehöhe: je niedriger, desto leichter, aber unterhalb einer bestimmten Höhe nicht mehr sinnvoll. Für jüngere Schüler sollte der Kasten drei- bis vierteilig sein. Die Anweisung lautet: „Es kommt nicht auf die Höhe des Kastens, sondern des Sprungs an. Im Idealfall springt ihr einen Überschlag seitwärts.“ Bei einem solchen Vorgehen erübrigt sich auch jegliche Hilfestellung; sie wäre nur hinderlich.

Zusammenfassend läßt sich feststellen, daß die Hockwende zwar der leichteste und gefahrloseste Sprung ist, sich zur Einführung der Stützsprünge aber nur bedingt eignet, da sie ein falsches Stützverhalten, nämlich den „Dauerstütz“, provoziert.

Grätsche (Sprunggrätsche)

Das zur Hockwende Gesagte gilt generell auch für die Grätsche, genauer gesagt für die Grätsche über den (prinzipiell seitgestellten) Bock. Als vorbereitende Übung bietet sich hier das Stützhüpfen als Grätschhüpfen an längsgestellten Bänken oder an kleinen Kästen in „enger“ Gerätebahn an. Dabei können sich auch erste Andeutungen einer Flugphase ergeben; damit ist aber noch kein „Sprung“ entstanden. Dazu bedarf es doch einer etwas anderen Dimension.

Die Grätsche muß also wohl oder übel direkt erlernt werden. Das methodische Problem liegt dabei vor allem darin, daß die üblichen Böcke sich nicht niedrig genug einstellen lassen, um bei jüngeren Schülern die Grätsche gefahrlos „von unten heraus“ zu entwickeln. Die kleinen (90 cm hohen) Böcke dürften zwar zumeist genügen, doch wären im Extremfall auch Absprunghilfen, z.B. in Form eines längsgelegten Kastendeckels, einzusetzen (dann jedoch besser in Kombination mit einem Weichboden, um auch die „Fallhöhe“ entsprechend zu verringern).

Bei einer solchen „direkten Methode“ empfiehlt sich folgendes Vorgehen, das auch als *Modell* für entsprechende Situationen im übrigen Gerätturnen und in anderen Sportarten dienen kann:

a) Grätsche mit Hilfe durch den Lehrer:

Alle Schüler beginnen beim Lehrer an einem relativ niedrigen Gerät mit einem Sprungbrett (Abstand etwa eine Fußlänge) oder einer quergelegten Matte davor. Die Anweisung dazu lautet: „Lauft nicht zu schnell, aber ohne zu zögern an, springt mit fast gestreckten Beinen ab, schlagt mit beiden Händen von oben auf das Gerät und drückt euch sofort wieder ab."

Weitere, zum Teil übertreibende und typische Fehler ansprechende Anweisungen sind: „Erst springen, dann stützen", „Von weither auf das Brett (bzw. die Matte) einspringen", „Der Bock darf allenfalls nach hinten (zum Sprungbrett hin), nicht aber nach vorn umfallen."

b) Differenzierung nach Leistungsstand und -fortschritt:

Vielleicht schon nach dem ersten, jedenfalls aber nach einigen wenigen Versuchen werden die Schüler aufgeteilt. Die Anweisung hierzu wäre: „Wenn du dir es zutraust – und nur dann –, darfst du am nächsten Gerät allein weitermachen."

Nach kurzer Zeit werden am ursprünglichen Gerät nur noch einige wenige, überforderte oder ängstliche Schüler verbleiben. Diese werden angewiesen, sich gegenseitig zu helfen, und zwar folgendermaßen:

- Solange ein Schüler nur „über das Gerät rutscht", wird er von zwei Helfern an beiden Oberarmen gehalten.
- Wenn er zwar drüberkommt, aber noch unsicher ist, stehen beide Helfer, den inneren Arm vorgehalten, in Bereitschaftsstellung, um einen möglichen Sturz abzufangen.

Hinter diesen Maßnahmen steht die Überlegung, daß schwächere Schüler untereinander auch die besseren Helfer sind, da sie ihre Probleme kennen.

c) Weitere Ausformung der Sprünge:

Nunmehr hat der Lehrer Zeit, sich den besseren Schülern zuzuwenden, und dies unter einem doppelten Aspekt: Wer die Anfangshöhe locker bewältigt, darf zur nächsten Gerätehöhe überwechseln, jedoch nur bis zu einer Höhe von höchstens 1,20 m.

Zugleich wird nach der Devise: „Weite geht vor Höhe des Sprungs", das Sprungbrett weiter abgerückt. Die dabei entstehende Lücke sollte man durch einen kleinen Kasten (im Idealfall mit einem Schaumstoffwürfel) ausfüllen.

Hauptsächlicher Diskussionspunkt bei diesem Vorgehen wird das *selbständige Üben der Schüler ohne Hilfestellung* sein. Viele Lehrer sind nämlich der Meinung, daß eine lückenlose Absicherung durch „Hilfestellung" auf Grund der allgemeinen Sorgfaltspflicht des Lehrers sozusagen gesetzlich vorgeschrieben sei. Dem ist aber nicht so: Wenn sowohl der Lehrer als auch die Schüler dem zustimmen, kann jederzeit „allein" geübt werden.

Bei der Grätsche ist überdies, sobald der Sprung gekonnt wird, eine wirksame Hilfe gar nicht mehr möglich; sie würde nur den Helfer gefährden und den Übenden behindern. Kompromißvorschlag: Bei den ersten selbständigen Versuchen einen Weichboden auslegen. Ansonsten sollte man eher darauf verzichten, da viele Schüler dadurch zu wilden und unkontrollierten Sprüngen verleitet werden.

Ein „abwartendes Sichern" kann nur der versierte Lehrer leisten. Er muß nämlich in der Lage sein, spätestens beim Absprung einen sich abzeichnenden Sturz zu erkennen. Andernfalls käme auch er zu spät. Dazu steht er etwas seitwärts der voraussichtlichen Landestelle und fängt mit einer Hand den Schüler an der Brust ab.

Die Grätsche über seitgestellte größere Geräte, also Kasten oder Pferd, ist immer gefährlich. Zumindest als verbindliche Übungsform sollte man auf sie lieber verzichten. Gelegentlich wird empfohlen, die Grätsche an „lebenden Böcken", z.B. als Partnerübung in möglichst leistungsgleichen Gruppen, erlernen zu lassen. Das hätte zwar den Vorteil einer individuell wählbaren „Höheneinstellung", enthält aber einige nie ganz zu beherrschende Unwägbarkeiten. Sobald die Übung jedoch gekonnt wird, erlauben solche Spielformen ein intensives Üben.

Hocke (Sprunghocke)

Die Hocke ist der Prototyp des „geraden" Stützsprungs mit allen seinen Merkmalen: Erste Flugphase mit Vorwärtsrotation, kurze Stützphase, zweite Flugphase mit Rückwärtsrotation zum Stand. Es wäre somit methodisch erstrebenswert, die Hocke auch als ersten Stützsprung zu lehren, obwohl sie deutlich schwieriger ist als die beiden vorgenannten Sprünge. Bedingung ist dabei freilich, daß sie strukturgerecht ausgeführt wird, d.h. daß im Stütz die Beine nicht „durchgeschoben" werden.

Die relative Schwierigkeit der Hocke hat zu einer Vielzahl methodischer Vorschläge geführt, von denen hier einige herausgegriffen und diskutiert werden sollen.

Übungsreihe 1:

a) Hocke an der „Kastengasse":
   Die Schüler springen von einem Sprungbrett oder von einer Matte durch eine schulterbreite, aus zwei seitgestellten Kästen gebildete Gasse (Abb. 3).

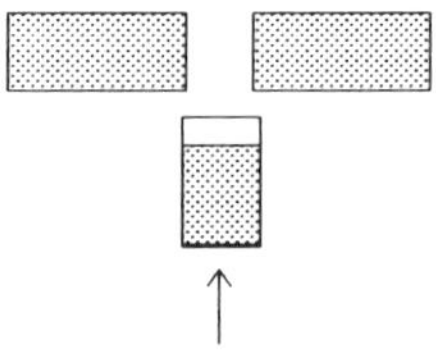

Abb. 3

b) Allmähliches „Auffüllen" der Gasse:
   Die Gasse wird durch Medizinbälle oder gespannte Sprungseile immer mehr ausgefüllt; das Sprungbrett wird immer weiter abgerückt.

c) Hocke am seitgestellten vier- bis fünfteiligen Kasten (mit Hilfe).

Das ansonsten so praktikable Prinzip der graduellen Annäherung verführt hier zu strukturwidriger Bewegungsausführung. Es läßt sich nämlich durch keinen Trick verhindern, daß die Schüler die Gasse „durchschwingen" (also letztlich eine Barrenübung ausführen), jedenfalls aber in aufrechter Körperhaltung „durchsteigen" oder die Beine „durchschieben". Beim Übergang zur „richtigen" Hocke müssen sie von vorn anfangen.

Übungsreihe 2:

a) Stützhüpfen an zwei parallelen Bänken über dazwischen gelegte Medizinbälle (Abb. 4).

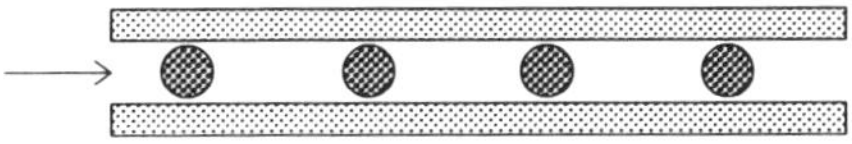

Abb. 4

b) Die Bänke werden durch Auflegen auf einen zweiteiligen Kasten leicht schräg gestellt: Stützhüpfen wie zuvor und Hocke über den Kasten (mit Hilfe).

Diese vor allem für sehr junge Schüler gedachte Übungsreihe ist sicherlich sehr bewegungsreich, führt aber gleichfalls zu einer technisch falschen Bewegungsausführung: Stützhüpfen über Medizinbälle ist bei so geringen Höhen nur möglich, wenn man mit den Händen weit vorgreift und die Beine sozusagen nachschleppt. Das ist aber am Kasten nicht mehr möglich. Da die Schüler den hier notwendigen Technikwechsel in aller Regel nicht bewältigen, bleiben sie am Gerät hängen, und der Lehrer muß froh sein, wenn sie dabei nicht auf die Nase fallen. Es verbleibt außerdem die Erkenntnis, daß die Hocke bei zu niedrigen Geräten wieder schwerer wird.

Dies führt weiter zu Überlegungen, das Erlernen dieser Übung eher in der „originalen" Situation zu versuchen, z.B. in folgender Weise:

Übungsreihe 3:

a) Aus dem Stand auf einem Sprungbrett und mit Stütz auf einem gut hüfthohen Kasten: Federn mit Hochziehen der Hüfte und Anhocken der Beine.
b) Aufhocken auf den Kasten aus dem Angehen oder langsamen Anlauf.
c) Hocke (mit Hilfe).

Die erste dieser Übungen hat mit einem Sprung überhaupt nichts zu tun; sie würde eher zu einem Aufgang, z.B. auf den Schwebebalken, führen. Das Aufhocken darf als eine der Standardvorübungen für die Hocke gelten, doch müssen auch hier Bedenken wegen einer strukturwidrigen Ausführung (Abbremsen des Anlaufs, Aufstützen zugleich mit dem Absprung und „Vorschieben" der Beine) angemeldet werden. Diese Übung könnte freilich, wie noch zu zeigen sein wird, mit einigem Gewinn am längsgestellten Kasten ausgeführt werden.

Einigen dieser Bedenken versucht die nachfolgende Übungsreihe entgegenzuwirken:

Übungsreihe 4:

a) Aufknien auf einen seitgestellten Kasten (mit Absicherung durch zwei Helfer): Aus dem Angehen oder langsamen Anlaufen stützt der Übende an der entfernteren Kante des Kastens auf und kommt hinter den Händen in den Kniestand.
b) Hocke (mit Hilfe):

   Aus verlängertem und schnellerem Anlauf und energischem Absprung wird sofort zur Hocke übergegangen.

Diese Übungsreihe versucht, von Anfang an im strukturellen Umkreis der Zielübung zu bleiben, kommt aber um den problematischen Dauerstütz mit Abbremsen der Vorwärtsbewegung nicht herum. Sie verführt außerdem dazu, die Hocke „hier und jetzt", möglichst mit allen Schülern zugleich, erarbeiten zu wollen. Das aber ist psychologisch nicht günstig. Allzuviel hängt auch von der Zuverlässigkeit der Helfer ab.

Diese Schwierigkeiten legen es nahe, in der hier eingeschlagenen Richtung weiterzudenken, z.B. wie folgt:

Übungsreihe 5:

a) Stützhüpfen in den Kniestand auf einem von zwei Weichböden gebildeten Mattenberg: Aus nicht allzu schnellem Anlauf springt der Schüler möglichst weit auf dem Mattenberg nach vorn, drückt sich energisch ab und landet (in Bewegungsrichtung gesehen) vor den Händen im Kniestand.
b) Hocke über den seitgestellten Kasten mit Landung im Kniestand: Vor dem Mattenberg wird ein Kasten aufgestellt, der nur geringfügig höher ist als dieser. Aus immer schnellerem Anlauf sollen die Schüler auf dem Kasten stützen und auf dem Mattenberg im Kniestand landen.
c) Hocke in den Stand: Die Weichböden werden so weit abgerückt, daß der Schüler in der Lücke landen, sich notfalls aber noch am Mattenberg abstützen kann.

Diese Übungsreihe entspricht in allen Schritten den technischen Anforderungen der Hocke. Sie läßt auch ein differenziertes Vorgehen zu. Die Praxis zeigt aber, daß am meisten davon profitiert, wer die Hocke schon kann, während die übrigen schon einigen Mut aufbringen müssen, sich auf diesen für sie ungewohnten Weg zu begeben.

Damit richtet sich der Blick wieder auf etwas konventionellere Methoden, wie sie sich z.B. in folgender Übungsreihe niederschlagen:

Übungsreihe 6:

a) Aufhocken auf einen längsgestellten Kasten: Die Schüler werden angewiesen, aus zunächst langsamem, dann immer schnellerem Anlauf mindestens bis zur Mitte in den Kasten „hineinzuspringen", dort abzustützen, wenn möglich sogar abzudrükken, und im Hockstand hinter den Händen zu landen.
b) Hocke über den seitgestellten (vier- bis fünfteiligen) Kasten mit Hilfe. Dazu erhalten die Schüler folgende Anweisungen: „Erst springen, dann stützen, in Vorlage landen", „Die Knie beugen erst mit dem Abdrücken und bleiben immer hinter den Armen."
c) Weitere Ausformung der Hocke, ggf. ohne Hilfestellung: Aus einem immer weiteren Absprung heraus (kleine Kästen zwischen Sprungbrett und Gerät) erfolgt die spezielle Formung der beiden Flugphasen und der Stützphase.

Bei dieser Übungsreihe kommt es entscheidend darauf an, den richtigen Zeitpunkt des Übergangs vom Aufhocken zur Hocke zu erkennen. Dieser wird nicht bei allen Schülern der gleiche sein, was zu einer differenzierten Unterrichtsgestaltung zwingt. Das hat aber den Vorteil, daß jeder Schüler auf seiner Könnensstufe üben kann.

Die „Hilfestellung" beim zweiten Lernschritt soll nicht eigentlich helfen, z.B. den Übenden über das Gerät ziehen, ihn abstützen oder sonstwie beeinflussen, sondern im Sinne eines „bewegungsbegleitenden Verhaltens" den Sprung absichern. Sie kann erst entfallen, wenn die Übenden ihrer Sache völlig sicher sind. In diesem kritischen Übergangsbereich lassen sich mit Gewinn auch Weichböden einsetzen.

Als vorläufige *Zusammenfassung* kann gelten, daß es die „richtige" Übungsreihe offensichtlich nicht gibt, sondern daß man stets einen Kompromiß zwischen den biomechanischen Anforderungen und den praktischen Realisierungsmöglichkeiten eingehen muß. Dieser wird je nach Lage der Dinge immer etwas anders ausfallen. Wenn irgend möglich, sollte man dabei aber strukturwidrige Bewegungen vermeiden.

Längssprünge

Für das Erarbeiten der Längssprünge ohne Vorwärtsrotation kommt nur die *Hocke* in Frage. Darüber sind sich mittlerweile alle Fachleute einig. Die früher viel gesprungene Grätsche verführt zu unvollkommener Ausführungsweise und ist dann ausgesprochen gefährlich.

Die Längssprünge stellen sowohl ein konditionelles (es muß die notwendige Sprungkraft gegeben sein) als auch ein psychologisches Problem dar (es sind stets einige Angsthemmungen zu überwinden). Um beidem gerecht zu werden, wird vielfach vorgeschlagen, die Längshocke mit Hilfe des Absprungtrampolins zu erlernen, z.B. wie folgt:

Übungsreihe 1:

a) Aufhocken auf einen Mattenberg, z.B. einen auf zwei oder drei parallelen Kästen aufgelegten Weichboden.
b) Sprung mit Landung in Bauchlage auf dem Mattenberg.
c) Hocke aus dem Trampolin über einen (relativ hohen) längsgestellten Kasten.
d) Hocke vom Sprungbrett über einen (entsprechend niedrigeren) längsgestellten Kasten.

Diese Übungsreihe ist für die Schüler recht motivierend und führt auch zu guten Anfangserfolgen. Je mehr man sich aber der Zielübung nähert, desto deutlicher werden auch die Probleme.

Die Verwendung des Absprungtrampolins ist nämlich prinzipiell fragwürdig,

- weil beim Absprung gelegentlich Vorwärtsrotationen entstehen, die weder vom Übenden noch von den Helfern bewältigt werden können,
- weil beim Übergang zum Sprungbrett ein Umlernen im Absprungverhalten notwendig wird,
- weil letztlich nur fehlende Sprungkraft ersetzt wird und der Schüler am Ende nicht weiter ist als zuvor.

Auch aus organisatorischer Sicht sind Bedenken anzumelden: Unter den üblichen zeitlichen und materiellen Gegebenheiten wird sich nur eine Übungsstation aufbauen lassen. Das aber mindert die Intensität des Unterrichts in einem kaum akzeptablen Ausmaß. Es ist keineswegs die Ausnahme, daß einzelne Schüler auf diese Weise im Verlauf einer Unterrichtsstunde nur zwei oder drei Versuche haben. Dem Lehrer wird dies aber nicht immer bewußt, da er einem gewissen Zuschauerverhalten unterliegt und immer der unmittelbaren Aktion folgt (wozu er aus Gründen der Sorgfaltspflicht vielleicht sogar gezwungen ist). Es liegt also nahe, gleich am Kasten und mit dem Sprungbrett zu beginnen, z.B. nach folgendem Vorschlag:

Übungsreihe 2:

a) Hocke am (meist vierteiligen) längsgestellten Kasten: Der Übende wird angewiesen, nach dem Absprung den Körper gestreckt zu halten. Zwei Helfer neben dem Kasten unterstützen die erste Flugphase bis zum Moment des „Stützabdrucks". Zwei weitere Helfer am Kastenende sichern den weiteren Verlauf des Sprungs.
b) Allmähliche Verringerung der aktiven Bewegungshilfe.

Diese Übungsreihe versucht, auf dem kürzestmöglichen Weg die bestmögliche Endform zu erreichen. Dies würde durchaus den didaktischen Prinzipien des Gerätturnens entsprechen. Die Praxis zeigt aber, daß dies nur bei sehr bewegungsbegabten und gut vorbereiteten Schülern sowie bei einem eingespielten Helferteam gelingt. Etwas übertreibend könnte man auch sagen, daß auf diese Weise die Könner noch besser werden, alle anderen aber keine Chance haben.

Das wiederum läßt an Verfahrensweisen denken, die dem bereits mehrfach genannten Prinzip der graduellen Annäherung folgen. Sie erscheinen in den drei nachfolgend dargestellten Versionen.

Übungsreihe 3:

a) Hocke an einer „Kastengasse" aus zwei parallelen, längsgestellten Kästen.
b) Allmähliches „Auffüllen" der Gasse durch Teile eines dritten Kastens.

Zu dieser Übungsreihe ist oben bereits das Nötige gesagt.

Übungsreihe 4:

a) Raumgreifendes Aufhocken auf einen relativ niedrigen (evtl. nur dreiteiligen) längsgestellten Kasten.
b) Allmähliche Überführung des „Aufhockens" zum „Überhocken" (mit Hilfe).
c) Hocke am etwas höheren (z B. vierteiligen) Kasten.

Diese Übungsreihe setzt zuverlässige Helfer voraus. Das relativ niedrige Gerät macht die Hocke nämlich nicht ungefährlicher, sondern allenfalls psychisch weniger belastend. Somit eignet sich diese Methode vor allem für schon etwas ältere und eher ängstliche „Sprunganfänger".

Übungsreihe 5:

a) Hocke über den seitgestellten (vier- bis fünfteiligen) Kasten.

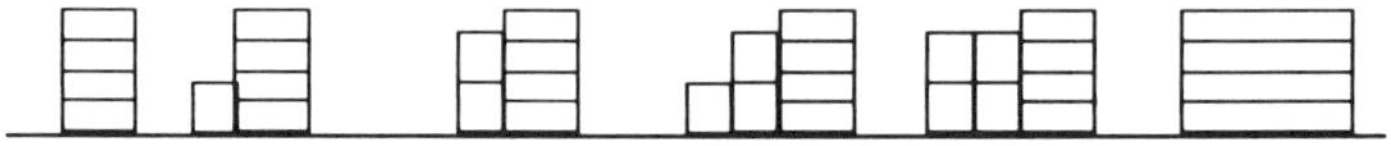

Abb. 5

b) Allmähliche „Verlängerung" des Gerätes: Es werden nach und nach bis zu vier kleine Kästen (je zwei übereinander und hintereinander) vor den (jetzt vierteiligen) Kasten gestellt, das Sprungbrett weiter abgerückt und die Anlaufgeschwindigkeit (nicht unbedingt die Anlauflänge) gesteigert (Abb. 5).

c) Hocke über den längsgestellten, vier- bis fünfteiligen Kasten.

Diese Methode hat den Vorteil, daß stets mehrere Lernschritte ohne Probleme parallel angeboten werden können, daß also jeder Schüler entsprechend seinem Könnensstand vorrücken oder auf einer einmal erreichten Stufe verbleiben kann. Sie ist damit ideal für jüngere, einigermaßen bewegungserfahrene und an selbständiges Arbeiten gewöhnte Schüler.

Sie hat aber – wie alles in methodischen Dingen – ebenfalls ihren „schwachen Punkt". Dieser liegt beim Übergang vom „verlängerten" zum längsgestellten Gerät. Obwohl die Längen- und Höhenverhältnisse nur wenig differieren, erhebt sich hier eine psychologische Barriere, die nur mit zusätzlichen Hinweisen und Hilfen überwunden werden kann. Aber damit sollte man sich Zeit lassen, ggf. auch über Schuljahresgrenzen hinweg.

Handstandüberschlag (Handstütz-Sprungüberschlag)

Der Überschlag stellt sowohl in der Schwierigkeit als auch in den konditionellen Anforderungen eine neue Dimension dar. Dies erfordert eine langfristige körperliche Vorbereitung, ähnlich wie beim Handstandüberschlag am Boden (vgl. Themenbeispiel 12, Methodische Hinweise zu anspruchsvolleren Bodenübungen).

In den weiteren Umkreis solcher vorbereitenden Übungen lassen sich auch folgende Formen einordnen:

- Flugrolle (Sprungrolle) mit möglichst hoher Flugphase.
- Aufrollen auf einen längsgestellten Kasten.
- Rolle vorwärts mit anschließendem Aufschwingen in den Handstand aus beidbeinigem Abdruck.
- Kippe rückwärts aus der Kipplage auf dem Boden (oder aus dem Kopfstand mit abgewinkelten Hüften) in den Handstand.

Die zum Handstandüberschlag führenden Übungsreihen lassen sich, grob vereinfacht, in solche mit und ohne Verwendung des Absprungtrampolins einteilen. Für das Trampolin spricht, daß es die notwendige Weite der Flugphase und die erforderliche Vorwärtsrotation sicherstellt, dagegen sprechen die bei den Längssprüngen geäußerten Vorbehalte.

Für beide Methoden gilt, daß ein Überschlag mit zu kurzer Flugphase und/oder zu schneller Rotation gefährlich werden kann. Der Übende schlägt entweder mit dem Rücken auf dem Gerät auf oder er bricht im Handstand zusammen (und stürzt möglicherweise mit dem Kopf voran ab). Die Absprungstelle muß also weit genug vom Gerät entfernt liegen; die dabei entstehende Lücke sollte entweder durch Helfer oder durch dazwischengestellte Geräte (ideal: Schaumstoffwürfel) gesichert sein. Für die Landung ist ein Weichboden erforderlich.

Übungsreihe 1 (mit Absprungtrampolin):

a) An einem Mattenberg, gebildet z.B. aus einem (längsgelegten) Weichboden auf zwei oder drei Kästen: Sprung in den Handstand und Überfallen in die Rückenlage. Zwei Helfer zwischen Trampolin und Mattenberg oder auf einem weiteren, quer vor dem Mattenberg stehenden Kasten unterstützen den „Flug in den Handstand".

b) Überschlag über einen entsprechend verkürzten Mattenberg (mit Hilfe). Ein geeigneter Geräteaufbau hierfür besteht z.B. aus zwei oder drei quergelegten Matten auf zwei parallelen Kästen.

c) Überschlag über den längsgestellten Kasten.

d) Ggf. Übergang zum Überschlag vom Sprungbrett über einen seitgestellten (später auch längsgestellten) Kasten.

Diese Methode vermittelt dem Schüler sicherlich einige nicht alltägliche Bewegungserlebnisse und ist – zum Teil auch wegen des unübersehbaren materiellen Aufwandes – auch sonst recht attraktiv. Es verbleibt jedoch die oben schon gestellte Frage, wieweit die hier erzielten Erfolge „echt" sind und ob die notwendige Unterrichtsintensität gewährleistet ist.

Übungsreihe 2 (mit Sprungbrett):

Geräteaufbau: Kasten, vierteilig, seitgestellt mit zwei übereinandergestellten kleinen Kästen davor und einer (möglichst biegsamen) Matte darüber (Abb. 6).

Zwei Helfer stehen bereit, mit Drehgriff zu sichern. Dem Charakter der Übungsreihe entsprechend, seien die Lernschritte hier in Form von Bewegungsanweisungen wiedergegeben:

a) „Macht aus kurzem, aber schnellem Anlauf und energischem Absprung heraus eine Rolle über das Gerät."

b) „Versucht, aus der Rolle in den Stand zu kommen."

c) „Versucht, dabei das Gerät mit dem Kopf nicht mehr zu berühren; stützt fest mit den Händen ab."

d) „Springt immer höher und stemmt mit den Armen gegen das Gerät."

e) „Springt direkt in den Handstand, haltet die Armen gestreckt."

Abb. 6

Dieser Weg mag wegen der doppelten Überschreitung von Strukturgruppengrenzen (Rolle – Kippüberschlag – Handstützüberschlag) zunächst problematisch erscheinen und führt in der Tat nicht immer zu einem „sauberen" Handstandüberschlag. Er hat aber den Vorzug, daß *alle* Schüler am *gleichen* (ggf. mehrfach angebotenen) Geräteaufbau jeweils auf ihrer Könnensstufe üben und in individuellem Lerntempo fortschreiten können.

Ergänzende Hinweise zum Thema Stützsprünge

(1) Es ist im Seminar empfehlenswert, als Einstieg in das Thema ein kleines „Experiment" zu machen: Man stellt einen Bock so hoch, daß er einem mittelgroßen Erwachsenen gerade unter die Achselhöhle reicht, und bittet die Seminarteilnehmer, sich dieses Gerät aus einiger Entfernung anzuschauen: Es ist dies, auf entsprechende

Größenverhältnisse transformiert, der vielgenannte „brusthohe Bock", dem der Schüler üblicherweise ausgesetzt ist. Ein solcher Anblick kann durchaus Problembewußtsein wecken.

(2) Eine vorbereitende Absprungschulung für die Stützsprünge ist nicht notwendig, aber natürlich auch nicht schädlich. Als Übungsformen kommen hier in Frage:
- „Prellendes" beidbeiniges Hüpfen von Sprungbrett zu Sprungbrett.
- Aus dem langsamen Anlauf und mit Absprung vom Sprungbrett Strecksprung auf eine Matte oder einen niedrigen Kasten.
- Dasselbe auch mit einem weiten und flachen Einsprung über eine vor dem Sprungbrett liegende Matte.

Wichtiger werden entsprechende Konditionsübungen beim Übergang zu den Längssprüngen und Überschlägen, z.B.:
- Aus dem Anlauf und Absprung vom Sprungbrett: Strecksprung auf einen längsgestellten vier- bis fünfteiligen Kasten.
- Dasselbe auch als Sprung in die Bauchlage auf einen Mattenberg.

(3) Es ist unausweichlich, auch auf die Frage der Hilfestellung etwas näher einzugehen. Eine alte, bis heute tradierte Lehrmeinung dazu besagt, daß die Helfer sich in Schrittstellung, das Innenbein vorn (oder wie es auch heißt: „Rücken gegen Rücken") aufstellen, den Übenden im „Stützgriff" (Innenhand am Oberarm, Außenhand am Unterarm) annehmen und sodann einen Schritt rückwärts mit 1/2 Drehung machen, um mit dem Sprung „mitzugehen". Einer solchen oder ähnlichen Ausführungsweise kann nicht dringend genug widerraten werden. Sie ist biomechanisch unsinnig und orthopädisch bedenklich.

Die Helfer stehen vielmehr in „normaler" seitwärtiger Grätschstellung, das Innenbein zurückgestellt, fassen den Übenden möglichst früh mit beiden Händen im Klammergriff (Innenhand von vorn, Außenhand von hinten) am Oberarm und halten ihn fest, bis er steht. In der kritischen Phase des Sprungs liegen Innenbein und Innenhand fast auf einer Geraden und bilden damit ein festes Widerlager. Falls eine Mitbewegung notwendig ist, erfolgt diese mit einem Nachstellschritt.

(4) Es ist nicht gerechtfertigt, den Stoffbereich Stützsprünge auf die hier behandelten „Lehrplansprünge" zu beschränken. Flanke, Wende, Kehre und Kreishocke am seitgestellten Kasten sowie Fechtersprünge (Fechterkehre, -flanke und -wende) aus dem schrägen Anlauf können von fast jedem Schüler auf Anhieb erlernt werden und bieten die Möglichkeit zu einem abwechslungsreichen Unterricht, zu einem intensiven Üben – auch unter koordinationsschulenden Aspekten – sowie zur Einführung in das Synchron- und Gruppenturnen. (Hinweise hierzu: „Handbuch", S. 283 - 287, und im Anhang zu diesem Themenbeispiel).

Auswertung

(1) Es ist nicht möglich und wahrscheinlich auch nicht zulässig, für jeden Lerngegenstand die „ideale Methode" zu proklamieren. Methodisches Handeln ist stets ein Kompromiß zwischen unterschiedlichen und zum Teil widersprüchlichen Anforde-

rungen. Letztlich geht es darum, die „drei Ecken“ des sogenannten didaktischen Dreiecks zur Deckung zu bringen, nämlich

- den Sachanspruch des Stoffes,
- die Voraussetzungen und Bedürfnisse der Schüler,
- die Kenntnisse und Erfahrungen des Lehrers.

(2) Betrachtet man methodisches Handeln vom Stoff her, ist ein doppeltes Problem zu lösen:

- einerseits den Lern- oder Unterrichtsgegenstand so „aufzubereiten“, daß er den Schülern „vermittelt“ werden kann,
- andererseits nicht gegen die Struktur der Bewegung und, gerade im Gerätturnen, bestimmte qualitative Anforderungen zu verstoßen.

Wie die Betrachtung der vorstehenden Übungsreihen gezeigt hat, wird dies stets nur näherungsweise gelingen. Außerdem spielt auch die Frage der organisatorischen Praktikabilität eine nicht zu unterschätzende Rolle.

(3) Vom „Adressaten“ her gesehen, muß das methodische Handeln auf die jeweilige Zielgruppe und die ihr angemessenen Zielsetzungen abgestimmt sein. Je nach Schulart, Alter der Schüler und Zusammensetzung der aktuellen Lerngruppe können solche Zielsetzungen mehr leistungssportlichen, breitensportlichen oder gesundheitssportlichen Charakter haben (wobei in der Praxis die Unterschiede keineswegs so groß sind, wie solche plakativen Zuordnungen annehmen lassen).

(4) Die Lehrerpersönlichkeit spielt bei methodischen Entscheidungen eine größere Rolle, als man gemeinhin annimmt. Es ist keineswegs gleichgültig, welche Sach- und Fachkenntnisse ein Lehrer mitbringt und welche Erfahrungen er gemacht hat. Der entscheidende Gesichtspunkt liegt aber darin, daß ein Lehrer sich nicht kritiklos auf althergebrachte Lehrmeinungen, auf mehr oder weniger zufälliges Ausbildungs- und Buchwissen oder auf die gerade herrschenden Tendenzen verläßt, sondern immer wieder selbst nachdenkt und zu begründeten Entscheidungen kommt.

(5) Bei einer auf den Einzelfall bezogenen Methodendiskussion, wie sie in diesem Themenbeispiel versucht worden ist, wird man eine interessante Feststellung machen: Es gibt keinen methodischen Vorschlag – und sei er auf den ersten Blick noch so abwegig –, der in einer bestimmten Situation und unter besonderen Umständen nicht doch noch eine Berechtigung hätte. Aber selbst wenn man alle Extreme außer acht läßt, fällt es schwer, die „übliche“, „normale“ oder „Standardmethode“ zu bestimmen: Zu unterschiedlich sind die jeweils aktuellen Voraussetzungen und Gegebenheiten. Somit lassen sich nur allgemeine Empfehlungen aussprechen, z.B.,

- daß man kurze und direkte Wege bevorzugen sollte,
- daß eine Methode möglichst allen Schülern einen leichten, jedenfalls aber zumutbaren Zugang zur Sache eröffnen sollte,
- daß sie einen individuellen Lernfortschritt ermöglichen sollte,
- daß sie einen intensiven Unterricht gewährleisten und organisatorisch möglichst einfach sein sollte.

Grundforderung aber bleibt, daß jede Methode und alle Lernschritte auf das Ziel hin-, und nicht von ihm wegführen sollten.

(6) Diese Problemlage gibt Anlaß zu einigen weitergehenden unterrichtlichen Überlegungen, z.B. den folgenden:

a) Es müssen nicht immer alle alles lernen. (Das wäre ohnehin nicht möglich.)
b) Man sollte langfristig denken und den jeweils richtigen Zeitpunkt abwarten. Der Lehrer muß auch Geduld haben.
c) Hat man eine Sache einmal begonnen, sollte man konsequent sein und bei der Sache bleiben, aber auch nicht mit dem Kopf durch die Wand wollen. Die Frage lautet hier: Wie lange kann ich weitermachen; wann ist es besser abzubrechen und neu anzufangen?
d) Man muß lernen, zwischen Wesentlichem und Unwesentlichem zu unterscheiden. In Frageform: Was kann ich durchgehen lassen, was nicht?

(7) Es würde sich möglicherweise anbieten (und durchaus den Wünschen der Seminarteilnehmer entsprechen), die gesamte „spezielle Methodik“ des Sportunterrichts in ähnlicher Weise wie hier durchzugehen. Das wäre jedoch eine unendliche, mit keinem noch so großen Zeitaufwand zu bewältigende Aufgabe. Möglich sind lediglich Beispiele, die zu eigenem kritischen Weiterdenken Anlaß geben sollen. Ein ähnlicher Versuch hierzu wird unter etwas veränderten Aspekten im Themenbeispiel 26, Methodische Hinweise zum leichtathletischen Wurf und Stoß, unternommen.

Theoretische Bezüge

Methoden („Handbuch“ S. 160); Methodische Hilfen („Handbuch S. 186); Vorsicht, methodische Übungsreihe! („Handbuch“ S. 108).

Anhang

„Gelegenheitssprünge“: *Übungsbeispiel Hockwende/Kreishocke*

Geräteaufbau: mehrere Kästen (je nach Alter und Leistungsstand der Schüler drei- bis vierteilig), seitgestellt, mit Matten auf beiden Seiten:

a) Geübt wird im Seitenwechsel: Hockwende rechts auf dem Hinweg, Hockwende links auf dem Rückweg. Anweisung: Blickrichtung immer zur selben Hallenseite.

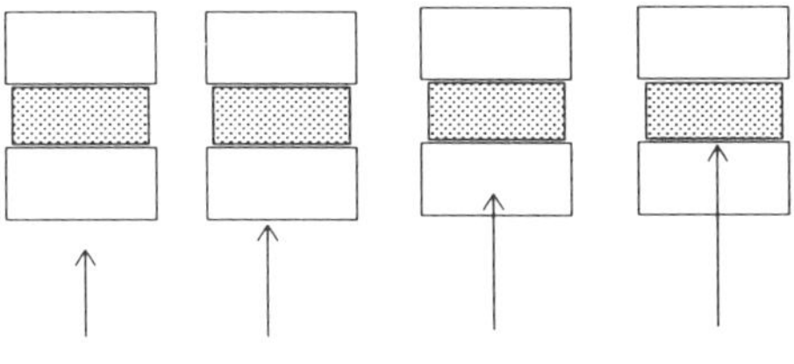

„Schräge Welle“

b) Dasselbe in „Wellen“, entweder so, daß die Sprünge an allen Geräten zur gleichen Zeit erfolgen oder so, daß die Welle „schräg“, also mit einer von der einen zur anderen Seite zunehmenden Verzögerung „heranströmt“.

c) Üben „im Strom“ (Rückweg neben dem Gerät), aber so, daß der nächste die Übung jeweils gegengleich zum „Vordermann“ ausführt.

d) Die Hockwende wird immer höher gesprungen, bis sie zu einem Überschlag seitwärts wird (Anweisung: „Hände, Schultern und Hüfte liegen auf einer senkrecht stehenden Geraden“).

e) Versuchen, in der beim Absprung eingenommenen Richtung weiterzudrehen, zunächst mit zusätzlicher 1/4 Drehung (Landung mit Blick zum Gerät), dann mit zusätzlicher 3/4 Drehung (Landung mit Rücken zum Gerät). Bei einiger Übung schaffen dies die meisten in beiden Drehrichtungen!

f) Die Matten werden nunmehr neben die Geräte (also an die Stirnseiten) gelegt und die Hockwende wird – zunächst mit Hilfestellung – zur Kreishocke erweitert, und zwar mit Rechtsdrehung am rechten und mit Linksdrehung am linken Kastenende. Jeder übt in beiden Drehrichtungen!

g) Aus der Aufstellung in Doppelreihe wird in schneller Abfolge die Kreishocke abwechselnd rechts und links ausgeführt. Nach dem Zurücklaufen stellen sich die Übenden an der jeweils anderen Reihe an.
Nach vier Durchgängen hat jeder die Kreishocke zweimal rechts- und zweimal linksherum geturnt!

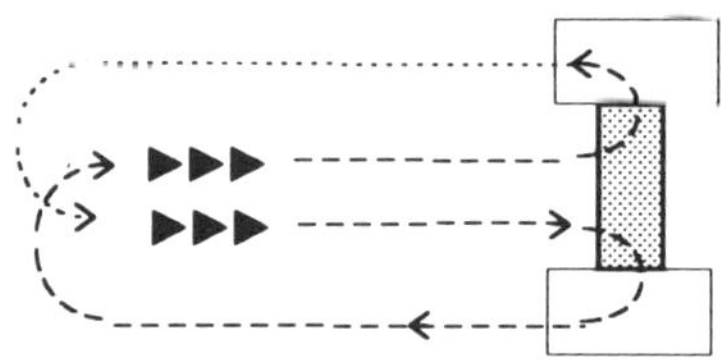

„Kreishocke rechts und links“

Kapitel 3

Gymnastik/Tanz

Gymnastik/Tanz (oder einfach „Gymnastik“) ist, wie die erstgenannte Wortkombination bereits sagt, weder begrifflich noch inhaltlich ein einheitlicher Komplex. Sie reicht von der Rhythmischen Sportgymnastik, die sportlichen Prinzipien und Regeln folgt, bis hin zum Ausdruckstanz, der allein künstlerischen Normen unterworfen ist. Allgemein wird auch die Folklore hierher gerechnet, obwohl sie mit ihren tradierten Formen und Abläufen eigene Gesetze hat.

Gemeinsames Kennzeichen all dieser „Teilbereiche“ oder „Stilrichtungen“ der Gymnastik ist die Verbindung mit der Musik, und zwar nicht nur als Vorgabe für den Rhythmus, sondern mit dem Ziel, *Musik in Bewegung umzusetzen*. Wie weit dieser Anspruch im Einzelfall eingelöst wird, können sehr oft nur Fachleute entscheiden.

Aus diesem Befund folgt, daß eine so definierte Gymnastik nicht pauschal dem Sport zugerechnet werden kann, sondern auf der Grenze von *Sport und Bewegungskunst* steht. Daraus ergibt sich für die Sportdidaktik eine Reihe von Fragen und Problemen, die zwar schon vor Jahrzehnten formuliert, aber in jüngerer Zeit nicht weiterverfolgt, geschweige denn ausdiskutiert worden sind. So darf es nicht verwundern, daß in dieses Vakuum andere, meist professionelle, Instanzen mit eigenen Denk- und Begriffssystemen eingerückt sind.

Das nachfolgende Kapitel orientiert sich am Ansatz der *„Schulgymnastik“*, wie er auch in den Lehrplänen zum Ausdruck kommt. Diese Konzeption, die aus der Gymnastikbewegung hervorgegangen ist und in der ersten Nachkriegszeit konkrete Gestalt angenommen hat, läßt drei, sich weitgehend überschneidende *Ausbildungsstufen* erkennen:

1. Erlernen, Üben und Variieren der gymnastischen *Grundformen*.
2. Erarbeiten von *Bewegungsverbindungen* aus vorgegebenen und frei gewählten Elementen.
3. *Improvisieren und Gestalten* auf der Grundlage des erlernten und beherrschten Bewegungsrepertoires.

Ungeachtet der hier vorgenommenen Eingrenzung bleibt die Gymnastik das Urbild einer *Kunstsportart* mit Betonung auf der künstlerischen Komponente. Als solche ist sie weniger auf Bewegungsschwierigkeit, als vielmehr auf *Bewegungsvielfalt* und vor allem auf *Bewegungsqualität*, konkret also auf vollendete Ausführung und Darbietung der Bewegungen, ausgerichtet.

Inhaltlich mußte bei der fast unendlichen Fülle von Bewegungsmöglichkeiten eine Beschränkung auf wenige Beispielübungen vorgenommen werden. Für weitere Anregungen sei auf die Fachliteratur verwiesen.

Gymnastik/Tanz gilt nach wie vor als Angelegenheit der *Mädchen*. Koedukativer Unterricht ist in den einzelnen Bundesländern unterschiedlich weit fortgeschritten.

Die *Einstellung* der Schüler/innen zur Gymnastik ist allgemein positiv, jedoch recht unterschiedlich. Sie reicht von begeisterter Zustimmung bis hin zu betonter Gleichgültigkeit.

Die *Vorkenntnisse der Referendarinnen und Referendare* sind im allgemeinen gut, wenn auch von unterschiedlicher persönlicher Einstellung geprägt. Unter den Frauen finden sich viele Expertinnen, bei den Männern sind trotz veränderter Ausbildungsbestimmungen noch deutliche Defizite festzustellen.

Nicht zuletzt aus diesem Grund liegt im folgenden der Schwerpunkt auf den *einfachen* Beispielen.

Zusammenfassend lassen sich für die Seminararbeit folgende *übergeordneten Aspekte* benennen:

- Gymnastik als „darstellende Bewegungskunst".
- Gymnastik als Möglichkeit, Individualität und Kreativität zu zeigen.
- Gymnastik als Problem geschlechtsspezifischer Sichtweisen des Sports.

Die zu den Übungsbeispielen angegebenen Musikvorschläge sind eher unverbindlich. Die Stücke entstammen – im Sinne allgemeiner Zugänglichkeit – so weit wie möglich den Kassetten „Musik für die Schule [1-3]" der Zeitschrift Sportpädagogik (Hefte 4/81; 3/83; 4/85), Friedrich Verlag. Im Text sind diese Stücke jeweils durch die in Klammern gesetzte Ziffer gekennzeichnet.

Gymnastische Grundformen

Inhalte

- Die gymnastischen Grundformen Laufen, Hüpfen, Springen, Gehen und Federn.
- Einfache Bewegungsverbindungen, auch unter Einbeziehung von Drehungen.

Ziele

- Das „Typische" der gymnastischen Bewegungen verdeutlichen.
- Angemessene Arbeitsweisen und Organisationsformen vorstellen.
- Hinweise für die Eigentätigkeit der Schülerinnen und Schüler geben.

Programm

Zum Thema

In diesem Themenbeispiel sollen die gymnastischen *Grundformen ohne Handgerät* etwas näher beschrieben und anhand von Übungsbeispielen verdeutlicht werden. Einige Bemerkungen zum Gymnastikunterricht in Koedukations- und Jungenklassen sowie zum Tanz schließen sich an.

Die Vielschichtigkeit der „Sportart" (besser: des Fach- und Übungsgebietes) Gymnastik/Tanz legt es nahe, bei der praktischen Behandlung im Seminar einige *Vorgaben* hinsichtlich der spezifischen Arbeitsweisen zu machen, unabhängig davon, ob sie den Seminarteilnehmerinnen und Seminarteilnehmern vertraut sind oder nicht.

Die Schülerinnen und Schüler sollen lernen,

a) die gymnastischen Grundformen
   - rhythmisch-musikalisch zu erkennen,
   - in ihrem Bewegungsablauf zu erfassen,
   - selbständig zu variieren;

b) rhythmisch gebundene Bewegungsfolgen und -verbindungen
   - nachzuvollziehen und selbst zu finden,
   - in ihrem räumlichen Ablauf allein und in der Gruppe zu gestalten.

Dies geschieht in einem *einheitlichen Lern- und Übungsprozeß*, bei dem von Anfang an Musik eingesetzt wird.

Wichtig erscheint weiterhin der Hinweis, daß die Grundformen sich auch als Einstieg in *Improvisationsaufgaben* eignen und die Grundelemente einfacher Tänze darstellen.

Die *Übungsbeispiele* sind vorwiegend auf die Klassen 5 und 6 ausgerichtet; sie können aber auch die Grundlage für anspruchsvollere Formen in den folgenden Klassenstufen bilden. Die spezifischen Merkmale der gymnastischen Grundformen werden im folgenden als *Beobachtungsschwerpunkte* (für den Lehrer) bzw. *Aufmerksamkeitsschwerpunkte* (für die Schüler) wiedergegeben.

Laufen

Das „Bewegungsthema“ Laufen ist in besonderer Weise dazu geeignet, den Schülerinnen und Schülern einige erste Einblicke in das Wesen der Gymnastik zu vermitteln. Hier geht es nämlich nicht darum, möglichst schnell oder zweckbestimmt zu laufen (wie z.B. in der Leichtathletik und in den Sportspielen), sondern die dabei gegebenen Bewegungsmöglichkeiten auszuschöpfen. „Gymnastisch laufen“ heißt also,

- in unterschiedlichem Tempo, mit verschiedener Schrittlänge und in alle denkbaren Richtungen (z.B. vorwärts, rückwärts, diagonal und seitwärts mit Überstellschritten vor und hinter dem Stützbein) zu laufen,
- geradeaus, in Kurven, Kreisen und in choreografisch gestalteten Formen zu laufen,
- allein, mit einem Partner oder zu mehreren in der Gruppe zu laufen.

Auch die Art des Laufens kann verändert werden: mit hohem – tiefen Körperschwerpunkt, beschwingt – schwerfällig, straff – lässig usw. Hier bieten sich erste Ansätze zur Improvisation.

Beobachtungsschwerpunkte:

- Aufsetzen des Fußes mit dem Ballen („Greift den Boden mit dem Ballen, rollt zur Ferse ab“).
- Weiches Auffangen des Körpers („Der Hallenboden ist hart; fangt das Körpergewicht mit allen Gelenken auf; lauft ganz leise“).
- Deutliches Abdrücken mit dem Fußballen bei völlig gestrecktem Abdruckbein.
- Raumgreifende Schritte; aufrechte Körperhaltung.

Die Arme bewegen sich entweder unauffällig zum Laufrhythmus oder werden mit abgehobenen Oberarmen „getragen“ („Versucht, euch leicht zu machen; haltet mit den Armen das Gleichgewicht; zeigt die beabsichtigte Laufrichtung an“).

Übungsbeispiel 1

Musikvorschlag: Ballroom-Dancing/P.McCartney

Mitnehmspiel: In offener Aufstellung („Jeder sucht sich einen Platz in der Halle mit drei Metern Abstand von der Wand und dem Nächststehenden“) beginnen mit dem Einsetzen der Musik alle auf der Stelle zu laufen („verzaubert“); einer beginnt, die übrigen zu „erlösen“, indem er auf beliebigen Raumwegen einen nach dem anderen antippt und mitnimmt. Sobald sich alle der so entstehenden Schlange angeschlossen haben, bleibt der erste an einer beliebigen Stelle wieder stehen, sodann der nächste usw., bis alle wieder, gleichmäßig in der Halle verteilt, auf der Stelle laufen.

Führungswechsel ggf. durch Zuruf oder Lautstärkeänderung steuern.

Übungsbeispiel 2

Musikvorschlag: Ronde de St. Jean

Zu dem genannten oder einem anderen Musikstück, dessen Gliederung auch für die Schülerinnen und Schüler klar erkennbar sein muß, wird die Aufgabe gestellt, gleichlange Strecken vorwärts, rückwärts und seitwärts zu laufen, und zwar zunächst allein, dann auch paarweise mit und ohne Handfassung.

Hüpfen

Um die definitorisch schwierige Abgrenzung zum Springen zu erreichen, wird im folgenden unter „Hüpfen" – in teilweiser Abweichung vom allgemeinen Sprachgebrauch (vgl. Themenbeispiel 5, Springen) – ausschließlich eine Bewegung verstanden, die einem „punktierten Rhythmus" (lang – kurz) folgt. Beim Hüpfen als gymnastische Grundform ergeben sich dabei zwei Möglichkeiten:

- das Wechselhüpfen mit wechselndem Abdruckbein,
- das Nachstellhüpfen mit gleichbleibendem Abdruckbein.

Das *Wechselhüpfen* entspricht in seiner Grundstruktur dem altbekannten *Hopserlauf*: Aus kräftigem Beinabdruck erfolgt die Landung auf dem Sprungbein mit nachfolgendem Zwischenschritt auf das Schwungbein als dem neuen Abdruckbein. Diese Form des Hüpfens kann in die Höhe oder in die Weite, mit leicht gebeugtem, deutlich angehobenem oder gestreckten Schwungbein oder auch mit Vor-, Rück- und Seitschwingen des Schwungbeins ausgeführt werden; sie ist vorwärts und rückwärts möglich.

Beim *Nachstellhüpfen* erfolgt die Landung auf dem Schwungbein; das Sprungbein wird zum erneuten Abdruck beigezogen oder „nachgestellt". Als gebräuchlichste Form erscheint hier der sogenannte Seitgalopp („Galopphüpfen" seitwärts). Dieselbe Bewegung ist auch vorwärts (und ggf. rückwärts) möglich, sehr oft verbunden mit einem Zwischenschritt zur gegengleichen Ausführung („Wechselschritt"). Eine typische Galoppbewegung kommt auch bei einer Aneinanderreihung von „Pferdchensprüngen" zustande.

Beobachtungsschwerpnkte:

- Kräftiger Abdruck mit vollständiger Hüft-, Knie- und Fußgelenkstreckung.
- Schwungbeineinsatz entsprechend der jeweiligen Vorgabe.
- Aufrechte Körperhaltung; die Arme unterstützen das „Hochziehen" des Körpers.

Am Beispiel des Hüpfens, zunächst isoliert, dann auch in Verbindung mit dem Laufen, können Anfänger vor allem lernen, Rhythmen zu erkennen und umzusetzen.

Übungsbeispiel 3

Die Schülerinnen und Schüler hüpfen auf beliebigen Wegen durch die Halle („Hüpft so durch die Halle, daß der Raum möglichst gleichmäßig ausgefüllt ist"). Sie begleiten sich dabei selbst durch Klatschen oder mit Klanginstrumenten. (Geeignet sind z.B. die früher gebräuchlichen hölzernen Keulen, bei denen „Kopf" und „Bauch" verschiedene Tonhöhen erzeugen.)

Variation:

Jeweils die Hälfte der Klasse begleitet die andere Hälfte bei ihren Bewegungen durch Klatschen, Klopfen u.ä. Dabei werden Laufen und Hüpfen miteinander verbunden.

Übungsbeispiel 4

Musikvorschlag: Polkamusik

Je zwei Übende stehen sich mit Handfassung gegenüber und hüpfen gemeinsam in die verschiedenen Richtungen. Wer den besseren Überblick hat, „führt" den anderen.

Springen

Allgemeines Kennzeichen der Sprünge ist die deutlich erkennbare Flugphase. Sie können einzeln für sich und, mit wenigen Ausnahmen, auch mehrfach hintereinander ausgeführt werden. Gymnastische Sprünge werden grundsätzlich auch gegengleich geübt. Aus unterrichtspraktischer Sicht lassen sie sich wie folgt einteilen:

a) Sprünge aus dem Laufen mit Landung auf dem Schwungbein:
   - „Pferdchensprung": eher in die Höhe gerichtet, Schwungbein gebeugt, schnelles „Nachziehen" des Sprungbeins,
   - Laufsprung: in die Weite gerichtet, Schwungbein gebeugt,
   - Schrittsprung: wie Laufsprung, jedoch mit gestrecktem Schwungbein.

b) Sprünge aus dem Stand, dem Angehen oder Anhüpfen:
   - mit beidbeinigem Absprung: „Schlußsprünge" als Strecksprünge, Hocksprünge, Grätschsprünge und Schersprünge,
   - mit einbeinigem Absprung: „Hüpfsprünge" mit Landung auf dem Sprungbein oder auf beiden Beinen.

c) Sprünge aus dem Angehen:
   - Spreiz- und Schersprünge,
   - Drehsprünge; Anschlagsprünge.

Beobachtungsschwerpunkte:

- Kräftiger Absprung mit völliger Streckung des Sprungbeins.
- Weiche Landung durch „Nachgeben" in allen Gelenken.
- Aufrechte und kontrollierte Körperhaltung („Hüfte vor").
- Deutlicher Armeinsatz („Arme ziehen den Körper hoch").

Sprünge eignen sich in besonderer Weise dazu, die Phantasie und den Erfindungsreichtum der Schülerinnen und Schüler anzuregen, und zwar umso deutlicher, je jünger sie sind.

Übungsbeispiel 5

Musikvorschlag: Bye Bye Love/F. u. B. Bryant [1] – auch für Übungsbeispiel 6

Die Schülerinnen und Schüler sollen zeigen, welche Sprünge sie kennen und können. Sie werden aufgefordert, die bei den anderen gesehenen Sprünge nachzumachen und auch selbst welche zu „erfinden".

Hinweis: Dieser Einstieg kann zunächst den Lehrer über den Könnensstand der Klasse informieren. Er soll aber auch dazu beitragen, daß die Schüler von sich aus tätig werden, und nicht nur darauf warten, was der Lehrer sagt oder zeigt. Es ist jedoch nicht angebracht, daraus die Erarbeitung formgerechter gymnastischer Sprünge abzuleiten und zu diesem Zweck die gezeigten Lösungen in „geeignete" und „ungeeignete" einzuteilen.

Übungsbeispiel 6

Verbindungen von Laufen und Springen, z.B. mit der Anweisung: „Verbindet Laufen mit Pferdchen- und Schrittsprüngen so, daß ihr zum jeweils nächsten Sprung mit dem anderen Bein abdrückt."

Gehen

Die Bewegungsmerkmale des Gehens entsprechen denen des Laufens; es gibt jedoch keine Flugphase. Auch hier setzt zuerst der Fußballen auf. Gehen kann man vorwärts, rückwärts, diagonal und seitwärts (mit Überstell- oder Nachstellschritten).

Der Nachstellschritt vorwärts erscheint zumeist im Zusammenhang mit einem Wechselschritt (z.B. Schritt rechts, Nachstellschritt links, Schritt rechts). Man geht geradeaus, in Kurven und Kreisen (auch so, daß der Blick stets in dieselbe Richtung zeigt).

Beobachtungsschwerpunkte:

- Deutliche Streckung des Abdruckbeins, Abdrücken und Aufsetzen des Fußes mit dem Ballen, „Abrollen“ des Fußes („Geht, als wäre der Boden heiß“).
- Gerader Fußaufsatz („schmale Spur“).
- Aufrechte, ruhige Körperhaltung („Macht euch lang, nehmt den Kopf hoch“).
- Freies Durchschwingen der Arme.

Gehen nur für sich ist für die Schülerinnen und Schüler, vor allem für die jüngeren, wenig interessant. Es sollte, wie auch im nachfolgenden Übungsbeispiel, möglichst bald mit anderen Grundformen kombiniert werden.

Übungsbeispiel 7: Gehen – Hüpfen – Springen
Musikvorschlag: Big Bam Boo/The Steadies [1]

- Vier Gehschritte, rechts beginnend,
- vier Schlußsprünge,
- vier Gehschritte, rechts beginnend,
- vier Schlußsprünge,
- vier Galopphüpfer nach rechts,
- vier Schlußsprünge,
- vier Gehschritte, rechts beginnend,
- vier Schlußsprünge,
- vier Galopphüpfer nach links,
- vier Schlußsprünge, beim letzten eine 1/2 Drehung,
- Wiederholung des Gesamtablaufs auf dem Rückweg.

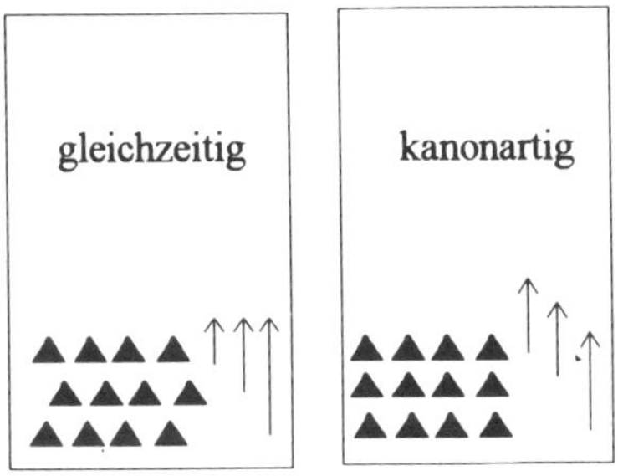

Abb. 1

Die Klasse übt gleichzeitig oder in kanonartigem Einsatz der Gruppen (Abb. 1).

Gehen läßt sich – wie alle anderen Grundformen auch – gut mit *Drehungen* verbinden. Diese können auf der Stelle oder in der Bewegung, schnell oder langsam, in aufrechter oder eher gebeugter Körperhaltung, beidbeinig (mit parallelen und gekreuzten Beinen) oder einbeinig, als 1/4-, 1/2- oder 1/1 Drehung ausgeführt werden. Das freie Bein kann angelegt, nach vorn oder hinten gespreizt, gestreckt oder gebeugt sein.

Übungsformen

- Mit kleinen Nachstellschritten auf dem ganzen Fuß oder dem Fußballen drehen.
- Mit Schlußsprüngen 1/4- oder 1/2 Drehungen ausführen.
- Auf einem Bein nach „innen“ und „außen“ drehen.
- Mit zwei Schritten eine 1/2-, mit vier Schritten eine 1/1 Drehung gehen.

- Mit Nachstellschritten vorwärts und seitwärts 1/4-, 1/2- und 1/1 Drehungen nach „innen" und „außen" ausführen.
- Mit 1/4 Drehungen auf einer Zickzacklinie oder im Quadrat gehen.
- Dasselbe; die Drehungen aber aus einem Schlußsprung heraus ausführen.
- Vorwärts gehen, nach einer 1/2 Drehung zum Ausgangspunkt zurückgehen oder rückwärts weitergehen.

Federn

Unter Federn wird eine gleichmäßige Hoch-Tief-Bewegung mit deutlicher Körperstreckung, vor allem im Fußgelenk, aber ohne sichtbare Flugphase verstanden. Federn ist auf der Stelle und in der Bewegung möglich. Im letzteren Fall liegt die Ausführung zwischen einem „hohen Gehen" und einem „federnden Laufen", jedoch mit nur geringem Raumgewinn. Beim Doppelfedern erfolgt eine zusätzliche Federbewegung auf dem Stützbein

Federn ist eher eine Angelegenheit der Mittelstufe. Da es für die Beinmuskulatur sehr belastend ist, sollte die Übungszeit jeweils eng begrenzt werden. Ebenso sollte es baldmöglichst in Bewegungsverbindungen integriert werden.

Übungsbeispiel 8: Gehen und Federn (mit Drehungen)
Musikvorschlag: Niki Hoeky/P. J. Proby [1]

- Vier „tiefe" Gehschritte vorwärts, rechts beginnend,
- vier „hohe" Gehschritte vorwärts,
- vier Wechselschritte, der letzte nur als Nachstellschritt,
- Schritt links seitwärts, Überstellschritt, Seitwärtsschritt, Nachstellschritt,
- dasselbe in Gegenrichtung mit abschließender 1/1 Drehung,
- acht Federungen auf der Stelle, rechts beginnend,
- vier Doppelfederungen (Schwungbein dabei schräg nach vorn aufsetzen),
- Schritt links seitwärts, Überstellschritt, Seitwärtsschritt, Nachstellschritt,
- dasselbe in Gegenrichtung mit abschließender 1/2 Drehung,
- Wiederholung des Gesamtablaufs in die Gegenrichtung.

Variationen: Einbeziehen des Rückwärtsgehens; zusätzliche Nachstellschritte; Drehungen beim Federn; Akzente durch Klatschen und Schnipsen; Erarbeitung eigener Raumwege in Kleingruppen.

Anmerkungen zum Gymnastikunterricht in Koedukations- und Jungenklassen

Eine musisch-rhythmische Ausbildung ist auch für Jungen angebracht. Daran läßt die Fachliteratur – und nicht nur sie – keinen Zweifel. Daß dabei die unterschiedlichen geschlechtsspezifischen Bedürfnisse berücksichtigt werden müssen, ist ebenso unzweifelhaft, wenngleich keine Übereinstimmung darin besteht, ob diese Unterschiede eher anlage- oder sozialisationsbedingt sind. Einigkeit besteht aber darüber,

- daß sportlich-dynamische Bewegungsansätze den Jungen eher entgegenkommen,
- daß bei ihnen zwar auf „gekonnte" Bewegungsausführung gedrungen werden muß, auf eine „Feinformung" aber eher verzichtet werden sollte.

Übungsbeispiel 9: Hüpfen und Springen

Musikvorschlag: Ein nicht zu schneller Rock'n-Roll-Titel

- Aufnehmen der Grundbewegung „tief – hoch“: Zur Tiefbewegung werden beide Beine gebeugt, zur Hochbewegung der ganze Körper bis zum Ballenstand gestreckt. (Zählweise: „und 1“, „und 2“, „und 3“, „und 4“; Beginn mit „tief“).
- Bei der Hochbewegung in die Hände klatschen, auf die Oberschenkel schlagen, mit den Fingern schnipsen; alle diese Formen auch im Wechsel.
- Bei der Hochbewegung abwechselnd rechts und links einen „Kick“ ausführen.
- Die Hochbewegung mit einem Hüpfer vorwärts verbinden.
- Armbewegung in die Fortbewegung einbeziehen.
- Statt der Vorwärts- auch eine Rückwärts- und Seitwärtsbewegung ausführen.
- Die Hochbewegungen mit einer 1/4 Drehung verbinden.
- Jede vierte Hochbewegung als Strecksprung (mit beidbeinigem Absprung) ausführen („und 1“, „und 2“, „und 3“, „und Sprung“, „und 1“, ...).

Variationen: Einbeziehung von Phantasiesprüngen; wechselnde Bewegungsrichtungen (ein „Verkehrspolizist“ regelt durch Handzeichen); verschiedene Raumwege.

Gymnastische Grundformen als Grundlage einfacher Tänze

Für die Unterstufe sind Folkloretänze mit einfachen Schrittkombinationen und viel „Bewegung“ am ehesten geeignet. Wenn der Tanz darüber hinaus „eine Geschichte erzählt“, kann dies zusätzliches Interesse wecken.

Die Musik sollte eine klare Gliederung aufweisen; die einzelnen Sequenzen müssen deutlich erkennbar sein, damit jeder, der den Rhythmus verloren hat, sich schnell wieder „reinfinden“ kann. Variationsmöglichkeiten sollten genutzt werden. Kleinere Gruppen sind größeren vorzuziehen.

Übungsbeispiel 10: Troika

Die Klasse steht in Dreiergruppen auf einer Kreisbahn (z.B. entlang einer Spielfeldmarkierung), linke Schulter zur Kreismitte. Jede Dreiergruppe besteht aus einem „Kutscher“ (○) in der Mitte und zwei „Pferden“ (●), die er an den Händen gefaßt hat. Der Tanz enthält nur Laufschritte und ist damit sehr schnell und wild.

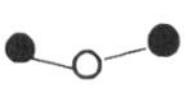

1 - 4: 16 Laufschritte in Tanzrichtung;

5 - 6: Mitteltänzer und linker Außentänzer heben die Hände zum „Tor“, der rechte Außentänzer läuft mit acht Schritten hindurch und wieder zurück zum Ausgangspunkt;

7 - 8: dasselbe zur anderen Seite (der linke Außentänzer läuft), dann Handfassen zum Dreierkreis;

9 - 11: zwölf Laufschritte im Uhrzeigersinn,
12: drei Stampfschritte auf der Stelle;
13 - 15: zwölf Laufschritte gegen den Uhrzeigersinn,
16: zwei Stampfschritte auf der Stelle, öffnen zur Ausgangsstellung.

Der Gesamtablauf wird mehrfach wiederholt.

Variationen:

- Partnerwechsel nach jedem Durchlauf, auch so, daß die „Kutscher" nach vorn zum nächsten „Gespann" laufen.
- Bei den Takten 15 und 16 laufen alle durcheinander und bilden dann neue Dreiergruppen.
- Die Gruppen laufen unabhängig voneinander eigene Wege.

Hinweis: Die Sequenzen können einzeln geübt werden. Es empfiehlt sich, das Tempo anfangs zu verlangsamen, mitzuzählen, mitzuklatschen oder mitzusprechen und erst allmählich zur Originalgeschwindigkeit zu steigern.

Auswertung

(1) Gymnastik im hier angesprochenen Sinn als rhythmische, musische oder künstlerische Gymnastik ist sozusagen „Bewegung an sich". Damit unterliegt die *gymnastische Bewegung* – gleichgültig, ob sie sich selbst als „Bewegungskunst" versteht oder nicht – primär künstlerischen Prinzipien; sie ist *geformte* und *rhythmische* Bewegung.

„Geformt" ist eine Bewegung dann, wenn ihr ein bestimmtes „Bild" von Richtigkeit und Vollkommenheit zugrunde liegt, das in der Bewegungsausführung bewußt und willentlich angestrebt wird. Als „rhythmisch" wird eine Bewegung empfunden, wenn sie in ihrem Ablauf eine deutliche zeitlich-dynamische Gliederung aufweist, und dies zumeist in Anpassung an ein vorgegebenes Zeitmaß.

Für den hier angesprochenen Teilbereich der Gymnastik, den man auch als den „klassischen" bezeichnen könnte, werden einige weitere Ansprüche formuliert, allen voran die Forderung nach der *natürlichen* und *ganzkörperlichen* Bewegung. Als „natürlich" gilt eine Bewegung dann, wenn sie sich von einer Alltagsbewegung ableiten läßt, in ihrer Grundstruktur einfach ist und ohne übertriebene Pose vorgetragen wird. Als „ganzkörperlich" wird eine Bewegung bezeichnet, die von den schwerpunktnahen Hauptmuskelgruppen des Körpers ausgeht, und von da über den Rumpf in die Peripherie gleichsam „ausströmt".

Die Gymnastik, und hier insbesondere die „Schulgymnastik", lebt also geradezu von der Bewältigung zweier immanenter Gegensätze: Einerseits soll die Bewegung „natürlich", also selbstverständlich, echt und unverkrampft, andererseits aber „geformt" sein, also bewußt gesteuert und mit einer gewissen Perfektion dargeboten werden; sie soll einerseits „ganzkörperlich" sein, d.h. in Einklang mit den anatomischen und physiologischen Voraussetzungen des Übenden stehen, andererseits aber auch „rhythmisch" im Sinne der Anpassung an ein vorgegebenes Zeitmaß sein. Wie die Praxis zeigt, sind diese Widersprüche aber durchaus lösbar; sie machen den besonderen Reiz der Gymnastik aus: Ihre Natürlichkeit ist eine „gekonnte"; innerer und äußerer Rhythmus verschmelzen zu einer Einheit.

(2) Das spezifische Kennzeichen der Gymnastik ist die enge *Verbindung mit der Musik* oder anderen rhythmischen Vorgaben. Dabei geht es, vereinfacht ausgedrückt, darum, Musik in Bewegung umzusetzen. Rhythmus und Musik sind für die Gymnastik somit mehr als nur Zeit- oder Taktvorgaben; sie haben essentielle Bedeutung.

Dennoch darf die Musik die Bewegung nicht dominieren, weder von ihrem Charakter, noch von der Lautstärke her. Darüber hinaus sollten die Schülerinnen und Schüler lernen, den „Eigenrhythmus“ sowohl des Körpers als auch der Bewegung zu erfassen. Dies bedeutet, daß auch im Gymnastikunterricht gelegentlich ohne Musik und Klang gearbeitet werden sollte.

Die Musikauswahl selbst ist nicht immer ohne Probleme. Die im Unterricht verwendeten Stücke sollten, vor allem bei Anfängern, rhythmisch eindeutig und musikalisch klar gegliedert sein. Sie müssen nicht unbedingt dem alterstypischen Modegeschmack entsprechen, sollten sich aber auch nicht zu weit von ihm entfernen. Für elementare Dinge wird man auf möglichst zeitlose Musikstücke zurückgreifen. In aller Regel verstehen sich sowohl Seminarteilnehmer/innen als auch Schüler/innen sehr gut darauf, geeignete Musik aus ihren Beständen beizusteuern.

(3) „Sinn“ und „Leistungsziel“ der Gymnastik müssen sich in einer bestimmten *Arbeits- und Vorgehensweise* niederschlagen Aus didaktischer Sicht geht es dabei um zwei ineinandergreifende Ausbildungsstufen:

a) Die Schülerinnen und Schüler sollen einen Rhythmus erkennen und die darin angelegten Bewegungsimpulse aufnehmen, und dies möglichst frei und gelöst.
b) Sie sollen die rhythmisch-musikalischen Vorgaben in eine adäquate Bewegungstätigkeit umsetzen.

Auf methodischer Ebene wird dies dadurch erreicht,

- daß die Schülerinnen und Schüler einfache Bewegungsaufgaben selbständig lösen, entweder jeweils für sich oder zusammen mit anderen,
- daß sie versuchen, mit der Bewegung „etwas auszudrücken“, und zwar möglichst etwas, was „in der Musik liegt“.

Dies erfordert eine mehr indirekte Steuerung des Unterrichts, z.B. durch allgemeine, offene und bildhafte Anweisungen und Anregungen, vor allen aber dadurch, daß genügend Zeit zum Üben, Probieren und Experimentieren gegeben wird.

(4) Unbeschadet eines generell „offenen“ oder „indirekten“ methodischen Vorgehens, ist auch in der Gymnastik das bewußte *Lernen und Üben* angezeigt. Die gymnastischen Grundformen oder Bewegungstechniken sollen nicht nur bewältigt, sondern auf einem möglichst hohen qualitativen Niveau beherrscht und mit einer gewissen Perfektion dargeboten werden. Dazu ist es notwendig, z.B. im Rahmen der oben beschriebenen Beobachtungsschwerpunkte, auch gezielte Bewegungsanweisungen zu geben oder recht eng gefaßte Bewegungsaufgaben zu stellen.

Für die Erarbeitung von Bewegungsfolgen und -verbindungen empfiehlt es sich, *Beispielübungen* bereitzustellen, die das „Gerippe“ oder den Rahmen für das selbständige Variieren und Gestalten abgeben können.

(5) Sowohl der Gegenstand als auch die besondere Arbeitsweise der Gymnastik machen es schwer, die erzielten Ergebnisse zu bewerten oder auch nur für die weitere unterrichtliche Verwendung kritisch einzuordnen. Vor allem bei sehr offenen Bewegungs-, Variations- und Gestaltungsaufgaben verbietet es sich fast von selbst, die von den Schülerinnen und Schülern gezeigten Lösungen voreilig und vorzeitig in „rich-

tige“ und „falsche“ einzuteilen, und zwar nicht nur wegen der damit verbundenen psychologischen Rückwirkungen, sondern auch hinsichtlich der Bewertung.

Allerdings können auch Kinder schon sehr bald einschätzen, wer von ihnen besser und wer schwächer ist. Und so sollte man solche Unterschiede, sobald sie innerhalb der Klasse bemerkt werden, möglichst ins Positive wenden, z.B. mit der Frage, woran das wohl liegen könnte, daß einiges von dem, was gezeigt wird, wohl besser aussieht als das andere.

Einige Hinweise zur – letztlich dennoch unabdingbaren – Leistungsbeurteilung werden im nächsten Themenbeispiel gegeben (vgl. auch „Handbuch“, S. 145).

Themenbeispiel 21

Gymnastik mit Handgeräten

Inhalte

- Gymnastische Grundformen mit den Handgeräten Ball, Seil, Reifen und Band.
- Bewegungsverbindungen mit Handgeräten.

Ziele

- Technische und methodische Hinweise zum Umgang mit Handgeräten geben.
- Beispielübungen für variable unterrichtliche Verwendung vorstellen.
- Einblick in die Arbeitsweise der Rhythmischen Sportgymnastik vermitteln.

Programm

Zum Thema

Es trägt zum besseren Verständnis des dargebotenen Programms bei, wenn den Seminarteilnehmerinnen und -teilnehmern vorab die *Funktion der Handgeräte* ins Gedächtnis gerufen wird. Handgeräte sollen

a) das Bewegungsrepertoire der Gymnastik erweitern, vor allem dadurch,
   - daß zusätzliche Bewegungsmöglichkeiten geschaffen werden, z.B. Prellen, Werfen und Fangen des Balls,
   - daß eine nahezu unendliche Zahl von Kombinationsmöglichkeiten eröffnet wird, z.B. Laufen und Hüpfen mit Rollen eines Balls oder Schwingen eines Seils,

b) die gymnastische Bewegung unterstützen und verbessern, vor allem dadurch,
   - daß ein Anreiz zur Erweiterung des Bewegungsumfangs geschaffen wird, z.B. Schwingen mit dem Reifen oder dem Band,
   - daß die Anpassung an das Gerät notwendig wird, z.B. Laufen und Hüpfen mit Seildurchschlag.

Handgeräte sind das besondere Kennzeichen der *Rhythmischen Sportgymnastik*. Es bietet sich an, einige der Übungsbeispiele diesem Bereich, z.B. den bisher gültigen Ausschreibungen für den Schulsportwettbewerb „Jugend trainiert für Olympia", zu entnehmen, zumal diese allgemein zugänglich sind und entsprechende Musik verfügbar ist. Diese Übungsbeispiele sollen, wie es schon im vorangegangenen Themenbeispiel angemerkt wurde, die Grundlage liefern, auf der die Schülerinnen und Schüler selbständig weiterarbeiten können. Es ist weder beabsichtigt noch notwendig, alle in den Lehrplänen verzeichneten oder in der Schule gelehrten Elemente in diese Übungsbeispiele einzubeziehen.

Es wird auch nicht möglich sein, im Seminar alle Handgeräte in gleicher Breite zu behandeln. Im folgenden soll am Beispiel des Balls die Erarbeitung der Grundelemente und am Beispiel des Seils der Umgang mit Pflichtübungen etwas näher beschrieben werden, während beim Reifen und Band neben den allgemeinen Hinweisen nur eine Beispielübung vorgestellt wird.

Handgeräte waren ursprünglich *Spielgeräte* und sind es zum Teil noch heute. Damit erhebt sich die Frage nach dem „spielerischen" Umgang mit ihnen. Da dies im Seminar wohl kaum sachgerecht nachgestellt werden kann, wird dieses Problem in einem Anhang in Form eines „Gedankenexperiments" behandelt.

Ball

Der gymnastische Umgang mit dem Ball läßt sich am ehesten im Gegensatz zu seiner Verwendung in den Sportspielen verdeutlichen: Der Ball ist hier kein Objekt, das durch Dribbeln oder Passen transportiert und schließlich in ein Tor oder auf einen Korb geworfen wird, sondern eben ein „Handgerät", das die Hand verläßt und wieder in sie zurückkehrt. Dabei ergeben sich die Grundformen: Werfen und Fangen, Prellen und Rollen. Ihnen kann das Schwingen zugeordnet werden.

a) *Werfen und Fangen*

Das Werfen und Fangen erfolgt grundsätzlich mit gestreckten Armen. Es kann beidhändig oder einhändig, im Stand und in der Bewegung (Werfen – Nachlaufen – Fangen), nach vorn oder seitwärts über den Kopf erfolgen. Einhändiges Werfen und Fangen wird immer auch gegengleich geübt.

Beobachtungsschwerpunkte:

- Werfen des Balls aus der Körperstreckung heraus mit gestreckten Armen und Händen.
- Fangen des Balls durch „Abholen" mit gestrecktem Körper und Nachgeben in allen Gelenken. (Die Fallbewegung soll nicht abgestoppt werden, sondern ausklingen, beim einhändigen Fangen in einer bogenförmigen Bewegung neben dem Körper.)

b) *Prellen*

Gymnastisches Prellen kommt gleichfalls „aus dem Körper heraus". Es wird beidhändig und einhändig, im Stand und in der Bewegung (z.B. im Laufen oder Hüpfen vorwärts und seitwärts) ausgeführt.

Beobachtungsschwerpunkte:
- „Niederdrücken" des Balls mit „angelegter" Handfläche.
- Deutliche Mitbewegung im Körper.

c) *Rollen*

Eine gerätespezifische Möglichkeit des Umgangs mit dem Ball ist das Rollen, und zwar
- auf dem Boden, auch um den Körper herum oder in Verbindung mit Nachlaufen und ggf. Überspringen des Geräts,
- am Körper, z.B. im Sitzen auf den geschlossenen Beinen, über den (leicht gerundeten) Rücken oder über die Arme.

Im beiden Fällen soll der Ball gleichmäßig und nicht zu schnell rollen.

Beobachtungsschwerpunkte:
- Langes Führen des Balls aus tiefer Schrittstellung heraus beim Aufsetzen auf den Boden.
- Bruchlose Übergänge beim Aufsetzen und Aufnehmen des Geräts.

Eine von den genannten Möglichkeiten abweichende Form des Umgangs mit dem Ball ist das *Balancieren* und *Führen* auf der Hand, ohne ihn dabei festzuhalten. Daraus läßt sich das *Schwingen* mit dem Ball entwickeln.

Der Ball ist, wie dieser kurze Überblick zeigt, ein recht vielseitiges Handgerät. Im Unterricht wird man die Grundformen jeweils für sich erarbeiten, bevor man sie zu Bewegungsfolgen verbindet.

Übungsbeispiel 1: Prellen

Musikvorschlag: Let's Letkiss/Kemppi

Die Schülerinnen und Schüler versuchen, zunächst nach Lehrervorbild, dann auch nach Schülervorbild („Jeder darf einmal vorne stehen und prellen") den Ball im Rhythmus der Musik zu prellen:
- beidhändig, rechts und links im Wechsel,
- hoch und tief, im Stand, im Hockstand, im Kniestand u.ä.,
- gruppenweise im Wechsel („nur die roten, die blauen Bälle"),
- in Verbindung mit Hüpfen (Seitgalopp, Hopserlauf),
- in kurzen Bewegungsverbindungen.

Übungsbeispiel 2: Rollen am Körper

Musikvorschlag: Maladie d'amour/Marek & Vacek
- Im Sitzen: den Ball um die gestreckten Beine rollen und aufnehmen;
- den Ball über die gestreckten Beine rollen, mit den Füßen hochwerfen und beidhändig fangen;
- 1/2 Drehung zum Fersensitz: Rollen des Balls über den Rücken, Aufnehmen mit beiden Händen;
- 1/2 Drehung zum Sitzen: Rollen über die Arme.

Übungsbeispiel 3: Werfen und Fangen, ggf auch Rollen

Musikvorschlag: Oh, Champs Elysées/Cicero

Gassenaufstellung, je vier Schülerinnen bzw. Schüler sind eine Gruppe; jeder hat einen Ball (Abb.1):

Abb. 1

Teil 1: Einmal rechts (1, 2), einmal links (3, 4), zweimal beidhändig (5 - 8), dabei beim letzten (beidhängigen) Werfen Balltausch mit dem gegenüberstehenden Partner;

Teil 2: dasselbe, Balltausch zurück (9 - 16);

Teil 3: Wiederholung, jedoch Balltausch mit dem nebenstehenden Partner (17 - 24).

Variationen:

- Balltausch diagonal.
- Statt Balltausch: Platzwechsel durch Werfen mit Nachlaufen.
- Platzwechsel, dabei Rollen des Balls.
- Würfe auch seitwärts über den Kopf.

Seil

Handgeräte lassen sich auch als „reine" Konditionsgeräte verwenden, was am Beispiel des Seils besonders deutlich zum Ausdruck kommt. Wie ein Vergleich mit dem Themenbeispiel 2, Sprungseil, zeigt, überschneiden sich diese beiden Funktionen zu einem erheblichen Teil.

Als Gymnastikgerät ist auch das Seil recht vielseitig. Im Vordergrund steht das *Laufen*, *Hüpfen* und *Springen* mit dem Seil, und zwar

- mit Seildurchschlag in verschiedenen „Rhythmen" zur Grundbewegung („Einer-, Zweier- und Dreierlauf", Schlußsprünge mit und ohne Zwischenfedern, mit doppeltem Seildurchschlag u.a.m.),
- mit Kreisen des Seils neben dem Körper,
- in Gruppen (z.B. in Dreiergruppe: zwei schwingen, einer springt; in Zweiergruppe: beide schwingen, einer springt; beide schwingen, beide springen).

Sowohl Bewegungsrichtung wie Seildurchschlag können dabei vorwärts und rückwärts (in verschiedenen Kombinationen) sein.

An nächster Stelle folgt das *Schwingen* mit dem Seil, z.B. als Kreis- und Achterschwünge vor und neben dem Körper oder auch horizontal über dem Kopf. Aus der letzten Form läßt sich das „Ein- und Auswickeln" um den Körper ableiten. Schließlich kann das Seil *abgeworfen* und wieder *gefangen* werden.

Die Seillänge muß der Körpergröße entsprechen: Es soll, wenn man mit beiden Beinen auf ihm steht, unter die Achselhöhle reichen. Langsame Seildurchschläge erfolgen aus dem Schultergelenk mit fast gestrecktem Arm, schnelle aus Unterarm und Handgelenk, Oberarme am Körper. Das Seil soll nicht auf dem Boden aufschlagen.

Beobachtungsschwerpunkte:
- Aufrechte, straffe, aber unverkrampfte Körperhaltung.
- Deutlicher Fußgelenkeinsatz beim Abdrücken und Abfangen des Körpers.
- Gleichmäßiges und schwunghaftes Kreisen des Seils („Das Seil muß laufen").
- Bei Schlußsprüngen: Gestreckte Beine während der Flugphase.
- Beim Schwingen und Kreisen: Deutliche Mitbewegung des Körpers („Das Seil schwingt aus dem Körper heraus").

Seilübungen in der Bewegung erfordern bei Anfängern wegen der unvermeidlichen Konzentration auf das Gerät besondere Organisationsformen. Es bieten sich vor allem die beiden folgenden an:

a) Die Klasse bewegt sich in „Wellen" oder in „kanonartigem Einsatz" von der einen Seite der Halle zur anderen.
b) Die Schülerinnen und Schüler besetzen einzeln oder in Gruppen jeweils einen Querstreifen der Halle und üben auf dem Hin- und Rückweg.

Dies ermöglicht ein intensives Üben, doch sind die Variationsmöglichkeiten in den Raumwegen sehr begrenzt.

Übungsbeispiel 4

Als Übungsbeispiel werden hier die bisherigen (nach S-Stufen gegliederten) Pflichtübungen des Schulsportwettbewerbs „Jugend trainiert für Olympia" gewählt,

- weil sie ein leistungsgestuftes System von Übungen bei gleicher Musik und im selben organisatorischen Rahmen bereitstellen,
- weil sie die verschiedenen Grundelemente enthalten und somit als Vorbild für selbständig erarbeitete Bewegungsverbindungen dienen können,
- weil sie kurz genug sind, um häufig wiederholt zu werden, vor allem aber, weil sie sich in deutlich abgrenzbare Sequenzen zerlegen lassen, die einzeln für sich geübt werden können (wofür es sich empfiehlt, die Musik mehrfach hintereinander auf Band aufzunehmen, um das lästige Rückspulen zu ersparen),
- weil sie konkrete Vorgaben für die Bewertung von Gymnastikübungen liefern können.

Des besseren Überblicks wegen sollte man sich für die unterrichtliche Verwendung eine – z.B. drei Leistungsstufen umfassende – *tabellarische Übersicht* über dieses Übungssystem erstellen, wie es auf Seite 135 abgedruckt ist. (Die Elemente mit dem Handgerät sind kursiv gesetzt; für den Eigengebrauch können sie farblich hervorgehoben werden.)

Selbstverständlich kann man solche (und vielleicht noch einfachere) Bewegungsverbindungen auch selbst zusammenstellen. Dabei sollten aber die genannten Gesichtspunkte berücksichtigt werden. Vor allem sollten die verschiedenen „Schwierigkeitsteile" gegenseitig austauschbar sein, damit die Gesamtübung im selben organisatorischen Rahmen verbleibt.

<table>
<tr><td colspan="4">Ausgangsstellung: aufrechter Stand, Seil doppelt gefaßt in Hochhalte, Knoten rechts, Seilmitte links</td></tr>
<tr><td colspan="4">4 Töne Vorgabe</td></tr>
<tr><td>S 2 (vereinfachte Übung)</td><td>S 3 (Grundübung)</td><td colspan="2">S 4/5 (anspruchsvollere Übung)</td></tr>
<tr><td colspan="4">linke Hand vom Seil lösen, 2 Schlußfederungen mit 2 horizontalen Kreisen über dem Kopf</td></tr>
<tr><td colspan="2" rowspan="3">8 Schritte vorwärts laufen, dabei 4 horizontale Kreise über dem Kopf</td><td colspan="2">Anlauf mit 1-2 horizontalen Kreisen, 1 Pferdchensprung mit 1-2 horizontalen Kreisen;</td></tr>
<tr><td>Wiederholung</td><td>statt Pferdchen- Laufsprung</td></tr>
<tr><td colspan="2">2-3 Schritte vorwärts zur Schlußstellung</td></tr>
<tr><td colspan="2">in der Grundstellung das doppelte Seil einmal um den Körper schlingen,</td><td colspan="2">1/1 Drehung, dabei mit leichter Körperneigung das doppelte Seil einmal um den Körper schlingen,</td></tr>
<tr><td colspan="4">Seilmitte mit der linken Hand fassen, linken Arm in die Hochhalte führen und rechts sich wieder</td></tr>
<tr><td>mit 1/2 Drehung aus dem Seil winden,</td><td colspan="3">mit 1/1 Drehung aus dem Seil winden,</td></tr>
<tr><td colspan="2">rechten Arm in die Hochhalte führen (beide Seilknoten rechts, Seilmitte links gefaßt) linke Hand von der Seilmitte lösen und zur rechten Hand greifen</td><td colspan="2">2 Schlußfederungen, dabei einmal rechts und einmal links einen Arm gebeugt herunterführen und wieder in Hochhalte strecken,</td></tr>
<tr><td>mit 4 Schlußfederungen je 2 vertikale Seilkreise vorwärts an der rechten und linken Körperseite,</td><td>mit 4 Schlußfederungen 4 Vertikalkreise abwechselnd an der rechten und linken Körperseite,</td><td colspan="2">linke Hand von der Seilmitte lösen, mit 2 Schlußfederungen 2 Vertikalkreise an der rechten und linken Körperseite,</td></tr>
<tr><td colspan="4">während des letzten Kreises einen Seilknoten in die linke Hand übernehmen</td></tr>
<tr><td>8 Schritte vorwärtslaufen, dabei 4 Seildurchschläge,</td><td>4 Schritte vorwärtslaufen, dabei 2 Seildurchschläge,</td><td>vorwärtslaufen:
auf 2 Schritte 1 Seildurchschlag (mindestens 3 mal),</td><td>8 Schritte vorwärtslaufen, bei jedem Schritt 1 Seildurchschlag.</td></tr>
<tr><td colspan="4">4 Schlußsprünge mit Zwischenfedern und dabei 4 Seildurchschläge,</td></tr>
<tr><td></td><td colspan="3">4 Schlußsprünge ohne Zwischenfedern und dabei 4 Seildurchschläge,</td></tr>
<tr><td colspan="4">einen Fuß mit der Ferse vorn aufstellen, das Seil unter den aufgestellten Fuß schwingen,</td></tr>
<tr><td colspan="2">Arme in die Seithalte.</td><td colspan="2">Arme in die Seitvorhalte, leichte Rumpfverwringung zur Seite.</td></tr>
</table>

Reifen

Grundlage und methodischer Ausgangspunkt des Umgangs mit dem Reifen ist das *Schwingen*, z.B.

- als Umkehrschwünge (Pendelschwünge) vor dem Körper (beidhändig oder einhändig rechts und links, auch im Wechsel),
- als Umkehrschwünge neben dem Körper (rechts, links, auch mit Handwechsel),
- als Achterschwünge vor dem Körper.

Beobachtungsschwerpunkte:

- Schwingen „aus dem Körper heraus" mit betonter Mitarbeit in den Knie- und Fußgelenken.
- Lockeres Fassen des Reifens; keine zusätzliche Bewegung im Handgelenk.

Aus dem Schwingen läßt sich das *Werfen und Fangen* des Reifens entwickeln, z.B.:

- Hochwerfen aus dem Schwingen neben dem Körper, Fangen mit derselben oder der anderen Hand, auch in Verbindung mit Nachlaufen und eingefügten Sprüngen,
- Hochwerfen des waagerecht mit beiden Händen vor dem Körper gehaltenen Reifens, auch so, daß er sich vor dem Fangen dreht.

Beobachtungsschwerpunkte:

- Abwurf aus völliger Körperstreckung.
- Beim Fangen weiches Nachgeben im Körper.

Das Schwingen kann mit dem *Kreisen* (Handumkreisen) des Reifens verbunden werden, z.B.:

- als Kreisen vor dem Körper, „einwärts" und „auswärts",
- als Schwingen und Kreisen vor dem Körper mit Handwechsel,
- als Kreisen über dem Kopf, auch in Verbindung mit Laufen, Hüpfen, Springen.

Beobachtungsschwerpunkte:

- Geöffnete Hand mit abgespreiztem Daumen.
- Mitbewegung des Körpers bei möglichst gestrecktem Arm.

Der Reifen kann auch um den Körper *geführt* werden, z.B.:

- vorwärts (wie beim Seil) mit Durchsteigen und Durchspringen, (z.B. mit Schluß- oder Pferdchensprüngen),
- horizontal mit Handwechsel, auch in Spiralen und in Verbindung mit Kreisen über dem Kopf,
- horizontal in Verbindung mit Drehungen.

Schließlich läßt sich der Reifen *rollen*. Dabei wird er mit beiden Händen aufgesetzt und sollte sich möglichst gleichmäßig und geradlinig bewegen. Dasselbe läßt sich auch mit Nachlaufen und z.B. einem Schersprung über das Gerät verbinden.

Beim *Zwirbeln* wird der Reifen senkrecht auf den Boden aufgesetzt und in eine Rotation auf der Stelle versetzt.

Übungsbeispiel 6 :
Schwingen, Kreisen, Rollen und Zwirbeln verbunden mit Laufen, Hüpfen, Springen.
Musikvorschlag: La Isla Bonita/Madonna

1. Vorschwung rechts, Rückschwung rechts (1-4); Vorschwung rechts mit Übergabe nach links (5-6); Rückschwung links (7-8); Wiederholung gegengleich, aber bei der Übergabe nach rechts den Reifen in die Seithalte führen.
2. Handumkreisen rechts, Übergabe nach links in Seithalte (1-4); Handumkreisen links, Übergabe nach rechts in Seithalte (5-8); Wiederholung.
3. Reifen vor dem Körper in beide Hände in Vorhalte (1-2); Reifen zum Körper hin schwingen, dabei Schritt oder Hüpfer nach vorn (3-4); Reifen in Vorhochhalte schwingen, dabei Schritt oder Hüpfer zurück (5-6); Pferdchensprung durch den Reifen (7-8); Wiederholung.
4. Reifen seitlich rechts neben dem Körper aufsetzen, anrollen, mit einem Schrittsprung oder Schersprung neben dem Reifen herlaufen; Reifen anhalten (1-8).
5. Reifen vor dem Körper aufsetzen, zwirbeln, um den Reifen herumlaufen und ihn wieder aufnehmen (1-8).

Den gesamten Ablauf wiederholen.

Band

Das Band ist – vielleicht weniger für Jungen, aber sicherlich für Mädchen – das wohl attraktivste Handgerät. Seine Eigenart liegt vor allem darin, daß Körper und Gerät relativ unabhängig voneinander bewegt werden können. Daraus folgt freilich auch die Gefahr – und darin liegt der eine durchgehende Beobachtungsschwerpunkt –, daß nur noch das Gerät bewegt und auf die Mitbewegung des Körpers verzichtet wird. Die besondere Wirkung des Bandes beruht auf der Vielfalt der *Bandzeichnungen*, die jeweils möglichst eindeutig und korrekt ausgeführt werden sollen. Dies ist der zweite durchgehende Beobachtungsschwerpunkt.

Die mit dem Band möglichen Bewegungen lassen sich entweder der Gruppe der Schwünge oder der Gruppe der Schlangen und Spiralen zuordnen.

Schwünge erscheinen unter anderem als

- Kreis- und Umkehrschwünge vor dem Körper, rechts und links, auch mit Handwechsel, einwärts und auswärts,
- Kreis- und Umkehrschwünge neben dem Körper, rechts und links, auch mit Handwechsel vor und hinter dem Körper, vorwärts und rückwärts,
- Achterschwünge vor und neben dem Körper,
- Kreis- und Achterschwünge über dem Kopf.

Die Schwünge können mit den verschiedenen Fortbewegungsarten (Laufen, Hüpfen, Springen) sowie mit Drehungen kombiniert werden.

Beobachtungsschwerpunkte:

- Schwungansatz aus dem Schultergelenk mit gestrecktem Arm, Handgelenk fixiert, Stab in Verlängerung des Armes.
- Deutliche Mitbewegung des Körpers.

- Einhalten der Schwungebenen.
- Klare Bandzeichnung ohne Knotenbildung, „Knallen“ und Nachschleppen.

Schlangen und *Spiralen* erscheinen stets in Verbindung mit Fortbewegungen, Drehungen und Schwüngen. Man unterscheidet unter anderem:
- senkrechte (stehende) und waagerechte (liegende) Schlangen, rechts und links, in unterschiedlicher Höhe (hoch, mittel, tief als „Bodenschlange“), z.B. in Rückwärtsbewegung oder auch hinter dem Kopf in Vorwärtsbewegung,
- Spiralen einwärts und auswärts in verschiedener Höhe.

Beobachtungsschwerpunkte:
- Bewegungsansatz aus dem Handgelenk, gleichmäßige Bandführung unabhängig von der Körperbewegung.
- Gleichmäßige, möglichst dichte Bandzeichnung.

Die genannten Elemente können miteinander kombiniert werden und sind in den verschiedensten Körperstellungen (Stand, Kniestand, Fersensitz, Liegen usw.) möglich. Das Band kann überstiegen oder übersprungen und auch mit der anderen Hand am Ende festgehalten werden. Schließlich kann das Band abgeworfen und wieder gefangen werden. Zusammen mit den verschiedenen Möglichkeiten der Fortbewegung, der Körperhaltung, der Dreh- und Schwungrichtung ergibt sich damit eine praktisch unbegrenzte Anzahl von Kombinationsmöglichkeiten, von denen in der Schule freilich nur wenige geübt werden können.

Übungsbeispiel 7:

Pflichtübung „Jugend trainiert für Olympia“, S 4 – Wettkampf III (vereinfacht)

Ausgangsstellung: Aufrechter Stand, Band in der rechten Hand.

Kurzes Vorspiel

1. Leichtes Ausholen des rechten Armes mit dem *Band nach rückwärts*,
   den rechten Arm über die Vor- in die Hochhalte und wieder
   zurück bis in die Vorhalte schwingen;
   Beine fast zur Hockstellung beugen und 1/1 Drehung rechts auf beiden Füßen, dabei eine *senkrechte Schlange* auf dem Boden beschreiben;
   über eine Ausholbewegung nach rückwärts an der rechten Körperseite mit gleichzeitigem Aufrichten des Körpers und Heben in den Ballenstand
   das Band über die Vor- in die Hochhalte schwingen;
2. vorwärtslaufen, dabei rechten Arm in der Hochhalte und
   horizontale Schlange des Bandes über dem Kopf;
   am Ende auf einem Kreisbogen nach rechts über dem Kopf rechten Arm zurück in die Vorhalte schwingen und
   mit 1/2 Drehung rechts das *Band in die linke Hand übergeben;*
3. rückwärtslaufen mit *vertikaler Spirale in Brusthöhe,*
   am Ende 1/2 Drehung links auf beiden Füßen, dabei
   das Band vor dem Körper in die rechte Hand übergeben,
   am Ende rechten Arm in der Seithalte rechts;

4. *einen großen Frontalkreis vor dem Körper* (Richtung beliebig),
drei weitere Frontalkreise in derselben Richtung wie vorher,
dabei je einen Pferdchensprung über das Band,
am Ende rechten Arm weiterschwingen bis in die Seithalte links;
mit 1/2 Drehung rechts auf beiden Füßen *senkrechte Schlange* in Brusthöhe,
einen kleinen Kreis nach rechts vor dem Körper, rechten Arm in die Tiefhalte führen, rechten Fuß vor dem linken gekreuzt aufstellen.

Anmerkungen zum spielerischen Umgang mit Handgeräten

Die Herkunft der Handgeräte aus Spielgeräten legt es nahe, bei der methodischen Erarbeitung der Grundformen eine eher spielerische Herleitung anzustreben. Dies entspricht auch der weithin in der Literatur feststellbaren Tendenz. Nicht immer wird jedoch ganz klar, wie der Übergang vom „spielerischen" zum „ernsthaften" Umgang mit dem Gerät, also vom Spielen zum Üben, erfolgen soll.

Es dürfte sich lohnen, die dabei auftretenden Probleme in einem „Gedankenexperiment" nachzuvollziehen, in das die Vorerfahrungen der Seminarteilnehmerinnen und -teilnehmer mit eingehen sollen.

Ausgangspunkt ist die Frage: Was wird vermutlich geschehen, wenn man Handgeräte – entweder jeweils eines für sich oder mehrere zugleich – in der Halle auslegt und die Klasse auffordert, damit „spielerisch", „probierend" oder „experimentierend" umzugehen?

Es könnte durchaus sein, daß die Schülerinnen und Schüler in der angestrebten Weise tätig werden und daß sich Ansätze zeigen, die aufgegriffen und weiterentwickelt werden können. Ein solches Vorgehen setzt aber ganz offensichtlich den „sicheren Blick" für das jeweils Brauchbare und etwas Geschick im Umgang mit weniger geeigneten Vorschlägen – und damit gute Fachkenntnisse, einige Erfahrung und viel Geduld voraus.

Wer sich in einem dieser Bereiche nicht ganz sicher fühlt, ist mit relativ eng gefaßten Bewegungsaufgaben und konkreten Bewegungsanweisungen wohl besser beraten.

Es könnte aber auch sein,

- daß einige Schülerinnen mit Erfahrungen aus der Rhythmischen Sportgymnastik sofort ihr Können zeigen und die übrigen versuchen, dies mehr oder weniger korrekt nachzuahmen,
- daß ein völlig „ungymnastischer" und willkürlicher Gebrauch von den Geräten gemacht wird, und die Klasse sich nur schwer davon abbringen läßt (und entsprechend enttäuscht ist).

Greift man nun, um dies zu vermeiden und eine gewisse „Richtung" vorzugeben, zu relativ offenen Bewegungsaufgaben, z.B. „Werft und fangt den Ball mit einer Hand" oder „Lauft und bewegt dabei das Band", so kann es geschehen, daß die Schülerinnen und Schüler sich vorschnell mit unvollkommenen und fehlerhaften Bewegungen zufrieden geben, was sich im nachhinein nur schwer korrigieren läßt.

Methodisch irrelevant sind Aufgabenstellungen, die mit dem Thema kaum etwas zu tun haben und allenfalls zum Aufwärmen nützlich sind, z.B. „Lauft um die ausgelegten Reifen", „Springt über das von den Partnern gehaltene Seil".

Richtig ist es freilich, zunächst einmal festzustellen, was die Klasse schon kann und was nicht. Um Bewegungsphantasie und Erfindungsreichtum anzuregen, ist es besser, zunächst einen Grundstock an Bewegungen zu schaffen und damit den Rahmen vorzugeben, in dem die Schülerinnen und Schüler selbständig tätig werden können.

Auswertung

(1) Der Umgang mit den Handgeräten baut auf den im vorangegangenen Themenbeispiel behandelten gymnastischen *Grundformen* auf. Als durchgehendes neues Bewegungsmerkmal erscheint das *Schwingen*, das freilich bei den einzelnen Handgeräten in unterschiedlicher Weise zum Ausdruck kommt. Dabei treten die *Armschwünge* als Schwünge vor dem Körper (in der Frontalebene), neben dem Körper (in der Sagittalebene) und über dem Kopf oder um den Körper (in der Horizontalebene) besonders deutlich hervor. Ihnen liegt eine Rumpfbewegung zugrunde, nicht – wie sie sich auch beschreiben läßt – als „Mitbewegung" des Körpers, sondern als bewegungssteuernde Instanz. Sie wiederum kommt durch wechselnde Überlagerungen von Hoch-Tief- und Rotationsbewegungen um die verschiedenen Körperachsen zustande. Im übrigen gelten die im vorigen Themenbeispiel formulierten Prinzipien, Regeln und Hinweise.

(2) Die Gymnastik mit Handgeräten stellt unter allen Bereichen der Gymnastik die relativ konkretesten Anforderungen. Die Formen oder „Techniken" im Umgang mit dem Gerät lassen sich in eine Schwierigkeitsrangfolge bringen, worauf wiederum ein Wertungssystem aufbauen kann. Es ist somit kein Zufall, daß die Handgeräte zum Kennzeichen der Rhythmischen Sportgymnastik geworden sind.

Ein entsprechendes Bewertungssystem ist auch für die Schule interessant, jedoch nicht in dem Sinn, daß die Leistungsbewertung im Fachgebiet Gymnastik allein auf den Übungen mit Handgerät beruhen soll, sondern als Vorbild für die übrigen gymnastischen Teilbereiche.

Ausgangspunkt sind bestimmte Pflichtgegenstände oder entsprechende vorgegebene Anforderungen als

- „reine" Pflichtübungen,
- Pflichtübungen mit frei wählbaren Gestaltungsteilen,
- individuelle Gestaltungen mit vorgegebenen Pflichtteilen.

Darauf können „freie" Gestaltungen auf der Grundlage eines zuvor erarbeiteten Bewegungsrepertoires (Kürübungen, Improvisationen, Kompositionen) aufbauen.

Es entspricht weiterhin dem Anliegen der Gymnastik, auch die kreativen Leistungen mitzubewerten. Neben Richtigkeit und Ausführung kommen als weitere Bewertungskriterien hinzu:

- Einfallsreichtum, Bewegungsphantasie, Originalität,
- Variation in räumlicher und rhythmischer Hinsicht,
- Übereinstimmung von Musik und Bewegung.

Nicht zuletzt sollten auch die in Gruppenarbeit erzielten Leistungen in das Gesamturteil eingehen. Für die Bewertung von Gruppenübungen ergeben sich folgende zusätzliche Kriterien:

- Gesamtchoreografie (Raumwege und Raumaufteilung),
- Übereinstimmung innerhalb der Gruppe (was nicht immer Synchronität bedeutet).

Theoretische Bezüge

Methoden („Handbuch" S. 160); Was heißt „spielerisch"? („Handbuch" S. 207); Leistungsbewertung und Notengebung im Sport („Handbuch" S. 130).

Themenbeispiel 22

Improvisation und Komposition

Inhalte

- Übungsbeispiele für den Jazztanz.
- Themenvorschläge für Improvisation und Komposition.

Ziele

- Auf die Besonderheiten des Jazztanzes aufmerksam machen.
- Grundsätze und Arbeitsweisen der Improvisation und Komposition verdeutlichen.

Programm

Zum Thema

Die neuere Entwicklung der Gymnastik ist durch eine deutliche Hinwendung zum Tänzerischen gekennzeichnet: *Gymnastik wird mehr und mehr zum Tanz*, entweder als Jazztanz oder als Elementarer Tanz, wobei in der Schulpraxis die erstere Stilrichtung dominiert.

Die Vielfalt der tänzerischen Formensprache legt in besonderer Weise eine „freie Verwendung" nahe, z.B. im Rahmen der *Improvisation* und *Komposition*. Es sprechen also einige Argumente dafür, dieses Thema am Beispiel des *Jazztanzes* zu behandeln, obgleich auch andere Ansätze möglich wären.

Daraus ergibt sich eine Zweiteilung dieses Themenbeispiels. Der erste Teil enthält einige Bemerkungen zum Jazztanz und der ihm angemessenen Arbeitsweise; im zweiten Teil werden einige methodische Hinweise zu Improvisation und Komposition gegeben.

Jazztanz

Der Jazztanz läßt sich, der Natur des Tanzes entsprechend, nicht ebenso eindeutig auf einen elementaren und sozusagen schulgerechten Grundstock von Bewegungen eingrenzen, wie dies bei der „klassischen Gymnastik“ möglich war; er kann nur in seinen allgemeinen Kennzeichen beschrieben werden, etwa dahingehend,

- daß auch der Jazztanz auf den Grundformen des Gehens, Laufens, Springens usw. aufbaut, als spezifische Formen jedoch die Bodenelemente hinzutreten,
- daß er ein anderes Verständnis von „ganzkörperlicher“ Bewegung hat, das sich mit den Begriffen der *Isolation* (die verschiedenen „Bewegungszentren“ bewegen sich unabhängig voneinander) und *Polyzentrik* (die Bewegung nimmt von den verschiedenen Zentren zugleich ihren Ausgang) wiedergeben läßt,
- daß er außerdem durch die bewußte Gegenüberstellung von *Spannung* und *Lösung* bestimmt ist.

Die Vielzahl der Bewegungsmöglichkeiten legt – ob dies nun der „pädagogischen Theorie“ der Gymnastik entspricht oder nicht – eine bestimmte *Arbeitsweise* nahe, die sich wie folgt beschreiben läßt:

a) Im *Exercise* werden bestimmte (gleichartige oder unterschiedliche) Elemente erarbeitet und im Rahmen eines vorgegebenen Gesamtablaufs auch variiert.

b) Die im Exercise erarbeiteten Elemente werden als „Rohmaterial“ für eine *Improvisation* oder als „Bausteine“ für eine vorgegebene oder frei gestaltete *Komposition* verwendet und in diesem Rahmen weiter geübt und ausgeformt.

Als *methodische Maßnahmen* bieten sich dabei an: Vormachen – Nachmachen, Vormachen – Mitmachen, Bewegungsanregung, Bewegungskorrektur.

Bei der *Auswahl der Elemente* oder „Bewegungstechniken“ sollten folgende Gesichtspunkte berücksichtigt werden:

- Sie sollten nicht zu schwer sein, jedenfalls aber einfachere Ausführungsweisen als Differenzierungsmöglichkeiten (z.B. Wegfall der Armbewegungen) zulassen.
- Sie sollten eine möglichst eindeutige Kontrolle hinsichtlich der „Richtigkeit“, d.h. der formgerechten Ausführung, ermöglichen.
- Sie sollten, z.B. durch bildhafte gedankliche Assoziationen, die Eigeninitiative und Bewegungsphantasie der Schülerinnen und Schüler anregen.
- Sie sollten in der Zahl begrenzt sein, damit der Umfang der daraus entstehenden Bewegungsfolgen noch eine angemessene Anzahl von Wiederholungen zur qualitativen Vervollkommnung der Bewegung zuläßt.

Die praktische Seminararbeit wird sich weitgehend an den Vorerfahrungen und Vorschlägen der Seminarteilnehmerinnen und -teilnehmer orientieren. Von besonderem Interesse sind dabei ausgewählte und im Ausbildungsunterricht erprobte Bewegungsfolgen einschließlich der ihnen gemäßen Musikauswahl.

Beispiele für Exercises

Übungsbeispiel 1: Isolation

Musikvorschlag: Thriller/M.Jackson [3]

Die verschiedenen Bewegungszentren werden auf jeweils acht Zählzeiten *nacheinander* tätig:

Kopf:	Kopf nach rechts und links „hochziehen“ (Arme auf der Hüfte aufgestützt).
Schultern:	In Schrittstellung „Schulterschütteln“ mit Gewichtsverlagerung nach vorn und hinten.
Brust:	In Grätschstellung seitliches „Abfallen“ des Oberkörpers.
Becken:	In Grätschstellung mit gebeugten Beinen das Becken seitwärts verschieben.
Arme:	Den rechten, gebeugten Arm zur Vorhalte strecken und wieder beugen, (1), dasselbe links (2), zwei kleine Unterarmkreise rechts (3-4), dasselbe links (5-6), die gebeugten Arme an die Brust führen (7-8).
Beine:	Schritt links vorwärts, dabei „Kick“ mit rechtem Bein vorwärts, sofort Schritt rechts zurück (rechtes Bein hinter dem linken aufsetzen) und Kick mit dem linken Bein; dasselbe, rechts beginnend.

Die gesamte Übungsfolge sollte mehrfach wiederholt werden.

Übungsbeispiel 2: Kombination von Arm- und Beinbewegungen

Musikvorschlag: Hardrock/H. Hancock [3]

Inhaltliche Assoziation: „Die nicht eingehaltene Verabredung“

1.	1-4 5-8	ankommen	vier Gehschritte „normal“, rechts beginnend, vier Gehschritte „hoch“, letzter Schritt in Schlußstellung;
2.	1-7 8	warten	Arme auf der Hüfte aufgestützt, rechter Fuß seitlich aufgestellt: 7 x mit der Ferse auf- und abwippen , Beine schließen, Arme vor der Brust verschränken;
3.	1-2 3-8	ausschauen	Schritt rechts, 1/2 Drehung, Schritt links, 1/2 Drehung, dasselbe noch dreimal wiederholen;
4.	1-4 5-8	ungeduldig werden	Schrittkombination nach rechts (Hände auf dem Rücken): seit-kreuz-seit-tipp, dasselbe nach links;
5.	1-8	sich ärgern	vier Wechselschritte im Zickzack, rechts beginnend, Arme jeweils gegengleich zur Vorhalte führen;
6.	1-4 5 6-7 8		zwei weitere Wechselschritte, leichter Sprung in die Grätschstellung, Arme in Tiefhalte, Hände seitwärts abgewinkelt, zwei leichte Sprünge in der Grätschstellung, Arme zur Hochhalte, Sprung in die Schlußstellung, Arme nach innen-unten;
7.	1-4 5-8	zornig werden	mit dem rechten Bein viermal nach hinten aufstampfen, dabei die Arme nach unten stoßen; dasselbe links, beim letzten Mal Schlußstellung einnehmen, Arme zur Seithalte;
8.	1-8	sich wieder beruhigen	vier Kreuzschritte, rechts beginnend, der letzte zur Schlußstellung, Hände mit geballter Faust zum Körper führen, als wollte man sie in die Hosentasche stecken.

Improvisation und Komposition

Begriffsbestimmungen:

Improvisation bezeichnet den Prozeß der spontanen Bewegungserfindung durch Versuchen und Probieren, durch spielerischen und entdeckenden Umgang mit der Bewegung, ihrer Dynamik und ihrem Rhythmus, im Raum, in der Gruppe, auch mit Geräten und Objekten.

Komposition bezeichnet das entwickelte und gestaltete Produkt in Form von festgelegten Handlungsabläufen, die beliebig wiederholbar sind. Im Unterschied zu der für Übungszwecke zusammengestellten Bewegungsverbindung geht die Komposition in der Regel aus der Improvisation hervor.

Unabdingbar sowohl für die Improvisation als auch für die Komposition ist das *Beherrschen der technischen Mittel:* Improvisieren kann man, ob in der Gymnastik, in der Musik oder in der Kunst, nur mit etwas, das man *kann*. Ist das verfügbare Bewegungsrepertoire im Verhältnis zur Schwierigkeit und Komplexität der Aufgabe zu gering oder zu unvollkommen, sind die Schülerinnen und Schüler entweder ratlos oder verfallen in einen unstrukturierten Aktionismus.

Improvisation

Improvisation ist keineswegs das Privileg des Jazztanzes; sie ist Kennzeichen der gesamten Gymnastik, gleich welcher Art und Stilrichtung. Die größte Vielfalt wird freilich mit tänzerischen Mitteln erreicht. Aus diesem Grund wird dieses Thema an dieser Stelle behandelt.

Improvisation ist zwar etwas Spontanes, sie muß aber dennoch „gelernt" werden. Dies setzt eine langfristige und sorgfältige *Hinführung* voraus, z.B. in folgenden Stufen:

a) Zunächst werden einfache Aufgaben zur *Variation der Bewegung* in Raum und Zeit gestellt. Dies geschieht, wie in den beiden vorangegangenen Themenbeispielen angemerkt, bereits im Zusammenhang mit der Erarbeitung gymnastischer Grundelemente.
b) In der nächsten Stufe wird eine *inhaltliche Assoziation* nach dem Prinzip „Sich etwas vorstellen – etwas darstellen" vorgegeben. Ziel ist dabei vor allem, die Bewegungsphantasie zu fördern und zu einem vertieften Verständnis des „spielerischen" Umgangs mit der Bewegung beizutragen.
c) In einer dritten Stufe soll die *Musik die Bewegung provozieren;* es soll der *Eindruck*, den ein Musikstück hervorruft, in der Bewegung zum *Ausdruck* kommen.

Bei der *Wahl der Aufgaben* sollten folgende Gesichtspunkte berücksichtigt werden:

- Schwierigkeit und Komplexität der Aufgabe müssen den gestalterischen Fähigkeiten und den technischen Fertigkeiten der Schülerinnen und Schüler entsprechen. Einfache und überschaubare Aufgaben sind vorzuziehen.
- „Abstrakte" Themen fallen den Schülerinnen und Schülern oft leichter als „konkrete". Sie werden auch eher mit tänzerischen Mitteln angegangen als konkrete Themen, bei denen mehr zur Pantomime gegriffen wird, eine Tendenz, die sich nicht in den Vordergrund drängen sollte.

- Die Musik hat bei den einfacheren Aufgaben eher eine bewegungsunterstützende Funktion. Erst bei einiger Erfahrung kann sie auch in der bewegungsprovozierenden Funktion eingesetzt werden. Gelegentlich sollte man auch einmal darauf verzichten.
- Geräte und Objekte, z.B. Tücher, Folien, Zeitungen, Leinen, können durchaus mit einbezogen werden. Sie lenken aber sehr oft von der eigentlichen Aufgabe ab und haben nur eine begrenzte Reichweite. Wenn man auf sie zurückgreift, sollte man kurze Musikstücke wählen.

Beispiele für Improvisationen

Übungsbeispiel 3: Variation im Raum
Musikvorschlag: Jojo/Storm [1]

„Die Halle ist ein Labyrinth; ihr sollt darin möglichst viele Wege finden und dabei nicht nur vorwärts, sondern auch rückwärts, seitwärts und mit Partnern laufen."

Übungsbeispiel 4: Variation in der Zeit (ohne Musik)

„Stellt euch vor, ihr lauft abwechselnd auf glatter Straße, durch ein Gelände mit tiefem Sand oder mit dichtem Gebüsch, das euch andauernd den Weg verstellt."

Übungsbeispiel 5: Inhaltliche Assoziation
Musikvorschlag: Space radio/The Galactics [1]

„Ihr seid ein Schneemann, der in der Sonne auftaut."
Variation: Dasselbe im Zeitraffer (mit schnellerer Musik, z.B. Planet Claire/C. Blackwell [2]) oder als ein „Film, der rückwärts läuft".

Übungsbeispiel 6: Musik als Bewegungsprovokation
Musikvorschlag: Rhythme Donda/Guem [2]

Bei einer Musik, die wie die vorgeschlagene nur Rhythmusinstrumente enthält, wird sich wahrscheinlich die Vorstellung einer Maschine oder eines Roboters ergeben.

Weitere beliebte Improvisationsthemen sind:
- Alltagssituationen, Szenen aus einem Sportspiel (Spieler und Zuschauer), aus einem Zirkus (Artisten und Tiere).
- Abstrakte Begriffe (z.B. Gegensatzpaare wie eng – weit, geradlinig – abgerundet).
- Emotionen und Stimmungen.

Dabei geht es darum, für ein bestimmtes Thema (eine Szene, einen Begriff, eine Emotion) einzeln und in der Gruppe tänzerische Lösungen zu finden und zu variieren. Von hier aus läßt sich der Übergang zur Komposition finden.

Komposition

Die Komposition stellt sozusagen den Ertrag der Exercises und der Improvisation dar. Das dort Erlernte wird zusammengefaßt und im Idealfall in eine gekonnte und formgerechte Darbietung eingebracht.

Die *Aufgabenstellungen und Themen* für Kompositionen können vorgegeben oder von den Übenden selbst gewählt sein. Sie sollten klar umgrenzt und eher etwas zu eng als zu weit gefaßt werden, und sie sollten sich am Könnensstand, der Vorstellungswelt und den Erfahrungen der Klasse orientieren.

Ausgangspunkte für Kompositionen können sein:

- die Bewegung selbst, wobei z.B. die Grundformen miteinander verbunden, räumlich und zeitlich variiert und in einen Gesamtablauf einbezogen werden,
- die Musik, wobei der Charakter der Musik durch die Bewegung verdeutlicht und in ihren Akzenten, Wiederholungen und Steigerungen nachvollzogen werden soll,
- ein Thema, z.B. in der gymnastisch-tänzerischen Wiedergabe von Szenen aus dem Alltag, von Bildern, Geschichten und Emotionen.

Die Kompositionen sollten

- deutlich strukturiert sein, d.h. einen klaren Aufbau haben und aufeinander bezogene, ggf. sich steigernde Abläufe enthalten,
- in ihren Sequenzen und Elementen rhythmisch-dynamisch gegliedert sein,
- eine ansprechende Choreografie aufweisen.

Der Übergang vom Exercise bzw. der Improvisation zur Komposition erfordert mehrere Stufen. So kann es notwendig sein,

- sich über das Thema zu verständigen und die Musik auszuwählen,
- die Musik anzuhören, um ihre Struktur zu erkennen,
- den Handlungsablauf zumindest in groben Zügen festzulegen,
- zu den einzelnen Sequenzen Bewegungsideen zu sammeln und auszuprobieren,
- daraus eine Auswahl zu treffen und danach ggf. die Rollen zu verteilen und die Requisiten bereitzustellen,
- die Bewegungsabläufe und ggf. ihre rhythmischen und räumlichen Variationen festzuhalten,
- die Elemente, Sequenzen und Handlungsabläufe hinsichtlich Bewegungsqualität und Ausdruck auszuformen,
- das Ganze ansprechend darzubieten.

Im Normalfall wird dieser Ablauf in abgekürzter Form erscheinen, z.B. dadurch, daß Thema und Musik vorgegeben sind oder die Einzelteile schon bereitstehen.

Das Ergebnis eines solchen Unterrichtsvorhabens, dargestellt am Beispiel eines inhaltlich orientierten Kompositionsthemas, könnte z.B. wie folgt aussehen:

Thema: „Ein Volleyballspiel tanzen“

Musikvorschlag: Who's Fooling Who/Double You

Aufstellung: Zunächst im Block, dann zwei Gruppen einander gegenüber.

1.	1-8	Rechten Unterarm anwinkeln, linken Unterarm anwinkeln, rechten Arm nach oben strecken, dann den linken, Rückweg in „umgekehrter“ Reihenfolge;
2.	1-8	8 „tiefe“ Schritte (Jazzwalks), Arme schwingen gegengleich zur Gehbewegung mit;
3.	1-8	Kombination der ersten Sequenz mit der zweiten;

4.	1-4 5-8	vier „hohe“ Schritte, dabei die gestreckten Arme nach oben führen, vier „tiefe“ Schritte, dabei die gestreckten Arme nach unten führen;
5.	1-4 5-8	vier Wechselschritte nach rechts (schräg-vor), dabei die Arme gestreckt vor dem Körper aneinanderlegen, beim vierten in die Schlußstellung gehen; dasselbe nach links;
6.	1-4 5-8	vier Wechselschritte nach rechts (schräg-zurück) dabei die Arme gestreckt vor dem Körper aneinanderlegen, beim vierten in die Schlußstellung gehen; dasselbe nach links;
7.	1-4 5-6 7-8	vier Jazzwalks, beim vierten den Fuß anstellen, tiefgehen, Strecksprung, dabei die Arme hochführen;
8.	1-8	Wiederholung der Sequenz 7;
Schlußpose:		leichter Grätschstand, Beine etwas gebeugt (Demi-Plié), Arme angewinkelt, Hände leicht nach außen, Handflächen nach oben.

Der gesamten Ablauf wird wiederholt, dabei beginnen die beiden Gruppen um eine Sequenz zeitlich zueinander versetzt.

Auswertung

(1) In den Lehrplänen wird – mehr oder weniger stillschweigend – davon ausgegangen, daß im Sportunterricht auch der Jazztanz als eine der „Stilrichtungen“ des Fachgebietes Gymnastik/Tanz berücksichtigt wird. Dies kommt den Interessen der Schülerinnen und Schüler entgegen, da sie hier eine Verbindung zum Diskotanz sehen. Sosehr nun eine solche positive Einstellung zu begrüßen ist, so problematisch kann sie werden, wenn die jungen Leute glauben, damit schon „Könner“ zu sein.

Dazu ist festzustellen, daß auch der Jazztanz auf der technisch richtigen und geformten Bewegung aufbaut und daß hier ebenso sorgfältig und systematisch gearbeitet werden muß wie in der „klassischen“ Gymnastik. „Pfuschen zählt nicht“ ist ein Grundsatz, der kaum irgendwo so durchgängig gilt wie im Jazztanz.

(2) Im Sportunterricht wird in diesem Bereich überwiegend Popmusik eingesetzt. Dies entspricht weitgehend den musikalischen Alltagserfahrungen der Schülerinnen und Schüler. „Richtige“ Jazzmusik ist oft sehr anspruchsvoll und möglicherweise auch weniger „motivierend“, obwohl sie – ein Merkmal des Jazz – zur Improvisation geradezu herausfordert.

Allerdings sind die Übergänge hier, wie überhaupt zwischen „ernsthafter“ und „unterhaltender“ Musik, durchaus fließend. Im übrigen gilt für die Musikauswahl das im Themenbeispiel 20, Gymnastische Grundformen, Gesagte.

(3) Gymnastik und Tanz sind untrennbar mit Variation und Kombination, Improvisation und Komposition verknüpft; es sind Eigentätigkeit, Bewegungsphantasie und Erfindungsreichtum der Übenden gefragt. Das kann im Unterricht aber nur mit relativ offenen Aufgabenstellungen erreicht werden. „Offenheit“ der Aufgabe oder der Situa-

tion heißt aber nicht Preisgabe klarer Zielvorstellungen. Ziel bleibt die gekonnte und künstlerisch geformte Bewegung, dargeboten – wenn möglich – in einem „werkgerechten Produkt".

Improvisation und Komposition – insbesondere die themengebundenen – lassen sich weiterentwickeln zum *Bewegungstheater*. Auch in der Schule sind hier ansprechende Ergebnisse zu erreichen, jedoch mit erheblichem Zeitaufwand, der im allgemeinen nur im Rahmen von Projektveranstaltungen, in Arbeitsgemeinschaften oder vielleicht auch einmal in einem geeigneten Grundkurs aufgebracht werden kann.

(4) Mit der eingangs erwähnten „Hinwendung zum Tänzerischen" hat die Gymnastik den endgültigen Schritt zur *darstellenden Kunst* vollzogen. Es soll durch Bewegung, Gestik und Mimik etwas dargestellt oder ausgedrückt werden. Dabei ist der *Vorrang der Bewegung* in den darstellerischen Mitteln unverzichtbar. Dies ist aber nur gewährleistet, wenn die Schülerinnen und Schüler über die notwendigen Bewegungstechniken verfügen und ein den Aufgaben adäquates Bewegungsrepertoire besitzen. Ist dies nicht der Fall, greifen sie zur Pose oder bringen allenfalls eine mehr oder weniger gelungene Pantomime zustande. Das aber ist nicht mehr die Sache des gymnastischen Tanzes bzw. der tänzerischen Gymnastik.

Kapitel 4

Leichtathletik

Die Leichtathletik hat die alltagsnahen *Grundtätigkeiten des Laufens, Springens und Werfens* zum Gegenstand. Dabei geht es, mit einfachen Worten ausgedrückt, darum, möglichst schnell zu laufen, zu springen oder zu werfen und dies immer wieder zu tun, um darin immer besser zu werden. Dieser Leistungs- und Trainingsaspekt ist für die Leichtathletik konstitutiv; sie ist darin „Sport an sich".

Die erzielten Ergebnisse stehen dabei in direkter Abhängigkeit von bestimmten *körperlichen Fähigkeiten*, wie Kraft, Schnelligkeit und Ausdauer. Als „Strukturformel" der Leichtathletik ergibt sich daraus das Bestreben, körperliche Leistungsfähigkeit möglichst verlustfrei in meßbare Leistung umzusetzen. Die hier angesprochenen „Verluste" zu minimieren ist Aufgabe einer rationellen und ökonomischen *Bewegungstechnik*, woraus deren dienende Rolle unmittelbar hervorgeht.

Leichtathletik ist einerseits *Grundsportart*, insofern als sie eine „Zulieferfunktion" für fast alle anderen Sportarten hat (und ihrerseits von diesen wieder profitiert), andererseits *Trainingssportart*, insofern als sie geradezu vom Training lebt, und nicht vom gelegentlichen Vollzug eines Bewegungsablaufs.

Die Herkunft der Leichtathletik von den Grundtätigkeiten Laufen, Springen und Werfen legt es nahe, an die Alltagserfahrungen der Schüler anzuknüpfen und eine mehr *spielerische Vermittlung* anzustreben. Dabei darf „spielerisch" jedoch nicht mit „wettbewerbsorientiert" gleichgesetzt werden, sondern sollte eine eher lockere und gelöste, aber dennoch in sich konsequente und zielstrebige Haltung zum eigenen Tun, und damit ein Wesensmerkmal des Sports, zum Ausdruck bringen.

Das *Verhältnis der Schüler* zur Leichtathletik kann im allgemeinen als indifferent bezeichnet werden: Sie wird als Schulsportart zwar akzeptiert, unbequemen Anforderungen versucht man aber aus dem Wege zu gehen.

Die *Vorkenntnisse der Referendare* sind im großen und ganzen gut, aber zumeist etwas einseitig auf „Technikschulung" und in deren Gefolge auf ein recht eingeschränktes Verständnis von „Methodik" ausgerichtet. Struktur und Charakteristik der Leichtathletik müssen aber auch im Sportunterricht zur Geltung kommen. Methodische, biomechanische und trainingsphysiologische Überlegungen müssen sinnvoll ineinandergreifen. Die Notwendigkeit einer langfristigen Unterrichtsplanung läßt sich am Beispiel der Leichtathletik exemplarisch verdeutlichen. Dabei sind freilich auch die organisatorischen Probleme des Leichtathletikunterrichts, z.B. die oft sehr weiten Wege zu den Übungsstätten und die witterungsbedingten Beeinträchtigungen, anzusprechen. Sie lassen sich nur bewältigen, wenn die Möglichkeiten der *Hallenleichtathletik* gezielt mit eingesetzt werden.

Die klare Strukturierung und die (scheinbar) leichte Durchschaubarkeit der Leichtathletik legen es nahe, sie als *seminardidaktische „Beispielsportart"* zu sehen. Im folgenden Kapitel wird deshalb im Umkreis dessen, was im Sportunterricht möglich ist, eine relative Vollständigkeit der Inhalte angestrebt.

Für die Behandlung im Seminar ergeben sich daraus folgende *Aspekte*:

– Von der Grundtätigkeit zur sportlichen Disziplin.
– Leistungsverbesserung durch Üben und Trainieren.
– Vom „Sinn" des Sports.

Dabei läßt sich gut herausarbeiten, welche entscheidende Bedeutung die *didaktischen Vorüberlegungen* für das methodische Handeln haben.

Leichtathletik in der Halle

Inhalte

- Leichtathletische Übungsformen für den allgemeinen Unterrichtsbetrieb in „normalen“ Schulsporthallen.

Ziele

- Aufgaben und Möglichkeiten der „Hallenleichtathletik“ aufzeigen.
- Hinweise zur Einordnung der Leichtathletik in die langfristige Unterrichtsplanung geben.
- Zu kritischem und kreativem Umgang mit Methoden anhalten.

Programm

Zum Thema

Leichtathletik in der Halle ist – wie später noch zu zeigen sein wird – zum einen eine *Notwendigkeit*, um die Kontinuität des Unterrichts zu wahren, und bietet zum anderen einige *Vorteile*, die man nicht ungenutzt lassen sollte.

Dauerlauf

Die allgemeine Ausdauerschulung, auch unter Einbeziehung intensiverer Phasen, ist eine ganzjährige Aufgabe des Schulsports. Grundlage hierfür ist das „Rundenlaufen“, entweder nach vorgegebener Zeit („Wir laufen soundsoviele Minuten, gleich in welchem Tempo“) oder nach vorgegebener Strecke („Jeder läuft soundsoviele Runden, gleichgültig wie lange er dazu braucht“).

Die erste Form ist die organisatorisch einfachere und erlaubt einige zusätzliche Aufgabenstellungen, z.B.: „Wer hat heute eine oder einige Runden mehr geschafft als letzte Stunde?“, „Wie lange ist die Gesamtstrecke, die wir heute gelaufen sind?“, „Wann sind wir – in der Addition aller Einzelstrecken – bis nach Berlin gelaufen?“

Die zweite Form zwingt alle Schüler, auch die schwächeren und bequemeren, eine bestimmte Aufgabe zu bewältigen. Sie kann als Vorbereitung auf Wald- und Geländeläufe (auch auf dem Stadiongelände) angesehen werden, ist aber nur schwer kontrollierbar.

Trotz aller solcher Anreize sollte man versuchen, den Dauerlauf auch mit anderen Mitteln abwechslungsreicher zu gestalten, z.B.

- durch gezielten Tempowechsel (z.B. „drei Runden langsam, eine Runde schnell“),
- durch Mitverwendung von Bällen (als Dribbeln in verschiedenen Formen),
- durch Einfügen einfacher Aufgabenstellungen ohne Gerät (z.B. kurze Seitwärts- und Rückwärtslaufstrecken, Drehsprünge) oder an Geräten (z.B. Sprung in den Stütz oder Unterschwung am Reck),
- durch Einbeziehen von Hindernissen (z.B. in Form von Aufspringen auf niedrige Kästen und Überspringen von Bänken).

Dabei ist zu bedenken, daß diese Formen belastender sind als „einfacher“ Dauerlauf.

Tempoläufe

Bei den Tempoläufen kommt es darauf an, eine in Relation zur vorgegebenen Zeitdauer oder Streckenlänge angemessene, ggf. als „hoch“ empfundene Geschwindigkeit einzuhalten. Sie sind ein wesentliches Mittel des Mittelstreckentrainings.

Beispiele:

- Rundenläufe über 30 (60, 90) Sekunden in submaximalem Tempo.
- Intervall-Rundenläufe, auch mit systematisch gesteigertem Tempo, z.B. drei Minuten langsam – zwei Minuten schnell – eine Minute maximal, jeweils mit einer Minute Pause.
- Hindernisläufe, z.B. als „Bahnenlauf“ (Abb. 1) mit Sprung auf einen Kasten, wobei die Gerätehöhe so gewählt wird, daß sie zu einem zügigen Anlauf zwingt.

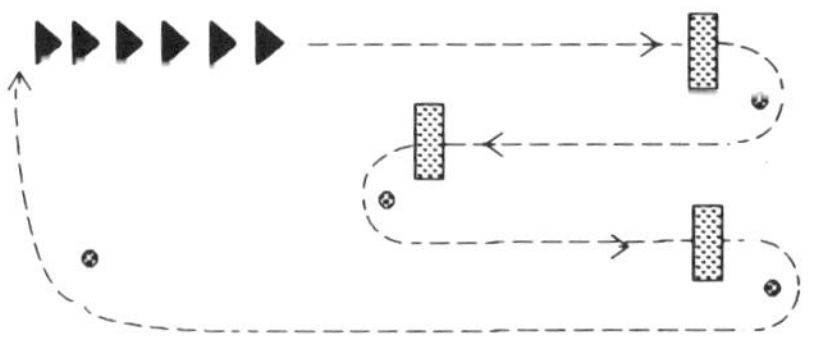

Abb. 1

Hürdenlauf/Hindernislauf

Es werden mehrere niedrige bis mittelhohe Hindernisse so hintereinander angeordnet, daß ein zügiges Überlaufen (nicht „Überspringen“) in einem bestimmten Schrittrhythmus (z.B. dem allgemein üblichen „Dreierrhythmus“) möglich wird. Gelegentlich sollte man die Abstände aber auch so wählen, daß mit wechselndem Abdruckbein geübt werden muß (vgl. auch das Themenbeispiel 5, Springen).

Allgemeine Lauf- und Sprintschulung

Für die allgemeine Laufschulung steht auch in der Halle eine so große Anzahl von Übungsformen zur Verfügung, daß hier nur einige Beispiele gegeben werden können:

- Laufen auf den Fußballen, dem ganzen Fuß, der Fußaußenseite,
- Kniehebeläufe, Fußgelenkläufe, Skippings, Anfersen im mittleren bis höheren Tempo und mit relativ geringem Raumgewinn,
- Kniehebeläufe auf der Stelle, auf Matten, auf Weichböden.

Sprintleistungen sind in hohem Maße kraftabhängig. Besondere Aufmerksamkeit dürfen somit alle Formen von „Kraftläufen“ beanspruchen, ebenso wie das Einbeziehen von Hüpfübungen, z.B.:

- Sprunglauf, Hopserlauf (betont in die Höhe oder Weite),
- „Tretlauf“ gegen den Widerstand eines Partners, der weggezogen (z.B. Sprungseil um die Hüfte) oder weggeschoben wird,
- Hüpfen auf einem Bein, z.B. im Seitenwechsel („rechts hin, links zurück“) oder als Hüpfstaffel (Pendelstaffel),
- „Huckepacklaufen“.

Maßgeblich für die *Sprintleistung* ist die *Beschleunigungsphase*. Sie muß deshalb gezielt geschult werden. Dies ist Aufgabe von Startübungen und Startwettkämpfen, womit auch die Reaktions- und Startphase einbezogen ist. Die zu laufende Strecke darf nicht zu kurz sein, sollte aber nicht mehr als zwei Drittel der Hallenlänge betragen, damit noch genügend Auslauf gegeben ist.

Beispiele:

- „Massenstarts“ aus verschiedenen Ausgangsstellungen (Stand, Schrittstellung, Tiefstart, Sitz, Bauch- und Rückenlage).
- Startübungen (z.B. in Vierergruppen aus der Bauchlage) mit Zeitnahme für den jeweils ersten (zusätzliche Aufgabe: „Wer ist beim nächsten Durchgang schneller?“). Hinweis: Zeitnahme bei so kurzen Strecken unterliegt sehr stark dem Zufall; sie ist eher eine „Motivationshilfe“.
- Ausscheidungswettkampf, z.B. wie folgt: In einer „Vorrunde“ kommt aus jeder Vierergruppe der erste weiter. Durch einige „Hoffnungsläufe“ wird für alle eine bestimmte Anzahl von Durchgängen gewährleistet. In den „Zwischenläufen“ scheiden jeweils die beiden letzten aus, bis der Endlauf erreicht ist. Dieser Wettkampf kann auch mit (zusätzlicher) Zeitnahme durchgeführt werden.

Weitsprung

Für die allgemeine Sprungschulung wird auf das Themenbeispiel 5, Springen, verwiesen. Das Thema „Weit-Springen“ läßt sich in der Halle z.B. wie folgt organisieren:

- Schrittsprünge auf einen relativ niedrigen, längsgestellten Kasten.
- Schritt- und Hopsersprünge von einem Sprungbrett (Reutherbrett) über einen längsgelegten Kastendeckel mit Landung auf „normalen“ Turnmatten und sofortigem Weiterlaufen. Hinweise: Das Sprungbrett erlaubt eine deutlich größere Sprungweite und wirkt somit sehr motivierend. Befürchtungen, daß damit der Absprung verfälscht werden könnte, sind, zumindest bei jüngeren Schülern, unbegründet, zumal die Absprungdauer am Sprungbrett eher kürzer ist als am Balken. Der Kastendeckel ist nicht als Hindernis, sondern als Orientierungshilfe zu verstehen; schwächere Schüler können ohne Probleme *auf* ihm landen. (Mehrere Bahnen aufbauen; auf schnelle Ablauffolge achten!)
- Weitsprünge mit Absprung von einem Sprungbrett oder von einem quergelegten Kastendeckel auf einen Weichboden, auch mit Landung im Sitzen. Kastendeckel und Weichboden müssen, z.B. durch Turnmatten, gegen Wegrutschen gesichert werden.
- Dasselbe auch auf einen (z.B. mit Hilfe von in die Gitterleiter eingehängten Langbänken) schräggelegten Weichboden (Abb. 2).

Abb. 2

Auch das „Balkentreffen“ kann in der Halle geübt werden, z.B. wie folgt:

- Weitsprünge vom Sprungbrett oder Kastendeckel.

- Weitsprünge aus einer (z.B. mit Klebeband) abgezeichneten Zone. Der Zonenbeginn ist mit danebenstehenden Baustellenhütchen gekennzeichnet.
- Absprung an der näheren Markierung (mit Hütchen).
- Absprung von der Markierung ohne zusätzliche Kennzeichnung.

Alle diese Übungen auch von einer individuell zu korrigierenden Ablaufmarke aus.

Hochsprung

Der Hochsprung ist im Schulsport weitgehend zur „Hallendisziplin" geworden. Dagegen sind jedoch Bedenken anzumelden, ebenso wie gegen die häufig zu beobachtende Konzentration auf den Flop als „gültiger" Hochsprungtechnik.

Hochsprung in der Halle leidet auch bei guter Ausstattung unter irgendwie beengten Verhältnissen, und die Betonung der Technikschulung läßt die Intensität des Unterrichts zu sehr absinken. Zumal in der Halle geht es nicht um *den* Hochsprung, sondern um *Hochspringen* in allen seinen Formen, eine Feststellung, die sinngemäß auch für die übrigen leichtathletischen Disziplinen gilt.

Dazu einige Beispiele:

- Schrittsprünge (als „Steigesprünge") auf einen relativ hohen, längsgestellten Kasten. Es werden stets mehrere unterschiedlich hohe Geräte aufgestellt, damit die Schüler „ihre" Höhe wählen können.
- Steigesprünge (Landung auf dem Schwungbein), Hopsersprünge (Landung auf dem Sprungbein) und Hocksprünge (Landung auf beiden Beinen) über eine Leine oder auf einen (ggf. höher oder doppelt übereinander gelegten) Weichboden.
- Dasselbe auch mit dem „falschen" Bein (d.h. je nach Ansage rechts bzw. links).
- Schersprünge rechts und links, entweder an demselben Geräteaufbau oder (ohne Matten) über eine lange, von mehreren Schülern gehaltene Leine (Abb. 3).

  (Hinweis: Schersprünge sind keineswegs unmodern. Wieweit andere „historische" Hochsprungtechniken im Unterricht berücksichtigt werden sollten, kann nicht generell entschieden werden.)

Abb. 3

- Hochsprungwettkämpfe im Hocksprung aus frontalem Anlauf, entweder in der gängigen Form als Ausscheidungswettkampf (ggf. schon nach dem ersten Fehlversuch) oder als Risikowettkampf („Wer erreicht mit insgesamt drei Sprüngen die größte Gesamthöhe?").

Besondere Bedeutung hat die Anlaufschulung, z.B. durch Sprünge aus dem Drei-, Fünf- oder Sieben-Schritt-Anlauf nach folgendem Muster: In der „Normalentfernung" (beim Fünf-Schritt-Anlauf etwa sieben Gehschritte) wird eine Markierung angebracht. Wer mit dieser Anlauflänge nicht zurechtkommt, fängt weiter vorn oder hinten an. Wieviel, das muß jeder selbst ausprobieren.

Wurf (gerader Wurf, Schlagwurf)

Werfen in der Halle bietet als Vorteile,

- daß die Bälle gegen die Wand geworfen werden können, von wo sie zurückprallen und schnell wieder aufgenommen (ggf. sogar direkt aufgefangen) werden können,
- daß eine Reihe von (fast beliebig wählbaren) Orientierungspunkten und Zielen zur Verfügung steht.

Dem steht gegenüber, daß beim Übergang zum Werfen im Freien eine gewisse Unsicherheit im Finden des richtigen Abwurfwinkels zu überwinden ist (Anweisung: „Werft lieber etwas zu flach als zu hoch").

Übungsbeispiele für die Halle:

- Würfe mit unterschiedlichem Abwurfwinkel, z.B. über eine bestimmte Linie oder in eine bestimmte Zone an der Wand, in die obere Hallenecke, an die Decke.
- Würfe auf relativ hohe Ziele (z.B. Basketballbrett, Markierungen an der Wand), auch aus unterschiedlichen Entfernungen und in Form von Zielwurfwettkämpfen.
- Würfe auf niedrige Ziele (z.B. Kästen, Bänke) oder als Aufsetzerwürfe (die ggf. sogar von der Wand zurückprallen, Abb. 4).
- Würfe auf bewegliche Ziele, z.B. auf einen rollenden oder pendelnden Ball, durch einen rollenden Reifen.

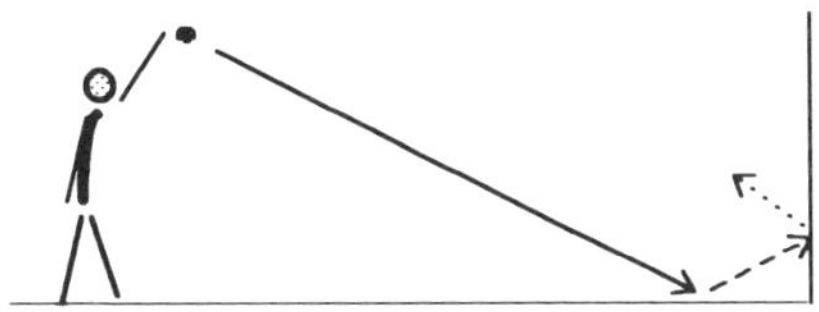

Abb. 4

Alle diese Würfe können aus dem Stand, mit einem oder zwei Auftaktschritten oder aus dem Anlauf ausgeführt werden. Es sollte mit verschieden schweren und unterschiedlich großen Bällen, aber auch mit anderen Geräten (z.B. Gummistäben oder Gummiringen) geworfen werden. Es ist durchaus empfehlenswert, regelmäßig auch mit der „falschen" Hand werfen zu lassen.

Auf das reiche Repertoire an *Wurfspielen* kann hier nur hingewiesen werden. Bei ihrer Auswahl und Organisation sollte man jedoch darauf achten,

- daß viel und intensiv geworfen wird (im Idealfall hat jeder Schüler einen Ball),
- daß sie zum Schlagwurf führen und nicht andere Wurfarten provozieren,
- daß die Wurfentfernung einen zwar kräftigen, aber doch sicheren und kontrollierten Wurf ermöglicht.

Als Musterbeispiel kann das sogenannte *Treffballspiel* dienen: Zwei Parteien, je eine auf den beiden Seiten des Spielfeldes (am besten hinter einer durch Bänke gebildeten Abwurflinie), versuchen, mehrere Medizinbälle von einer Bank in der Mitte des Spielfeldes (oder besser von zwei mit geringem Abstand parallel aufgestellten Bänken) „herunterzuschießen". Jede Partei sollte außerdem einen geschickten Schüler als Ballholer benennen.

Drehwurf

Drehwürfe sind in der Halle im allgemeinen nur als *Imitationsübungen* möglich. Diese aber sind hier wegen der relativ komplizierten Bewegungsstruktur durchaus angezeigt, etwa wie folgt:

- Imitation der Drehung, z.B. als ganze Drehung, die auf einer Linie ausgeführt wird (Schleuderballdrehung),
- Imitation des Abwurfs als „Standwurf" entweder aus frontaler („Schockwurf") oder seitwärtiger Ausgangsstellung,
- Imitation der Gesamtbewegung,

jeweils ohne Gerät oder mit Gerät (z.B. Schleuderball mit kurzgefaßter Schlaufe), aber ohne Abwurf.

Sofern die Schüler darauf eingehen, sind auf diese Weise auch vollständige Würfe mit deutlich reduziertem Krafteinsatz möglich („Ball aus der Hand gleiten lassen"). Dabei ist jedoch darauf zu achten, daß keine zusätzlichen Abwurfbewegungen mit dem Arm ausgeführt werden, eine Gefahr, die auch beim Werfen mit Ersatzgeräten (z.B. Wurfball oder Gummiring) gegeben ist.

Kugelstoß

Durch die Verwendung von Hallenkugeln läßt sich der Kugelstoß zur Hallendisziplin machen. Aber selbst wenn die materiellen Voraussetzungen gegeben sind, verbleiben dabei stets einige organisatorische Probleme. Kugelstoßen in der Halle ist also vorwiegend Stoßen mit *Medizinbällen*, wie dies im Themenbeispiel 4, Medizinballübungen, bereits etwas genauer dargestellt worden ist. Noch leichtere Ersatzgeräte sind methodisch fragwürdig. Auf das Stoßen mit der jeweils „falschen Hand" ist besonders hinzuweisen. Generell sollte jedoch das beidhändige Stoßen im Vordergrund stehen.

Auch Zielstoßen und Stoßspiele nach Art der oben genannten Zielwürfe und Wurfspiele sind möglich, doch lassen sich dabei fehlerhafte Bewegungsausführungen nur schwer vermeiden.

Auswertung

(1) Leichtathletik ist eine „Freiluftsportart" und sollte es auch bleiben: Die „richtige" Leichtathletik findet eben draußen statt, nicht nur, weil dies schon immer so war, sondern auch des besonderen Raum- und Umgebungserlebnisses wegen. Der Schulsport ist in den letzten Jahrzehnten ohnedies mehr und mehr zum Hallensport geworden. Dennoch ist Leichtathletik in der Halle unverzichtbar, und dies aus drei Gründen:

a) Die zum Unterricht im Freien geeignete *Jahreszeit* ist so sehr von Ferienabschnitten und Feiertagen zerschnitten, von Regenperioden, Hitzewellen und Ozonwarnungen beeinträchtigt, daß „anwendungsfähiges" Können bereits zu ihrem Beginn vorhanden sein muß.
b) Für viele Schulen sind die leichtathletischen *Übungsstätten* so weit entfernt, daß sie nur aufgesucht werden können, wenn es sich auch lohnt.

c) Der Unterricht in der Halle bietet einige methodische und organisatorische *Vorteile*, auf die man nicht verzichten sollte.

(2) Die Vorteile des Unterrichts in der Halle liegen vor allem darin,

- daß die *Verständigung* mit den Schülern besser ist, da sie leichter „erreichbar" sind und im allgemeinen auch weniger abgelenkt werden,
- daß bei der Wahl geeigneter Übungsformen die *Übungsfrequenz*, d.h. die pro Zeiteinheit mögliche Wiederholungszahl, ein Mehrfaches dessen beträgt, was im Freien möglich ist,
- daß zusätzliche *methodische Hilfen* möglich sind, die sowohl die Bewegung erleichtern als auch die Belastung erhöhen können.

Die Vorteile der „Hallenleichtathletik" bestehen vor allem in der ungleich höheren Intensität und Effektivität des Unterrichts. Als Nachteil steht dem gegenüber, daß in der Halle in aller Regel nicht mit voller Kraft und letztem Einsatz gelaufen, gesprungen und geworfen werden kann (was andererseits in bestimmten Phasen des Lern- und Übungsprozesses durchaus erwünscht ist).

(3) Die Konsequenz aus diesen Überlegungen kann nur darin liegen, der Leichtathletik in der Halle einen festen Platz in der *langfristigen Unterrichtsplanung* zuzuweisen, vor allem dahingehend,

- daß bestimmte Grundanliegen, wie Schulung der Ausdauer und Schnelligkeit, der Sprung- und Wurfkraft, als ganzjährige Übungs- und Trainingsgegenstände herausgestellt werden,
- daß eine „Vorbereitungsperiode" für die Leichtathletik schon in der „schlechten" Jahreszeit eingeplant wird,
- daß auch für die „Freiluftsaison" Alternativen vorgesehen werden, die es ermöglichen, den Unterricht jederzeit in die Halle zu verlegen.

(4) Leichtathletik in der Halle darf keine Kopie der „richtigen" Leichtathletik sein. Es geht also gerade *nicht* darum, den Hochsprung oder den Kugelstoß möglichst originalgetreu in die Halle zu übertragen, sondern eher darum, *grundlegende Bewegungsstrukturen* zu erarbeiten und die *konditionellen Voraussetzungen* gezielt zu verbessern. Die Hallenleichtathletik konzentriert sich also auf das Einfache, Elementare und auf andere sportliche Bereiche Übertragbare. Die besondere Bedeutung der Leichtathletik für die Schule liegt – auch und vor allem – darin, daß sie *Grundlagen- und Trainingssportart* ist.

(5) Diese Position macht es notwendig, die methodischen Vorschläge, die zur Hallenleichtathletik gemacht werden, kritisch zu hinterfragen. Manches, was sich in der Literatur dazu findet, ist fragwürdig, anderes zu sehr auf das Leistungstraining des Spezialisten zugeschnitten. Bei der Wahl der Methoden und methodischen Mittel, d.h. bei allen Übungsformen, Spielformen und methodischen Hilfen, ist darauf zu achten,

- daß nicht gegen die Struktur der Bewegung verstoßen wird,
- daß keine falschen Bewegungsvorstellungen vermittelt werden,
- daß sich keine elementaren Bewegungsfehler einschleichen.

Außerdem sollte man pädagogisch nicht begründbare Umwege vermeiden und einfache organisatorische Formen bevorzugen.

Diesen Forderungen wird am ehesten dadurch entsprochen, daß man sich auf die *leistungsrelevanten Bewegungsmerkmale* konzentriert, d.h. diejenigen Bewegungsphasen und -aktionen, die für das Zustandekommen der sportlichen Leistung die größte Bedeutung haben, in den Mittelpunkt des unterrichtlichen Bemühens stellt. Beim Sprint ist dies beispielsweise die Beschleunigungsphase (und nicht die Reaktionsphase), beim Sprung der Absprung (und nicht die Flugphase oder Lattenüberquerung), beim Wurf der aus dem Körpereinsatz resultierende geradlinige „Durchzug" des Armes (und nicht die Länge des Beschleunigungsweges).

Besondere Beachtung erfordert das Problem des *Zeit- und Wettkampfdrucks*, wie er sich bei den meisten der sogenannten Spielformen fast zwangsläufig einstellt. Dieser kann durchaus in die richtige und erwünschte Richtung wirken (z.B. bei den oben erwähnten Startübungen und Hüpfstaffeln), aber auch zu einer Minderung der Bewegungsqualität bis hin zum Zusammenbruch eines gerade erlernten Bewegungsablaufs führen, worauf besonders bei den „technischen" Disziplinen zu achten ist (vgl. das Themenbeispiel 28, Staffeln, Staffelspiele, Staffelwettbewerbe).

Ungeachtet dieser Einschränkungen verbleibt eine Fülle von methodischen Möglichkeiten, die es flexibel und kreativ zu nutzen gilt, ohne die große Linie zu verlieren.

Theoretische Bezüge

Hat die Leichtathletik in der Schule noch eine Chance? („Handbuch" S. 328); Was heißt „Unterricht planen und vorbereiten?" („Handbuch" S. 89); Methodische Hilfen („Handbuch" S. 186).

Themenbeispiel 24

Methodische Hinweise zum leichtathletischen Lauf

Inhalte

- Übungsformen für den Dauer-, Mittelstrecken- und Kurzstreckenlauf.

Ziele

- Die methodischen Schwerpunkte der Laufschulung bzw. des Lauftrainings herausarbeiten.
- Einblicke in die Leistungsstruktur des leichtathletischen Laufes vermitteln.

Programm

Zum Thema

Laufen ist eine allgegenwärtige und – scheinbar – einfache Grundtätigkeit mit einem weiten Anwendungsspektrum: Man kann langsam oder schnell, kurz oder langdauernd, in verschiedenen Bewegungsrichtungen und -formen laufen und man kann, was das Entscheidende ist, dies mit einer fast unübersehbaren Zahl anderer Tätigkeiten kombinieren. Laufen wird damit zum integralen Bestandteil der meisten, vor allem der verbreiteten Sportarten, und es würde ins Endlose führen, ein eigenes Themenbeispiel „Laufen“ zusammenstellen zu wollen.

Die folgenden Ausführungen beschränken sich also auf den leichtathletischen Lauf als der „Reinform“ aller Lauftätigkeiten. Wir folgen dabei der mehr pragmatischen Einteilung in Dauerlauf, Mittelstreckenlauf und Kurzstreckenlauf. Der (wettkampfgerechte) Langstreckenlauf ist aus verschiedenen Gründen für die Schule kein Thema. (Auch beim Sportabzeichen wird letztlich nur ein „Dauerlauf mit Zeitlimit“ verlangt.)

Dauerlauf

Sowohl Lehrer wie Schüler haben zum Dauerlauf ein etwas gespaltenes Verhältnis: Auf der einen Seite will man Nutzen und Notwendigkeit nicht bestreiten, auf der anderen Seite kann man sich nur schwer zu einem entsprechenden Training aufraffen. Dauerlaufen lebt aber geradezu vom Training. Zunächst muß es also darum gehen, realistische *Trainingsziele* für den Schulsport zu formulieren, z.B. in der nachstehenden Stufenfolge:

1. Stufe: *Aktivierung des vorhandenen Leistungspotentials.*
Viele Schüler wissen überhaupt nicht, daß sie auch in diesem Bereich etwas zu leisten vermögen. Hier ist vorwiegend die emotionale Seite des Problems angesprochen.

2. Stufe: *Ökonomisierung der Herz-Kreislauf-Funktionen.*
Entsprechende physiologische Veränderungen werden bei einigermaßen regelmäßigem Training, selbst wenn es nur einmal in der Woche stattfinden sollte, im Sportunterricht immer erreicht. In der Regel ist damit bereits eine deutliche Leistungssteigerung verbunden.

3. Stufe: *Verbesserung der Kenngrößen der Herz-Kreislauf-Leistung* (Herzminutenvolumen, Atemvolumen, Muskelstoffwechsel).
Wie weit diese Stufe erreicht wird, hängt von den individuellen Gegebenheiten der Schüler ab. Erfahrungsgemäß machen zwei Schülergruppen die deutlichsten Fortschritte: die sportlich aktiven, die im Verein jedoch kein gezieltes Ausdauertraining betreiben und die untrainierten, aber gutwilligen.

Fazit: *Ausdauertraining ist ein komplexer physiologischer und psychologischer Prozeß, der sich über die gesamte Schulzeit erstreckt.*

Die Hinführung zum Dauerlauf erfolgt, vor allem bei jüngeren Schülern, in *drei methodischen Schritten* (die freilich nicht mit den vorgenannten Lernzielstufen gleichgesetzt werden dürfen):

1. Feste Strecke, feste Zeit.
2. Feste Zeit, offene Strecke.
3. Feste Strecke, offene Zeit.

Zu 1: Hier geht es vor allem um die Schulung des Tempogefühls. Kinder (und auch ältere „Laufanfänger") laufen meist zu schnell, um dieses Tempo auch durchhalten zu können. Sie müssen zunächst lernen, *langsam und gleichmäßig* zu laufen.

Eine bekannte Übungsform hierfür ist das sogenannte *Vierecklaufen*: In der Halle oder auf einem entsprechenden Übungsfeld im Freien (z.B. Strafraum des Fußballfeldes) ist durch Malstangen ein Viereck abgesteckt. Die Klasse beginnt in vier Gruppen an den vier Ecken zugleich. Die vorgesehene Rundenzeit wird jeweils durch ein Pfeifsignal angezeigt. Die Aufgabe der Schüler besteht darin, bei jedem Signal wieder an „ihrer" Ecke zu sein. Diese Art des Rundenlaufens wird üblicherweise durch Gehpausen unterbrochen. Die für ein bestimmtes Übungsfeld „richtige" Rundenzeit ist ein Erfahrungswert, den man schnell heraushat.

Bei diesem ersten Schritt sollte man sich nicht allzu lange aufhalten, da er keine Berücksichtigung individueller Leistungsunterschiede zuläßt.

Zu 2: Es sind dies die üblichen „*Minutenläufe*", die man durch besondere Aufgabenstellungen, z.B.: „Jeder läuft so viele Minuten, wie er alt ist" (vgl. auch Themenbeispiel 23), interessant machen kann, die sich in der Mehrzahl der „Trainingseinheiten" aber wohl zwischen drei und sechs Minuten bewegen. Die Anweisung dazu lautet: „Wir laufen jetzt soundsoviele Minuten. Jeder läuft so schnell, wie er kann, *und so langsam, wie er muß*. Keiner bleibt stehen oder fängt an zu gehen." Die Schüler sollen also einer möglichen Überforderung durch Temporeduktion, nicht durch „Schnaufpausen" begegnen. Auch eingeplante Gehpausen sind jetzt nicht mehr ratsam: Es ist mühsamer, andauernd zwischen Belastung und Erholung hin- und herzupendeln, als sich vorzunehmen, eine bestimmte Zeit oder Strecke irgendwie durchzuhalten. (Merksatz für die Schüler: „Wer aussetzen muß, ist zu schnell gelaufen.")

Zu 3: „*Streckenläufe*" sind insofern anspruchsvoller, als alle Schüler, ob besser oder schwächer, eine bestimmte Strecke bewältigen müssen und Leistungsunterschiede nunmehr deutlicher hervortreten. Es ist also durchaus angebracht, immer wieder auf Übungsformen des zweiten Ausbildungsschrittes zurückzugreifen.

Früher oder später wird sich dabei die Frage nach einem geeigneten *Laufgelände* stellen, einerseits um etwas Abwechslung in den Unterricht zu bringen, andererseits um endlich auch den „richtigen" Dauerlauf zu erproben. Nicht jede Schule hat einen Park oder ein verkehrsarmes Feld- und Waldgelände in der Nähe. Gelegentlich finden sich aber auf dem Schulgelände selbst einige Möglichkeiten (wenngleich es sich von selbst verbietet, vor den Klassenzimmerfenstern herumzutraben). Eine größere Sportplatzanlage erlaubt fast immer eine interessante Streckenführung, z.B. auch unter Einbeziehung der Zuschauerränge.

Als *Übungsformen* bieten sich hier z.B. an: „Fahrtspiel" (wobei der Tempo- und Belastungswechsel sich möglichst aus dem Gelände ergeben sollte, z.B. durch Steigungen oder Hindernisse), Umkehrläufe (wobei die Schüler eine bestimmte Zeit in dieselbe Richtung laufen und den Rückweg in derselben Zeit bewältigen sollen), Vorgabeläufe (wobei die schwächeren Schüler entsprechend früher starten), „Fahrradläufe" (wobei mehrere Schüler abwechselnd zur Erholung ein Fahrrad benutzen dürfen) und einfache Orientierungsläufe (mit eindeutigen Streckenanweisungen und Postenmarkierungen).

Mittelstreckenlauf

Der Mittelstreckenlauf setzt eine gut entwickelte Dauerleistungsfähigkeit voraus. Mittelstreckentraining ist also nur im Nachgang oder als „Aufsetzer“ auf ein Dauerlauftraining sinnvoll. Jeder andere Zugang stellt eine physiologische Überforderung dar, die mitschuldig ist an der „Einmal-und-nie-wieder-Einstellung“, von der das Verhalten vieler Schüler zum Mittelstreckenlauf geprägt ist.

Ging es beim Dauerlauf im Prinzip noch darum, beliebig lange laufen zu können, so ist nunmehr ein bestimmter Zeitdruck gefordert. Wichtigstes Trainingsmittel für den Mittelstreckenlauf sind somit die *Tempoläufe* mit einer Streckenlänge von etwa 200 Metern bis hin zur Wettkampfstrecke und etwas darüber (bzw. einer entsprechenden Zeitdauer). Diese Läufe können „am Stück“ mit gleichbleibendem oder ansteigendem Tempo (z.B. zwei Sportplatzrunden langsam, eine schnell) oder mit eingeplanten Erholungspausen (z.B. als Endlosstaffel mit 200-m-Teilstrecken oder als „Biathlon“ mit eingefügten Zielwurfübungen) oder in Kombination beider Prinzipien (z.B. 800 m langsam, 400 m mäßig schnell, 200 m schnell mit jeweils einer Pause) durchgeführt werden. Im Gegensatz zum Dauerlauf werden hier intervallartige Belastungen von den Schülern meist bevorzugt, doch ist ein Intervalltraining im eigentlichen Sinne kaum organisierbar. Im Klassenunterricht tendieren entsprechende Übungsformen stets zur Wiederholungsmethode (was keineswegs bedenklich ist, wenn die Schüler im ganzen nicht überfordert werden).

Unter der Devise, daß der Wettkampf das beste Training ist, aber auch in der Absicht, die Leistungsfortschritte den Schülern bewußt zu machen, sollten auch *wettkampfmäßige Mittelstreckenläufe* (zumeist 1000 m bei den Jungen, 800 m bei den Mädchen) in den Trainingsprozeß einbezogen werden. Es ist jedenfalls zumutbar, daß jeder Schüler sich mehr als einmal im Jahr einer solchen Herausforderung stellt und seine Läufe auch zu Ende bringt.

Es verbleibt die Frage einer altersgemäßen Verlängerung der Mittelstrecke. Nach unseren Erfahrungen kommt die 2000-m-Strecke (etwa ab der 8. Klasse) noch gut an, während die 3000-m-Strecke bei den älteren Schülern zumeist einige Probleme aufwirft (was seit einiger Zeit auch von den Sportabzeichenbedingungen berücksichtigt wird).

Kurzstreckenlauf

Der Kurzstreckenlauf oder Sprint ist in allen Altersstufen die wohl selbstverständlichste Laufdisziplin. Dennoch sollte man die Schüler nicht gänzlich unvorbereitet damit konfrontieren, sondern um eine geeignete Hinführung besorgt sein, z.B. über eine mehr spielerische Laufschulung oder über den Dauerlauf. Entgegen dem ersten Anschein ist der Kurzstreckenlauf nämlich keine einfache, sondern eine sehr schwierige und komplexe Disziplin.

Dies wird sofort deutlich, wenn man den Geschwindigkeitsverlauf eines Sprints betrachtet. Hier lassen sich Reaktionsabschnitt (vom Startsignal bis zur Startaktion), Beschleunigungsabschnitt, Abschnitt der annähernden Höchstgeschwindigkeit und Abschnitt der abfallenden Geschwindigkeit recht deutlich unterscheiden. Die Übergänge liegen beim 100-m-Lauf qualifizierter Sprinter bei etwa 40 und 70 Metern, bei weniger geübten etwas früher.

Entsprechend differenziert sind die körperlichen Anforderungen. Hier ergeben sich folgende Zuordnungen:

Reaktion:	Reaktionsschnelligkeit
Beschleunigung:	Beschleunigungsvermögen als Kraftschnelligkeit
Höchstgeschwindigkeit:	„reine" Schnelligkeit als Aktions- bzw. Koordinationsschnelligkeit
Geschwindigkeitsabfall:	Schnelligkeitsausdauer als Sprintausdauer

Von diesen Streckenabschnitten hat der *Beschleunigungsabschnitt* den größten Einfluß auf die Sprintleistung. Entsprechende Trainingsmittel sind zunächst alle Übungsformen zur Verbesserung der Schnellkraft und Kraftschnelligkeit, vor allem *Startübungen* über 15 bis maximal 30 Meter. Damit diese Strecken aber auch mit „voller Kraft" durchlaufen werden, sind zusätzliche methodische Anreize, z.B. Zeitnahme oder Wettbewerbsformen, durchaus angemessen (vgl. Themenbeispiel 23).

In solchen komplexen Startübungen ist der *Reaktionsabschnitt* bereits mitenthalten. Sein Einfluß auf die Sprintleistung ist (bei Schülern) unbedeutend, so daß sich reine Reaktionsübungen erübrigen. Sie sind methodisch eher im Bereich der Sportspiele, und dort im Zusammenhang mit bestimmten Entscheidungssituationen anzusiedeln. Darüber hinaus gilt, daß die Reaktionsschnelligkeit zwar trainierbar ist, aber nur bis zu einem individuell festgelegten physiologischen Grenzwert.

Wesentlicher ist das Training der *„reinen" Schnelligkeit*. Trainingsmittel hierfür sind zum einen die Übungen der allgemeinen Laufschulung, zum anderen die Steigerungsläufe. Dabei kommt es darauf an, daß die Schüler möglichst locker an ihr Geschwindigkeitsmaximum „heranlaufen", es einige Meter halten und dann wieder nachlassen. Als Kurvenläufe vermitteln solche Steigerungen durch die dann wirkende Zentrifugalkraft ein reizvolles Geschwindigkeitserlebnis.

Besondere Beachtung verdienen in diesem Zusammenhang die *wettkampfgerechten Trainingsläufe* über die altersangemessenen Sprintstrecken. Spätestens ab der 6. Klasse sind die Schüler in der Lage, mit den entsprechenden Pausen drei- bis viermal 50 Meter mit gleichem oder gar ansteigendem Tempo zu laufen. In den folgenden Altersstufen sollte man – entgegen der in manchen Lehrplänen und Wettkampfausschreibungen sichtbar werdenden Tendenz – möglichst spät auf die jeweils längere Sprintstrecke umsteigen.

„Hochgeschwindigkeitsstrecke" bleibt in allen Klassenstufen jedenfalls die 50-Meter-Strecke, und als solche sollte sie im Training immer wieder berücksichtigt werden.

Die *Sprintausdauer* ist im Schulsport kaum trainierbar, zum einen, weil dieses Training recht langweilig und belastend wäre, zum anderen aber auch deshalb, weil ein Verharren in der Zone abfallender Geschwindigkeit die „reine" Schnelligkeit beeinträchtigen könnte. Somit sollte man sich auf Transfereffekte aus dem Dauerlauf- und

Mittelstreckentraining verlassen, zumal ein positiver Einfluß eines akzentuierten Dauerlauftrainings auf die komplexe Sprintleistung nachgewiesen ist.

Der *Start* selbst, d.h. die Ausführungsweise des Starts – und damit ergibt sich ein bemerkenswerter Widerspruch zu der recht ausführlichen Behandlung in der Fachliteratur – hat auf die Leistungen im Kurzstreckenlauf bei Schülern so gut wie keinen Einfluß. Es ist sogar wahrscheinlich, daß die meisten von ihnen mit einem Hochstart bessere Zeiten erzielen könnten. Dennoch wird man, weil die Schüler es eben für selbstverständlich halten, den Tiefstart lehren, und zwar aus einer mittleren Startstellung heraus. Der Übungsschwerpunkt liegt dabei auf dem energischen Loslaufen nach dem Startsignal. Gute Dienste leisten hierfür Startübungen aus der Bauchlage.

Auswertung

(1) Der leichtathletische Lauf ist, auf seinen Sinngehalt befragt, ein *Trainingsvorhaben*: Laufen „an sich" ist für den Ausübenden nur dann sinnvoll oder sinnerfüllt, wenn er versucht, dabei ausdauernder oder schneller zu werden oder (vor allem beim älteren Menschen) einen bestimmten Stand zu erhalten. Umgekehrt formuliert, liegt die pädagogische Relevanz des Laufes darin – und hier steht er für die Leichtathletik im ganzen –, daß er Anlaß, Anreiz und Herausforderung ist, die individuelle Leistungsfähigkeit zu verbessern oder zu erhalten. Die Leichtathletik wird damit zur *Grundlagen- und Trainingssportart* schlechthin und als solche zur Voraussetzung für viele andere Sportarten (und nicht zuletzt auch zu einer der Säulen des Gesundheitssports).

(2) Den Prinzipien und Regeln der Trainingslehre liegen biologische Gesetzmäßigkeiten zugrunde. Diese gelten auch für den Schulsport. *Training* ist ein umfassender Begriff, der keineswegs auf den Leistungssport festgelegt ist, sondern alle Könnensstufen umfaßt. Training in diesem Sinne ist didaktisch ebenso notwendig wie pädagogisch unverzichtbar. Es ist eine der Aufgaben des Sportunterrichts, dies den Schülern an einfachen Beispielen, wie eben dem leichtathletischen Lauf, deutlich zu machen, und es ist eine der Aufgaben des Sportlehrers, dem Schüler eine positive Einstellung zu diesem Bereich zu vermitteln. Notwendig hierfür sind eine gewisse Leistungsbereitschaft auf seiten der Schüler und eine „freundliche Konsequenz" auf seiten des Lehrers. Auch hier gilt, wie in vielen anderen Dingen, die Regel, daß man mit einer solchen pädagogischen Überzeugungsarbeit nicht früh genug beginnen kann.

(3) Unter methodischen Aspekten betrachtet, besteht eine eindeutige Abfolge: zunächst allgemeine Laufschulung und Dauerlauf, dann Mittelstrecken- und Kurzstreckenlauf (was spezifische Schnelligkeitsanforderungen in allen Altersstufen nicht ausschließt). Die weitverbreitete Abneigung gegen den Mittelstreckenlauf und die daraus folgenden unbefriedigenden Ergebnisse sind überwiegend die Folge mangelnder Vorbereitung. Dabei können auch entsprechende Übungsformen aus dem Bereich der Sportspiele gute Dienste leisten. Hier zeigt sich, daß die Beziehungen zwischen den Sportarten keineswegs den Charakter von Einbahnstraßen haben.

(4) Erfolgreiches methodisches Handeln setzt stets einige Vorüberlegungen voraus. Es genügt nicht, irgendetwas zu tun, vielleicht weil man es so gelernt oder bei anderen gesehen hat. Was man tut, muß sich vielmehr aus der Struktur der Sache ableiten

lassen. Notwendig ist also, im Rahmen einer umfassenden didaktischen Analyse auch eine *Strukturanalyse des Unterrichtsgegenstandes* vorzunehmen. Dabei ist vor allem zu fragen, welche körperlichen Fähigkeiten gefordert sind und welches die leistungsrelevanten Bewegungsabschnitte, -merkmale und -aktionen sind. Dieser Übergang von den didaktischen Vorüberlegungen zum methodischen Handeln läßt sich in zwei Fragen konkretisieren: ***Worauf kommt es an?** – **Welche unterrichtlichen Schwerpunkte folgen daraus?***

Theoretische Bezüge

Was heißt „trainieren"? („Handbuch" S. 213); Kleines ABC der Trainingslehre („Handbuch" S. 220); Was heißt „Unterricht planen und vorbereiten"? („Handbuch" S. 89).

Themenbeispiel 25

Methodische Hinweise zum leichtathletischen Sprung

Inhalte

- Übungsformen für den Weit- und Hochsprung.

Ziele

- Die methodischen Schwerpunkte der Sprungschulung herausarbeiten.
- Leistungsstruktur und leistungsrelevante Bewegungsmerkmale der leichtathletischen Sprünge verdeutlichen.

Programm

Zum Thema

Die Leichtathletik beschäftigt sich mit dem „Sprung an sich", dem in die Weite und in die Höhe. Diese Reduktion der möglichen Vielfalt von Sprungformen ist nicht zuletzt die Folge des für die Leichtathletik typischen „Zwanges zur Eindeutigkeit" in der Leistungsmessung und in den Ausführungsbedingungen. Eben das macht den Weit- und Hochsprung auch für die Schule interessant. Sie dienen hier gleichsam als Testübungen für den im Bereich „Springen" erreichten Leistungsstand. Dreisprung und Stabhochsprung kommen aus unterschiedlichen Gründen für den Sportunterricht nur in einigen Übungsformen in Betracht, der erstere im Zusammenhang mit Mehrfachsprüngen mehr im Unterricht in der Halle (vgl. Themenbeispiel 5, Springen), der letztere eher für den Unterricht im Freien.

Stabspringen – und nicht nur Stabhochspringen – ist eine fast vergessene, sicherlich aber attraktive Disziplin. Es setzt allerdings eine größere Anzahl passender, d.h. nicht zu langer, Stäbe und ein geeignetes Übungsgelände voraus.

Weitsprung

Der Weitsprung „entsteht" dadurch, daß auf einen Anlauf von optimaler, stets zu einem Maximum strebender Geschwindigkeit ein explosiver, aufwärtsgerichteter Absprungkraftstoß „aufgeschaltet" wird. Da hierfür nur eine sehr kurze Zeit zur Verfügung steht (bei qualifizierten Springern etwa 0,14 s), fliegt der Körper mit dem relativ flachen Absprungwinkel von 22 bis 24 Grad ab. Nach dem Absprung läßt sich die Flugkurve des Körperschwerpunktes nicht mehr beeinflussen. Alle weiteren Bewegungsaktionen dienen nur der Verlagerung der Körperteile zueinander, um den sogenannten Landeverlust zu minimieren. Dieser entsteht dadurch, daß kein Springer in der Lage ist, die „Idealweite" – dies wäre der Punkt, an dem die (gedachte) Flugkurve des Körperschwerpunktes die Grubenoberfläche schneiden würde – zu erreichen.

Etwas verkürzt ausgedrückt, geht es also darum, bei der Landung die Beine nach vorn zu bringen. Dies ist nur möglich, wenn der Körper beim Absprung keine (oder zumindest keine merkliche) Vorwärtsrotation erhält. Dazu muß der letzte Schritt als Stemmschritt ausgeführt werden. Der vorletzte wird, um den Körperschwerpunkt leicht abzusenken, fast automatisch etwas verlängert.

Methodische Schwerpunkte:

Der leistungsbestimmende Bewegungsabschnitt des Weitsprungs ist der Absprung, genauer gesagt die *Anlauf-Absprung-Kombination.* Diese auf den ersten Blick „natürliche" Bewegung ist aus biomechanischer Sicht ein kompliziertes Bedingungsgefüge, das sich nicht eigentlich „lernen", sondern nur in einem langfristigen Übungsprozeß unter vielfach variierten Bedingungen entwickeln läßt. Wesentlich ist dabei, daß die Sprungkraft und die Anlaufgeschwindigkeit in einem optimalen Verhältnis zueinander stehen. Methodisches Mittel hierfür ist weniger ein bewußtes „Langsamlaufen", als vielmehr die Begrenzung der Anlaufstrecke. Beim Anlauf selbst sollen die Schüler gleich mit „voller Kraft" loslaufen .

An zweiter Stelle steht das Erlernen einer *raumgreifenden Landung*. Dazu ist es, wie bereits gesagt, erforderlich, aus einer aufrechten Körperhaltung heraus die Beine nach vorn zu führen und – im Idealfall möglichst spät – mit dem Körper „zusammenzuklappen". Darin besteht die einzige Aufgabe der während der Flugphase erfolgenden *Landevorbereitung*. Hierfür stehen verschiedene „Techniken" zur Verfügung, nach denen die Weitsprünge ihren Namen haben.

Da der im Leistungssport dominierende Laufsprung eine bestimmte Sprungweite voraussetzt, verbleiben bis auf Ausnahmen für den Schulsport nur die sogenannte *freie Technik* (zumeist als „Hocksprung" ausgeführt, wobei das Sprungbein unmittelbar nach dem Absprung zum Schwungbein aufschließt) und der *Schrittweitsprung* (wobei die Absprunghaltung zunächst beibehalten und das Sprungbein erst spät nachgezogen wird). Den Zugang zum Laufsprung sollte man sich durch Sprünge mit Landung auf einem Bein und sofortigem Weiterlaufen (ggf. auch mit einem ganzen „Schritt in der Luft" und Landung auf dem Sprungbein) offenhalten.

Sollten einzelne Schüler bei solchen Übungen zur Technik des Hangsprungs neigen, wird man dies tolerieren.

Zur Methodik:

Eine mögliche „Langzeit-Übungsreihe" für den Weitsprung mit Tendenz zum Schrittweitsprung könnte wie folgt aussehen:

1. Erlernen der Anlauf-Absprung-Kombination:
   - durch Schrittsprünge auf einen zwei- bis dreiteiligen längsgestellten Kasten (vgl. Themenbeispiel 5, Springen),
   - durch Schrittsprünge mit Landung auf dem Schwungbein und sofortigem Weiterlaufen.
2. Weitsprünge aus verkürztem Anlauf (sieben bis neun Schritte) mit besonderer Betonung der Landung.

   Beobachtungsschwerpunkte: Sprungbeinstreckung, Schwungbeineinsatz, aufrechte Körperhaltung mit „später" Landung.
3. Sprünge aus allmählich verlängertem Anlauf (bis etwa 13 Schritte).

Um den natürlichen Absprungrhythmus nicht zu beeinträchtigen, erfolgen alle diese Sprünge aus einer – z.B. zwischen Sprungbalken und Grubenrand liegenden oder beiderseits des Sprungbalkens abgezeichneten – *Absprungzone* heraus. Da jedoch jüngere Schüler zumeist weniger Schwierigkeiten haben, sozusagen gefühlsmäßig den Balken zu treffen, sollte man sehr bald auch entsprechende Übungen einbeziehen, wie es z.B. im Themenbeispiel 23, Leichtathletik in der Halle, dargestellt ist.

Für wettkampfmäßige Sprünge weist man die Schüler an, stets von einer bestimmten Ablaufmarke loszulaufen, dabei mit dem Sprungbein den ersten Schritt zu machen und den Ablaufpunkt um den Betrag zu korrigieren, um den die Balkenvorderkante verfehlt wurde. Dazu bedarf es freilich eines sachkundigen Helfers (normalerweise also des Lehrers).

Hinweise zur Leistungsmessung:

Sprünge „auf Leistung" sind ein durchaus ernstzunehmendes Trainingsmittel. Somit sollte man in regelmäßigen Abständen (und nicht nur zum Notenmachen) einige Messungen vornehmen. Jeden einzelnen Sprung zu messen wäre aber nicht nur langweilig und ineffektiv, sondern auch überflüssig, da die Meßwerte letztendlich ja in Notenstufen umgesetzt werden. Es ist also durchaus sachgerecht, mit Hilfe des *ausgelegten Bandmaßes* (Nullpunkt an der Balkenvorderkante) oder besser einer Meßlatte zu messen, und dies nach zwei Verfahrensweisen:

a) Messung wie üblich: Übertritt macht den Sprung ungültig, zu früher Absprung wird nicht berücksichtigt.
b) Messung mit Absprungzone beiderseits des Balkens: Die gemessene Weite wird auf Zuruf eines Helfers entsprechend korrigiert.

Beide Formen haben ihre Vor- und Nachteile. Welche jeweils in Frage kommt, hängt vom Alter der Schüler und der besonderen Situation ab.

Für die Registrierung der Meßwerte empfiehlt sich die Anlage einer „ewigen Liste", in die alle während eines Schuljahres gemessenen Sprünge eingehen. Es werden jedoch nur die Werte festgehalten, die besser sind als die vorhergegangenen; schlechtere

Leistungen werden mit einem waagerechten, ungültige Sprünge mit einem senkrechten Strich notiert. Auf diese Weise erhält man sehr schnell einen Überblick über die Leistungsentwicklung der gesamten Klasse. So zeigt z.B. die Zunahme der Leerstellen ein Lern- bzw. Leistungsplateau an. Dieses Verfahren läßt sich mit den entsprechenden Modifikationen – bei den Läufen ist es z.B. vorteilhaft, alle gelaufenen Zeiten aufzuschreiben – auf die übrigen leichtathletischen Disziplinen und auch auf andere Sportarten übertragen.

Hochsprung

Zur Wahl der Hochsprungtechnik:

Es besteht heute Einigkeit darüber, daß der *Flop* in allen Alters- und Könnensstufen als die zweckmäßigste Hochsprungtechnik anzusehen ist, und ebenso, daß er in der Grobform für Schüler auch erlernbar ist. Dies bedeutet nicht, daß „Hochspringen" und „Floppen" gleichgesetzt werden dürfen.

Bewegungsmerkmale:

Das zum Weitsprung Gesagte gilt prinzipiell auch für den Hochsprung, jedoch ist der Anlauf etwas langsamer und die drei letzten, der *Absprungvorbereitung* dienenden Schritte sind rhythmisch etwas deutlicher gegliedert. Der Absprungwinkel ist mit etwa 60 Grad nicht ganz so steil, wie man vielleicht annehmen könnte. Ebenso ist zu beachten, daß die Flugbahn schräg zur Latte verläuft, obwohl der Körper senkrecht zu ihr liegt. Schüler neigen nämlich dazu, zu nahe an die Latte heran und dann an ihr entlang zu laufen, so daß sie gelegentlich über die Landematten hinausfliegen. Allein schon deshalb, und weniger des genauen Kurvenverlaufs wegen, sollte man anfangs Anlauf und Absprungstelle – sie sollte bei etwa einem Viertel der Lattenlänge und eine Armlänge von der Latte entfernt liegen – markieren.

Methodische Schwerpunkte:

Kernpunkt ist auch hier die Anlauf-Absprung-Kombination, und nicht, wie es zunächst den Anschein hat, die Schulung der Lattenüberquerung. Auf jeden Fall muß dieser eine deutliche Steigephase vorangehen. Dem sollte man methodisch dadurch Rechnung tragen, daß man schon bald nach den ersten Versuchen eine individuelle, d.h. für den Übenden relativ anspruchsvolle, aber noch gut zu bewältigende Sprunghöhe vorgibt, z.B. dadurch, daß der Lehrer zusammen mit einem Helfer eine Sprungleine hält und jeweils dem individuellen Leistungsstand anpaßt. Schüler lernen übrigens sehr schnell, die für sie optimale Sprunghöhe „abzurufen".

Die eben erwähnte Steigephase geht über der Latte in die sogenannte Brückenposition über, die zur Landevorbereitung wieder aufgelöst wird. Die Landung selbst erfolgt dann in einer „L-Position". Die zur Lattenüberquerung notwendigen Rotationen müssen allesamt bereits beim Absprung eingeleitet werden. Dazu bedarf es eines längeren Übungsprozesses.

Zur Methodik:

Die Lehrweise des Flops ist gekennzeichnet durch eine große Zahl sehr eingehender und bisweilen komplizierter methodischer Vorschläge. Sehr oft handelt es sich dabei aber um wenig hilfreiche Übernahmen aus dem Leistungssport. Deshalb sei im folgenden eine recht einfache Übungsreihe vorgestellt:

1. „Standflop“:

   Die Schüler springen mit beidbeinigem Absprung rückwärts zur Landung auf der Hochsprunganlage oder auf Weichböden. Dieser Schritt dient nur einer ersten Orientierung und sollte alsbald wieder verlassen werden.

2. Imitation von Anlauf und Absprung:

   Die Schüler stellen sich in Zweiergruppen wie in Abb. 1 gegenüber auf. Der eine Partner läuft – zunächst mit drei, dann mit fünf Schritten Anlauf – im Bogen auf den anderen zu und springt so ab, daß er mit dem Rücken zu ihm auf beiden Beinen wieder landet. Der passive Partner hat vorwiegend Orientierungsfunktion; er gibt nur im Notfall auch „Hilfestellung“.

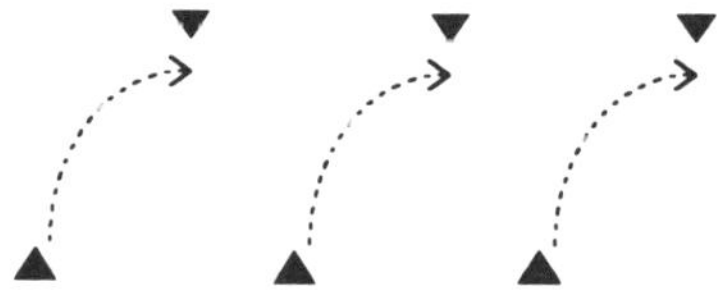

Abb. 1

3. Flopsprünge über eine mittlere, ggf. individuell vorgegebene Sprunghöhe mit wechselnden Beobachtungsschwerpunkten. Der Anlauf wird auf sieben bis neun Schritte verlängert.

   Beobachtungsschwerpunkte sind: die letzten Anlaufschritte als Bogenlauf, deutliche Kurveninnenlage, energischer Absprung mit Schwungbeineinsatz und erkennbarer Steigephase, ausgeprägte Brückenposition bei der Lattenüberquerung, Blickorientierung zur Latte.

Wettkampfgerechte Sprünge dürften beim Hochsprung eine geringere Rolle spielen als beim Weitsprung. Dennoch sollte man gelegentlich auch „abgekürzte“ Hochsprungwettkämpfe durchführen, z.B. mit nur einem Versuch über jede Höhe oder mit nur drei Versuchen insgesamt.

Auswertung

(1) Die leichtathletischen Sprünge, allen voran der Weit- und Hochsprung, sind – ungeachtet der komplexen Leistungsstruktur, die bei näherer Analyse zutage tritt – recht selbstverständliche Tätigkeiten mit einem eindeutigen Leistungsziel, nämlich möglichst weit oder hoch zu springen. Sie repräsentieren damit in besonderer Weise das Grundanliegen der Leichtathletik, *körperliche Fähigkeiten, wie Kraft und Schnelligkeit, möglichst direkt in meßbare Leistung umzusetzen.* Eine solche, gleichsam unverhüllte Präsentation menschlicher Leistungsfähigkeit macht die Faszination der Leichtathletik aus, die z.B. darin zum Ausdruck kommt, daß sie bis heute Kernstück und Höhepunkt der Olympischen Spiele ist.

Diese Feststellung hat allerdings einige didaktische und pädagogische Konsequenzen, auf die im folgenden hingewiesen werden soll.

(2) Leistungsbestimmender Faktor bei allen leichtathletischen Disziplinen ist *das Niveau der körperlichen Fähigkeiten*, nicht die Beherrschung einer bestimmten Technik. Ob jemand sechs oder acht Meter weit springt, hängt von der Anlaufgeschwindigkeit und der Sprungkraft ab, nicht von der Ausführung bestimmter Bewegungen während der Flugphase. Von ausschlaggebender Bedeutung wird die Technik erst, wenn es bei Meisterschaften oder Goldmedaillen um die zweite Stelle hinter dem Komma geht. Technik – was man auch immer darunter versteht – hat in der Leichtathletik eine eher dienende Funktion. Sie soll bewirken, daß die erwähnte Umsetzung körperlicher Leistungsfähigkeit möglichst verlustfrei erfolgt, daß z.B. beim Weitsprung der Landeverlust und beim Hochsprung die Lattenüberhöhung, d.h. der Betrag, um den die Flugkurve des Körperschwerpunktes höher sein muß als die Latte, minimiert wird.

(3) In einem bemerkenswerten Gegensatz zu diesem Befund steht die Aufmerksamkeit, die im Sportunterricht allgemein der *Technikschulung* – sehr oft unter Vernachlässigung der Konditionsschulung – gewidmet wird. Hierfür kann vor allem der Hochsprung als Beispiel dienen: Auf den ersten Blick erscheint die Beherrschung der Floptechnik als Voraussetzung, „überhaupt hochspringen zu können". Dem ist aber nicht so. Die Mehrzahl der Schüler wird damit zwar ihre beste Leistung erzielen, für viele wäre aber eine einfachere Technik geeigneter. Es muß jedenfalls sichergestellt werden, daß die Schüler tatsächlich auch *hoch*springen, und nicht nur „floppen". Diese Feststellungen gelten, wenn man die Anfangsschwierigkeiten beim Erlernen der Grobform außer Betracht läßt, auch für die sogenannten technischen Disziplinen der Leichtathletik.

(4) Die leistungsbestimmenden Faktoren der leichtathletischen Sprünge sind relativ eindeutig: Schnelligkeit und Schnellkraft beim Weitsprung, Schnellkraft beim Hochsprung. Dieser Fähigkeitskomplex ist zwar gut trainierbar, aber nur innerhalb einer anlagemäßig vorgegebenen Spannweite, oder einfacher gesagt: Schnelligkeits- und Schnellkraftdisziplinen sind, was höhere Leistungen betrifft, sehr stark begabungsabhängig. Daraus läßt sich die Erkenntnis gewinnen, daß die Leichtathletik umso einseitiger wird, je mehr sie auf die Schnellkraftdisziplinen ausgerichtet ist, was beim üblichen Dreikampf aus Kurzstrecke, Sprung und Wurf der Fall sein dürfte.

Für den Hochsprung kommt hinzu, daß auch unveränderliche konstitutionelle Faktoren, wie Körpergröße und Beinlänge, mit in die Leistung eingehen. (Die tatsächlich gesprungene Höhe errechnet sich aus der Formel: Lattenhöhe – Höhe des Körperschwerpunktes + Lattenüberhöhung.)

Somit ist der Hochsprung innerhalb einer Sportart, die ohnehin durch Spezialisierung geprägt ist, die Disziplin, die am meisten den Spezialisten bevorzugt. Daß er dennoch im Schulsport so beliebt ist, muß andere Gründe haben, vielleicht weil er sich so gut in die Halle verlegen läßt, dem Lehrer ein weites Feld methodischer Betätigung bietet oder für die Schüler relativ bequem ist.

(5) Zusammenfassend läßt sich feststellen, daß die Leichtathletik in der Schule sich gegen eine doppelte Reduktion zu Wehr setzen muß, nämlich zum einen gegen die

Reduktion auf die „offiziellen" Wettkampfdisziplinen (unter Vernachlässigung der tatsächlichen Vielfalt elementarer Bewegungen aus dem Bereich Laufen – Springen – Werfen), zum anderen gegen die Reduktion auf die „Technikschulung" (unter Vernachlässigung einer umfassenden körperlich-konditionellen Ausbildung).

Vgl. dazu auch das Themenbeispiel 23, Leichtathletik in der Halle.

Themenbeispiel 26

Methodische Hinweise zum leichtathletischen Wurf und Stoß

Inhalte

- Übungsformen, Übungsfolgen und Übungsreihen für die Erarbeitung des geraden Wurfs, des Drehwurfs und des Stoßes.

Ziele

- Die methodischen Schwerpunkte der Wurf- und Stoßschulung sichtbar machen.
- Zu einem kritischen und zugleich kreativen Umgang mit Methodenkonzeptionen anregen.

Programm

Zum Thema

Die didaktischen und methodischen Vorüberlegungen zum leichtathletischen Wurf und Stoß sind im „Handbuch" auf S. 245 - 265 ausführlich dargestellt. Hier sei nur soviel dazu gesagt, daß gute oder auch nur zureichende Leistungen in diesem, auch als den *technischen Disziplinen* der Leichtathletik bezeichneten Bereich mehr als anderwärts von der Beherrschung des „richtigen" Bewegungsablaufs abhängen, dies aber nicht in unreflektierter Übernahme der jeweils „gültigen" Wettkampftechniken des Leistungssports, sondern in schüler- und jugendgemäßen Formen.

Daraus auf einen Gegensatz zwischen Schul- und Wettkampfsport schließen zu wollen, wäre jedoch falsch, denn letztlich gelten für beide Bereiche dieselben physikalischen Gesetzmäßigkeiten und biomechanischen Bedingungen. Ziel des methodischen Vorgehens muß es sein, gleich welche Variante man bevorzugt, die *Grundstruktur der Bewegung sicherzustellen.*

Im Hinblick darauf bietet es sich an, aus der Fülle des Materials einige „Beispiel-Übungsreihen" zusammenzustellen und zu diskutieren. Dabei darf der Hinweis nicht fehlen, daß es sich in allen Fällen um *„Langzeit-Übungsreihen mit Modellcharakter"* handelt, die als generelle Vorgaben über mehrere Schuljahre hinweg das methodische Handeln steuern, den Lehrer im einzelnen aber nicht festlegen sollen.

Gerader Wurf – Ballwurf

Für viele Schüler ist Werfen heute keine Grundtätigkeit mehr, die man irgendwie „kann“, sondern eine Fertigkeit, die man von Grund auf lernen muß. Dies ist jedoch nicht Sache der Leichtathletik allein, sondern einer vielseitigen Wurfschulung, auch unter Einbeziehung anderer Sportarten. Einige Beispiele dazu sind bereits im Themenbeispiel 23, Leichtathletik in der Halle, dargestellt worden. Der leichtathletische Weitwurf kann jedoch als „Test- und Kontrollübung“ für den hier erreichten qualitativen und quantitativen Stand angesehen werden.

Übungsreihe 1

1. Standwurf aus schräg-seitwärtiger Ausgangsstellung:

Aus leichter Schrittstellung, Fußspitzen schräg nach vorn zeigend, wird der Ball zur Wurfauslage zurückgeführt und abgeworfen. Die Art der Rückführung („von unten“ oder „von oben“) ist dem Schüler freigestellt. Es sollte jeweils einige Male mit gestrecktem und gebeugtem Wurfarm geworfen werden. Im zweiten Fall darf aber *kein* spitzer Winkel zwischen Ober- und Unterarm entstehen. Nach dem Abwurf wird das hintere Bein beigezogen oder nach vorn geführt.

Beobachtungsschwerpunkte: Wurfauslage („Wurfarm zurück, das hintere Bein gebeugt“), Beinstreckung („Beide Beine strecken“), „Eindrehen“ des Körpers unter Einhaltung der Impulsfolge Beine – Hüfte – Schulter – Oberarm – Unterarm („Hüfte vor, Brust vor, Ellenbogen vor“).

Variante: Standwurf aus seitwärtiger Ausgangsstellung.
Dies zwingt zu noch deutlicherem „Eindrehen“ des Körpers.

2. Wurf aus dem Drei-Schritt-Anlauf („Dreierrhythmus“):

Die Schrittfolge beim Rechtshänder ist: links (Anlaufschritt) – rechts (Impulsschritt oder „Kreuzschritt“) – links (Stemmschritt zum Abwurf).

Beobachtungsschwerpunkte: flacher und weiter Impulsschritt („Rechtes Bein schräg nach vorn ziehen“), deutlicher Stemmschritt („Linkes Bein schnell aufsetzen“), Rhythmus der Gesamtbewegung („Schritt – Schritt – Wurf“).

3. Wurf aus allmählich verlängertem (und schnellerem) Anlauf:

Vereinzelt schon bei der zweiten, sicher aber bei der dritten Übung wird ein Teil der Schüler den Übergang zur Wurfauslage, also den Impulsschritt, mit einem zusätzlichen Hopser („Impulshopser“) ausführen. Es ist schwer zu entscheiden, wie man sich in diesem Fall verhalten soll, zumal diese Ausführungsweise durch die gewählte Methode geradezu provoziert wird und beide Formen zu vergleichbaren Leistungen führen. Kompromißvorschlag: „Impulshopser“ nicht lehren, aber tolerieren.

Neben anderen läßt dieses Problem einerseits an ein noch deutlicher strukturiertes, andererseits aber auch an ein freieres und ganzheitlich orientiertes Vorgehen denken.

Übungsreihe 2

1. Standwurf aus frontaler Ausgangsstellung mit Auftaktschritt:

Der Ball wird knapp über Kopfhöhe gehalten und von hier direkt zurückgeführt, bis die Schulterachse annähernd in Wurfrichtung zeigt. Dabei wird das linke Bein nach vorn gesetzt und das rechte leicht gebeugt. Aus dieser Position erfolgt der Abwurf unter Beachtung der oben genannten Beobachtungsschwerpunkte.

2. Wurf mit Impulsschritt:

Aus leichter Schrittstellung, linkes Bein vorn, wird der Impulsschritt angesetzt und mit dem Stemmschritt zum Abwurf übergegangen.

3. Wurf aus dem Anlauf:

Aus einem nicht zu schnellen Steigerungslauf erfolgt mit betontem Aufsetzen des linken Fußes die Überleitung zur Abwurfvorbereitung und zum Abwurf. Auf eine dynamische Ausführung des Impulsschrittes (sogenannter doppelter Beinwechsel) ist dabei besonders zu achten.

Bei dieser Übungsreihe hat der Standwurf keinen Eigenwert mehr; er dient nur noch als Einstieg in den Wurf aus dem Anlauf. Daraus läßt sich auch relativ leicht der Speerwurf-Abwurf im „Fünferrhythmus" entwickeln (betonter fünftletzter Schritt, Beginn der Rückführung des Wurfarms mit dem viertletzten Schritt).

Übungsreihe 3

Im Sinne einer ganzheitlichen Vorgehensweise seien die Lernschritte hier in Form von Bewegungsanweisungen gegeben (Aufstellung wie in Abb. 1):

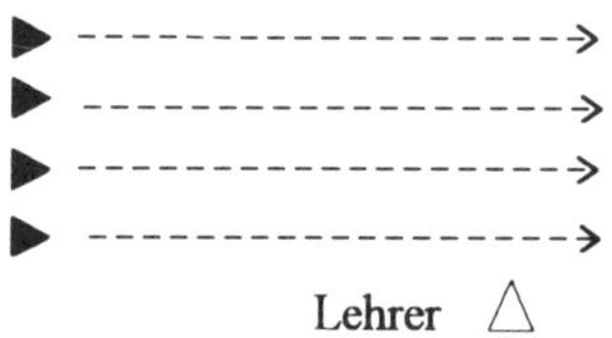

Abb. 1

1. „Lauft mit dem Ball in der Hand an und werft auf meiner Höhe ab."
2. „Achtet darauf, daß beim Abwurf das linke Bein vorn ist."
3. „Zieht vor dem letzten Schritt das rechte Bein schräg nach vorn und nehmt den Ball weit zurück."
4. „Setzt beim drittletzten Schritt den linken Fuß fest auf; der Rhythmus ist dann: Schritt – und – Wurf."

Es leuchtet ein, daß der Lehrer mit dieser Übungsreihe einige Risiken eingeht, vor allem aber, daß er einen sicheren Blick dafür haben muß, was die Schüler tatsächlich machen, was eben geht und was nicht geht.

Sofern die Schüler Vorerfahrungen aus dem Handballspiel haben, läßt sich der Weitwurf in ähnlicher Weise aus dem Torwurf entwickeln:

Übungsreihe 4

1. „Fangt mit einem Schritt links an und setzt dabei den Ball auf; führt mit dem nächsten Schritt den Ball zurück und werft ihn beim dritten Schritt ab" („Dreierrhythmus").
2. Dasselbe aus dem Dribbeln.
3. Dasselbe mit Tragen des Balls und einmaligem, dann ohne Aufsetzen des Balls.

Diese Übung kann auch mit Aufsetzen des Balls beim fünftletzten Schritt (also im „Fünferrhythmus") ausgeführt werden. Sofern der Ball dabei erst *nach* dem fünftletzten Schritt wieder aufgenommen wird, entspricht dies sogar der Handball-Spielregel.

Bei den beiden letzten Übungsreihen ist zu erwarten, daß viele Schüler den Impuls- und Stemmschritt nur flüchtig ausführen und die „Bogenspannung" nur wenig ausgeprägt ist.

Für alle vorgenannten Übungsreihen gilt, daß der Übungsprozeß erheblich intensiviert werden kann, wenn man die Bälle gegen eine Wand werfen läßt.

Ebenso ist es empfehlenswert, bei jedem Lernschritt zunächst einige *Imitationsübungen* ausführen zu lassen.

Drehwurf – Schleuderballwurf

Beim Drehwurf ergeben sich im wesentlichen nur zwei Möglichkeiten, nämlich die Gesamtbewegung von „hinten nach vorn" oder von „vorn nach hinten" aufzubauen.

Übungsreihe 1

1. Standwurf:

Aus seitwärtiger Ausgangsstellung wird mit weitem Anschwingen des Balls die Wurfauslage eingenommen und abgeworfen, jedoch ohne dabei umzutreten oder umzuspringen.

Wie beim geraden Wurf ist auch hier darauf zu achten, daß zunächst Hüfte und Brust nach vorn gedrückt werden; der Arm wird „nachgeschleppt".

2. Drehung:

Gleichfalls aus seitlicher Ausgangsstellung wird mit zwei Bodenkontakten zur Wurfauslage umgesprungen. Nach einigen Versuchen wird die Imitation der Abwurfbewegung angefügt.

3. Gesamtbewegung:

Die Gesamtbewegung wird zunächst mit deutlich vermindertem Krafteinsatz ausgeführt. Es ist darauf zu achten, daß die Drehung relativ langsam beginnt und die Drehgeschwindigkeit bis zum Abwurf ansteigt. „Auf Weite" wird erst nach geraumer Zeit geworfen.

Übungsreihe 2

1. Drehung mit imitiertem Abwurf:

Nach den ersten Versuchen mit Schwerpunkt auf dem Umspringen wird die Aufmerksamkeit mehr und mehr auf die Impulsfolge beim Abwurf verlagert.

2. Gesamtbewegung:

Auch hier wird zunächst mit „halber Kraft" geübt. Auf einen bruchlosen Übergang von der Drehung zum Abwurf ist besonders zu achten.

Ganz offensichtlich ist die zweite Übungsreihe ganzheitlicher strukturiert als die erste. Sie dürfte somit auch etwas mehr Bewegungserfahrung und „Bewegungsgefühl" erfordern.

Alle Übungen beider Übungsreihen können mit kurzgefaßter und mit langer Schlaufe ausgeführt werden. Die Einleitung zur Drehung erfolgt durch Anschwingen des Balls oder durch Ankreisen (schräg-rückwärts über den Kopf).

Kugelstoß

Beim Kugelstoßen sollte man – wie beim Schleuderballwurf, aber vielleicht noch deutlicher – auf einen langfristigen, sich auch über Schuljahresgrenzen hinweg erstreckenden Leistungsaufbau achten. Schnelle Erfolge sind hier jedenfalls kaum zu erzielen. Wettkampfmäßige Stöße sollten nicht zu früh eingesetzt werden.

Es ist durchaus empfehlenswert, den Kugelstoß über das *Stoßen mit Medizinbällen* einzuführen. Bei den nachfolgenden Übungsreihen wird dies nicht mehr besonders vermerkt. Ebenso ist es ratsam, auch wenn man gleich zur Kugel greift, mit dem *beidarmigen Stoßen* zu beginnen. Dies zwingt zu korrekter Körperhaltung in der Abstoßphase. Hauptanliegen der Kugelstoßmethodik muß es sein, strukturwidrige Bewegungsfehler zu vermeiden.

Übungsreihe 1

1. Beidarmige Stöße aus frontaler Ausgangsstellung:

Aus leichter Schrittstellung, Gerät auf dem Brustbein aufliegend, Ellenbogen angehoben, Fingerspitzen zur Brust zeigend, wird aus einer leichten Auftaktbewegung abgestoßen.

2. Beidarmige Stöße aus seitwärtiger Ausgangsstellung:

Ausführung im wesentlichen wie bei der 1. Übung. Beim Abstoß dreht der Körper in Stoßrichtung. Es wird, wie auch bei den folgenden Übungen, *nicht* umgetreten oder umgesprungen.

3. Standstoß (beidarmig und einarmig) aus der „3/8-Stoßauslage“:

Aus seitwärtiger Ausgangsstellung wird das hintere Bein gebeugt und der Oberkörper so weit nach hinten eingedreht, daß das Gerät sich über dem Knie befindet. Abstoß wie zuvor.

Beobachtungsschwerpunkte: Hebe-Dreh-Bewegung des Oberkörpers, deutliche Impulsfolge Beine – Hüfte – Schulter – Arm („Hüfte und Brust vor“), frontaler Ausstoß mit völliger Körperstreckung („Spät ausstoßen, ganz strecken“).

4. Angleitübungen:

Das linke Bein „zieht“ den Körper in die Stoßauslage und setzt schnell wieder auf.

5. Gesamtbewegung:

Die besondere Schwierigkeit liegt hier im nahtlosen Übergang von der Angleit- zur Abstoßbewegung. Es soll zumindest ein Teil der Vorbeschleunigung, die der Kugel beim Angleiten verliehen worden ist, in die Abstoßphase „hinübergerettet“ werden.

Diese sehr deutlich gegliederte Übungsreihe stellt den Standstoß in den Mittelpunkt und versucht, von da zur „gültigen“ Wettkampftechnik überzugehen. Dafür läßt sich ins Feld führen, daß das Teilziel Standstoß für den Großteil der Schüler durchaus genügt und der komplette Stoß ihnen keine wesentlichen Vorteile mehr bringen würde. Es lassen sich aber auch einige Bedenken formulieren. Diese betreffen zunächst nur die Art des Angleitens, was zur nachfolgend beschriebenen Variante führt, dann aber auch das methodische Vorgehen im ganzen, was eine Umstrukturierung der Übungsreihe erfordert.

Variante: Angehen mit Nachstellschritt:

Aus seitwärtiger (oder rückwärtiger) Ausgangsstellung wird ein betonter Schritt links, ein schneller Nachstellschritt rechts und ein dritter Schritt links in die oben beschriebene 3/8-Stoßauslage ausgeführt. Diese Technik ist für den Stoßkreis geeignet.

Übungsreihe 2

1. Kugelstoß mit schwunghaftem seitwärtigem (flachem) „Anhüpfen":

Hier wird also von Anfang an „richtig" gestoßen. Die Technik des Anhüpfens entspricht dem eben beschriebenen Angehen, wird aber entschieden schwunghafter und raumgreifender ausgeführt. Die Begrenzung auf den Stoßkreis muß also entfallen.

2. Verbesserung von Stoßauslage und Abstoß:

Dies erfolgt ggf. unter Verwendung isolierter Standstöße.

Diese Übungsreihe ist ganzheitlich aufgebaut und damit bewegungsreicher als die vorhergehende. Sie bedingt zwar eine relativ hohe Stoßauslage, was aber für schwächere Schüler durchaus vorteilhaft ist.

Übungsreihe 3

1. Kugelstoß aus dem frontalen Angehen:

Nach einigen Angehschritten vorwärts wird aus seitwärtiger Stoßauslage abgestoßen. Die Abfolge der drei letzten Schritte ist (für Rechtshänder): Schritt links, Überstellschritt („Kreuzschritt") rechts mit Rückführen der Stoßschulter, Schritt links mit Eindrehen in die Stoßauslage.

2. Ausformung der Gesamtbewegung:

Diese orientiert sich an den bereits genannten Beobachtungsschwerpunkten.

Diese Übungsreihe vermittelt einen recht lockeren und unverkrampften Zugang zum Kugelstoß, führt aber zu einigen Problemen, wenn es um die Ausformung von Stoßauslage und Abstoß geht.

Übungsreihe 4

1. Frontale Stöße aus einem relativ schnellen Anlauf:

Das Gerät wird auf der Stoßhand getragen und aus dem Laufen heraus abgestoßen („Steinstoßtechnik").

2. Dasselbe mit Überstellschritt („Kreuzschritt") beim zweitletzten Schritt.
3. Dasselbe mit immer deutlicherer Stoßauslage.

Diese Übungsreihe verwendet Elemente, die vom geraden Wurf her bekannt sind. Es wird aber auch deutlich, daß sie einige Unwägbarkeiten mit sich bringt, die sich nicht immer voll beherrschen lassen.

Die ganzheitlich orientierten Übungsreihen 2, 3 und 4 sind zwar deutlich bewegungsreicher als die analytisch aufgebaute Übungsreihe 1, bedingen aber relativ leichte Gerätegewichte. Diese wirken jedoch nicht immer in Richtung eines „Zwanges zum

Stoßen", sondern verführen zu wurfähnlichen Bewegungen. Somit ist beim Übergang zum „normalen" Kugelgewicht stets mit einigen Schwierigkeiten zu rechnen.

Bei der sogenannten Ganzmethode besteht auch die Gefahr, daß grundlegende Bewegungsfehler übersehen werden. Dennoch dürfte sich auf diese Art, sofern nur häufig genug geübt wird, bei den Schülern ein differenzierteres Bewegungsgefühl entwickeln als bei der Teilmethode.

Auswertung

(1) Fast unwillkürlich erhebt sich zu Beginn der Auswertung die Frage, welche der (mehr oder weniger ausführlich) vorgestellten Übungsreihen nun die jeweils „richtigen" seien. Diese Frage ist in dieser Form nicht zu beantworten. Wie schon mehrfach dargelegt, gibt es in der Methodik nichts, was immer und unbedingt richtig ist, und kaum etwas, was ganz und gar falsch ist. Es gibt nur Dinge, die im Hinblick auf eine bestimmte Situation mehr oder weniger zweckmäßig sind.

(2) Für die Wahl einer bestimmten – z.B. einer deutlich vorstrukturierten oder einer mehr ganzheitlich orientierten – methodischen Verfahrensweise lassen sich keine verbindlichen Kriterien festlegen, sondern nur *allgemeine Regeln* vorgeben:

a) Je bewegungsbegabter und bewegungserfahrener die Schüler sind, desto mehr eignen sich offene und ganzheitliche Verfahrensweisen. Weniger erfahrene Schüler sind eher auf „sichere" und kognitiv nachvollziehbare Übungswege angewiesen, die ggf. auch zu einem für sie sinnvollen Teilziel (z.B. dem Standstoß) führen.
b) Je mehr Erfahrung ein Lehrer in einer bestimmten Sportart hat, desto mehr kann er sich auf offene und ganzheitliche Verfahrensweisen einlassen. Nur der Experte ist in der Lage, sozusagen mit einem Blick zu erkennen, was er jeweils durchgehen lassen kann, weil es sich von selbst erledigt, und wo er eingreifen muß, weil sich eine Fehlentwicklung anbahnt. Der weniger versierte Lehrer sollte sich eher auf strukturierte Vorgehensweisen mit kontrollierbaren Übungsformen stützen.

(3) Methodengegensätze sind allerdings in der Unterrichtspraxis sehr viel weniger ausgeprägt, als sie in der Literatur formuliert werden. Auch bei einem prinzipiell ganzheitlichen Vorgehen wird man z.B. nicht umhin können, strukturell wichtige Teilbewegungen isoliert zu üben, und bei einem mehr analytischen Verfahren wird man sich bemühen, möglichst schnell zu sinnvollen Bewegungseinheiten zu kommen.

Insofern verliert auch die oft diskutierte Frage, ob der Sportunterricht – und hier speziell die Leichtathletik – sich am Leistungssport orientieren sollte (um den Schülern den Weg dorthin nicht zu verbauen) oder sich betont auf kind- und jugendgemäße Bewegungsformen beschränken müßte (um den Schülern die notwendigen „Bewegungserlebnisse" zu vermitteln), viel von ihrer Schärfe. Wie eingangs bereits gesagt, gelten schließlich für alle sportlichen Bewegungen dieselben biomechanischen und physiologischen Gesetzmäßigkeiten.

Theoretische Bezüge

Wurf und Stoß („Handbuch" S. 245); Vorsicht, methodische Übungsreihe! („Handbuch" S. 108); Methoden („Handbuch" S. 160).

Methodische Anmerkungen zu den „exotischen" Disziplinen der Leichtathletik

Ziele und Inhalte

- Einige allgemeine Hinweise für die leichtathletischen Disziplinen geben, die im Schulsport nur gelegentlich zum Zuge kommen.

Zum Thema

Nach der etwas ausführlicheren Behandlung der im Schulsport „gängigen" leichtathletischen Disziplinen aus den Bereichen Lauf, Sprung und Wurf/Stoß verbleibt es, einen kurzen Blick auf die bislang nicht berücksichtigten Disziplinen zu werfen. Von ihnen kommen die beiden Extreme, nämlich Gehen auf der einen und Hammerwurf auf der anderen Seite, für die Schule wohl kaum in Frage. Ebenso verbieten sich wettkampfmäßige Dreisprünge – unbeschadet der methodischen Bedeutung von Mehrfachsprüngen – von selbst. Auf die noch verbleibenden Disziplinen soll im folgenden kurz eingegangen werden.

Hürdenlauf

Für eine Erweiterung des „Disziplinkanons" der Schulleichtathletik ist der Hürdenlauf ohne Zweifel der erste Anwärter. In der Kombination von Technik und Kondition ist dieser die ideale „Testdisziplin" für leichtathletisches Können. Auch der körper- und bewegungsbildende Wert dürfte unbestritten sein. Zeitweise war der Hürdenlauf sogar Bestandteil der Bundesjugendspiele. Dem stehen allerdings einige organisatorische und methodische Probleme gegenüber.

Die organisatorischen Probleme liegen vorwiegend im materiellen Aufwand. In der Halle können normalerweise nur zwei Hürden überlaufen werden, was wohl kaum als „richtiger" Hürdenlauf zu werten ist. Dennoch sollte man, selbst wenn die Weiterführung nicht gesichert ist, auf diese Möglichkeit nicht verzichten. Für das Üben im Freien müssen, wie gleich zu zeigen sein wird, stets mehrere Bahnen aufgebaut werden. Es kommt hinzu, daß die Wettkampfhürden für eine Einführung im Schüleralter zu hoch und zu schwer, und damit auch zu abschreckend und verletzungsträchtig sind. Wenn keine entsprechenden Übungshürden verfügbar sind, ist man auf Selbstbau angewiesen (Turn- oder Gymnastikstäbe in Metallfüßen mit einem verschiebbaren Plastik- oder Baustellenband als „Querlatte").

Das methodische Problem folgt daraus, daß feste Hürdenabstände eine „Zwangssteuerung" darstellen, die den unterschiedlichen körperlichen und konditionellen Voraussetzungen der Schüler keine Rechnung trägt. Es müssen also mindestens zwei, besser aber drei bis vier differenzierte Bahnen zur Verfügung stehen.

Für das methodische Vorgehen im einzelnen bieten sich zwei Wege an: *„Dreierrhythmus"* bei relativ engen und *„Viererrhythmus"* bei relativ weiten Hürdenabständen. Beim Dreierrhythmus (drei Zwischenhürdenschritten) bleibt das Abdruckbein dasselbe, was den Schülern zunächst leichter fällt, aber nicht immer die notwendige Laufgeschwindigkeit gewährleistet. Beim *Viererrhythmus* (vier Zwischenhürdenschritten) wechselt das Abdruckbein, was zunächst einige Gewöhnung erfordert, dann aber ein zügigeres „Durchlaufen" erlaubt. Gleich welche Methode man wählt, erstrebenswert ist in jedem Fall, daß die Schüler nach Bedarf mit dem Abdruckbein wechseln können. Grundsätzlich gilt, daß zunächst die Hürdenabstände erweitert und dann erst die Hürdenhöhen gesteigert werden.

Als die zur Einführung des Hürdenlaufs geeignete Altersstufe kann die Mittelstufe (12 bis 15 Jahre) angesehen werden. Auf der Grundlage entsprechender Unterrichtsversuche lassen sich folgende Vorschläge machen:

a) Dreierrhythmus: Streckenlänge 50 m, Anlauf 12 m, fünf Hürden von 68 und 72, ggf. auch 76 cm Höhe, Hürdenabstände 6,0 bis 7,0 m:

12	6				14
	6,5				12
	7,0				10

b) Viererrhythmus: Streckenlänge 60 m, Anlauf 12 m, Hürdenhöhen wie oben, Hürdenabstände 7,0 bis (vorwiegend) 8,0 m:

12	7				20
	7,5				18
	8				16

In beiden Fällen ist es notwendig, den Anlauf gezielt zu schulen. Hierfür genügen zunächst sechs Schritte (ca. 8,5 m), die dann auf acht Schritte (ca. 12 m) erweitert werden. Die Hürdenzahl sollte stufenweise erhöht werden. Dabei sind die Abstände vorübergehend etwas zu verringern. Es hat sich gezeigt, daß die bei gleicher Streckenlänge, aber unterschiedlichen Hürdenabständen (und ggf. sogar Hürdenhöhen) erzielten Leistungen durchaus – auch im Sinne einer Leistungsbewertung – miteinander vergleichbar sind. Voraussetzung ist allerdings, daß die Schüler genügend Zeit haben, die für sie „passende" Bahn auszuprobieren.

Orientierungen über eine Punktwertung kann freilich nur die DLV-Mehrkampfwertung (und hier nur über die 60-m-Strecke) liefern. Auch ein Vergleich mit dem 50-m-Lauf kann hilfreich sein.

Beim sogenannten *Hürdenschritt* sind folgende Technikmerkmale besonders herauszuarbeiten:

– Abdruck weit vor der Hürde,
– flaches Überlaufen (nicht Überspringen) der Hürde,
– geradliniges Anschwingen des Schwungbeins vor und aktives „Bodenfassen" hinter der Hürde,
– seitliches Abspreizen des gebeugten Nachziehbeins über der Hürde,
– weites und aktives Vorbringen des Nachziehbeins in Laufrichtung.

Als „Technikindex“ kann dabei die Differenz zwischen der Hürdenlaufzeit und der entsprechenden Sprintzeit dienen: Je geringer, desto besser.

Stabhochsprung

Der Stabhochsprung ist sicher eine attraktive und jugendgemäße Disziplin. Von Ausnahmen abgesehen, liegt die moderne Technik mit biegsamen Glasfiberstäben aber außerhalb der Möglichkeiten des Schulsports. Somit verbleibt nur die konventionelle Technik mit Bambus- oder Leichtmetallstäben. Entsprechend sollte man am Stabhochsprung nicht zuviel herummethodisieren, sondern vor allem *springen*, und zwar

- als „Hexenritt“ mit Landung in Bewegungsrichtung, Stange zwischen den Beinen,
- als Weithochsprung, Landung mit Blick zurück zur Absprungstelle (Anweisung: „Linksspringer haben die rechte Hand oben und springen rechts am Stab vorbei“),
- als Hochsprung mit zunehmend deutlicherer Einroll- und Umsetzbewegung.

Anfangs genügt hierfür eine Weitsprunggrube; allmählich werden aber Einstichkästen oder -vertiefungen notwendig, schließlich auch eine entsprechende Sprunganlage.

Speer- und Diskuswurf

Im Grunde genommen sind Speer und Diskus historische Relikte, nämlich Übernahmen aus den Olympischen Spielen der Antike. Für die moderne Leichtathletik wären strukturgerechtere, d.h. aerodynamischen Einflüssen weniger ausgesetzte Wurfgeräte denkbar. Speer und Diskus sind nun aber die offiziellen Wettkampfgeräte, und so erhebt sich die Frage, wieweit sie für den Schulsport in Frage kommen.

a) Speerwurf

Der Speerwurf-Abwurf läßt sich ohne weiteres aus dem Ballwurf entwickeln. Voraussetzung ist allerdings die Beherrschung des sogenannten Fünferrhythmus, wobei die Speerrücknahme mit dem viertletzten Schritt beginnt. Es verbleibt lediglich die Gewöhnung an das Gerät. Das aber braucht seine Zeit und ist im Schulsport nur realisierbar, wenn in kleinen Gruppen mit der notwendigen Anzahl von Speeren (Ersatzgeräte bringen hier nicht viel) geübt werden kann. Sofern diese Voraussetzungen gegeben sind, ist der Speerwurf für wurfstarke und wurfgewandte Schüler kaum ein Problem.

b) Diskuswurf

Der Diskuswurf ist wie der Schleuderballwurf ein Drehwurf, unterscheidet sich von diesem aber gerade so viel, daß man keinen unmittelbaren methodischen Zusammenhang zwischen ihnen herstellen sollte. Zum einen ist beim Diskus eine direktere Einwirkung auf das Gerät möglich; es liegt hier also ein Dreh-Stütz-Abwurf gegenüber dem reinen Rotationswurf beim Schleuderball vor. Zum anderen muß der Diskus beim Abwurf die richtige Lage haben und die notwendige Rotation erhalten. Das aber erfordert einen langwierigen Gewöhnungs- und Lernprozeß, den der Übende – trotz aller methodischen Hilfen – sozusagen mit sich selbst ausmachen muß.

Damit stößt man aber im Schulsport auf zumeist unüberwindliche organisatorische Schwierigkeiten. Wegen der permanenten Unfallgefahr muß grundsätzlich aus einem

Schutzgitter – hilfsweise auch aus einem Fußballtor (alle anderen Schüler dahinter) – geworfen werden. Damit sinkt aber die Unterrichtsintensität auf ein nicht mehr vertretbares Niveau. Entsprechend dürften alle Versuche, beim Sportabitur den Diskuswurf anstelle des Schleuderballwurfs verbindlich zu machen, nur dazu führen, daß beide aus dem Pflichtprogramm der Sekundarstufe II verschwinden.

Zusammenfassung

Die „exotischen" Disziplinen der Leichtathletik stoßen in aller Regel auf organisatorische und zugleich auch methodische Probleme, wobei die ersteren im allgemeinen den Ausschlag geben.

Wo immer möglich, sollte aber der Hürdenlauf berücksichtigt werden.

Bei entsprechend reduzierten Erwartungen könnte der Stabhochsprung eine willkommene Abwechslung sein.

Speerwurf und noch mehr der Diskuswurf dürften auf Sonderfälle beschränkt bleiben.

Themenbeispiel 28

Staffeln – Staffelspiele – Staffelwettbewerbe

Inhalte

- Staffeln in verschiedenen Arten und Formen als Bestandteil eines allgemeinen Übungsbetriebs.
- Der leichtathletische Staffellauf als Rundenstaffel mit Stabwechsel.

Ziele

- Die Vielfalt der Staffeln als Möglichkeit zur Auflockerung und Intensivierung des Unterrichts vorstellen.
- Auf die methodischen und pädagogischen Probleme der Staffel als Mannschaftswettbewerb aufmerksam machen.

Programm

Das Programm besteht aus fünf Teilen, nämlich

- einem kurzen Überblick über die Formen und Ausführungsweisen von Staffelwettbewerben,
- der Darstellung der Reihen-, Pendel- und Rundenstaffel als den organisatorischen Grundformen der Staffel,
- einigen methodischen Hinweisen zum Erlernen des Stabwechsels,
- der Betrachtung einiger methodischer Probleme beim Durchführen von Staffeln,
- dem Versuch einer Einordnung der Staffel in den größeren Rahmen der Mannschaftswettbewerbe.

Erster Teil

Überblick über mögliche Staffelformen

Die Staffel – hier als Gattungsbegriff verstanden – erlaubt vielfältige Abwandlungen hinsichtlich der Fortbewegungsart und der besonderen Ausführungsweise, z.B. folgende:

- Staffeln im Laufen,
- Staffeln in anderen, ggf. auch wechselnden Fortbewegungsarten (z.B. im Hüpfen, Kriechen, in den verschiedenen Schwimmarten u.a.m.),
- Staffeln mit spieltypischer Fortbewegung (Dribbelstaffeln),
- Staffeln mit besonderer Aufgabenstellung (z.B. als Korblegerstaffel),
- Staffeln mit Transport eines Kleingerätes, das entweder dem nächsten übergeben oder abgelegt und wieder abgeholt wird,
- Staffeln mit Rollen oder Treiben eines Balls, auch mit Hilfe anderer Geräte,
- Staffeln mit Transport eines Partners (z.B. im Huckepack oder durch Ziehen auf einer Unterlage),
- Staffeln mit Transport eines größeren Gerätes (z.B. einer Matte) durch jeweils mehrere Teilnehmer,
- Staffeln mit Überwinden von Hindernissen (z.B. Überspringen oder Durchkriechen von Kastenteilen),
- Staffeln mit Fortbewegung auf einer rollenden oder rutschenden Unterlage (z.B. Rollbrett oder Teppichfliese),
- Staffeln mit Fortbewegung auf einer ebenfalls mitzubewegenden Unterlage (z.B. Pappkartons oder Holzklötzen).

Eine Sonderstellung nehmen die *Ballstaffeln* ein. Hier bewegen sich nicht die Mitspieler, sondern das Spielgerät, z.B.

- im Kreis, wobei der Ball dem nächsten oder übernächsten zugespielt wird,
- im Zickzack, wobei der Ball in Gassenaufstellung hin- und hergespielt wird,
- mit gegenüberstehendem Zuspieler, der seine Mitspieler der Reihe nach anspielt.

Zweiter Teil

Organisatorische Grundformen der Staffel

Die organisatorischen Formen der Staffel lassen sich auf drei Grundformen mit einer jeweils fast unübersehbaren Zahl von Abwandlungen zurückführen:

1. Die Reihenstaffel (Abb. 1):

In der Grundform stehen die Mannschaftsmitglieder in Reihe hintereinander. Der letzte beginnt, umläuft seine Mannschaft und schickt durch „Abschlag“ den nächsten auf die Reise usw.

Abb. 1

Es empfiehlt sich, die genaue Laufstrecke durch Malstangen zu markieren.

Sonderformen der Reihenstaffel sind u.a.:

- Schlängel- und Slalomstaffeln, wobei die etwas weiter auseinanderstehenden Mitspieler (immer von hinten nach vorn) umlaufen oder umdribbelt werden,
- Tunnelstaffeln, wobei die Mitspieler durch die gegrätschten Beine der Vorderleute kriechen,
- Tunnelstaffeln als Ballstaffeln, wobei der Ball durch die gegrätschten oder (auf Kommando) angehobenen Beine der wechselseitig gegenübersitzenden Mitspieler gerollt wird,
- Zuspielstaffeln, wobei ein Zuspieler den Ball den gegenüberstehenden Mitspielern zuspielt, die nach dem Rückspiel nach hinten laufen oder sich niedersetzen.

Das Prinzip der Reihenstaffel läßt sich auch auf eine Kreis- oder Viereckaufstellung übertragen.

2. Die Pendelstaffel (Abb. 2):

In der Grundform stehen sich jeweils zwei Hälften einer Mannschaft gegenüber. Die Mitspieler laufen zur Gegenseite, „schlagen" den nächsten ab (bzw. übergeben einen Staffelstab oder ein Gerät) und stellen sich hinten an, bis jeder einmal oder auch mehrmals an der Reihe war. Bei ungerader Teilnehmerzahl beginnt die Seite mit der größeren Anzahl.

Abb. 2

Eine relativ eigenständige Abwandlung der Pendelstaffel ist die *Umkehrstaffel*: Die Mitspieler bewegen sich zu einem bestimmten Punkt und von da zurück zu ihrer Mannschaft.

Sonderformen sowohl der Pendel- als auch der Umkehrstaffel sind u.a.:

- Slalomstaffeln, bei denen Malstangen oder entsprechende Geräte umlaufen oder umdribbelt werden,
- Zickzackstaffeln, bei denen sich die Mitspieler in einer (z.B. durch Medizinbälle oder Bänke gebildeten) Gasse hin- und herbewegen,
- Staffeln mit Umrundung eines oder mehrerer Geräte.

3. Die Rundenstaffel:

Typische Beispiele hierfür sind die „klassischen" Staffeln auf der Sportplatzrundbahn: 8 x 50 m oder 4 x 100 m. Selbstverständlich läßt sich dieses Prinzip auf jedes beliebige Übungsfeld mit einer oder mehreren Wechselstationen übertragen.

Die Rundenstaffel unterscheidet sich von den beiden anderen Formen durch den „fliegenden Wechsel" und vor allem dadurch, daß alle Mannschaften, will man nicht die komplexe Wettkampfform der 4 x 100 m Staffel verwenden, auf derselben Bahn laufen. Wenn möglich, sollte man also versuchen, mit zwei bis (höchstens) vier Mannschaften auszukommen.

Das Prinzip der Rundenstaffel läßt sich, wie noch zu zeigen sein wird, auch bei der Pendel- und Umkehrstaffel anwenden.

4. Spezielle Staffelformen:

Alle Staffelformen lassen sich auch als *Endlosstaffeln* mit einer vorgegebenen Anzahl von Durchgängen ausführen. Bei den Rundenstaffeln ist dabei zu beachten, daß die Startposition doppelt besetzt wird und das Ziel mit jedem Durchgang um eine Teilstrecke vorrückt (Abb. 3).

Rundenstaffeln lassen sich auch als *Verfolgungsstaffeln* organisieren: Es beginnen z.B. zwei Mannschaften an gegenüberliegenden Hallenseiten oder vier Mannschaften an den Wechselmarken der Rundbahn. Gelaufen wird so lange, bis eine Mannschaft die vorauslaufende eingeholt hat.

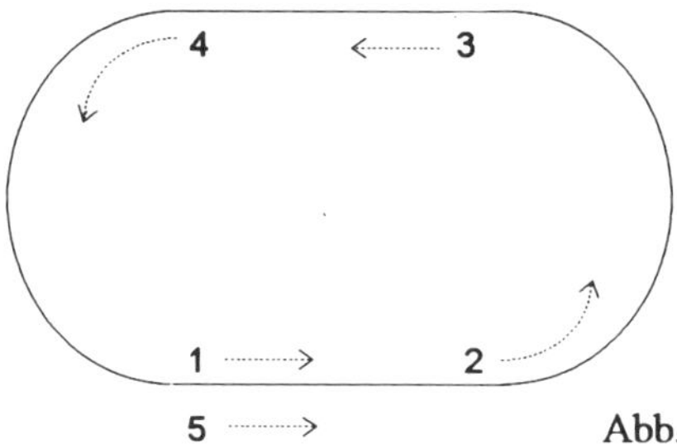

Abb. 3

Dritter Teil

Erlernen des „fliegenden Wechsels"

Vorbemerkungen

Das methodische Problem des fliegenden Wechsels liegt in erster Linie in der Geschwindigkeitsangleichung zwischen dem abgebenden und dem annehmenden Läufer und erst in zweiter Linie in der Stabweitergabe. Die erste Aufgabe läßt sich nur durch geduldiges Üben lösen; für die zweite sollte man – im Klassenunterricht – eine eindeutige Regel aufstellen: Der Ankommende übergibt den Stab stets mit der linken Hand in die rechte des Ablaufenden; dieser nimmt den Stab sofort in die linke Hand.

Diese Form der Stabübergabe läßt sich bei Dauerlaufübungen, z.B. beim „Warmlaufen", einüben: In Vierer- bis Achtergruppen wird der Stab von hinten nach vorn, wie beschrieben, durchgegeben. Der jeweils vordere Läufer läßt sodann die Gruppe an sich vorbeilaufen und beginnt von neuem.

Zum Einüben des „richtigen" Wechsels bieten sich zwei Möglichkeiten an:

Übungsform 1 (vorwiegend für den Unterricht in der Halle):

Pendel- oder Umkehrstaffel nach dem Prinzip der Rundenstaffel

Der ankommende Läufer umläuft zunächst seine Mannschaft und übergibt den Stab von hinten (Abb. 4).

Abb. 4

Der übernehmende Läufer startet, sobald der andere hinten sichtbar wird. Durch eine zusätzliche Malstange hinter der Mannschaft kann der so entstehende „Wechselraum" entsprechend dem Können der Schüler allmählich verlängert werden. In gleicher Weise läßt sich das Ende des Wechselraums markieren.

Übungsform 2 (vorwiegend für den Unterricht im Freien):

„Linienstaffel"

Benötigt wird ein größeres Übungsfeld mit vier Linien, z.B. der Torlinie, der Strafraumgrenze und der Mittellinie eines Fußballfeldes und einer Hilfslinie zwischen den beiden letzteren (Abb. 5).

Abb. 5

Die Schüler stehen in Zweiergruppen auf den beiden ersten Linien. Die erste Aufgabe lautet: „Der hintere Partner läuft los, so schnell er kann, der vordere startet so rechtzeitig, daß der andere ihn bis zur nächsten (dritten) Linie gerade noch einholen und mit der Hand an der Schulter berühren kann." Anschließend auslaufen und umgekehrt (an der ursprünglich dritten und vierten Linie) wieder aufstellen. Dasselbe mit Weitergabe des Staffelstabes. Diese Form läßt sich direkt auf die Rundbahn übertragen.

Das Auslegen von Ablaufmarken bringt im Klassenunterricht nicht viel. Die Schüler sollen vielmehr abschätzen lernen, wie weit (meist fünf bis sieben Schritte) sie ihren „Hintermann" herankommen lassen dürfen.

Vierter Teil

Zur methodischen Problematik von Staffeln

Es ist auch erfahrenen Lehrern nicht immer bewußt, daß mit der Durchführung von Staffelwettbewerben stets auch einige Probleme verbunden sind. Soweit diese den methodischen Bereich betreffen, lassen sie sich den Seminarteilnehmern durch einige „Experimente" verdeutlichen.

1. Beispiel: *Umkehrstaffel im Rückwärtslaufen*

Es wird sich schnell zeigen, daß dies bei höherer Geschwindigkeit nicht ganz problemlos ist. Diese Feststellung gilt im Prinzip für alle ungewohnten Tätigkeiten und Fortbewegungsarten.
Mögliche Abhilfe: (sehr) kurze Fortbewegungsstrecken.

2. Beispiel: *Umkehrstaffel mit Hockwende über einen Kasten als „Umkehrpunkt"*

Es wird sich herausstellen, daß ein solcher Sprung aus hoher Geschwindigkeit zwar durchaus möglich ist, sehr schnell aber auch gefährlich werden kann. Es ist dies jedoch ein recht harmloses Beispiel; es gibt kritischere, z.B. aus vollem Lauf unter einer Bank durchkriechen, eine Rolle ausführen, über ein Gerät balancieren oder ganz einfach mit der Hand an der Wand anschlagen.
Mögliche Abhilfen: einfachere Formen der Hindernisüberwindung (z.B. Aufspringen auf das Gerät), Verkürzung der Anlaufstrecken.

Bei genauerem Hinsehen zeigt sich, daß viele der im ersten Teil genannten Staffelformen in der einen oder anderen Hinsicht einige Probleme aufwerfen, die man – ohne übertriebene Ängstlichkeit – voraussehen und entschärfen sollte.

3. Beispiel: *Unterschwung am Reck im Rahmen einer Staffel*

Es wird bald ersichtlich, daß man unter Zeitdruck keinen „schönen" oder „richtigen" Unterschwung ausführen kann; ein flacher oder ein nur angedeuteter ist schneller.

Diese Feststellung gilt sinngemäß für alle Tätigkeiten, bei denen es auf die Qualität der Bewegung bzw. der Bewegungsausführung ankommt.

4. Beispiel: *Dribbelstaffel als Slalomlauf um Malstangen*

Die spielgerechte Ausführung dieser Aufgabe besteht darin, den Ball unter Handwechsel stets an der „Außenseite", also der von dem simulierten Gegner abgewandten Körperseite zu führen. Die staffelgerechte Ausführung legt nahe, mit der „besseren" Hand die kürzestmögliche Linie zu suchen.

Die beiden Prinzipien stehen in Konkurrenz zueinander und lassen sich im Grunde nur jedes für sich realisieren: „spielgerechtes" Dribbeln zwar schnell, aber ohne Wettkampfdruck, „staffelgerechtes" Dribbeln ohne spieltaktische Vorgaben. Andernfalls erhebt sich das Problem einer durchgehenden Ausführungskontrolle mit den daraus entstehenden Konflikten.

5. Beispiel (als Gedankenexperiment): *Korblegerstaffel mit Anfängern*

Es leuchtet ein, daß sich bei Schülern, die eben erst den Korbleger gelernt haben, unter Zeitdruck Irritationen einstellen, die bis zum Zusammenbruch der erlernten Bewegung führen können.

Andererseits ist Zeit- und Umgebungsdruck ein durchgehendes Kennzeichen des Sportspiels. Fortgeschrittene müssen den Korbleger also auch unter solchen Bedingungen zustande bringen und variabel anwenden können.

Hier wird ein langfristiger, in methodische Stufen gegliederter Lern- und Ausbildungsprozeß sichtbar, der sich nicht beliebig abkürzen läßt.

Aus den bisher vorgelegten Beispielen läßt sich eine wichtige Regel ableiten: Bei allen Staffel- oder Wettbewerbsformen, die nicht alltäglich und ungefährlich sind, müssen die darin enthaltenen Fertigkeiten vorher eingeübt sein. Und selbst dann sollte man mit einem oder einigen *Probedurchgängen* beginnen.

Zur Gruppen- bzw. Mannschaftsstärke

Auch das Problem der Gruppengröße läßt sich, obgleich es auf einer anderen Ebene liegt, durch eine Demonstration verdeutlichen: Eine Pendelstaffel kann bereits mit drei Teilnehmern, eine Rundenstaffel im Extremfall sogar mit zwei Teilnehmern (2 x 1/2 Runde) organisiert werden, was allerdings nur als Endlosstaffel mit mehreren Durchgängen sinnvoll ist.

Die Gruppengröße ist das wichtigste methodische Mittel zur Steuerung der Belastung: Je kleiner die Gruppen, desto kürzer sind die „Wartezeiten" und desto mehr Wiederholungen sind möglich. Staffeln in größeren Gruppen sind hinsichtlich der Gesamtbelastung keineswegs so intensiv, wie man zunächst wohl annimmt. Dieses Problem enthält auch einen psychologischen Aspekt, auf den in der Auswertung noch einzugehen sein wird.

Fünfter Teil

Andere Mannschaftswettbewerbe

Selbstverständlich gibt es neben den Staffelwettbewerben noch andere Mannschaftswettkämpfe, z.B. solche, bei denen die Einzelleistungen in Punktwerte umgerechnet und addiert werden. Im Umkreis dieses Themenbeipiels interessieren zwei Formen:

1. Gruppenwettläufe:
Die einzelnen Gruppen starten geschlossen; es kommt lediglich darauf an, welche Gruppe zuerst das Ziel, z.B. die gegenüberliegende Seite erreicht hat, sich auf einer Matte versammelt hat, auf einem Gerät steht usw. Diese Wettbewerbsform ist durch eine weitgehende Anonymisierung der Einzelleistung gekennzeichnet.

2. Gruppenwettläufe mit Einzelwertung nach Platzziffern:
Es ist dies das Prinzip der Nummernwettläufe. Dabei sind zwei Formen zu unterscheiden:

a) Gruppenwettläufe mit willkürlicher Startreihenfolge: Es werden die vorher an die Teilnehmer vergebenen Nummern aufgerufen.
b) Gruppenwettläufe mit fester Startreihenfolge: Es starten alle ersten, zweiten usw. Wird dabei die Besetzung der jeweiligen Positionen den Schülern überlassen, können sie den Wettkampfablauf taktisch beeinflussen.

Diese Wettbewerbsform hat eine gewisse Relativierung der Einzelleistung zur Folge: Auch der Beste kann nur einen Punkt gegenüber dem Nächstplazierten gewinnen, der Schlechteste nur einen verlieren.

Auswertung

(1) Die Staffeln sind im folgenden nicht als leichtathletische (oder auch schwimmsportliche, skisportliche usw.) Wettkampfdisziplinen, sondern in ihrer Eigenschaft als *Mannschaftswettbewerbe* zu betrachten.

Diese besondere Wettkampfform, die im allgemeinen Bewußtsein auch als „spielerisch“ gilt, ist aus pädagogischer Sicht als ambivalent einzustufen, d.h. sie hat, wie alles auf der Welt, zwei Seiten, über die man sich gleichermaßen im klaren sein sollte:

Die unbestrittenen *Vorteile* der Staffel als Mannschaftswettbewerb liegen darin,

- daß sie bei den Schülern Anklang findet, Interesse erregt, ja Begeisterung auslöst,
- daß sie die Schüler zu besonderer Anstrengung und intensivem Einsatz veranlaßt,
- daß sie den Schülern das Bewußtsein einer gemeinschaftlich erbrachten Leistung vermittelt (und dabei vielleicht auch, einen Schwächeren „mitgetragen“ zu haben).

Für den Lehrer kommt hinzu, daß Wettbewerb auch als Mittel dienen kann, von der eigentlichen didaktischen Zielsetzung – nämlich einzuüben – abzulenken.

Dem stehen aber auch einige *Nachteile* gegenüber, die man berücksichtigen sollte, und sei es nur nach der alten Regel, daß ein Problem schon dadurch entschärft wird, daß man es kennt. In dieser Hinsicht steht die Staffel stellvertretend für alle Wettbewerbs- und Wettkampfformen, was im folgenden eine etwas ausführlichere Behandlung rechtfertigt.

(2) Die Staffel ist eine *extreme Form des Mannschaftswettbewerbs.* Es ist zwar meist ein Zwischenstand ersichtlich; dieser wird jedoch nicht festgehalten und kann im nächsten Augenblick schon gegenstandslos sein; das Ergebnis bleibt bis zum Schluß offen. Dadurch baut die Staffel eine fast unerträgliche Spannung auf, die bei den Schülern gelegentlich zu geradezu explosionsartigen Lärmausbrüchen führt, wie sie jeder Lehrer kennt.

Dem kann man dadurch entgegenwirken, daß man viele kleine Mannschaften bildet: Je kürzer die Durchgänge sind, desto geringer ist auch die emotionale Mitbeteiligung. Es erhebt sich dann freilich das Problem des Überblicks über das Gesamtgeschehen. Im übrigen gilt der Grundsatz, daß man sich überlegen muß, was man welcher Klasse zu welchem Zeitpunkt „zumuten" kann.

(3) Für alle Mannschaftswettbewerbe, bei denen die Einzelleistung anteilig und sozusagen ohne Streichwertung in die Gesamtleistung eingeht, gilt die Regel, daß sie sehr oft nicht von den jeweils Besten gewonnen, sondern von den Schwächsten verloren werden. Für den Sportunterricht bedeutet dies, daß *gerade der schwächste Schüler sowohl dem größten Zeit- und Wettbewerbsdruck als auch dem größten sozialen Druck ausgesetzt ist.*

Dieses Problem läßt sich nur näherungsweise lösen, am ehesten noch durch die bereits genannte Verkleinerung der Mannschaften. Dadurch unterliegen die Ergebnisse etwas mehr dem Zufall und die entstehende Unübersichtlichkeit trägt zur weiteren Relativierung von Erfolg und Mißerfolg bei. Es ist auch gar nicht notwendig, immer die genaue Einlaufreihenfolge festzustellen. Vielfach genügt es, den Sieger zu ermitteln oder ganz einfach die Mannschaften anzuweisen, durch ein Zeichen (z.B. Handaufheben oder Ballhochhalten) das Ende eines Durchgangs anzuzeigen.

(4) *Zeitdruck mindert die Bewegungsqualität.* Diese Feststellung gilt durchgängig, jedoch mit unterschiedlichen didaktischen Konsequenzen:

a) Solange die Grundstruktur einer Bewegung noch nicht gefestigt ist, also beim Anfänger, ist Zeitdruck immer bedenklich. Dieser „Schonraum" wird aber von Sportart zu Sportart und von Disziplin zu Disziplin unterschiedlich schnell verlasssen. Ebenso ist das „variierende Üben" davon nicht betroffen.
b) In allen Sportarten, in denen Zeitdruck sozusagen zur Sache gehört, z.B. in der Leichtathletik, und noch deutlicher in den Sportspielen, muß der Übende, sobald der individuelle Könnensstand es erlaubt, an die realen Bedingungen herangeführt werden.
c) In allen Sportarten, bei denen es auf die Qualität der Bewegung ankommt, ist Zeitdruck strukturwidrig. Niemand würde auf die Idee kommen, eine Rolle, einen Unterschwung oder eine tänzerische Bewegung nach der Stoppuhr ausführen zu lassen, und ebenso widersinnig ist es, derartige Übungen in eine Staffel einzubeziehen.

(5) Staffeln werden gemeinhin als *„Spielformen“* bezeichnet, obgleich sie eindeutig Wettbewerbsformen sind. Diese im allgemeinen Sprachgebrauch durchgängige, aber auch in der Fachliteratur zu beobachtende Gleichsetzung von Spiel und Wettbewerb hat ihre Ursache wohl im Vorbild des sportlichen Spiels, das – wie auch einige andere Bereiche des Spielens – in der Tat beide Elemente in sich vereint. Für das methodische Mittel der „Spielform“ ist dies aber, wie eben gezeigt, problematisch, und dies auch aus grundsätzlichen pädagogischen Erwägungen heraus. Es erhebt sich also die Frage, wie man die einseitige Wettbewerbsorientierung der „Staffelspiele“ etwas abmildern könnte. Hierfür bieten sich vor allem zwei Möglichkeiten an:

- die Betonung kooperativen Verhaltens, beispielsweise bei Tragestaffeln,
- die Betonung der Rolle des Zufalls, beispielsweise bei spezifischen Geschicklichkeitsaufgaben.

Unterrichtliche Maßnahmen dieser Art sollten aber auch den Schülern bewußt gemacht werden. Sie können an diesem Beispiel erkennen, daß Kooperation, Konkurrenz und Zufall gleichermaßen Wesensmerkmale des Spiels sind.

(6) Staffelwettbewerbe sollen durch die vorgestellten Überlegungen keineswegs in Frage gestellt werden. Es sollte lediglich darauf hingewiesen werden, daß ihrer unterrichtlichen Verwendung einige differenziertere Überlegungen vorausgehen müssen.

Außerdem sollte der Blick auch auf andere Formen von Mannschaftswettbewerben, seien sie nun eher konkurrenzorientiert oder eher kooperativ angelegt, gelenkt werden.

Theoretische Bezüge

Was heißt „spielerisch“? („Handbuch“ S. 207); Gruppenbildung („Handbuch“ S. 80).

Kapitel 5

Schwimmen

„Schwimmen“ ist weder in den Lehrplänen noch im allgemeinen Bewußtsein eindeutig definiert. Hinsichtlich des *Schwimmunterrichts in der Schule* lassen sich in den vergangenen Jahrzehnten drei Entwicklungsstufen feststellen:

1. Schwimmen als „Schwimmenkönnen“ mit dem Hauptgewicht auf Wassersicherheit, Selbst- und Fremdrettung.
2. Schwimmen als Sportschwimmen nach den Regeln und Gesetzmäßigkeiten der sogenannten cgs-Sportarten.
3. Schwimmen als vielfältiges Sich-Bewegen im „Bewegungsraum Wasser“.

In diesem letzteren weiten Bedeutungsumfang ist Schwimmen das *Abbild des Sports* im ganzen, insofern als es originär sportliche, spielerische und künstlerische Elemente in sich vereint. Dies läßt sich auch seminardidaktisch nutzbar machen, zumal man auf Dinge zurückgreifen kann, die an anderer Stelle behandelt worden sind. Im Mittelpunkt dürfte jedoch nach wie vor das *sportliche Schwimmen* in den vier Wettkampfdisziplinen stehen. Hierfür gelten im wesentlichen dieselben Feststellungen wie für die Leichtathletik, wenngleich das Sportschwimmen nicht dieselbe Bandbreite der körperlichen Beanspruchung aufzuweisen hat.

Die *Einstellung der Schüler* entspricht in etwa der zur Leichtathletik. Allerdings gehen in der Vorstellung vor allem der jüngeren Schüler Baden und Schwimmen ineinander über, was gelegentlich dazu führt, daß Schwimmen nicht als „ernsthafter“ Unterrichtsgegenstand wahrgenommen wird.

Die *Vorkenntnisse der Referendare* sind im allgemeinen zufriedenstellend, wenn auch eine gewisse Streuung festzustellen ist.

Schwimmen in der Schule ist in weitem Umfang ein *organisatorisches Problem*. Nicht immer steht ein Lehrschwimmbecken zur Verfügung; sehr oft müssen sich mehrere Klassen ein Schwimmbecken teilen oder der Schwimmunterricht findet während des öffentlichen Badebetriebs statt. Häufig sind auch weite Anmarsch- oder Anfahrtswege in Kauf zu nehmen. Unter diesen Bedingungen läßt sich nur schwer die notwendige Effektivität des Unterrichts erreichen. Die Starrheit der Stundenpläne führt in vielen Schulen dazu, daß in einer bestimmten Klassenstufe – in den weiterführenden Schulen meist in Klasse 5 oder 6 – zwei Wochenstunden Sport allein für das

Schwimmen reserviert werden. Damit werden aber gerade in dieser wichtigen Altersstufe alle anderen Sportarten beeinträchtigt. Es spricht also einiges dafür, das Schwimmen schwerpunktmäßig schon in der Grundschule zu unterrichten und in den folgenden Schuljahren, wenn irgend möglich, zwei auseinanderliegende Halbjahre einzuplanen.

Organisatorische Probleme, ähnlich den hier geschilderten, ergeben sich zumeist auch für die *Seminarausbildung*. Dennoch sollte man auf eine angemessene Behandlung, auch in praktischer Erprobung, nicht verzichten. In aller Regel wird diese aber, wie es auch im folgenden Kapitel geschieht, sehr kompakt und gerafft ausfallen müssen.

Dabei sollten folgende *Aspekte* berücksichtigt werden:

- Schwimmen als (lebensnotwendige) „Brauchkunst".
- Schwimmen als Sportart.
- Sich-Bewegen und Spielen im Wasser.

Methodische Hinweise zum sportlichen Schwimmen

Inhalte

- Übungsformen und Übungsreihen zur Verbesserung der Schwimmtechniken.

Ziele

- „Schwimmen" als sportliches Schwimmen darstellen.
- Methoden und Methodenkonzeptionen am Beispiel Schwimmen verdeutlichen.

Programm

Zum Thema

Diesem Themenbeispiel liegt eine doppelte Eingrenzung zugrunde:
a) auf Schwimmen als sportliches Schwimmen,
b) auf den Schwimmunterricht in der Sekundarstufe I und II.

Die erste Eingrenzung hat zunächst sachliche Gründe, insofern als aus dem großen Komplex des Sich-Bewegens im Wasser das Sportschwimmen herausgegriffen und für sich behandelt wird. Sie findet aber auch in der Praxis ihre Entsprechung: An vielen Schulen ist die für das Schwimmen verfügbare Zeit so knapp bemessen, daß allein dieser Bereich behandelt werden kann. Die zweite Eingrenzung folgt ganz einfach daraus, daß die Verfasser sich nicht zu Dingen äußern möchten, in denen sie kaum persönliche Erfahrungen sammeln konnten.

Das Themenbeispiel ist nach den „offiziellen" Schwimmarten gegliedert. Jedem Teil ist die Analyse des üblicherweise zu Beginn der Sekundarstufe I anzutreffenden *Ausgangsniveaus* vorangestellt. Sodann wird versucht, die möglichen *Lernziele* etwas genauer zu bestimmen, bevor zu den *methodischen Hinweisen* übergegangen wird. Die spezifischen Probleme des Kraul- und Delphinschwimmens sind im „Handbuch" (S. 293 - 300) etwas ausführlicher dargestellt. Sie werden hier in Kurzfassung wiederholt.

Brustschwimmen

Ausgangsniveau: Brustschwimmen wird von den Schülern beim Übergang in die weiterführenden Schulen im allgemeinen beherrscht oder wenigstens gekonnt, zeigt meistens aber deutliche technische Mängel, vor allem beim Beinschlag.

Brustschwimmen ist für Anfänger und Nicht-Schwimmsportler die bevorzugte Dauerschwimmart, da der Hauptantrieb durch den Beinschlag – und damit durch eine recht kräftige Muskelgruppe – erzeugt wird und die Atmung nicht behindert ist. Im Schwimmsport erscheint es wegen des wenig ökonomischen Bewegungsablaufs nur als Kurzstreckenschwimmart.

Für den Schwimmunterricht in der Schule lassen sich daraus die folgenden *Lernziele* ableiten:

- Verbesserung der Bewegungsausführung durch Behebung von Bewegungsfehlern.
- Dauerschwimmen, z.B. nach den Bedingungen der Schwimmabzeichen.
- Schnellschwimmen in altersgemäßen Strecken (50 m, 100 m).

Als *methodische Schwerpunkte* ergeben sich daraus

- das Erlernen eines effektiven Beinschlags, möglichst als „Schwunggrätsche",
- die Koordination von Armzug und Beinschlag, zunächst mit betonter Gleitphase.

Methodische Hinweise

Zur Demonstration des Beinschlags können folgende „Trockenübungen" dienen:

a) Im Sitzen, Oberkörper leicht zurückgelehnt, werden die Beine angezogen und wieder gestreckt; die Knie werden dabei nur leicht auseinander genommen, die Fersen gleiten auf einer gedachten Linie zum Körper hin und auf einer gleichfalls nur gedachten Kreisbahn zurück zur Ausgangsstellung. Dabei werden die Fußspitzen angezogen und nach außen gedreht.

b) In der Bauchlage, Knie leicht geöffnet, werden die Unterschenkel gebeugt und mit einer Kreisbewegung wieder gestreckt.

Beide Übungen enthalten zwangsläufig einige strukturwidrige Elemente. Etwas näher der Realität kommen Beinschlagübungen im Sitzen am Beckenrand, Beine locker auf dem Wasser liegend. Hier kann das schnelle Zusammenführen der Unterschenkel und das Erfühlen des Wasserwiderstandes gut geübt werden.

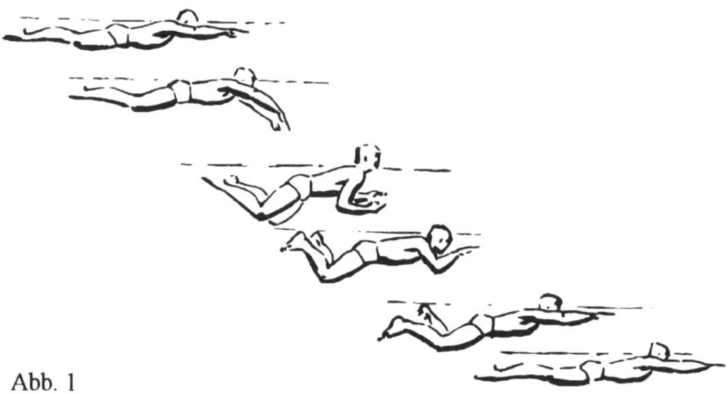

Abb. 1

Beinschlagübungen im Gleiten in Brust- und Rückenlage sind im Normalfall unverzichtbar. Im letzteren Falle ermöglichen sie eine gute Selbstkontrolle. Es ist dies auch das einzige Mittel gegen den nur schwer korrigierbaren „Scherenschlag". Wichtig ist dabei eine ruhige und gleichmäßige Ausführung des Beinschlags mit Betonung der Streckung. Außerdem sollte nach jedem Beinschlag eine kurze Pause gemacht werden, allein schon um den gewonnenen Vortrieb bewußt zu erleben.

Isolierte *Armzugübungen* sind nur zur Verdeutlichung des Bewegungsablaufs notwendig: Die Handflächen ziehen bei leicht gebeugten Armen schräg nach außen-unten; die Ellenbogen bleiben dabei oben. Die Arme werden bis Schulterhöhe nach hinten geführt, dann gewinkelt an den Körper herangenommen und wieder gestreckt.

Besondere Beachtung erfordert die *Koordination von Armzug und Beinschlag:* Es beginnt der Armzug; der Beinschlag setzt erst ein, wenn die Arme „abgeklappt" werden. Mit der Beendigung des Beinschlags ist der Körper völlig gestreckt. Es folgt eine deutliche Gleitphase (Abb. 1). Die klar gegliederte Abfolge lautet: *Armzug – Beinschlag – Gleiten.* Dieses „Gleitzugschwimmen" kann nicht intensiv genug geübt werden, selbst wenn sich damit eine gewisse Diskrepanz zu den modernen Wettkampftechniken ergeben sollte.

Stichwortartig zusammengefaßt lassen sich folgende *Beobachtungsschwerpunkte* herausstellen: „Kurzer" Armzug mit gewinkeltem Arm und „hohem" Ellenbogen; „grosser Kreis" mit den Füßen, energisches Zusammenführen der Beine; Körperstreckung und Gleitphase nach jedem Schwimmzug.

Als spezielle *Übungs- und Trainingsformen* – hier als Anweisungen formuliert – bieten sich an:

- „Schwimmt mit gleichmäßigen Schwimmzügen, macht nach jedem Zug eine Pause."
- „Zählt eure Schwimmzüge; versucht, auf der nächsten Bahn mit einem oder mehreren Zügen weniger auszukommen."
- „Fangt mit halber Kraft an, verstärkt ganz allmählich den Krafteinsatz, ohne dabei die Schwimmzüge schneller auszuführen."
- „Fangt langsam an, erhöht allmählich die Zugfrequenz, ohne hastig zu werden."

Mit den entsprechenden Modifikationen lassen sich diese Übungsformen auch auf die anderen Schwimmarten übertragen.

Beim *Dauerschwimmen* werden die Schüler angewiesen, die Geschwindigkeit so zu wählen, daß sie eine vorgegebene Strecke (200 m, 300 m, 500 m) ohne auszusetzen durchhalten können.

Der Übergang zum *Schnellschwimmen* darf nicht zu früh erfolgen. Auch hier ist darauf zu achten, daß jeder Schwimmzug ganz zu Ende geführt wird. Staffel- und Wettbewerbsformen sollten nur zurückhaltend verwendet werden (vgl. Themenbeispiel 28, Staffeln, Staffelspiele, Staffelwettbewerbe).

Organisatorische Hinweise

Das „Bahnenschwimmen" erfolgt in „Wellen" nach folgendem Muster: Entsprechend der Klassenstärke und der Beckenbreite werden die auf derselben Beckenseite versammelten Schüler, z.B. durch Abzählen, in Gruppen eingeteilt. Zunächst starten die „Einser", mit etwa fünf Metern Abstand folgen die „Zweier" u.s.f. Entsprechend wird auf dem Rückweg verfahren (Abb. 2).

Das Dauerschwimmen wird in Form *von „laufenden Bändern"* organisiert: Die Schüler schwimmen in kurzen Abständen hintereinander auf einer Bahn zur Gegenseite, schlagen dort an, „hangeln" sich ein Stück zur Seite und schwimmen auf der Nachbarbahn zurück (Abb. 3).

Es werden mehrere „Bänder“ jeweils leistungsgleicher Schüler gebildet.

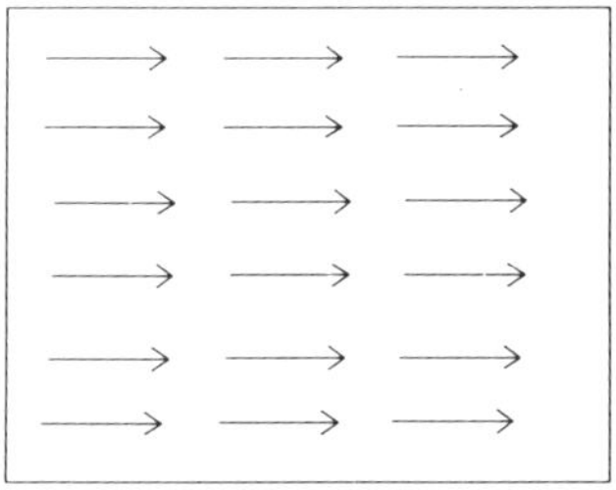

Abb. 2

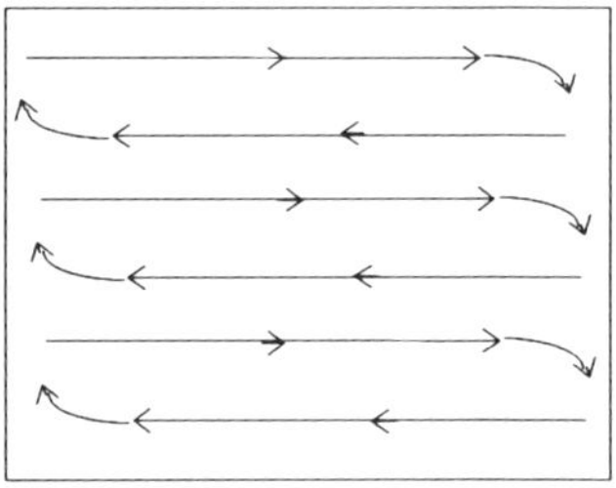

Abb. 3

Wichtiger Hinweis: Die Schüler sollten die gesamte Übungszeit über im Wasser bleiben. Sie ermüden dabei weniger als bei einem andauernden Heraus- und Hineinsteigen und frieren auch nicht so sehr.

Kraulschwimmen

Ausgangsniveau: Kraulschwimmen wird von den Schülern im allgemeinen nicht oder nur unvollkommen beherrscht. Es sind allerdings erhebliche individuelle Unterschiede zu verzeichnen.

Kraulschwimmen ist für Anfänger und Ungeübte durchweg Kurzstreckenschwimmart, weil der Hauptantrieb durch den Armzug – und damit durch eine wenig gekräftigte und schnell ermüdende Muskelgruppe – erzeugt wird. Im Schwimmsport nimmt das Kraulschwimmen die zentrale Position ein. Als die schnellste und ökonomischste Schwimmart ist es nicht nur Kurzstrecken-, sondern als einzige auch Langstreckenschwimmart.

Aus diesen Gegebenheiten lassen sich folgende *Lernziele* ableiten:
- Erlernen eines ökonomischen Bewegungsablaufs als Grundlage für das Dauerschwimmen,
- Schnellschwimmen über altersgemäße Strecken (25 m, 50 m, 100 m).

Als *methodische Schwerpunkte* ergeben sich dabei:
- das Erlernen, Üben und Festigen eines effektiven *Armzugs*,
- das „Einspielen“ einer kraftsparenden Gesamtbewegung mit lockerem Beinschlag.

Das methodische Schlüsselproblem liegt darin, die Schüler zu veranlassen, *längere* Strecken *langsam* zu schwimmen.

Methodische Hinweise

Gesonderte *Beinschlagübungen* sind für Anfänger recht mühsam und methodisch wenig effektiv. Wenn überhaupt, sollten sie nur aus dem Gleiten heraus ausgeführt werden. Es ist durchaus möglich und angezeigt, das Kraulschwimmen auf ganzheitliche Weise *nur vom Armzug her* zu entwickeln. Dazu werden die Schüler angewiesen, sich „mit langem Armzug durch das Wasser zu ziehen“ und dabei „die Beine locker im Wasser liegenzulassen“. Es wird sich herausstellen, daß es gar nicht möglich ist, gänzlich ohne Beinbewegungen zu schwimmen. (Hierfür müßte man die Füße über Kreuz legen). Fast jeder macht irgendwelche Ausgleichbewegungen, die sich allmählich zu einem konkreten Beinschlagmuster verdichten. Diese Entwicklung sollte man nicht beschleunigen. Sobald sich unrhythmische oder verkrampfte Bewegungen einstellen, wiederholt man die ursprüngliche Anweisung („Laß die Beine locker liegen").

Die Anweisungen für den *Armzug* lassen sich wie folgt zusammenfassen: „Ziehe nach dem Wasserfassen so nach innen-unten, daß die Hand möglichst bald den Ellenbogen einholt; drücke weiter, bis die Hand am Oberschenkel angekommen ist; Hand und Unterarm gehen dabei unter Brust und Bauch hindurch; bringe den Arm locker und mit hohem Ellenbogen wieder nach vorn; dabei ‚rollt' der Körper um seine Längsachse. Es wird bei jedem zweiten Armzug, also immer auf derselben Seite eingeatmet; ausgeatmet wird ins Wasser hinein." Im weiteren Verlauf des Übens genügen die Stichworte: „Wasserfassen – ziehen – drücken – hoch vor" (Abb. 4).

Methodischer Kernpunkt ist also der lange und bogenförmige Armzug. Welches Armzugmuster man dabei vorgibt („Halbkreis", „umgekehrtes Fragezeichen", „S"), ist zweitrangig.

Abb. 4

Sehr häufig wird man bei diesen Übungen feststellen, daß die Schüler ihre Augen unter Wasser geschlossen halten. Kraulschwimmen ist so aber nicht möglich; was dabei herauskommt, bleibt mehr oder weniger chaotisch. Die Schüler sind also mit allen Mitteln dazu anzuhalten, auch unter Wasser die Augen zu öffnen; ggf. sollten sie eine Schwimmbrille benutzen.

Außerdem ist immer wieder deutlich zu machen, daß man Kraulschwimmen nicht von jetzt auf nachher „kann", sondern sich im Verlauf von vielen Schwimmkilometern allmählich „erüben" muß, und zwar nicht nur der koordinativen, sondern auch der spezifischen konditionellen Anforderungen wegen. Dabei muß zunächst das Dauerschwimmen den Vorrang haben. Für das Schnellschwimmen gilt das oben Gesagte.

Ständige *Beobachtungsschwerpunkte* bei diesem komplexen Lern- und Übungsprozeß sind: Augen auf; ins Wasser vollständig ausatmen, seitwärts einatmen; langer bogenförmiger Armzug mit „hohem“ Ellenbogen, deutliche Zug- und Druckphase, Arme hoch und stark gebeugt nach vorn; lockerer Beinschlag mit „langem“ Bein.

Rückenkraulschwimmen

Ausgangsniveau: Rückenkraulschwimmen wird im allgemeinen nicht beherrscht, verursacht aber bei schwimmkundigen Schülern keine besonderen methodischen Probleme. Es wird allerdings durchweg als recht mühsam empfunden. Im Schwimmsport ist es nur Kurzstreckenschwimmart.

Lernziel ist die Bewältigung einer altersgemäßen Kurzstrecke (25 m, 50 m).

Der methodische Schwerpunkt liegt auf dem Erlernen einer ökonomischen Gesamtbewegung.

Methodische Hinweise

Rückenkraul ist nicht einfach die „Umkehrung“ des Kraulschwimmens; es folgt eigenen Gesetzmäßigkeiten: Der Beinschlag ist kräftiger und auch effektiver, die Armbewegung deutlich schwieriger; die Wasserlage spielt eine besondere Rolle. Spezielle Beinschlagübungen können also recht nützlich sein. Im allgemeinen kann man jedoch sofort mit der Gesamtbewegung beginnen. Beim Durchziehen der Arme sollte die Schulter tief ins Wasser genommen werden; das Rückführen erfolgt ohne Pause mit „hoher“ Schulter.

Schwierigkeiten bereitet regelmäßig der Anschlag am Ende der Bahn. Hierfür sollten die Schüler ein Sichtzeichen über oder neben dem Becken (z.B. durch den dort stehenden Lehrer) haben.

Zusammenfassend ergeben sich folgende *Beobachtungsschwerpunkte*: flache Wasserlage, gleichmäßiger Armzug ohne Pause beim Herausheben (Schulter beim Durchzug tief); kräftiger Beinschlag.

Delphinschwimmen

Ausgangsniveau: Beim Delphinschwimmen sind im allgemeinen keine oder nur unwesentliche Vorkenntnisse vorhanden. Es fällt den meisten Schülern schwer, weil es sehr kraftraubend ist. Dem kann nur durch eine „gute Technik“, vor allem durch ein reibungsloses Zusammenspiel von Arm- und Beintätigkeit begegnet werden. Delphin ist nur Kurzstreckenschwimmart.

Als *Lernziele* ergeben sich somit das Erlernen der Technik und die Bewältigung einer altersgemäßen Strecke (25 m. 50 m).

Methodischer Schwerpunkt ist dabei die Koordination von Armzug und Beinschlag.

Methodische Hinweise

Für das Erlernen der Delphintechnik bieten sich zwei Wege an:

a) das direkte Erarbeiten nach der „progressiven Teilmethode“, vermutlich mehr für jüngere Schüler geeignet,
b) die Entwicklung über das Brustschwimmen durch systematische Formveränderungen, vermutlich mehr für ältere Schüler geeignet.

Die erste Methode ist wie folgt gegliedert:

- Beinschlagübungen aus dem Gleiten in Brust-, Rücken- und Seitenlage, auch unter Wasser.
- Beinschlagübungen in Brustlage mit einem kräftigen und einem schwächeren Beinschlag im Wechsel; die gestreckten Arme „drücken“ dabei im Rhythmus des Beinschlags auf das Wasser.
- „Aufschalten“ des Armzugs auf den Beinschlag: Beim ersten, kräftigen Beinschlag ziehen die Arme durch, beim zweiten tauchen sie wieder ein.
- Allmähliches „Einspielen“ der Gesamtbewegung durch langsames und möglichst kraftsparendes Schwimmen.

Die zweite Methode wird in folgenden Lernschritten umgesetzt:

- Schwimmen mit Brustarmzügen und Delphinbeinschlägen. Bei Schülern, die solche „Kombinationsformen“ nicht kennen, bedarf dies einiger Gewöhnung, doch ergeben sich im allgemeinen keine Schwierigkeiten.
- Erlernen des neuen Koordinationsmusters „zwei (Delphin-)Beinschläge auf einen (Brust-)Armzug“, der erste beim Durchziehen, der zweite beim Vorbringen der Arme. Es ist dies der entscheidende Lernschritt, der recht unterschiedlich schnell bewältigt wird, von manchen auf Anhieb, von anderen erst nach einigem Probieren. Hinweis: Im Gegensatz zum Brustschwimmen müssen Armzug und erster Beinschlag „falsch“, nämlich gleichzeitig, ausgeführt werden.
- Ersetzen des Brustarmzugs durch den Delphinarmzug.

Die erste dieser beiden Methoden bringt anfangs die schnelleren Lernfortschritte, wird dann aber etwas mühsam; die zweite macht einige Schwierigkeiten beim Einstieg, führt dann aber gelegentlich fast schlagartig zum Erfolg.

Hinweise zur Technik: Für den Beinschlag genügt zumeist die Anweisung, mit beiden Beinen gleichzeitig einen Kraulbeinschlag auszuführen. Der für das Delphinschwimmen typische „Unterschenkelkick“ bildet sich in der Regel von selbst heraus. Auch beim Armzug kann man vom Kraulschwimmen ausgehen, z.B. mit der Anweisung: „Macht mit beiden Armen zugleich einen Kraularmzug, aber so, daß ihr zuerst in weitem Bogen nach außen zieht.“ Beim weiteren Erarbeiten dieses sogenannten Schlüssellochmusters liegt die Betonung auf der Druckphase, bei der die Hände nahe beieinander mit zunehmender Beschleunigung unter dem Körper hindurch geführt werden.

Die *Beobachtungsschwerpunkte* im Überblick: langer, bogenförmiger Armzug mit deutlicher Zug- und Druckphase; Arme locker nach vorn; zwei Beinschläge auf einen Armzug, der erste beim Durchziehen, der zweite beim Eintauchen der Arme.

Die Wenden

Die Wenden sollten von Anfang an in den Lernprozeß einbezogen und immer wieder ohne Zeitdruck, z.B. beim Schwimmen in Querbahnen, geübt werden. Im Mittelpunkt steht die *Drehwende*, die je nach Ausführungsweise auch als Kippwende erscheint.

Geeignete Vorübungen sind folgende:

- Aus dem Stand im flachen Wasser, Rücken zur Beckenwand: Abtauchen und unter Wasser Abstoßen. Dasselbe auch aus seitwärtiger Ausgangsstellung, eine Hand am Beckenrand.
- Aus dem (Brust- oder Kraul-)Schwimmen schnell in die Gegenrichtung drehen und weiterschwimmen.

Die Wende selbst wird ganzheitlich nach folgender Ablaufbeschreibung erarbeitet: Nach dem Anschlagen (beim Brust- und Delphinschwimmen mit beiden Händen, wobei die eine sofort wieder zurückgenommen wird) werden in einer schnellen Körperdrehung „die Beine an die Wand geworfen" (beim Kraulschwimmen mit einem zusätzlichen „Wischer" der hinteren Hand entgegen der Drehrichtung); der Körper kippt seitwärts oder seitwärts-vorwärts ab und taucht ein. Erst jetzt stoßen die Beine ab (Anweisung: „Erst abtauchen, dann abstoßen"). Der Anschlagarm geht dabei am besten über Wasser nach vorn.

In Stichworten, die zugleich als *Beobachtungsschwerpunkte* dienen können, ergibt sich folgender Ablauf: Anschlagen – Beine an die Wand – Abtauchen – Abstoßen.

Beim Brustschwimmen (beim Delphinschwimmen werden die Schüler kaum dazu kommen) wird nach der Wende – ebenso wie nach dem Start – ein *Tauchzug* ausgeführt, und dies nach folgendem Muster: Nach deutlichem Gleiten beginnt ein langer Armzug, ähnlich einem beidarmigen Kraularmzug. Dieser wird erst ganz zu Ende geführt, bevor der Beinschlag einsetzt. Während des Beinschlags werden die Arme am Körper entlang wieder nach vorn gebracht. Der Kopf taucht auf.

Die *Rückenkraulwende* hat durch die neue Wenderegel erheblich an Problemgehalt verloren: Vor dem Anschlag, der mit einem beliebigen Körperteil erfolgen kann, darf in Brustlage gedreht werden, wobei allerdings nur ein Armzug erlaubt ist. Im übrigen gilt die eben genannte Bewegungsabfolge. Das neuerdings erlaubte „Unterwasserschwimmen" bis 15 m dürfte in der Schule keine Rolle spielen. Hinweis: Wer in Rückenlage unter Wasser kommt, muß Luft durch die Nase ablassen. Sonst kommt Wasser in den Rachenraum.

Die im sportlichen Kraulschwimmen übliche *Rollwende* dürfte nur den Spezialisten unter den Schülern einen Vorteil bringen. Dennoch kann sie als „kleines Kunststück" auch im Schwimmunterricht angeboten werden, z.B. wie folgt: Rolle vorwärts aus der Schwimmbewegung; Rolle vorwärts vor der Beckenwand mit schrägem Aufsetzen der Füße; Rolle vorwärts mit 1/4 Drehung vor dem Aufsetzen der Füße und 1/4 Drehung beim Abstoßen.

Start

Der *Startsprung* (beim Brust-, Kraul- und Delphinschwimmen) wird aus dem „Anspringen" zum Gleiten im flachen Wasser, von der Treppe oder Leiter und schließlich vom Beckenrand entwickelt. Er erhält mehr Wucht, wenn der Schwimmer vor dem Beinabdruck etwas nach vorn abkippt. Dies gelingt am besten, wenn zur Einleitung der Startbewegung ein Armkreis rückwärts ausgeführt wird. Ein perfekter Start zum Rückenkraulschwimmen (Körper schwingt über Wasser zurück zum Eintauchen) wird nur wenigen Schülern gelingen; weniger vollkommen stellt er kein Problem dar.

Lagenschwimmen

Das Lagenschwimmen in der Reihenfolge Delphin-, Rücken-, Brust-, Kraulschwimmen (bei Staffeln: Rücken-, Brust-, Delphin-, Kraulschwimmen) sollte mehr gepflegt werden, ggf. auch in unvollständiger Zusammenstellung. Dabei gilt die Regel: Anschlagen in der bisherigen Lage, Abstoßen in der neuen Lage.

Hinweise zum Anfänger-Schwimmunterricht

Es bietet sich an, einige Hinweise zum „Schwimmenlernen“ anzufügen, zumal dabei die wichtigsten schwimmethodischen Prinzipien dargestellt werden können.

Schwimmen lernen ist nicht einfach das Erlernen einer Schwimmtechnik, sondern ein komplexer Prozeß, der sich in die Stufen der *Wassergewöhnung*, der *Wasservertrautheit*, d.h. der Verbesserung des Bewegungs- und Lageempfindens im Wasser, und der *Wassersicherheit* durch Beherrschung einer oder mehrerer Schwimmtechniken und des Tauchens gliedern läßt.

Generelles Prinzip ist dabei die „natürliche Methode“, die auf *Auftriebshilfen*, die den Gesamtauftrieb sicherstellen sollen, und auf *Trockenübungen*, es sei denn als Imitationsübungen zur Verdeutlichung eines Bewegungsablaufs, verzichtet. Es werden nur methodische Hilfen zur Lagestabilisierung, z.B. Schwimmbretter und -klötze, oder zur Verbesserung des Vortriebs, z.B. Paddles, verwendet. Ihre Benutzung sollte man den Schülern aber jeweils freistellen, da sie nicht immer als Erleichterung empfunden werden.

Der gelegentlich empfohlene Einsatz von *Flossen* als Lernhilfe ist nicht unumstritten, da sie eine nachfolgende Umgewöhnung erforderlich machen und stets auch einige organisatorische Probleme verursachen.

Aus dem reichen Repertoire der *Wassergewöhnungsübungen* sei hier nur auf zwei Gruppen von Übungen verwiesen:

a) Übungen zum Schweben und zum Erfühlen des statischen Auftriebs:
   - Im brusttiefen Wasser gehen die Schüler in den Hockstand, bis der Kopf unter Wasser ist, und lösen die Beine vom Boden: Der Körper *schwebt*.
   - Dasselbe mit *offenen Augen* und *Ausatmen ins Wasser:* Die Schüler sehen, daß der Körper in eingeatmetem Zustand schwebt, also etwas leichter als das Wasser ist, in ausgeatmetem Zustand aber absinkt, also etwas schwerer als das Wasser wird.
   - Vorfallen in die Bauchlage bzw. Zurückfallen in die Rückenlage und Aufrichten in den Stand: Die Schüler lernen, daß man dazu durch Anziehen der Beine zunächst eine „Sitzhaltung“ einnehmen muß.

   Alle diese Übungen werden unterstützt durch das *Paddeln*: Dabei „wischen“ die Handflächen mit einer Armdrehung um jeweils 180 Grad in einer langgezogenen Acht auf der Wasseroberfläche hin und her oder „propellern“ mit derselben Bewegung unter Wasser. Vor allem in Rückenlage kann man sich damit auch recht gut fortbewegen.

b) Übungen zum Gleiten und Erfühlen des dynamischen Auftriebs:
   - Gleiten an der Wasseroberfläche in Brust- und Rückenlage (Abstoß von der Treppe oder von der Beckenwand), Wiederaufrichten zum Stand.
   - Gleiten unter Wasser in Brustlage, Niederkauern auf dem Beckenboden und Aufrichten.
   - Delphinsprünge und Tauchzüge im flachen Wasser.

Zum Problem des „späten Nichtschwimmers"

In den weiterführenden Schulen (und je nach den örtlichen Verhältnissen auch an den Grundschulen) sind nur noch wenige Nichtschwimmer anzutreffen. Sie lassen sich grob in zwei Gruppen einteilen:

a) Schüler, die noch keine Gelegenheit zum Schwimmenlernen hatten: Wenn irgend möglich, sollten diese besonderen Kursen zugewiesen werden. In aller Regel schließen sie dann schnell zu ihren Klassenkameraden auf.

b) Schüler, die Angst vor dem Wasser haben: Für diese Gruppe könnte Schwimmenlernen nach der „natürlichen Methode" zur Qual werden. Methodischer Dogmatismus ist hier fehl am Platz; es gilt die Devise, daß erlaubt ist, was Erfolg bringt. Dies gilt auch für die Verwendung von Auftriebshilfen. Optimal sind hier aufblasbare oder auf andere Art veränderbare Schwimmgürtel, die freilich so an der Brust befestigt werden müssen, daß sie nicht verrutschen. Mit ihrer Hilfe können diese Schüler ggf. sogar am regulären Schwimmunterricht teilnehmen. Je nach Lernfortschritt wird der (zusätzliche) Auftrieb allmählich verringert bis hin zum Punkt Null (vielleicht sogar, ohne daß der Schüler es merkt).

Auswertung

(1) Das Sportschwimmen ist sicherlich nicht der einzige, aber nach wie vor der zentrale Bereich des Schwimmunterrichts in der Schule. Dies bedeutet aber keineswegs eine durchgängige Orientierung am Wettkampfsport. Schwimmen in der Schule hat eigene Ziele und setzt zum Teil auch andere Prioritäten. Im Hinblick auf die vier Wettkampftechniken ergeben sich dabei folgende Überlegungen:

Brustschwimmen kann wegen seines hohen Gebrauchswertes und auch wegen seiner Bedeutung für das Rettungsschwimmen in der Schule nach wie vor die erste Stelle beanspruchen. Daraus folgt, daß eine einseitige Orientierung auf das Schnellschwimmen abzulehnen ist. Die neueren technischen Entwicklungen in diesem Bereich würden zudem das Brustschwimmen bewegungsmäßig noch weiter von den übrigen Schwimmarten abkoppeln, als dies ohnehin schon der Fall ist. Das „klassische" Brustschwimmen mit relativ ruhiger Wasserlage ist also – auch als Grundlage für das Dauerschwimmen – vorzuziehen.

Kraulschwimmen steht wegen des ökonomischen Bewegungsablaufs und seiner zentralen Position im Schwimmsport in seiner Bedeutung auch für die Schule dem Brustschwimmen nicht viel nach. Es ist außerdem Grundlage einiger freizeitsportlicher Betätigungen, z.B. des Flossenschwimmens und des Tauchens.

Rückenkraulschwimmen kann einige gesundheitssportliche Argumente für sich verbuchen. Da der Schwimmer aber prinzipiell nicht sieht, wohin er schwimmt, ist der Gebrauchswert begrenzt.

Delphinschwimmen ist in der Schule vor allem als sportliche Herausforderung im Sinne eines „Kunststücks“ zu sehen.

Diese Klassifizierung der Schwimmarten schließt nicht aus, daß es unter den Schülern Spezialisten gibt, die in „ihrer“ Schwimmart zu besonderen Leistungen fähig sind. Von einem Schüler, der Schwimmen als Prüfungsfach wählt, kann man erwarten, daß er alle Lagen beherrscht, allein schon um die Vergleichbarkeit mit den übrigen Individualsportarten zu gewährleisten.

Die Frage einer Erweiterung des Übungsbestandes durch historische Schwimmtechniken ist eher zurückhaltend zu beantworten. In Frage käme allenfalls *Rücken-Gleichschlagschwimmen* (beidarmiger Armzug alternierend zu einem Brustbeinschlag).

(2) Didaktisch erwünscht wäre es, wenn im Anfängerunterricht doppelgleisig gefahren werden könnte, z.B. in der Weise, daß mit dem Brustschwimmen begonnen und mit geringer Verzögerung parallel dazu das Kraulschwimmen eingeführt würde.

Dies scheitert leider sehr häufig an der Realität: Die meisten Kinder erlernen das Schwimmen bereits vor Schuleintritt und kommen mit bestimmten Vorerfahrungen in den Unterricht, zumeist mit einem technisch schlechten Brustschwimmen und diffusen Vorstellungen über das Kraulschwimmen. Hier stellt sich als vorrangige Aufgabe, mit der jeweils benachteiligten Schwimmart so schnell wie möglich „nachzuziehen“, bis beide einen angemessenen qualitativen und quantitativen Stand erreicht haben.

In einigen Veröffentlichungen wird das Rückenkraulschwimmen als geeignete Anfängerschwimmart genannt. Das ist theoretisch sicherlich begründbar, stößt sich aber mit den genannten Vorerfahrungen. Außerdem fehlt es an genaueren Nachweisen darüber, was für den Schüler mühsamer ist, das Kraulschwimmen zunächst in Rückenlage zu erlernen und sich dann „umzudrehen“ oder gleich in Brustlage zu beginnen.

(3) Als methodische Standardabfolge beim Erlernen einer Schwimmtechnik gilt: Gleiten – Beinschlag – ganze Lage. Das ist beim Brustschwimmen sicher richtig, beim Kraulschwimmen, wie oben gezeigt, fragwürdig. Beim Rückenkraul- und Delphinschwimmen bestehen Alternativen.

Schwimmunterricht erschöpft sich jedoch nicht im Lernen einer Technik. Sportliches Schwimmen ist immer in irgendeiner Weise auf die Verbesserung des Könnens und die Steigerung der Leistung ausgerichtet. Im Schwimmen als einer eher „technischen Sportart“ kann dies auf zwei Ebenen erreicht werden: durch Verbesserung der Bewegungsausführung einerseits und der Kondition andererseits. Beides erfolgt im Rahmen eines komplexen Übungsprozesses vor allem durch das Dauerschwimmen. Ein reines „Schönheitsschwimmen“ würde nämlich nicht viel bringen und „Kondition“ hat gerade im Schwimmen eine konkrete sportartspezifische Ausprägung. Als weiteres methodisches Prinzip ergibt sich also: Dauerschwimmen vor Schnellschwimmen.

(4) Die eben gekennzeichnete Rolle der Technik kann bei Anfängern und weniger geübten Schwimmern nicht ohne Auswirkungen auf die Leistungsbewertung bleiben.

Solange eine Schwimmtechnik nämlich noch nicht gefestigt ist, wäre ein konkreter, z.B. von einer Stoppuhr oder einer Wettbewerbsform ausgehender Zeitdruck bedenklich, da unter solchen Bedingungen die Bewegungsqualität leidet (vgl. Themenbeispiel 28, Staffeln, Staffelspiele, Staffelwettbewerbe). Sobald eine Schwimmart jedoch beherrscht wird, verliert das sogenannte Stilschwimmen seinen Sinn, denn nunmehr muß die Technik ihre Effektivität beweisen. Die Leistungsbewertung im Schwimmen ist also – innerhalb einer Klasse allerdings einheitlich – vom allgemeinen Könnensstand abhängig und reicht vom reinen Stilschwimmen bis hin zum reinen Zeitschwimmen. In einem Zwischenbereich bietet sich eine Mischnote aus Zeit- und Stilschwimmen (im Verhältnis von 1:1 oder 2:1) an.

Aus diesen Überlegungen läßt sich die allgemeine Erkenntnis ableiten, daß die Leistungsbewertung im Sportunterricht ganz entscheidend durch die Struktur der Sportart einerseits und die Leistungsmöglichkeiten der Schüler andererseits bestimmt ist. Die hier anstehenden Probleme sind im „Handbuch", S. 130 - 155, besprochen.

(5) Schwimmunterricht ist auch ein organisatorisches und aufsichtsrechtliches Problem. Hierfür gelten folgende Regeln:

- Schwimmbäder ohne Aufsichtspersonal (z.B. Lehrschwimmbecken) dürfen nur mit dem Lehrer betreten werden.
- Jeder duscht sich und wäscht sich (und sucht ggf. die Toilette auf), bevor er das Schwimmbad betritt.
- Keiner geht ins Wasser, bevor der Unterricht beginnt.
- Sprünge gleich welcher Art – außer den jeweils erlaubten oder angeordneten – sind während der ganzen Stunde verboten. In jedem Fall muß das Wasser tief genug sein (auch bei Startsprüngen).
- Nasse Schwimmbadfliesen sind rutschig, also Vorsicht.

(6) Obgleich nicht zum Thema gehörend, sind an dieser Stelle vielleicht auch einige Bemerkungen zum Baden und Schwimmen außerhalb des Unterrichts (z.B. bei Wandertagen und Schullandheimaufenthalten) angebracht.

Vorweg: Nahezu alle bekanntgewordenen schweren Badeunfälle mit Schülern haben sich außerhalb des Sportunterrichts ereignet. Zurückhaltung ist also angebracht, jedenfalls aber die Beachtung folgender Grundsätze:

- Baden nur in öffentlichen Badeanstalten und beaufsichtigten Badeplätzen.
- Schüler nach eventuell bestehenden gesundheitlichen Risiken befragen.
- Nicht mit vollem Magen und nicht erhitzt ins Wasser gehen.
- Nichtschwimmer und „Halbschwimmer" besonders beaufsichtigen.

Im übrigen sei auf die *Baderegeln* der Schwimmfachverbände hingewiesen.

Theoretische Bezüge

Wann fängt eine Sportstunde an? („Handbuch" S. 51); Methoden („Handbuch" S. 160), Methodische Hilfen („Handbuch" S. 186).

Die Abbildungen 1 und 4 sind entnommen aus: URBAINSKY, N.: Methodik des Schwimmunterrichts, Teil I, Pohl-Verlag Celle 1987.

Sich-Bewegen und Spielen im Wasser

Inhalte

- Methodische Hinweise zu den „Randbereichen“ des Schwimmunterrichts.

Ziele

- Wasser als „Bewegungsraum“ des Menschen darstellen.
- Möglichkeiten und Grenzen des „gerätefreien“ Sich-Bewegens im Wasser zeigen.

Programm

Tauchen

Unter „Tauchen“ soll hier allein die Fortbewegung unter Wasser ohne Benutzung von Hilfsmitteln (Flossen, Schnorchel, Taucherausrüstung) verstanden werden. In diesem Sinne leitet es sich unmittelbar von der Wassergewöhnung ab, z.B. mit folgenden Übungen:

- Untertauchen mit geöffneten Augen in verschiedenen Körperstellungen.
- „Kleine Kunststücke“ im flachen Wasser wie Handstand, Rolle vorwärts, Delphinsprünge u.ä.
- Gleiten unter Wasser, z.B. auch durch die gegrätschten Beine eines Partners.

Aus dem Gleiten wird das Schwimmen unter Wasser entwickelt. Dieses führt zum *Streckentauchen*. Der dazu notwendige *Tauchzug* ist bereits im vorangegangenen Themenbeispiel dargestellt. Auf ruhige, fast bedächtige Bewegungsausführung ist dabei besonders zu achten. Bei längeren Strecken sollte gegen Ende ein Teil der Atemluft langsam abgeblasen werden. Lernziel für alle sollte die Bewältigung einer Querbahn (meist 12,5 m), möglichst aber einer Längsbahn (25 m) in einem Normal-Schwimmbecken sein. Das Tauchen auf Zeit, auch über eine begrenzte Strecke („Schnelltauchen“), erscheint gesundheitlich nicht unbedenklich und sollte mit Vorbehalt betrachtet werden.

Eine gewisse Sonderstellung nimmt das Tieftauchen ein. In der Schule dürfte es aus aufsichtsrechtlichen Gründen nur in Schwimmbädern angebracht sein. Zur Kontrolle werden dabei ein oder mehrere Gegenstände (z.B. Tauchringe), die ggf. auch etwas weiter auseinander plaziert werden, vom Beckenboden heraufgeholt. Der Tauchvorgang kann durch einen Kopfsprung vom Beckenrand eingeleitet werden. Dazu muß aber das Wasser tief genug sein.

Von der Wasseroberfläche aus ergeben sich zwei Möglichkeiten des Abtauchens:

- Der Schwimmer knickt nach einem kräftigen Beinschlag mit dem Oberkörper nach vorn ab und schwimmt aktiv nach unten.
- Der Schwimmer schnellt aus dem Wasser, taucht fußwärts ab und dreht unter Wasser in die Schwimmlage.

Transportschwimmen

Das Transportschwimmen ist zunächst im Zusammenhang mit dem Thema „Ziehen und Schieben eines Partners" zu sehen, z.B.:

- Ziehen eines Partners, der sich an den Füßen festhält, durch (Brust- oder Kraul-) Armzüge.
- Schieben eines Partners an den Füßen mit Hilfe von Beinschlägen.

Solche Übungen, bei denen ggf. Auftriebshilfen verwendet werden müssen, dienen vor allem der speziellen Technik- und Konditionsschulung.

Für das Transportschwimmen im engeren Sinne kommen drei Formen in Frage:

- „Abschleppen": Beide Partner in Rückenlage; der ziehende faßt den anderen an den Oberarmen oder am Kinn und schwimmt mit Brustbeinschlägen.
- Ziehen: Beide Partner in Brustlage; der untere, ziehende schwimmt in Brusttechnik; der obere, gezogene hält sich an den Schultern fest.
- Schieben: Der obere, schiebende Partner schwimmt in Brusttechnik, der untere, geschobene stützt sich in Rückenlage auf den Schultern des Partners ab.

Hinweis: Transportschwimmen darf nicht mit Rettungsschwimmen gleichgesetzt werden. Dieses bildet einen eigenen Komplex mit Elementen des Sportschwimmens, des Tauchens, des Transportschwimmens, der Selbst- und Fremdrettung und der ersten Hilfe einschließlich der jeweiligen theoretischen Kenntnisse. Für ein Unterrichtsvorhaben „Rettungsschwimmen" empfiehlt sich die Zusammenarbeit mit den Vertretern der zuständigen Fachverbände, z.B. im Rahmen eines Projekts.

Kunstschwimmen

Kunstschwimmen bildet einen eigenen, in sich vielfach gegliederten Komplex, der in einigen Bereichen auch für den Sportunterricht, und hier vornehmlich für die Mädchen, interessant werden kann, z.B. in folgenden Formen:

Figurenlegen

Grundlage für das Figurenlegen ist das bereits im vorangegangenen Themenbeispiel beschriebene *Paddeln* in der Rückenlage. Der völlig gestreckte Körper liegt dabei so auf dem Wasser, daß die Körpervorderseite möglichst genau der Wasseroberfläche folgt. Durch entsprechende Paddelbewegungen mit den Händen wird der Körper in Schwebe gehalten und nach Bedarf entweder kopfwärts oder fußwärts bewegt. Diese Bewegungen sollten, zumindest für kurze Zeit, auch in Bauchlage beherrscht werden.

Mit Hilfe des Paddelns können nun in Gruppen von vier bis zwölf Schwimmer(inne)n Figuren auf dem Wasser gebildet werden, in Vierergruppe z.B.:

- ein Kreuz, Füße oder Köpfe zueinander,
- ein Quadrat, Füße berühren den Kopf,
- eine Linie, Füße an den Schultern,
- eine Reihe, Arme ineinander verschränkt.

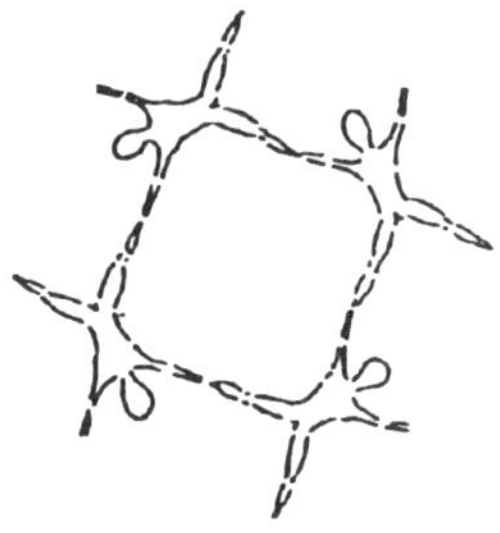

Viererschwimmbild

In größeren Gruppen können Sterne, Kreise, Pyramiden u.ä. gebildet werden. Die Beine können geschlossen bleiben oder gegrätscht werden, was die verschiedensten Variationen erlaubt.

Schwimmfiguren

Das Kunstschwimmen kennt eine Reihe von (Pflicht-)Figuren, die einzeln oder in Gruppen dargeboten werden können. Für den Sportunterricht kommen freilich nur die einfacheren unter ihnen in Frage, z.B.:

- „Beugeknie" und „Ballettbein": In der Rückenlage wird ein Bein gebeugt (Fußspitze an der Wasseroberfläche) bzw. senkrecht nach oben gestreckt.
- „Zuber": In Rückenlage werden die Beine so weit wie möglich angezogen; die Unterschenkel verbleiben parallel zur Wasseroberfläche. In dieser Stellung läßt sich der Körper sehr leicht horizontal um sich drehen.
- „Flamingo": Der Körper ist wie beim „Zuber" gebeugt; ein Bein wird jedoch senkrecht nach oben gestreckt.
- Salto vorwärts: In Bauchlage knickt der Körper senkrecht nach unten ab (die Beine gleiten an der Wasseroberfläche weiter), durch kräftiges Paddeln wird eine Vorwärtsdrehung wieder in die Ausgangslage ausgeführt.

Beugeknie Zuber Ballettbein

Ballettschwimmen

Das Ballettschwimmen bedient sich der üblichen Schwimmtechniken, vor allem des Kraul- und Rückenkraulschwimmens, gelegentlich auch des Brustschwimmens. Die Bewegungen werden zu mehreren gleichzeitig ausgeführt. Es wird völlig spritzerlos geschwommen; der Kopf bleibt immer über Wasser. Beim Kraulschwimmen in Brust- und Rückenlage wird vorwiegend der Wechselzug verwendet: Jeweils ein Arm führt einen vollständigen Armzug durch, während der andere auf dem Wasser liegenbleibt.

Eine beliebte Form ist der „Walzerkraul", bei dem entweder mit jedem oder mit jedem dritten Armzug von der Brust- in die Rückenlage und wieder in die Brustlage gewechselt wird.

Beim Ballettschwimmen wird – wie überhaupt im Kunstschwimmen – prinzipiell nach Musik geschwommen. Dies erfordert freilich einige Übung und eine sorgfältige Musikauswahl, zumal die Übereinstimmung von Musik und Bewegung im Wasser viel schwieriger herzustellen ist als z.B. in der Gymnastik. Im übrigen gilt für den Musikeinsatz das im Themenbeispiel 20, Gymnastische Grundformen, Gesagte.

Wasserspringen

Unter „Wasserspringen“ sollen im folgenden nicht die Startsprünge verstanden werden und auch nicht die vielen, mehr oder weniger geformten Sprünge vom Beckenrand, sondern nur die Sprünge vom 1- und 3-m-Brett.

Wasserspringen in diesem Sinne hatte früher sowohl in der Sportlehrerausbildung als auch im Schulsport einen höheren Stellenwert, als heute allgemein zu beobachten ist. Dies mag daran liegen, daß das in mancher Hinsicht unproblematischere Trampolinspringen zumindest teilweise an seine Stelle getreten ist.

Zum Wasserspringen in der Schule ist vorweg festzustellen, daß es das große Vergnügen der Schüler ist, solange es im Unverbindlichen bleibt. Es wird aber sehr schnell – zwar nicht bei allen, aber bei vielen Schülern – zur unbeliebtesten Disziplin des gesamten Schulsports, wenn konkrete Anforderungen gestellt werden. Es liegt zwar durchaus im Sinne des Sportunterrichts, die Schüler auch zu Aufgaben anzuhalten, die eine gewisse Selbstüberwindung erfordern (und vielleicht gerade deshalb zu einem großen Erlebnis werden können), doch muß dies nicht unbedingt am Beispiel des 3-m-Bretts praktiziert werden. Wasserspringen erfordert vom Lehrer ein gewisses Fingerspitzengefühl dafür, was einem Schüler zuzumuten ist und was nicht.

Einfache Fuß- und Kopfsprünge vom 1-m-Brett aus einem formgerechten Absprung kann sicher jeder Schüler lernen. Anlauf und Absprung laufen dabei wie folgt ab: Nach zwei Gehschritten drückt sich der Springer mit dem dritten, dem „Stemmschritt“, etwa einen Meter vor dem Brettende steil nach oben ab (Arme und Schwungbein werden dabei nach oben geführt) und landet mit beiden Beinen zum „Aufsatz“, der das Brett zum anschließenden Absprung niederdrückt. Alles weitere besorgt sozusagen das Sprungbrett.

Der (gehockte oder gebückte) Salto vorwärts ist nicht jedermanns Sache, stellt aber für die etwas mutigeren Schüler einen sehr attraktiven Sprung dar. Bewegungsmäßig einfacher, weil aus dem Stand ausgeführt, ist der gestreckte Salto rückwärts. Alle übrigen Sprünge sind dem gehobenen Schwierigkeitsbereich zuzurechnen. Sie erfordern vom Lehrer entsprechende Sachkenntnisse.

Spielen im Wasser

Bei den „Wasserspielen“ sind zwei Gruppen zu unterscheiden:

- kleine Spiele im flachen Wasser,
- „Wasserballspiele“ im tiefen Wasser.

Die ***kleinen Spiele im Wasser*** dienen vor allem der Wassergewöhnung. So lassen sich einfache Lauf- und Fangspiele ohne weiteres ins Wasser übertragen. Dasselbe gilt für Ballspiele wie Tigerball, Hetzball und Jägerball. Zieh- und Schiebekämpfe erhalten hier sogar einen besonderen Reiz. Gelegentlich läßt sich auch das Tauchen mit einbeziehen, z.B. dadurch, daß sich ein Mitspieler durch Untertauchen dem „Abgeschlagen-“ oder „Abgetroffenwerden“ entziehen kann. Einige dieser Spiele, z.B. das Fangerlesspiel (auch mit „Flucht aus dem Becken“), lassen sich ins tiefe Wasser verlegen, werden dann aber recht anstrengend. Dasselbe gilt für spezielle Tauchspiele, wenn es z.B. darum geht, mehrere Gegenstände nacheinander vom Beckengrund heraufzuholen und ein Stück außerhalb abzulegen.

Bei all diesen Spielen sollte man jedoch etwas genauer darauf achten, wieweit sie ihre methodische und emotionale Funktion auch tatsächlich erfüllen. Es ist nämlich nie genau vorauszusehen, ob und wie lange eine Klasse z.B. ein Fangerlesspiel, eine Ballstaffel oder auch das Zuspielen eines Balls im Wasser als anregend empfindet.

Wasserballspiele im engeren Sinne setzen Tiefwasserbedingungen voraus. Sie sind dann physisch sehr belastend und können als hervorragendes Mittel der Konditionsschulung angesehen werden, sofern die Schüler im doppelten Sinne des Wortes „mitspielen".

Als das übliche Spiel erscheint hier *„Handball im Wasser"*. Es kann durchaus ohne zusätzliche Regelvorgaben gespielt werden. Ob man das Spielen des Balls mit nur einer Hand zur Auflage macht, muß von Fall zu Fall entschieden werden. Festhalten am Beckenrand sollte erlaubt sein, sofern nicht ins Spielgeschehen eingegriffen wird. Der Ball darf nicht unter Wasser gedrückt werden, der Torabwurf nicht über die Mittellinie gehen. Einige Dribbelkenntnisse in Kraultechnik mit erhobenem Kopf können nützlich sein. Vielfach sind Ersatztore notwendig, z.B. Stühle auf dem Beckenrand oder zwei gegeneinander gelehnte Schwimmbretter, die bei einem Treffer umfallen.

Wasserfußball kann man bei allen, auch ungleichen Wassertiefen spielen. Dabei wird der Ball, wie der Name schon sagt, mit dem Fuß gespielt, was normalerweise Rückenlage voraussetzt. Kopfballspiel ist erlaubt, wenn der Ball frei aus der Luft genommen werden kann. Gespielt wird mit einem leichten Badeball. All das verleiht dem Spiel einen ausgesprochenen Zufallscharakter. Ein Torerfolg wird dadurch erzielt, daß der Ball über den gegenüberliegenden Beckenrand befördert wird. Das Anspiel erfolgt durch Einwurf in der Beckenmitte.

Auswertung

(1) Die Bewegungsmöglichkeiten im Wasser erschöpfen sich nicht im Sportschwimmen. Der dem Menschen von Natur aus nicht ohne weiteres zugängliche „Bewegungsraum Wasser" fordert vielmehr dazu heraus, bewußt und gezielt auszuprobieren, „was alles geht". Die hier gegebenen Möglichkeiten sollten auch in der Schule genutzt werden, wobei freilich auch die Grenzen gesehen werden müssen. Die in diesem Themenbeispiel vorgelegten Gesichtspunkte lassen sich wie folgt zusammenfassen:

Tauchen ist integraler Bestandteil jeder Schwimmausbildung. Ohne ein bestimmtes Maß an Tauchfähigkeit kann nicht von Wassersicherheit gesprochen werden. Die in einem normalen Schwimmbad möglichen Tauchstrecken und Tauchtiefen dürften physiologisch unbedenklich sein. Darüber hinaus ist Vorsicht angezeigt.

Transportschwimmen ist Teil des Rettungsschwimmens. Schon deshalb sollte es im Unterricht nicht fehlen. Im übrigen ist die methodische Reichweite eher begrenzt.

Kunstschwimmen stellt einen eigenen Bereich mit spezifischen Bewegungs- und Gestaltungsmöglichkeiten dar. Damit ist es eine wichtige und willkommene Ergänzung des Schwimmunterrichts. Der Einstieg ist relativ leicht. Bis zur Vorführ- oder Wettkampfreife ist freilich ein weiter Weg, der in der Schule nur in Ausnahmefällen zurückgelegt werden kann, zumal die Verbindung von Bewegung und Musik im Wasser erheblich schwieriger ist als „an Land".

Wasserspringen ist für die meisten Schüler eine vergnügliche Erweiterung und Auflockerung des Unterrichts, solange die Anforderungen relativ unverbindlich bleiben. Die Anfänge sind leicht, doch folgt dann sehr schnell eine Schwierigkeitssteigerung, bei der nur noch wenige Schüler mithalten können. Für ängstliche Schüler kann das 3-m-Brett zum Schreckgespenst werden.

Spiele im Wasser gehören zur Schwimmausbildung, sei es zur Wassergewöhnung, zur Auflockerung des Unterrichts oder zur Verbesserung konditioneller Fähigkeiten. Aber selbst ein „richtiges" Wasserballspiel kann im Vergleich zu den übrigen Sportspielen den Schülern nur begrenzte technische und taktische Entfaltungsmöglichkeiten eröffnen.

(2) Bei der Strukturierung des „Bewegungsraumes Wasser" unter didaktischen Gesichtspunkten zeigt sich eine Dreiteilung in einen zentralen *sportlichen Bereich* (das Sportschwimmen in den vier Schwimmarten), einen *sportlich-künstlerischen Bereich* (das Kunstschwimmen und Wasserspringen) und einen *sportlich-spielerischen Bereich* (das Wasserballspiel und andere „Wasserspiele").

„Schwimmen" in diesem weiten Sinne ist somit eine Widerspiegelung der im Sport generell feststellbaren Aufgliederung in „Sport"-Sportarten, Kunstsportarten und Sportspiele (vgl. Anhang, S. 284).

Kapitel 6

Sportspiel

„Spielen“ heißt, einen *Handlungs- und Geschehnisablauf* in Gang zu setzen, der sich fortlaufend aus sich selbst heraus erneuert. Spiel ist also in einer besonderen Weise endlos und zeitlos, jedenfalls aber beliebig wiederholbar. Für das Sportspiel kommt hinzu, daß es den fortgesetzten Vergleich mit einem unmittelbaren Gegenüber erlaubt. Aus dieser Sicht wird es zu einer Kette von *Vergleichs- und Entscheidungsaktionen*, die teils könnens-, teils zufallsbedingt entweder gelingen oder mißlingen. Damit erzeugt das Spiel einerseits eine geradezu unwiderstehliche *Spannung*, wird andererseits aber auch zu einem ergebnis- und erfolgsorientierten *Wettkampf*. Als pädagogisches Problem folgt daraus, die beiden Komponenten des „Spielens um seiner selbst willen“ und des „Spielens, um zu gewinnen“ in einem annähernden Gleichgewichtszustand zu halten oder, mit anderen Worten, die Schüler zu veranlassen, das Spiel ernst genug zu nehmen, aber nicht zu ernst werden zu lassen. In der Bewältigung des hier angesiedelten Konfliktpotentials liegt auch der Kernpunkt des *Fairneßproblems*.

Welche Sichtweise des Spiels bei den Schülern nun auch überwiegt, es steht in der *Beliebtheitsskala* der Unterrichtsinhalte – bei den Jungen mehr als bei den Mädchen – mit weitem Abstand obenan. Der schwächere Spieler kann sich von ihm „mittragen“ lassen, der bessere sich sichtbar hervortun; in jedem Fall ist es abwechslungsreich und attraktiv, kurzum es macht Spaß. Dabei darf freilich nicht übersehen werden, daß die einzelnen Sportspiele je nach Alter und Geschlecht, aber auch nach den örtlichen Traditionen von den Schülern recht unterschiedlich bewertet werden.

Aus didaktischer Sicht ist das Spiel ein höchst *komplexer Unterrichtsgegenstand*. Vor allem für den Anfänger stellt sich das Problem, die schnell wechselnde Spielsituation zu „entschlüsseln“, in ihrem weiteren Verlauf vorwegzunehmen und mit einer erfolgversprechenden Aktion zu beantworten. Dies kann nicht in bestimmten methodischen Stufen „gelernt“, sondern nur in einem langfristigen Prozeß praktisch „erfahren“ werden. Das ist auch der Grund, weshalb Spielmethodik so einfach und doch so schwierig ist. Es kommt hinzu, daß erfolgreiches Spielen die Beherrschung einiger recht anspruchsvoller technischer Fertigkeiten voraussetzt.

Die *Vorkenntnisse der Referendare*, vor allem der Männer, sind im Bereich der Spiele durchweg sehr gut, jedoch stark von eigener Wettkampf- und Trainertätigkeit geprägt. Diese Expertensicht, die unter „Spiel“ vorwiegend die jeweilige „Mannschaftssportart“ versteht, kann für die Seminararbeit nicht die allein maßgebliche sein. Es ist weiterhin offensichtlich, daß sich in den an der Schule gepflegten großen Spielen zahlreiche verwandte Strukturen auffinden lassen. All das legt einen eher ***integrativen Vermittlungsansatz*** nahe, der zwar in Theorie und Praxis noch nicht ausdiskutiert ist, der aber dennoch Grundlage der Behandlung im Seminar sein sollte. Das folgende Kapitel will dazu einige Vorschläge machen, die angesichts der unübersehbaren Fülle von Spiel-, Übungs- und Trainingsformen zwangsläufig recht unvollständig ausfallen müssen.

Zusammenfassend lassen sich für die Seminararbeit folgende ***übergeordneten Aspekte*** formulieren:

- Spiel als ein Vorhaben, das „gelingen“ soll.
- Vermittlungsmöglichkeiten unter integrativen Aspekten.
- „Spielen“ als Wesensmerkmal des Sports.

Am Beispiel der Sportspiele läßt sich auch sehr gut das Problem der *Komplexität unterrichtlichen Handelns* mit seinen pädagogischen (auch sozialen und psychologischen), didaktischen und methodischen Bezügen herausarbeiten.

Grundfertigkeiten der großen Spiele

Inhalte

- Die „technischen Fertigkeiten“ der im Lehrplan verzeichneten Sportspiele.

Ziele

- Organisatorische und methodische Hinweise zum Lernen und Üben der spielerischen Grundfertigkeiten geben.
- Einen (vorläufigen) Beitrag zum Problem der integrativen Sportspielvermittlung leisten.
- Auf den Beitrag einer solchen „Ballschulung“ zur Entwicklung von koordinativen und konditionellen Fähigkeiten hinweisen.

Programm

Zum Thema

Gelegentlich ist es angebracht, die mit einem Themenbeispiel verknüpften besonderen Absichten den Seminarteilnehmern im voraus anzusagen. In diesem Fall geht es um zwei Fragen, nämlich wieweit die aufgezeigten Übungsformen

a) für das Erlernen und Üben der technischen Fertigkeiten der großen Spiele, also für die „Technikschulung“ zweckmäßig sind,
b) zur Entwicklung und Verbesserung koordinativer und konditioneller Fähigkeiten, also zur „Konditionsschulung“ etwas beitragen können.

In einem ersten, umfangreicheren Teil sind die Übungen nach organisatorischen Gesichtspunkten geordnet. Sie stehen also nicht in einem unmittelbaren methodischen Zusammenhang und stellen auch keine Schwierigkeitsrangfolge dar. Die gelegentlichen methodischen Hinweise sollen mehr als „Erinnerungsstützen“ für die Schüler dienen und können eine systematische Einführung nicht ersetzen.

Hierfür sind in einem zweiten Teil einige Hinweise gegeben.

Alle Übungen sollten grundsätzlich beidseitig ausgeführt werden – und dies nicht nur beim Dribbeln –, weil das Üben mit der „falschen“ Seite positive Auswirkungen auf die „richtige“ hat und weil von zwei vergleichbaren Spielern der beidseitig ausgebildete der bessere ist. Der Anfänger hat hier auch weniger Schwierigkeiten als der schon „festgefahrene“ Erwachsene.

Es sollte nicht nur mit der jeweils „zuständigen“ Ballart, sondern innerhalb gewisser Grenzen auch mit untypischen Bällen geübt werden. In diesem Fall ist regelmäßiger Wechsel angezeigt. Gymnastikbälle sind (fast) universell einsetzbar. Für bestimmte Zwecke sollten auch Weichbälle verfügbar sein.

Die hier angeführten Übungsformen erheben keinerlei Anspruch auf Vollständigkeit. Ebenso ist darauf hinzuweisen, daß ihr methodischer Stellenwert sehr unterschiedlich einzuordnen ist.

Jeder hat einen Ball

a) Die Schüler verteilen sich in offener Aufstellung in der Halle bzw. auf einem anderen (umgrenzten) Übungsfeld und üben auf der Stelle mit geringem Aktionsradius:
   - Prellen des Balls: rechts, links, beidhändig; tief, hoch (bis Kopf- und Reichhöhe); um den Körper, durch die Beine, unter einem Bein hindurch; im Hüpfen, im Hockstand; von der einen zur anderen Hand, zu einem Partner im „Balltausch".
     Hinweis: Nicht auf den Ball schlagen.
   - Hochwerfen und Fangen des Balls: in verschiedenen Arten hochwerfen und ihn mit beiden Händen oder einer Hand wieder auffangen, im Sprung wieder auffangen; vor dem Fangen sich einmal um sich selbst drehen; sich hinsetzen und im Sitzen oder nach dem Wiederaufstehen fangen.
     Hinweis: Ball beim Fangen „abholen".
   - Den Ball mit der Fußsohle hin und herrollen, dabei auf einem Bein hüpfen.
   - Jonglieren in einfachen Formen: mit dem Fuß, auf dem Oberschenkel; Ball mit der Stirn hochstoßen und fangen.
   - Den Ball vorsichtig hochpritschen oder -baggern.
     Hinweis: Den Ball auf den Fingern abfedern bzw. auf dem Unterarm abprallen lassen.

b) Die Schüler laufen in der Halle bzw. dem Übungsfeld nach Belieben durcheinander, wobei sie die Mitspieler nicht mehr als unvermeidlich behindern sollen:
   - Dribbeln bzw. Führen des Balls wie beim Basketball-, Handball- und Fußballspiel, entweder beliebig oder auf entsprechende Ansage: vorwärts, rückwärts, seitwärts, hoch und tief; langsam und schnell (auch mit plötzlichen Tempowechseln); mit deutlichen Richtungsänderungen; mit regelmäßigem Hand- bzw. Fußwechsel.
     Hinweis: Ball möglichst eng am Körper bzw. Fuß führen. Blick weg vom Ball.
   - Dasselbe auf immer enger werdendem Raum, auch im Wechsel mit raumgreifendem Dribbeln.
   - Beim Dribbeln immer wieder anhalten.
   - Versuchen, „rhythmisch" zu dribbeln: Beim Prellen mit der rechten Hand setzen Ball und linker Fuß jeweils zeitgleich auf.
   - „Schattendribbeln": In Zweiergruppen versucht der jeweils nachfolgende Partner, die Bewegungen des führenden möglichst genau nachzuvollziehen; dasselbe auch mit der zusätzlichen Aufgabe, den nachfolgenden Partner durch plötzliche Richtungs- und Tempowechsel „abzuschütteln".
   - Laufen mit Hochwerfen (in verschiedenen Wurfarten) und Fangen des Balls (auch im Sprung).
   - Den Ball durch Hochwerfen sich selbst vorlegen, nachlaufen, in einem leichten Sprung fangen und abstoppen oder zu einem Dribbling übergehen (nach den Basketballregeln: Schritt- oder Sprungstopp, Übergang zum Dribbeln).

Anmerkung: Das Einhalten der in diesen Fällen sehr strengen Basketballspielregeln ist für Anfänger kein Problem, solange es aus beliebigem Tempo und an beliebiger Stelle geschieht. Die Integration ins Spiel braucht freilich Zeit.

- Dribbeln mit Herausspielen des Balls: Jeder darf jedem bei günstiger Gelegenheit den Ball wegschlagen; je zwei Schüler spielen gegeneinander.
- Während des Dribbelns wird der Ball gelegentlich an die Wand gespielt und wieder angenommen.
- Zusätzlich werden einige Hindernisse aufgebaut, die zu „umspielen" sind; im Freien wird im schnellen Wechsel auf verschiedenem Untergrund gedribbelt.

c) Die Schüler bewegen sich auf der Umlaufbahn um den Innenraum der Halle bzw. des Übungsfeldes. Bei beengten Verhältnissen wird im Wechsel von zwei Gruppen geübt:

- Laufen und Prellen des Balls auf der Außenseite („zur Wand hin"): Auf ein Zeichen laufen alle in die Gegenrichtung, der Ball bleibt aber auf der Außenseite (was eine genaue Kontrolle des Handwechsels erlaubt).
- Den Ball mit zwei bis drei Schritten Abstand vor der Wand am Fuß führen. An geeigneten Stellen wird der Ball an die Wand oder gegen umgekippte Bänke gespielt und wieder angenommen. Dabei kann vorgeschrieben sein, mit welchem Fuß und in welcher Stoßart dies geschehen soll.
- Dribbeln in jeweils vorgegebenen Formen, z.B.: schnelles Prellen an den Längsseiten, langsames an den Querseiten; langsames Führen des Balls am Fuß auf den Längsseiten, weite Vorlage und Spurt an den Querseiten u.a.m.
- An den Längsseiten wird durch Malstangen, Markierungshütchen oder Medizinbälle ein Slalomparcours aufgebaut, der in verschiedener Weise durchdribbelt werden kann.
- Die Klasse wird zweigeteilt; die eine Hälfte dient als „Slalomstangen", auch mit der zusätzlichen Aufgabe, daß Bälle, die ohne Verlassen der (geschlossenen) Fußstellung erreichbar sind, herausgespielt werden dürfen.

d) Die Klasse steht in einer oder in mehreren Linien auf der Längs- oder Querseite der Halle (bzw. des Übungsfeldes). Auf ein Zeichen oder nach vorgegebener Ablauffolge wechseln die Schüler auf die andere Seite, und zwar: im einfachen Seitenwechsel, hin und zurück, mehrfach hin und her. Dabei sind fast alle der bereits genannten Aufgabenstellungen möglich. An speziellen Formen bieten sich an:

- Prellen des Balls: rechts hin, links zurück.
- Schnelles Dribbeln: Wer ist als erster an der gegenüberliegenden Spielfeldgrenze? Wer ist als erster wieder zurück, ohne daß der Ball in beide Hände genommen worden ist oder die Wand berührt hat?
- Den Ball so am Fuß führen, daß er bei jeden Schritt mit demselben Fuß oder mit beiden Füßen berührt wird.
- „Gymnastische" Formen: Prellen des Balls (rechts und links) im Hopserlauf; Prellen mit beiden Händen im Seitgalopp; den Ball mit einer Hand anwerfen, nachlaufen und mit derselben oder der anderen Hand wieder fangen.

e) Die Schüler stellen sich so auf, daß der Ball gegen die Wand gespielt und wieder angenommen werden kann:
   - Werfen und Fangen des Balls in allen gebräuchlichen (oder auch denkbaren) Wurf- und Paßarten.
     Hinweis: Aus dem Körper heraus werfen.
   - Der Abstand von der Wand sowie Intensität und Höhe der Würfe wird so verändert, daß der Ball mehr oder weniger weit zurückprallt und entsprechend in Kniehöhe, Kopfhöhe, Reichhöhe oder im Sprung gefangen werden kann. Wer erreicht dabei den weitesten Abstand von der Wand? Wer kann den Ball aus relativ geringem Abstand immer schärfer werfen und doch noch sicher fangen?
   - Den Ball so an die Wand werfen, daß zum Fangen ein Nachstellschritt seitwärts notwendig ist; ihn als Aufsetzer so auf den Boden werfen, daß er von der Wand zurückprallt.
   - „Korbwürfe": beidhändig, einhändig, als Standwürfe und Sprungwürfe auf Ziele an der Wand (Markierungen, bestimmte Linien, Fensterscheiben u.ä.).
     Hinweis: Aus dem Körper heraus werfen, den Arm strecken, das Handgelenk abklappen.
   - Stoßen und Stoppen des Balls in allen Stoßarten, vorwiegend als Flachpaß (ggf. auf umgekippte Bänke), aber auch halbhoch.
     Hinweis: Vorsichtig anfangen, nur maßvoll steigern; Spielbein locker durchschwingen.
   - Dasselbe, der Ball wird jedoch direkt gespielt.
   - Den Ball anwerfen, gegen die Wand pritschen oder baggern und wieder fangen; den Ball mehrfach an die Wand spielen, aber nur solange als er „gut" zurückkommt.
   - Schmetterschläge als Aufsetzer unmittelbar vor die Wand oder direkt gegen die Wand; Aufschläge von unten und von oben auf bestimmte Zielflächen oder über Linien an der Wand.
     Anmerkung: Den Schülern müssen die Volleyballtechniken vertraut sein.
   - Soweit angebracht und möglich, wird versucht, den Ball aus dem Sprung, aus dem Sitzen, aus der Rücken- und Bauchlage an die Wand zu spielen.

Je zwei Schüler haben einen Ball

Am problemlosesten ist es, Zweiergruppen etwa leistungsgleicher Schüler zu bilden. Die Schüler müssen jedoch auch lernen, in beliebigen Gruppierungen tätig zu werden. Gelegentlich bietet es sich auch an, die besseren Spieler als „Helfer" für die schwächeren einzusetzen.

a) Die Schüler stehen sich in Gassenaufstellung gegenüber:
   - Zuspiel des Balls in allen möglichen Wurf- und Stoßarten; in verschiedenen Höhen, als Aufsetzer (Bodenpaß); genau auf den Körper oder eine Körperbreite rechts und links daneben.
   - Dasselbe mit bestimmten Aufgabenstellungen, z.B.: Wem gelingen zehn fehlerlose Zuspiele? Wer erzielt zuerst zehn Zuspiele, in zehn Sekunden die mei-

sten Zuspiele? Wer kann aus immer größerer Entfernung zuspielen? Wer kann sich den Ball immer schärfer zuspielen?

- Dasselbe; der annehmende Spieler geht dem Ball zwei oder drei Schritte entgegen, spielt zurück und nimmt die Ausgangsstellung wieder ein. Dabei wird zunächst in einen „stehenden" und einen „laufenden" Partner unterschieden.
- Versuchen, den Ball in verschiedener Weise auch mit einer Hand zu fangen.
- Stoppen des Balls nach Fußballregeln: Die Partner rollen oder werfen sich den Ball flach, halbhoch oder hoch zu und stoppen ihn mit dem Fuß (Innenseite, Spann), mit dem Oberschenkel oder mit der Brust.
- Der Ball wird dem Partner zugeworfen und mit dem Fuß oder durch Kopfstoß direkt zurückgespielt.
- Der vom Partner zugeworfene Ball wird durch Pritschen oder Baggern hochgespielt und gefangen; der Ball wird durch Baggern hochgespielt und zurückgepritscht.
- Fortlaufendes Pritschen, auch als Doppelpritschen; der eine Partner pritscht, der andere baggert; beide baggern.
- Zuspiel durch Schmettern (als Aufsetzer) oder Aufschlag (von unten).
- Wo überall möglich, wird der Ball auch im Sitzen zugespielt, auch in der Form, daß einer der Partner als Zuspieler stehen bleibt.

b) Alle Schüler bewegen sich frei im Raum. Die jeweils zusammengehörenden Partner spielen sich den Ball fortlaufend zu:
   - Die Art des Zuspiels ist freigestellt oder wird jeweils angesagt.
   - Dribbeln zwischen den Zuspielen kann erlaubt oder verboten sein.
   - Es wird mit verschiedenen Ballarten gespielt, unter denen beliebig oder systematisch gewechselt wird.
   - Falls sich Gelegenheit bietet, darf der Ball auch an die Wand, auf ein Ziel, ein Tor oder einen Korb geworfen werden.

c) Partnerspiele gegen eine Wand, z.B. wie folgt:
   - Die beiden Partner stehen nebeneinander und spielen den Ball so an die Wand, daß der jeweils andere ihn fangen bzw. annehmen kann.
   - Die Partner stehen hintereinander, der hintere wirft, der vordere fängt, auch in der Abwandlung, daß der Ball vom Fänger nach einen Sternschritt zum Werfer zurückgespielt wird.
   - Der Ball wird so in einen Zielkreis oder eine ähnliche Markierung geworfen, daß ihn der Partner möglichst *nicht* mehr fangen kann.

d) Aus der Gassenaufstellung: Zuspiel und Seitenwechsel in Zweiergruppen, z.B.:

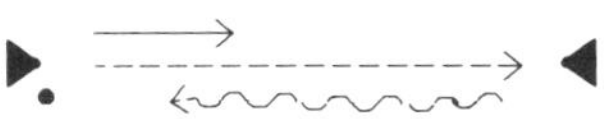

Abb. 1

- Nach dem Zuspiel tauschen die Partner die Plätze, wobei der jeweilige Ballbesitzer dribbelt (Abb. 1).

- Der eine Partner beginnt mit einem Dribbling, der andere läuft ihm entgegen, übernimmt (etwa in der Mitte) den Ball und dribbelt weiter zur Gegenseite.
- Der Ballbesitzer dribbelt zur Gegenseite und um seinen Partner herum wieder zurück, Zuspiel und Rollentausch (Abb. 2).

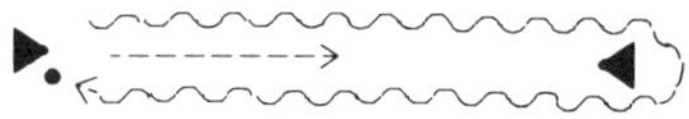

Abb. 2

- Der Ballbesitzer dribbelt eine bestimmte Strecke auf seinen Partner zu, spielt den Ball ab und läuft (entweder mit Kehrtwendung oder im Rückwärtslaufen) zurück auf seine Position, während der andere seinerseits zu dribbeln beginnt u.s.f. Anweisung: „Langsam vor, schnell zurück" (Abb. 3).

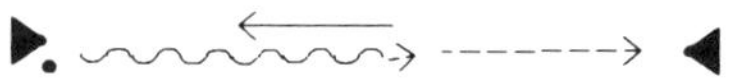

Abb. 3

Dreiergruppen

a) Zuspiel und Seitenwechsel:

Je zwei Schüler (mit dem Ball) stehen auf der einen Seite der Halle bzw. des Übungsfeldes, der dritte gegenüber. Geübt wird im fortlaufenden Seitenwechsel nach einer vorher angesagten Zahl von Durchgängen oder nach festgelegter Übungszeit, z.B. wie folgt:

- Abspiel (in den verschiedenen Wurf- und Stoßarten) und „Nachlaufen".
- Dribbeln (in den verschiedenen Formen), Ball übergeben.
- Eine bestimmte Strecke dribbeln, dann abspielen.
- Der Ballbesitzer beginnt zu dribbeln, der gegenüberstehende Schüler läuft ihm entgegen, übernimmt den Ball und spielt zum dritten ab.

b) Zuspiel und Rückspiel:

Zwei Spieler mit je einem Ball stehen mit einigem Abstand nebeneinander; ein dritter steht ihnen gegenüber und pendelt mit seitwärtigen Nachstellschritten hin und her. Dabei erhält er jeweils den Ball und spielt ihn sofort wieder zurück. Es sind alle Paßarten möglich, dazu auch Pritschen und Baggern (Abb. 4).

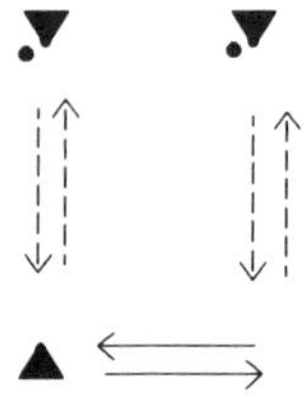

Abb. 4

c) Torwurf- und Torschußübungen:

Auf beiden Seiten der Halle bzw. des Übungsfeldes steht ein Spieler, der dritte in einem improvisierten Tor (Malstangen, Markierungshütchen, Medizinbälle) in der Mitte. Die Außenspieler werfen oder stoßen den Ball wechselseitig auf das Tor:

- Torwürfe in den verschiedenen Wurfarten (Schlagwurf, Sprungwurf, Fallwurf frontal, Seitfallwurf, Knickwurf). Die Außenspieler haben ggf. eine Matte zur Verfügung.
- Torschüsse in den verschiedenen Stoßarten, flach bis (höchstens) kniehoch (Innenseitstoß, Innen- und Außenspannstoß, Spannstoß, ggf. auch Kopfstoß).

„Ballgymnastik"

Der Ball – und nicht nur der Gymnastikball – ist auch ein hervorragendes Gymnastikgerät im Sinne der Wirkungs- oder Funktionsgymnastik. Gleichsam als Anhang seien hierzu einige Beispiele zum Vormachen und Mitmachen angeführt:

- Wir lassen den Ball um den Körper kreisen; wir rollen ihn im Grätschstand in einem Kreis oder in einer Acht um die Füße.
- Wir rollen den Ball im Sitzen um uns herum: unter den (wechselweise oder gleichzeitig angehobenen) Beinen hindurch, an den gestreckten Beinen vorbei.
- Wir rollen den Ball im Liegestütz in einer Acht um die Hände; wir werfen ihn im Liegestütz mit einer Hand leicht hoch und fangen ihn mit der anderen wieder auf.
- Wir rollen den Ball in Bauchlage um uns herum und übergeben ihn hinter dem Rücken; wir lassen ihn in Rückenlage um die Hüfte kreisen, wobei wir jeweils in die „Brücke" gehen.
- Wir lassen den Ball im Sitzen auf den geschlossenen Beinen auf- und abrollen.
- Wir werfen den Ball mit gestreckten Armen über den Kopf hin und zurück; wir werfen ihn hoch und fangen ihn hinter dem Rücken auf; wir werfen ihn hinter dem Rücken hoch und fangen ihn vor dem Körper wieder auf.

Hinweise zur Vermittlung der spielerischen Grundfertigkeiten

Prellen: Der Ball wird (aus dem Hand- und Ellenbogengelenk heraus) mit der Hand zum Boden „gedrückt" und beim Zurückprallen wieder „angesaugt".

Fangen: Der Ball wird mit locker gestreckten Armen und trichterförmig gehaltenen Händen (Finger leicht gespreizt, Daumen zueinander) „abgeholt". Bei tiefen Bällen zeigen die kleinen Finger zueinander.

Schlagwurf: Der Ball wird mit gebeugtem Arm „zurückgezogen" – dabei geht auch die Schulter deutlich mit nach hinten – und aus dem Körper heraus mit einer peitschenartigen Armbewegung abgeworfen. Rechtshänder haben dabei das linke Bein vorn. Vor allem beim Torwurf sind auch halbhohe und tiefe Schlagwürfe („Schlenzwürfe") zu verzeichnen.

Druckwurf: In leichter Schrittstellung wird der Ball mit beiden Händen und leicht gespreizten Fingern, Ellenbogen locker nach unten hängend, vor der Brust gehalten und von hier aus mit schneller Armstreckung „weggedrückt". Dabei klappen die Hände energisch nach außen-unten.

Überkopfwurf: Der Ball wird mit beiden Armen über dem Kopf (nicht zu weit) nach hinten geführt und mit kräftiger Armbewegung (und Abklappen der Hände) geworfen.

Korbwürfe

Beidarmiger Korbwurf: Bei diesem vor allem für Anfänger geeigneten Wurf wird der Ball aus der Ausgangsstellung heraus bis über Stirnhöhe hochgeführt und „abgedrückt".

Einarmiger Korbwurf (Standwurf): Der Ball liegt auf der Handfläche des Wurfarms (Ober- und Unterarm bilden dabei etwa einen rechten Winkel) und wird mit der anderen Hand abgestützt. Rechtswerfer haben dabei das rechte Bein vorn. Aus dieser Stellung erfolgt „aus dem Körper heraus" eine schnelle Armstreckung mit „Abdrücken" des Balls und „Abklappen" der Hand.

Sprungwurf: Während des Absprungs wird der Ball so hochgeführt, daß er vorwiegend auf der Hand des Wurfarms aufliegt. Abwurf wie beim einarmigen Korbwurf. Wichtig: Erst springen, dann werfen.

Stoßen des Balls mit dem Fuß

Innenseitstoß: Das Standbein steht neben dem Ball, das Spielbein holt aus und schwingt gleichmäßig und vollständig durch. Dabei wird der Ball genau mit der Innenseite getroffen.

Spannstöße (Außen-, Innen-, Vollspannstoß): Die Ausführung entspricht im Prinzip der des Innenseitstoßes; die Ausholphase ist jedoch ausgeprägter. Vor allem beim Innenspannstoß wird das Standbein etwas entfernter vom Ball aufgesetzt.

Stoppen des Balls: Der Ball kann auf viele Arten gestoppt werden: Er kann mit der Innenseite oder der Sohle angehalten und „eingeklemmt", mit dem Außenrist „abgeblockt", mit dem Spann oder einem anderen Teil des Fußes aus der Luft „abgeholt", mit dem Oberschenkel oder der Brust angenommen werden u.a.m. Das Ziel ist dabei nicht sosehr, den Ball zur Ruhe zu bringen, sondern irgendwie „mitzunehmen". Das Prinzip ist immer das gleiche: Dem Ball soll die Wucht genommen werden, so daß er wie an einer Sporthallen-Faltwand „abtropft". Wichtig: Dem Ball bei der Annahme entgegengehen.

Pritschen: Die Hände werden „korbförmig" – die zueinander zeigenden Daumen und Zeigefinger bilden etwa ein Dreieck – über der Stirn gehalten. Der Ball „federt" mit gleichzeitiger Körperstreckung von den Fingern ab. *Genau unter den Ball gehen.*

Baggern: Der Bagger entwickelt sich immer mehr zur Universaltechnik für verschiedene Anwendungsbereiche. Dementsprechend gibt es mehrere Ausführungsvarianten, deren gemeinsames Merkmal darin besteht, daß der Ball mit den Unterarmen der gestreckten, parallel gehaltenen Arme gespielt wird. Die Hände sind dabei leicht nach unten abgeklappt; sie können etwas ineinander gelegt werden.

Beim Zuspielbagger läßt man den Ball mit kurzer energischer Körperstreckung von den fast waagerecht gehaltenen Armen „abprallen" oder spielt ihn mit betontem Durchschwingen der Arme in die neue Richtung.

Beim Abwehrbagger wird der Ball mit eher passiv-nachgebender Armbewegung – zumeist aus tiefer Körperhaltung und deutlicher Körperstreckung – „angehoben".

Aufschläge

Aufschlag von unten: Aus leichter Schrittstellung und etwas gebeugter Körperhaltung heraus schwingt der Schlagarm frei durch und „hebt" den zuvor leicht angeworfenen Ball mit etwas gewölbter Handfläche an.

Aufschlag von oben: Aus deutlicher Ausholbewegung (Oberkörper zurück, Arm gebeugt) wird der angeworfene Ball mit gestrecktem Arm und angespannter, leicht gewölbter Handfläche getroffen.

Korbleger, Handball-Sprungwurf und -Fallwurf sowie Schmetterschlag werden im nächsten Themenbeispiel behandelt.

Auswertung

(1) Es ist eine Standardforderung der Spieldidaktik und -methodik, von Anfang an zu „spielen“ und nur hilfsweise zu üben. Dies wird abgeleitet aus der Beobachtung, daß Kinder, wenn sie beispielsweise auf der Straße oder im Hinterhof Fußball spielen, stets „richtig“ spielen, aber nicht üben. Es ist aber anzunehmen, daß auf diese Weise viele „Nichtkönner“ eher ausgegrenzt als integriert werden. Die Schule jedoch ist für alle da und ist verpflichtet, auch die schwächeren Schüler möglichst schnell an das Niveau der besseren heranzuführen, selbst wenn dies nur näherungsweise gelingen sollte. Dabei geht es vor allem darum, dem Ungeübten möglichst viele Ballkontakte unter möglichst vereinfachten Bedingungen zu verschaffen. Das aber ist nur in einer „isolierten Technikschulung“ erreichbar. Das „freie“ Spiel läuft, wie jede Spielbeobachtung zeigt, an den schwächeren Mitspielern großenteils vorbei. Ein Spiel mit verkleinerten Mannschaften und vereinfachten Regeln kann nur bedingt Abhilfe schaffen.

(2) Die technischen Fertigkeiten der großen Spiele sind – was wegen ihrer „Selbstverständlichkeit“ leicht übersehen wird – keine einfachen, sondern recht komplexe und komplizierte Bewegungen, die zudem eine Abstimmung auf einen sich bewegenden Gegenstand erfordern. Sie können damit auch nicht in einigen wenigen „Lernstunden“ erworben, sondern nur in einem langfristigen Übungs- und Trainingsprozeß sozusagen „erübt“ werden.

Selbst der Könner ist ja darauf verwiesen, seine technischen Fertigkeiten zu erhalten und zu verbessern. Die Technikschulung für die Sportspiele wird so zu einer langfristigen, die gesamte Schulzeit durchziehenden Aufgabe, und Geduld wird (auf Lehrer- und auf Schülerseite), vor allem am Anfang, zum obersten Gebot.

Somit haben auch alle Unterrichtsplanungen nach dem Schema: 1. Stunde: Pritschen, 2. Stunde: Baggern, 3. Stunde: Anwendung im Spiel, etwas Irreales an sich, was sehr oft nur deshalb nicht bemerkt wird, weil sich viele Schüler das, was sie können, ausserhalb des Sportunterrichts angeeignet haben.

(3) Der „Umgang mit dem Ball“ läßt sich in drei methodische Stufen gliedern:

- die *Ballvertrautheit*, die sich darin äußert, daß der Spieler in wechselnden Situationen mit dem Ball zurechtkommt,
- die *Ballsicherheit*, die sich darin äußert, daß der Spieler bei der Ballannahme „an der richtigen Stelle steht“ und den Ball sicher fangen oder kontrollieren kann,
- die *Ballbeherrschung*, die sich darin äußert, daß der Spieler auch in schwierigen Situationen, bei hohem Tempo und unter Bedrängnis den Ball annehmen und abspielen kann.

Im vorliegenden Themenbeispiel geht es vor allem um die beiden ersten Stufen.

(4) *Ballvertrautheit* kann der unerfahrene Spieler am ehesten gewinnen, wenn er sich – zunächst wenigstens – allein mit dem Ball auseinandersetzen kann. Dribbeln, Abspielen und Annehmen des Balls sind methodisch gleich bedeutsam.

Ballsicherheit setzt die Mitwirkung eines Partners voraus, der den Ball – anfangs möglichst „bequem“ – zuspielt. Methodischer Schwerpunkt ist nunmehr die Schulung der Ballannahme. Wichtigstes Mittel hierfür ist das variierende Üben. Aber auch unter diesen Bedingungen darf es keine willkürlichen und ziellosen Pässe geben. Die Verantwortung für das „Ankommen" eines Passes trägt vielmehr – wie später auch im freien Spiel – der Paßgeber, was sich etwas übertreibend, aber schülergerecht so formulieren läßt: „Wenn ein Ball nicht ankommt, ist der *abgebende* Spieler schuld."

(5) Sowohl lerntheoretische als auch unterrichtsökonomische Gründe sprechen dafür, die hier beschriebene „Ballschule" auf „breiter Front", also nach dem Prinzip der „integrativen Sportspielvermittlung", für alle oder zumindest mehrere Spiele zugleich vorzunehmen. Damit ist aber kein planloses Durcheinander, sondern ein geordnetes Nacheinander und Nebeneinander gemeint. Hier nach Lage der Dinge kritisch abzuwägen und auszuwählen, ist eine zwar schwierige, aber sicher lohnende Aufgabe.

(6) Viele der genannten Übungen lassen sich auch in Staffelform durchführen. Damit wird jedoch ein erheblicher Zeit- und Wettkampfdruck auf die Schüler ausgeübt. Dieser liegt zwar durchaus in der Natur der Sache (weshalb er von einem bestimmten Zeitpunkt an ebenso nützlich wie notwendig ist), doch müssen die dabei verlangten Fertigkeiten zumindest in ihrer Grundstruktur beherrscht werden. Um dies zu erreichen, sind erfahrungsgemäß gerade die einfachsten Übungsformen die geeignetsten.

(7) Es verbleibt, die beiden eingangs gestellten Fragen zu beantworten:

Hinsichtlich der ersten Frage wird sich schnell zeigen, daß die hier (wie auch in allen anderen Büchern) zusammengestellten Übungen recht unterschiedlich zu bewerten sind: Einige Formen sind sicher von allgemeiner, grundlegender und durchgehender Bedeutung, andere haben eher eine spezielle Funktion. Es ist in jedem Fall also kritisch auszuwählen, wobei es in erster Linie darum geht, den aktuellen Leistungsstand der Schüler mit den angestrebten Zielsetzungen in Deckung zu bringen. Dabei sind regelmäßig auch differenzierte Aufgaben zu stellen, z.B. nach folgendem Muster: „Wer es sich zutraut, darf dieses oder jenes probieren, wer nicht, übt wie bisher weiter."

Zur zweiten Frage ist zunächst zu bemerken, daß die technischen Fertigkeiten der großen Spiele sich – wie alle anderen Inhalte des Sportunterrichts – nicht nur auf ihren Eigenwert, sondern auch auf ihren Beitrag zur Körperbildung, d.h. der Entwicklung koordinativer und konditioneller Fähigkeiten, befragen lassen müssen. Unbestritten ist hierbei, daß der Umgang mit dem Ball ein wichtiges Mittel zur Verbesserung der Koordinationsfähigkeit, vor allem der motorischen Anpassungs- und Umstellungsfähigkeit, darstellt. Viele der genannten Übungsbeispiele sind ausgesprochene Gewandtheits-, Geschicklichkeits- und Reaktionsübungen. Hinsichtlich der Entwicklung konditioneller Fähigkeiten kann von positiven Wirkungen auf die Wurf- und Sprungkraft ausgegangen werden. Vor allem aber können die laufintensiven Formen gezielt zur Verbesserung der Ausdauer sowohl nach dem Dauerleistungs- als auch nach dem Intervallprinzip eingesetzt werden. Dazu sollte aber die jeweilige Übungs- und Tätigkeitsdauer etwas genauer kontrolliert werden.

Theoretische Bezüge

Die organisatorische Gestaltung des Sportunterrichts („Handbuch" S. 74); Üben („Handbuch" S. 227); Lernen („Handbuch" S. 231); Zum methodischen Stellenwert von Imitationsübungen („Handbuch" S. 239).

Zur Methodik anspruchsvollerer Techniken der Sportspiele

Inhalte

- Technik und Methodik der schwierigeren in den Lehrplänen verzeichneten Grundfertigkeiten der großen Spiele.

Ziele

- Einfache und rationelle Wege zur Vermittlung schwierigerer Fertigkeiten zeigen.
- Einige kennzeichnende Gegensätze in der Sportspielmethodik herausarbeiten.
- Die Frage einer „schülergerechten" Spielvermittlung aufwerfen.

Programm

Korbleger

Vor allem in älteren Vorschlägen wird vielfach empfohlen, den Korbleger mittels einer „methodischen Hilfe", z.B. einer Bank als „Einstieg" in den damit verknüpften „Zweier- bzw. Dreierrhythmus" (über die Benennung ist man sich nicht ganz einig), zu erarbeiten.

Man sollte sich aber einmal überlegen, was man damit einem Anfänger zumutet: Er soll über ein Hindernis springen und dabei den Ball annehmen, mit dem übernächsten Bodenkontakt gleich wieder abspringen, dabei den Ball hochführen und mit der Hand in Richtung Zielbrett „abdrücken".

Auf jeden Fall soll er ein kleines Kunststück lernen. Sicher wird dieses Kunststück wieder leicht, wenn man es kann; nicht sicher ist aber, ob der Schüler in der schnell wechselnden Spielsituation es auch anwenden kann. Und nicht sicher ist, ob die Bank für alle Schüler, ob groß, klein, schnell oder langsam, den richtigen Abstand zum Korb hat. Auch andere „Hilfen", z.B. ausgelegte Gymnastikreifen oder Markierungsplättchen, sind ähnlich zu bewerten.

Somit besteht heute (fast) Einigkeit darüber, den Korbleger aus der einfachstmöglichen Situation heraus, nämlich mit einem einleitenden Dribbelschlag, ausführen zu lassen: Mit dem Vorsetzen des linken Fußes setzt der Rechtswerfer den Ball auf, faßt ihn mit beiden Händen und springt nach zwei Kontakten mit dem linken Bein ab. Nach entsprechender Demonstration und mit einigen zusätzlichen Anweisungen (z.B. zum Abwurf) wird der Großteil der Schüler ohne weiteres den Korbleger erlernen.

Für den, der noch Schwierigkeiten hat, läßt sich folgende „Übungsreihe" vorschalten:

- Korbleger aus der Schrittstellung, linkes Bein vorn,
- Korbleger mit zwei Schritten Anlauf, rechts beginnend.

Man darf aber nicht glauben, daß damit das Problem gelöst sei. Die beiden Hauptschwierigkeiten stehen noch aus:

Die erste: Korbleger aus dem (zumeist kurzen, aber schnellen) Dribbling. Hier kommt es darauf an, daß der letzte Dribbelschlag „auf den richtigen Fuß“ kommt. Das aber muß jeder Spieler selbst herausfinden, sich sozusagen „erüben“.

Die zweite: Korbleger aus dem Zuspiel. Hier muß der Spieler zugleich mit dem Fangen des Balls blitzschnell entscheiden, ob er mit zwei Kontakten „hinkommt“, ob er den Ball noch einmal auftippen muß oder ob die Situation zum Abbrechen der Aktion zwingt. Auch das ist Sache eines langen Übungsprozesses.

Zur Verdeutlichung der Aufgabe kann es dabei durchaus nützlich sein, die eingangs genannte methodische Hilfe heranzuziehen: Die „Lernhilfe“ wird zur „Übungs- und Formungshilfe“.

Die prinzipiellen Schwierigkeiten, die sich bei einem solchen, am Modell der Teilmethode orientierten Vorgehen ergeben, lassen auch an geradezu entgegengesetzte, mehr ganzheitlich ausgerichtete Verfahrensweisen denken, z.B. nach folgendem Muster:

- Korbleger aus dem Laufen: Der Ball wird getragen; es sind beliebig viele Schritte möglich.
- Korbleger aus dem Laufen mit dem Versuch, den Ball zuvor einmal aufzutippen.
- Korbleger mit immer deutlicherer Beachtung der Dribbel- und Schrittregel.

Entsprechend wird auch beim Korbleger aus dem Zuspiel verfahren.

Sprungwurf (Handball)

Beim Sprungwurf im Handballspiel wird durchweg eine „methodische Maximallösung“ angestrebt, die mit einer ausgiebigen „Rhythmusschulung“ (durch Überspringen von Matten, Bänken oder Kastentreppen) zum Erlernen des sogenannten Dreierrhythmus beginnt.

Was nun aber unter Dreierrhythmus zu verstehen ist und wie man ihn optimal ausnützt, kann ein Blick auf die Spielregel zeigen. Danach beginnen bei einer Ballannahme im Laufen oder im Sprung die zulässigen drei Schritte erst dann, wenn auch der zweite Fuß den Boden berührt hat, also z.B. wie folgt:

l	r	l	r	l		l
Ballannahme	0	1	2	3	Wurf	Landung

Bei einer Ballannahme im Sprung hat der Spieler also vier Kontakte frei, bevor er – wieder im Sprung – abwerfen muß. Mit Zureichen oder kurzem Zuspiel des Balls ist das kein Problem. Geschickte Spieler vermögen dies auch aus einem Dribbling heraus anzusetzen.

Betrachtet man die Spielwirklichkeit, sieht man sehr schnell, daß es „den“ Sprungwurf gar nicht gibt. Ein Handballspieler muß vielmehr in der Lage sein, nach einem, zwei oder drei Schritten, aus langsamem oder schnellem, geradem oder schrägem Anlauf, weit in den Schußkreis hineinspringend oder hoch aufsteigend auf das Tor zu werfen.

Die einfachste „Methode“: Man läßt die Schüler aus dem Dribbeln (und ggf. unter großzügiger Auslegung der Schrittregel) auf das Tor (oder von einer Markierung aus auf ein anderes Ziel) werfen. Es wird sich bald zeigen, daß dabei der Sprungwurf der selbstverständlichste aller Würfe ist. Die meisten Schüler werden auch mit dem richtigen Bein abspringen und auf demselben wieder landen. Von hier aus kann zum Sprungwurf aus kurzem oder weitem Zuspiel übergegangen werden.

Ergeben sich Probleme, sind folgende Übungen zu empfehlen:

- Aus der Aufstellung vor der Hallenwand: In leichter Schrittstellung, beim Rechtswerfer linkes Bein vorn, Ball neben dem Fuß auf dem Boden liegend, greift der Übende nach dem Ball, springt hoch und wirft zu einem Aufsetzer ab. Landung auf dem Sprungbein.
- Sprungwurf aus dem Laufen; der Ball darf getragen werden.
- Sprungwurf mit Auftippen des Balls.
- Sprungwurf nach Zuspiel.

Als Alternative zum Sprungwurf bietet sich der Schlagwurf mit Stemmschritt an.

Fallwurf

Auch hier wird ein Blick auf die Spielwirklichkeit zeigen, daß man von *dem* Fallwurf nicht sprechen kann. Es gibt Fallwürfe aus frontaler, seitwärtiger und rückwärtiger Ausgangsstellung, zur Wurfarmseite und zur Gegenwurfarmseite („Knickwurf"), und das alles aus dem Stand oder einem Sprung heraus („Sprungfallwürfe"). Außerdem sind die individuellen Varianten hier so groß wie kaum irgendwo.

Man kann sich auch darüber streiten, ob die Fallwürfe in den Lehrplan gehören oder nicht, zumal sie im Vereinssport meist die Angelegenheit von Spezialisten sind.

Dennoch kann es keinem Schüler schaden, sich zumindest mit den methodischen Anfängen dieser Fertigkeiten zu befassen. Dabei gelten folgende Regeln:

- Der Kernpunkt der Fallwurfmethodik ist das Fallenlernen.
- An einem Weichboden kann man nicht fallen lernen, da keine Rückmeldung über unzweckmäßige Ausführungsweisen gegeben ist. Besser sind möglichst straffe Turnmatten oder auch Knie- und Ellenbogenschützer.
- Der Anfänger wird beim Fallen zunächst die Knie mit einsetzen, der Geübte eher darauf verzichten.
- Bei der Ausführung sind Initiative und Kreativität des einzelnen Spielers gefragt.

Schmetterschlag

Die Methodik des Schmetterschlags im Volleyballspiel wird von einer Übungsreihe beherrscht, die sich in ihrer Grundstruktur wie folgt darstellen läßt:

- Schlagen des selbst gehaltenen Balls (auf den Boden, an die Wand),
- Schlagen des von einem Helfer über dem Netz gehaltenen Balls aus dem Anlauf,
- Schlagen des zugeworfenen oder gestellten Balls aus dem Anlauf.

Die besonderen Kennzeichen dieser Übungsreihe liegen darin,

- daß zuerst der „end-gültige" Bewegungsablauf erlernt wird und dann erst das zentrale Problem, nämlich das Treffen eines fliegenden Balls, angegangen wird,
- daß von einer idealtypischen Endform, die das perfekte räumliche und zeitliche Zusammenspiel von Stellspieler und Angreifer voraussetzt, ausgegangen wird.

Es erhebt sich die Frage, ob die Methodik hier nicht auf den Kopf gestellt wird. Analysiert man nämlich das Spiel von Anfängern (und nicht nur von solchen), erkennt man, daß die Gelegenheiten zum Schmettern sich eher zufällig ergeben.

Daraus lassen sich für den Angreifer folgende Forderungen ableiten: Er sollte in der Lage sein, aus dem Stand oder einer leichten Vorwärts- oder Seitwärtsbewegung zu einem Sprung anzusetzen und den Ball über Netzhöhe zu treffen; der Absprung sollte mit beiden Beinen nach einem Stemmschritt erfolgen.

Aus diesen Überlegungen könnte sich folgende Übungsreihe ergeben, die zudem den Vorteil hat, organisatorisch einfacher und unterrichtlich intensiver zu sein:

- Schlagen des selbst gehaltenen und selbst angeworfenen Balls im Stand.
- Aus dem Stand vor dem Netz oder einer Leine: Schlagen des selbst (und relativ hoch) angeworfenen Balls aus dem Sprung.
- Schlagen des leicht nach vorn angeworfenen oder (fest) aufgeprellten Balls aus der Bewegung mit Stemmschritt.

Dabei wird sich zeigen, daß der Absprung aus dem Stemmschritt (vorwärts, schräg vorwärts und seitwärts, ggf. mit Auftaktschritt) für sich geübt werden sollte.

Sobald dieser Stand erreicht ist und einige Erfahrungen im Spiel gesammelt worden sind, kann zur Verbesserung des Bewegungsablaufs auch das Schlagen des gehaltenen Balls – sozusagen als Einübungshilfe – eingesetzt und das Zusammenspiel mit dem Stellspieler gezielt geübt werden.

Auswertung

(1) Die Sportspielmethodik, wie sie sich in der Literatur und in den Lehrplänen darstellt, ist von einem durchgehenden *Methodengegensatz* bestimmt, den man als den – sehr stark an der Teilmethode orientierten – „perfektionistischen Ansatz“ einerseits und den – mehr auf ganzheitliche Verfahrensweisen ausgerichteten – „improvisatorischen Ansatz“ andererseits kennzeichnen könnte. Damit ist aber nicht nur das Problem einer (mehr oder weniger beliebigen) Methodenwahl, sondern auch eine spieldidaktische Grundsatzfrage angesprochen, die letztlich darauf hinausläuft, welche *Zielvorstellungen* der Spielvermittlung in der Schule zugrunde liegen.

(2) Der „perfektionistische“ Ansatz geht von der Zielvorstellung aus, das Sportspiel, wie es im Verein gewissermaßen auf Oberliganiveau gespielt wird, in die Schule zu übertragen. Daß dies in der allgemeinen Einschätzung nicht als überzogen gilt, liegt daran, daß es in fast jeder Klasse einige Schüler gibt, die mindestens eines der großen Spiele auf beachtlichem Niveau beherrschen, weil sie es „draußen“ gelernt haben. Und daß dies – anders als in den sogenannten Individualsportarten – nicht auf den Widerspruch der übrigen stößt, ist darin begründet, daß in einer Mannschaftssportart (fast) jeder einigermaßen zufriedenstellend „mitschwimmen“ kann.

(3) Der „improvisatorische“ Ansatz verfolgt das Ziel, jeden Schüler möglichst schnell in die Lage zu versetzen, auf seinem jeweiligen Niveau „mit-spielen“ zu können. Dabei werden auch unvollkommene Lösungen in Kauf genommen. Dies geht keineswegs zu Lasten der besseren Spieler, die ja in ihren Entfaltungsmöglichkeiten nicht behindert werden. „Innere Differenzierung“ wird in der Spielmethodik sozusagen zum

Selbstläufer. Probleme erheben sich erst dann, wenn die „Spieler" auf Grund ihres überlegenen technischen Könnens und ihrer besseren Spielübersicht den anderen keine nennenswerten Spielanteile mehr überlassen. Dann ist „äußere Differenzierung", z.B. durch Homogenisierung der Mannschaften, angesagt.

Themenbeispiel 33

Grundformen der großen Spiele

Inhalte

- Ausgewählte Übungs- und Spielformen für das Basketball-, Handball- und Fußballspiel.

Ziele

- Organisatorische und methodische Möglichkeiten für das Lernen und Üben taktischer Grundformen aufzeigen.
- Einen Überblick über die gebräuchlichen Spielformen vermitteln.
- Hinweise für eine „integrative Sportspielvermittlung" geben.

Programm

Zum Thema

In einem ersten Teil dieses Themenbeispiels sollen ausgewählte *Übungsformen* im Sinne organisatorisch-methodischer Grundformen der Mannschaftsspiele vorgestellt werden, vor allem solche, die ein *Prinzip* verdeutlichen können und verschiedene *Abwandlungen* erlauben. Hinsichtlich ihrer Struktur entsprechen sie weitgehend dem Begriff der *Komplexübung*. Darunter ist das Zusammenordnen mindestens zweier technischer Elemente in einer spieltypischen Abfolge zu verstehen. Dabei sind die Übergänge zu den reinen Technikübungen auf der einen und zu den Spielformen (Spielsituationen, Spielzügen, Spielphasen) auf der anderen Seite fließend.

Die Abgrenzung zu den im zweiten Teil behandelten *Spielformen* wird in pragmatischer Weise so vorgenommen, daß von einer solchen nur dann gesprochen wird, wenn gegen einen „echten", d.h. aktiven und gleichberechtigten Gegner in spielimmanentem Rollenwechsel gespielt wird.

In beiden Teilen dieses Themenbeispiels kann nur eine Auswahl geboten werden. Jeder Experte könnte auf Anhieb noch zahllose andere Übungen benennen und würde vielleicht auch einige der genannten als weniger zweckmäßig für ein bestimmtes Spiel einstufen. Es sei deshalb darauf hingewiesen, daß der Nachdruck auf der unterrichtlichen Praktikabilität liegt. Desgleichen sind die Übungen vorwiegend nach organisatorischen Gesichtspunkten geordnet und stellen keine Schwierigkeitsabfolge dar.

Auch sind nicht alle für das Üben in der Halle und im Freien gleichermaßen geeignet.

Trotz der hier vorgenommenen Vorauswahl wird es sich bei der praktischen Darbietung im Fachseminar nicht erreichen lassen, alle Beispiele mit den Seminarteilnehmern „durchzuspielen" und kritisch zu beurteilen. Dies wird nur bei einigen wenigen kennzeichnenden Gegenständen der Fall sein. Alles Übrige kann wohl nur in Andeutungen erscheinen oder als Material angegeben werden. Außerdem besteht die Möglichkeit von Schülerdemonstrationen im Rahmen von Unterrichtshospitationen.

Erster Teil

Übungsformen

Allgemeiner Hinweis: Wo immer möglich, sollten Übungsformen mit einem Korbwurf, Torwurf oder Torschuß als der eigentlich zielerreichenden Aktion abgeschlossen werden. Im Interesse der Schwerpunktsetzung und Aufmerksamkeitssteuerung kann aber auf reine Paß- und Zuspielübungen nicht gänzlich verzichtet werden.

Zielwürfe und -schüsse aus dem Dribbeln

Jeder Spieler hat einen Ball, dribbelt in der Halle bzw. auf dem Spielfeld auf und ab und wirft oder schießt dabei aus beliebiger Entfernung oder von einer (vorhandenen oder behelfsmäßigen) Markierung auf das Tor oder den Korb. Bei kleinen Gruppen genügen hierfür die regulären Tore bzw. Körbe.

In die Hallentore sollte man einen großen Kasten stellen, der gerade *nicht* getroffen werden soll.

Bei größeren Gruppen sind zusätzliche Ziele zu schaffen, z.B.

- durch Malstangen oder Markierungshütchen, große und kleine Kästen, angelehnte Weichböden oder Matten u.ä.,
- durch Markierungen an der Hallenwand,
- durch eine „Bandgasse" mit Hilfe eines Baustellen-Absperrbandes, das (etwa in Korbhöhe) 60 - 80 cm vor der Hallenwand gespannt ist.

Ständige Anweisung: „Es darf überallhin geschossen werden, nur nicht auf die ballholenden Mitspieler."

Zielwürfe und -schüsse mit Behinderung

Die Klasse steht in zwei Gruppen jeweils in Doppelreihe auf gegenüberliegenden Hallen- bzw. Spielfeldseiten (Abb. 1). Jedes Paar hat einen Ball. Der Ballbesitzer startet überraschend, der Partner setzt nach und versucht je nach Anweisung,

- das Dribbling zu behindern und den „Gegner" zur Seite abzudrängen,
- den Torwurf (Torschuß, Korbwurf) zu blockieren.

Abwandlung: Zwischen den Doppelreihen steht, etwas zurückversetzt, ein Zuspieler mit einer entsprechenden Anzahl von Bällen, die er nach vorn rollt oder nach vorn wirft. Sobald der Ball sichtbar wird, starten die jeweiligen Partner. Wer den Ball erkämpft, dribbelt auf das Ziel; der andere versucht zu stören.

Vorübung: Mehrere Spielstreifen in Längs- oder Querrichtung der Halle sind mit jeweils zwei Spielern auf beiden Seiten besetzt. In jedem Streifen befindet sich ein

Ball. Der Ballbesitzer dribbelt auf die Gegenseite, übergibt den Ball dem nächsten, läuft aber sofort wieder mit zurück und versucht, den Ball herauszuspielen.

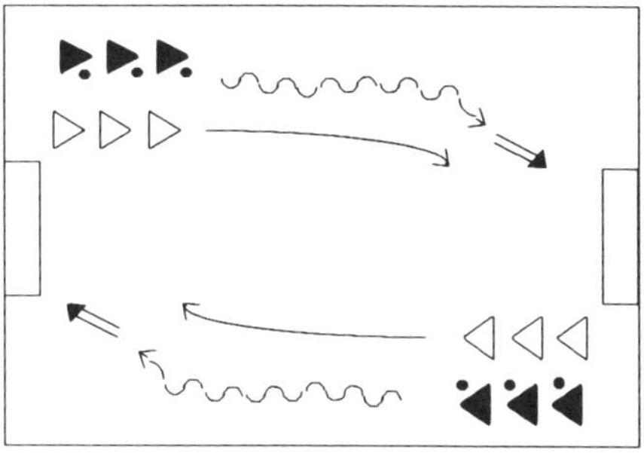

Abb. 1

Zielwürfe und -schüsse aus dem Zuspiel

Die Klasse steht in zwei Gruppen auf derselben Hallen- oder Spielfeldseite mit etwas Abstand beiderseits der Längsachse (Abb. 2).

Auf jeder Seite steht ein (sicherer) Zuspieler mit einer genügenden Anzahl von Bällen, die er den in kurzen Abständen heranlaufenden Mitspielern „in den Lauf" spielt. Diese nehmen den Ball an und werfen oder schießen auf das Tor oder den Korb, und zwar je nach der (gleichbleibenden oder wechselnden) *Zuspielentfernung*

- mit zwischengeschaltetem Dribbling,
- je nach Situation mit Aufsetzen des Balls oder direkt,
- direkt, unter Einhaltung der jeweiligen Schrittregel.

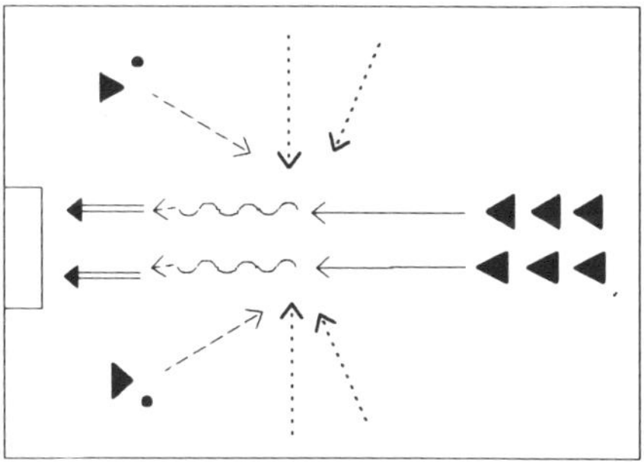

Abb. 2

Anschließend holt jeder seinen Ball, legt ihn beim Zuspieler ab und stellt sich zur gegengleichen Ausführung der Übung bei der anderen Gruppe an. Die *Zuspielrichtung* wird systematisch verändert: schräg von vorn, von der Seite, schräg von hinten (vgl. Abb. 2). Bei Bedarf werden zusätzliche Ziele bereitgestellt. Bei größeren Hallen und Spielfeldern kann in vier Gruppen von der Mitte aus geübt werden.

Abwandlung: Am Schußkreis, der Freiwurflinie, der Strafraumgrenze oder einer entsprechenden Markierung werden die „Angreifer" von einem halbaktiven Verteidiger erwartet, der den Wurf oder Schuß zu behindern oder zu blockieren versucht.

Schnellangriff

Entgegen der üblichen Einordnung in den Lehrplänen ist der Schnellangriff auch für Anfänger eine geeignete und häufig angewandte Angriffsaktion. Zwei Grundformen sind dabei zu unterscheiden:

- Der Torwart oder ein Verteidiger kommen in den Ballbesitz und können relativ unbedrängt mit einem *weiten Paß* zu einem zuvor schon gestarteten Spieler abspielen. Zwei oder drei weitere Mitspieler folgen in einer „zweiten Welle", um eine eventuell entstehende Überzahlsituation auszunutzen.
- Ein Verteidiger fängt einen Paß ab oder spielt einen Ball heraus und startet mit einem *schnellen Dribbling* zum Gegenangriff. Sehr oft ist es allerdings besser, zunächst mit einem *kurzen Paß* einen freistehenden Mitspieler (meist Außenspieler) anzuspielen, der seinerseits zum Dribbling ansetzt. Zwei oder drei weitere Mitspieler laufen sofort mit. Dabei ergeben sich verschiedene Laufwege (z.B. Abb. 3) Wer zum Schluß am günstigsten steht, erhält den Ball zum Wurf oder Schuß.

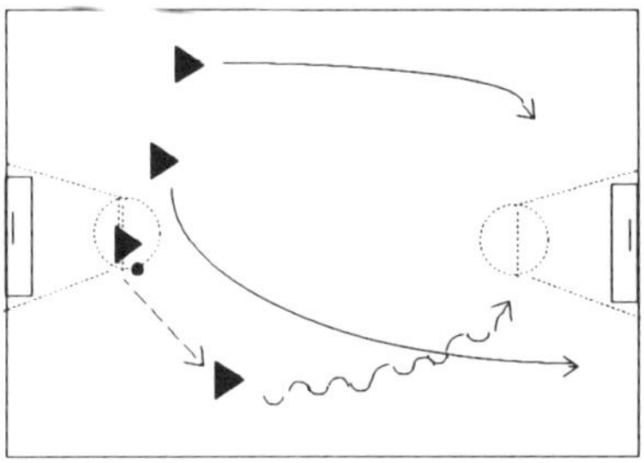

Abb. 3

Die erste Form ist die technisch schwierigere. Entsprechend sind einige Vorübungen zu empfehlen, z.B.:

- Die Klasse steht je zur Hälfte auf beiden Seiten des Spielfeldes. Ein Zuspieler in der Mitte spielt den Ball den abwechselnd von rechts und links startenden Mitspielern in den Lauf. Diese nehmen direkt an und spielen mit oder ohne zwischengeschaltetem Dribbling auf das Tor oder den Korb (Abb. 4). Anschließend bringen sie den Ball zurück und stellen sich bei der anderen Gruppe an.

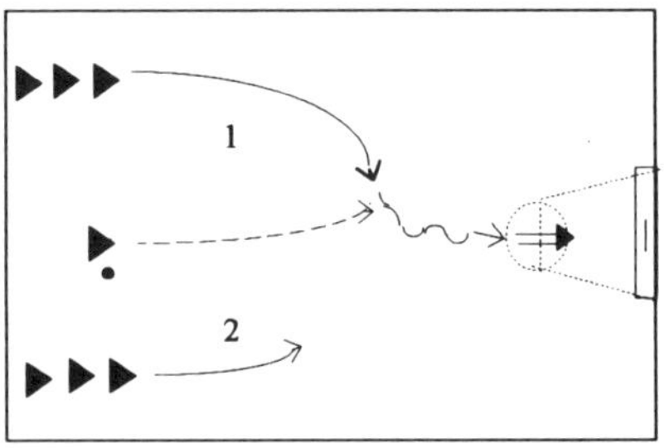

Abb. 4

- Dasselbe; ein gegenüberstehender oder mitlaufender Verteidiger stört – zunächst durch sein bloßes Vorhandensein – die Aktion.

Bei größeren Spielfeldern kann auch in vier Gruppen von der Mitte aus nach beiden Seiten geübt werden. Beim Fußballspiel ist diese Übung weitgehend identisch mit dem „Spiel in den freien Raum“, das es in dieser Form im Basketball- und Handballspiel nicht gibt.

Als reine Übungsform bietet sich das „Pendel“ an: Auf jeder Spielfeldseite stehen sich zwei Gruppen mit je zwei Anspielern gegenüber (Abb. 5).

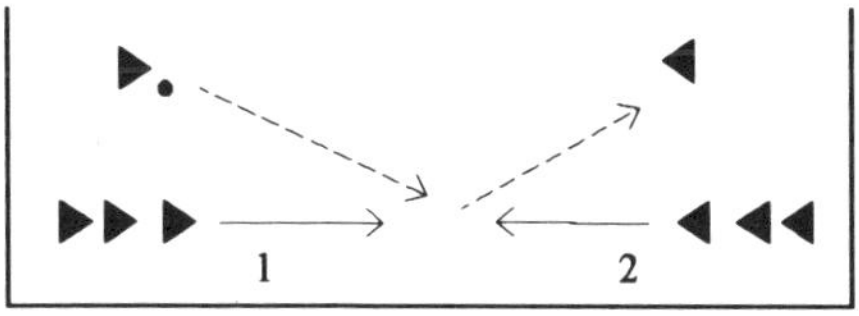

Abb. 5

Der zuerst loslaufende Spieler erhält den Ball schräg von hinten und spielt ihn sofort weiter zum gegenüberstehenden Zuspieler u.s.f.

Passen und Laufen im „Zweierlauf“

Grundform: Die Klasse steht in zwei Reihen mit genügendem Abstand an der Stirnseite des Spielfeldes; jedes Paar hat einen Ball: Die jeweiligen Partner laufen in relativ dichter Ablauffolge zur gegenüberliegenden Spielfeldseite und passen sich dabei fortlaufend den Ball in Schrägpässen zu.

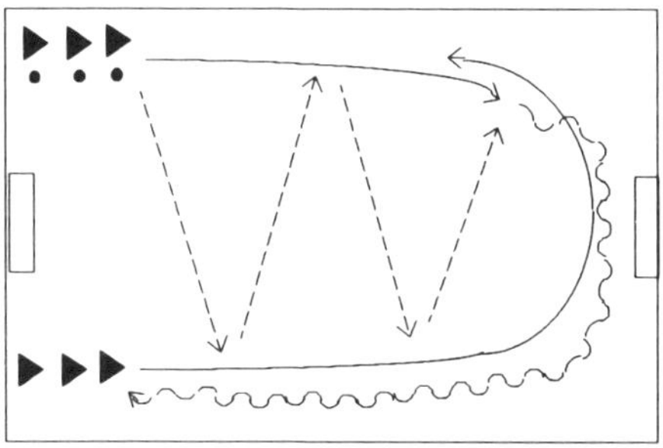

Abb. 6

Der Rückweg erfolgt – zur gegengleichen Ausführung der Übung – auf der Gegenseite zur jeweils anderen Gruppe, wobei einer der beiden dribbelt (Abb. 6).

Diese Übungsform macht beim Handballspiel keine Schwierigkeiten. Das Gelingen ist hier eine Frage des „richtigen“ Abstandes. Beim Basketballspiel ist die (schwierige) Schrittregel zu beachten: Die Schüler sollen dabei (vorwiegend zur Selbstkontrolle) allmählich lernen, den Ball in einem leichten Sprung anzunehmen und nach zwei Kontakten, gleichfalls in einem leichten Sprung, wieder abzuspielen. Beim Fußballspiel ist mit zahlreichen Fehlpässen zu rechnen. Hier muß die Ablauffolge entsprechend verlangsamt werden.

Abwandlungen:

- Wer auf der anderen Seite zufällig im Ballbesitz ist, darf auf das Tor oder den Korb werfen oder schießen.

- Der jeweils rechts oder links laufende Spieler soll zum Wurf oder Schuß gebracht werden.
- Ein passiver oder halbaktiver Verteidiger erwartet die Angreifer am Schußkreis oder an einer bestimmten Linie und stört.
- Ein Verteidiger versucht, von der Mittellinie an zurücksinkend, die Zuspiele zu behindern.

In ähnlicher Weise wie das „Zweierlaufen" läßt sich auch das „Doppelpaßspiel" organisieren: Auf der einen Längsseite stehen einige Zuspieler, die im Vorbeilaufen angespielt werden und den Ball sofort zum selben Spieler zurückspielen. Dies kann ggf. um ein Hindernis oder um davorstehende (halbaktive) Verteidiger herum geschehen.

Das Kontinuum

Aus dem „Zweierlaufen" läßt sich das „Kontinuum" entwickeln: Die Klasse steht in Zweier-, Dreier- oder Vierergruppen je zur Hälfte auf den beiden Stirnseiten des Spielfeldes. Bei ungerader Gruppenzahl beginnt die Seite, die eine Gruppe mehr hat. Die beginnende Gruppe „transportiert" den Ball zur gegenüberliegenden Seite, gibt ihn ab und stellt sich hinten wieder an. Die Aufgabenstellungen entsprechen denen des „Zweierlaufs". Es kann mit einem Ball gespielt werden (was übersichtlicher ist); es kann aber auch jede Gruppe einen Ball haben (was etwas schneller geht). Sind bei dieser Übungsform nur drei Gruppen auf dem Spielfeld, entsteht daraus das weiter unten dargestellte „Wechselspiel" (S. 236).

Platzwechsel

Der „Platzwechsel" ist ein Prinzip, das die Schüler kennen sollten, bevor es in bestimmte Spielzüge integriert wird. Schülergemäß formuliert, lautet es: „Wenn dein Mitspieler seine Position verläßt, mußt du auf sie hinüberwechseln." Der Platzwechsel läßt sich gleichfalls aus dem „Zweierlaufen" entwickeln. Dabei sind drei Grundformen möglich:

- Platzwechsel nach einleitendem Paß: Der Ballbesitzer spielt einen Querpaß zu seinem Partner und läuft auf dessen Position. Dieser wiederum dribbelt (hinter dem Paßgeber) auf die Gegenseite und spielt den Ball zurück u.s.f. (Abb. 7).

Abb. 7

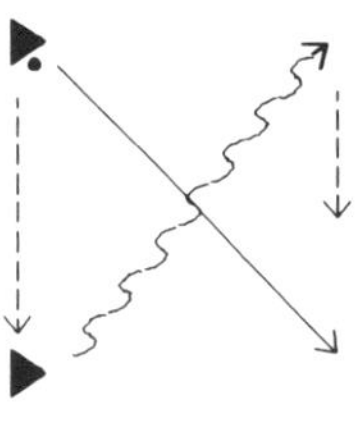

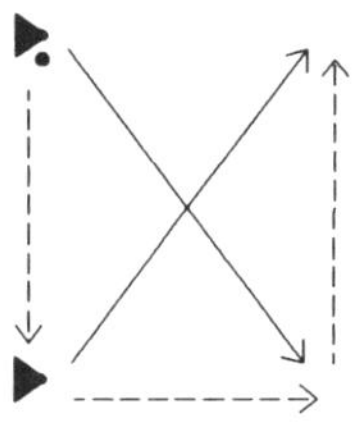

Abb. 8

- Platzwechsel nach einleitendem Dribbling: Der Ballbesitzer dribbelt auf die Position des Partners; dieser wechselt die Seite und erhält den Ball zurück u.s.f.
- Querpaß – Steilpaß: Der Ballbesitzer spielt quer zum Partner, läuft schräg nach vorn auf dessen Position und erhält den Ball im Steilpaß zurück. Der Partner läuft auf die freiwerdende Position und erhält den nächsten Querpaß (Abb.8).

Kreuzen

Wird beim Platzwechsel zusätzlich der Ball übergeben, spricht man von Kreuzen. In der einfachsten Form dribbelt der eine Spieler in den Spielstreifen des anderen; dieser schneidet hinter ihm vorbei, erhält kurz vor oder nach dem Kreuzungspunkt den Ball und dribbelt seinerseits weiter (Abb. 9). In der Umkehrung dieser Übung spielt der Ballbesitzer zunächst einen Querpaß zum Partner und setzt zum Wechsel an. Der Partner dribbelt hinter ihm vorbei und spielt den Ball zurück. Ein genaues Timing unter Beachtung der Schrittregel (Basketball, Handball) erfordert der gleichzeitige Wechsel mit Zu- und Rückspiel vor und nach dem Kreuzen (Abb. 10).

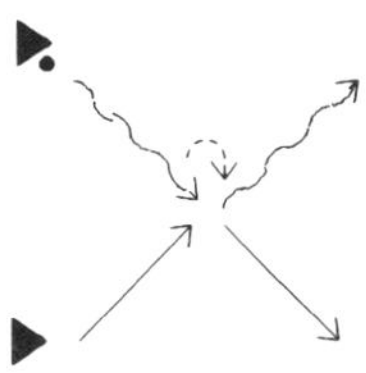

Abb. 9

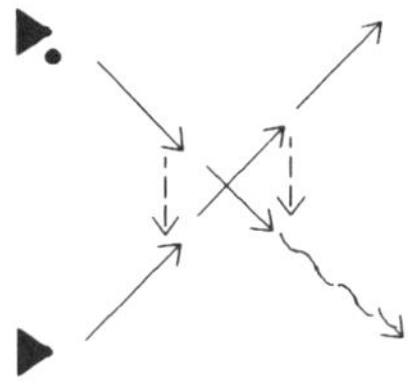

Abb. 10

Die Weiterführung dieser Übung führt zum sogenannten Dreierwechsel, der für Schüler freilich mehr eine Kunstform als eine Übungsform darstellt (aber vielleicht gerade deshalb sehr reizvoll sein kann). Laufwege nach Abb. 11.

Abwandlungen:

- Kreuzen vor einem (halbaktiven) Verteidiger mit nachfolgendem Zielwurf oder -schuß.
- Kreuzen vor zwei Verteidigern mit dem Ziel, einen der beiden Angreifer möglichst ungehindert zum Schuß zu bringen.

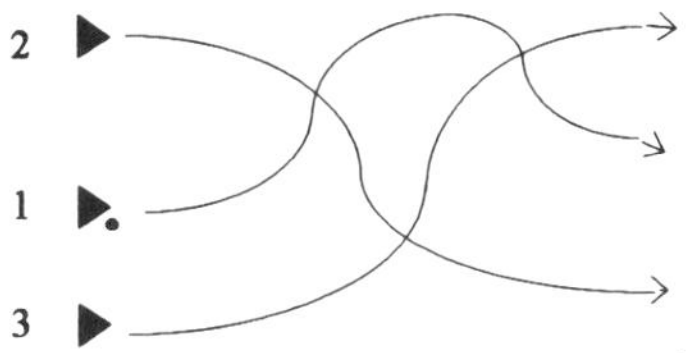

Abb. 11

Dabei können erste Ansätze einer Sperrtaktik erprobt werden, z.B. in den beiden folgenden Formen:

- Der Ballbesitzer spielt einen Paß zu seinem Partner und läuft in Ballrichtung zur Sperre vor dessen Verteidiger; der Partner umdribbelt beide und schießt (Abb. 12). Von einem Außenspieler eingeleitet, ergibt sich daraus die sogenannte Außensperre.

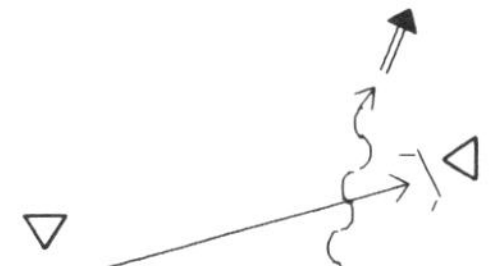

Abb. 12

- Der Ballbesitzer dribbelt vor den Verteidiger seines Partners; dieser schneidet hinter beiden vorbei, erhält den Ball und schießt (Abb. 13).

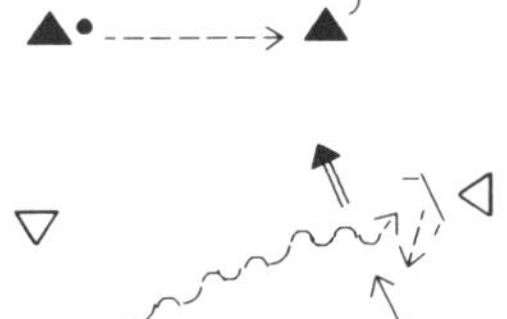

Abb. 13

Es versteht sich von selbst, daß die in diesem Abschnitt dargestellten Übungsformen für die verschiedenen Spiele eine sehr unterschiedliche Bedeutung haben und spieltypische Abwandlungen erforderlich machen.

Durchbruch, Finten, Sperren

Unter *Durchbruch* sind hier alle Angriffsaktionen zu verstehen, die dazu führen, in einer 1:1-Situation am unmittelbaren Gegenspieler vorbeizukommen. Hierfür bieten sich folgende Übungsformen an:

– Auf einem (z.B. durch Bänke oder Markierungen abgetrennten) Spielstreifen versucht ein „Angreifer“ auf irgendeine Weise am „Verteidiger“ vorbeizudribbeln und den Ball einem Mitspieler zuzupassen. Dieser versucht es anschließend in Gegenrichtung (Abb. 14).

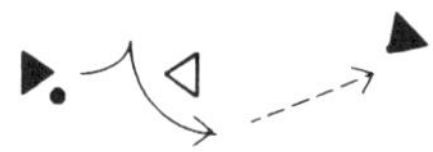

Abb. 14

– Dasselbe im Spiel auf zwei improvisierte Kleintore.

Die Umkehrung dieser Übungsform besteht darin, daß ein *nicht* ballbesitzender Spieler sich von seinem Gegner löst und den Ball von einem Mitspieler zugepaßt erhält.

Es wird sich schnell zeigen, daß alle diese Aktionen nur aus einem schnellen Antritt, einer Finte oder am besten aus beiden zugleich erfolgreich angesetzt werden können.

Unter Finte ist in dieser Situation vor allem die *Körperfinte* oder *Körpertäuschung* zu verstehen. Diese kann als „Hakenschlagen“ links – rechts (Ausfallschritt zur Gegenwurfarmseite, schnelles „Vorbeiziehen“ an der anderen) erlernt werden. Ihre effektive Anwendung im Spiel bedarf einiger Übung und Erfahrung. Dies gilt vor allem für die Finten im Fußballspiel, doch ist dort auch ein gewisser Körpereinsatz möglich.

Für den Schüler eher leichter zu erlernen sind die *Wurf-, Schuß- und Paßfinten*, die sich in jeder 1:1- oder 2:2-Situation üben und anwenden lassen.

Sperren sollte vom Schüler zunächst als Prinzip erfaßt und dann erst als Spielzug erlernt werden. Dazu eignen sich folgende Übungen:

– Ein Spieler soll innerhalb eines bestimmten Spielstreifens an einem Gegner vorbeidribbeln, ein zweiter (ohne Ball) „hilft“ ihm dabei, indem er sich dem Gegner „in den Weg stellt“.
– Ein Angreifer soll gegen einen Verteidiger zum Schuß kommen, ein Mitspieler „hilft“ dabei.
– Im Parteiballspiel 2:2 helfen zwei „Neutrale“ der jeweils ballbesitzenden Partei, indem sie die Gegner behindern.

Eine spezielle Form des Sperrens ist das „Abstreifen“: Im Spiel 2:2 paßt der Ballbesitzer zu seinem Partner und versucht so an ihm vorbeizulaufen, daß er seinen Verteidiger dabei „abstreift“. Wenn dies gelingt, erhält er den Ball zurück (Abb. 15).

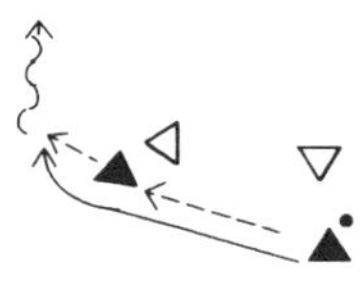

Abb. 15

In allen Fällen sollte man darauf achten, daß die Schritt- und Foulregeln eingehalten werden.

Doppelpaßspiel

Das Grundprinzip des Doppelpaßspiels, allgemein bekannt als "give and go", läßt sich wie folgt formulieren: „Wer seinen Ball abgespielt hat, bleibt nicht stehen, sondern läuft auf eine andere Position und bietet sich zum nächsten Zuspiel an, gleichgültig ob er den Ball dann tatsächlich zurückerhält oder nicht."

Im „richtigen" Spiel sollten ja auch alle anderen Mitspieler versuchen, sich freizulaufen und sich zum Zuspiel anzubieten. In der Regel kann aber der ursprüngliche Paßgeber als Initiator einer solchen Aktion den weiteren Verlauf etwas exakter „vorausdenken".

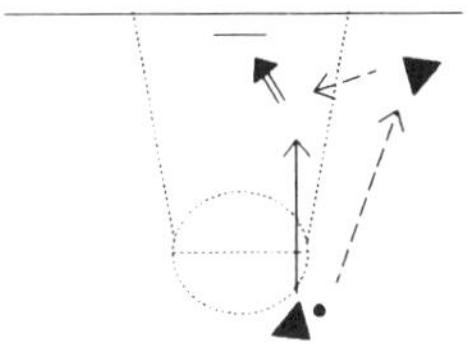

Abb. 16

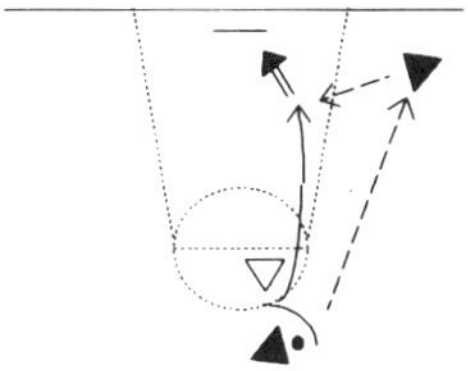

Abb. 17

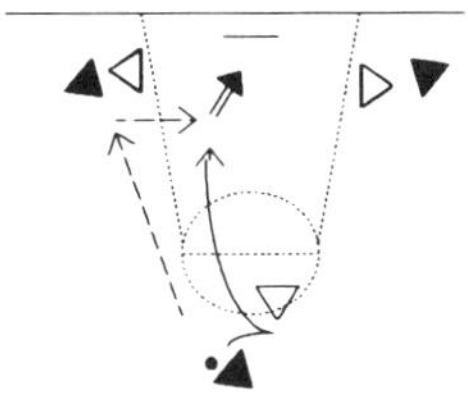

Abb. 18

Bei der Einführung des Doppelpaßspiels ist z.B. folgendes Vorgehen möglich:

- Spiel 2:0: Paß zum Partner, Rückpaß, Wurf oder Schuß auf das Tor oder den Korb (Abb. 16).
- Spiel 2:1: Der Paßgeber muß sich zunächst (z.B. durch eine Täuschbewegung) von seinem Gegenspieler lösen (Abb. 17).
- Spiel 2:2: Beide Angreifer müssen sich zunächst gegen ihre Verteidiger durchsetzen (Abb. 18).

Das Doppelpaßspiel sollte von verschiedenen Positionen aus geübt werden. Die Verteidigertätigkeit kann zunächst eingeschränkt werden (passiver oder halbaktiver Verteidiger).

Der Erarbeitung der Grundform folgt als nächste methodische Stufe die Erweiterung der Handlungsmöglichkeiten des annehmenden Spielers, z.B. dadurch,

- daß der annehmende Spieler entscheidet, ob er zurückspielen oder selbst zum Tor oder Korb „durchziehen" will,
- daß durch Hinzunahme eines dritten Angreifers (ohne oder mit Verteidiger) eine zusätzliche Abspielmöglichkeit geschaffen wird (vgl. Abb. 18).

Von hier aus ist der Übergang zum Spiel 3:3 gegeben.

Angreifer gegen Verteidiger

Die Angreifer spielen in Gruppen von je zwei bis vier Spielern aus der einen Spielfeldhälfte heraus gegen ein festes Team von Verteidigern im Unter- oder Gleichzahlverhältnis (z.B. 2:1, 3:2, 4:2, 2:2, 3:3). Nach jedem (erfolgreichen oder erfolglosen) Angriff stellt sich die angreifende Gruppe wieder hinten an. Dieses „Spiel" kann ohne jede Vorgabe (außer den jeweils geltenden, ggf. vereinfachten Spielregeln) gespielt werden, doch bietet es sich zumeist an, steuernd einzugreifen.

Die Verteidiger werden beispielsweise angewiesen,
- unter dem Korb, am Schußkreis oder der Strafraumgrenze abzuwarten,
- von der Mittellinie an zu behindern und sich dabei zurücksinken zu lassen,
- in der eigenen Spielfeldhälfte den jeweiligen Ballbesitzer sofort anzugreifen.

Wichtigstes Mittel zur Steuerung der Angriffsaktionen ist die Handhabung der Dribbelregel. Das Dribbeln kann dabei gänzlich untersagt, eingeschränkt möglich (z.B. drei Dribbelschläge beim Basketball, ein Auftippen beim Handball, drei Ballberührungen beim Fußball) oder völlig freigegeben sein.

Zweiter Teil

Spielformen

Die im folgenden zusammengefaßten Spielformen werden lediglich in ihrer Grundstruktur dargestellt und nur mit den notwendigsten organisatorisch-methodischen Hinweisen versehen. Weitere methodische Einwirkungsmöglichkeiten ergeben sich aus dem bisher Gesagten.

Spiel 1:1

Das Spiel 1:1 nimmt eine gewisse Sonderstellung ein. Es wird deshalb aus der generellen Systematik herausgenommen und für sich behandelt:

In mehreren, quer oder längs zum Spielfeld verlaufenden (und ggf. durch Bänke abgetrennten) Spielstreifen versucht der jeweilige Angreifer, unter aktiver Behinderung durch einen Gegner,
- eine bestimmte Linie zu überdribbeln,
- von einer Markierung aus ein Ziel an oder vor der Wand bzw. der Spielfeldgrenze zu treffen,
- aus beliebiger Entfernung auf eine „Bandgasse" zu werfen.

Rollentausch nach jeden Angriff oder Angriffsversuch.

Das Spiel 1:1 kann auch als Spiel auf ein Tor, z.B. in mehreren, von der Spielfeldmitte ausgehenden Spielstreifen organisiert werden.

„Spiel auf ein Tor"

Sowohl methodische (besserer Überblick über das Spielgeschehen für Schüler und Lehrer gleichermaßen) als auch organisatorische Gründe (mehr Mannschaften auf dem gleichen Spielfeld) sprechen im Sportunterricht für eine ausgiebige Berücksichtigung des Spiels auf ein Tor bzw. Ziel.

Diese Spielform kann im *Überzahl- oder Gleichzahlverhältnis* von Angreifern und Verteidigern organisiert werden. Häufig verwendete Überzahlverhälnisse sind 3:1, 3:2, 4:2, 4:3 und 5:3, wobei die genannten Zahlenverhältnisse für die einzelnen Spiele einen recht unterschiedlichen methodischen Stellenwert haben.

Die Herstellung der Überzahl erfolgt im Handball- und Fußballspiel am einfachsten dadurch, daß die verteidigende Mannschaft den Torwart (bei genügend großen Toren auch zwei Torleute) stellt. Im Basketballspiel und in allen Fällen, in denen mit neutralem Torwart oder ohne Torwart gespielt wird, muß die entsprechende Anzahl von Spielern aussetzen.

Bei Gleichzahlspielen sind prinzipiell alle Mannschaftsgrößen möglich, doch sollte man keineswegs über die „offizielle“ Spielerzahl hinausgehen, sondern eher etwas darunter bleiben. Besonderes Interesse kann das Spiel 2:2 und 3:3 beanspruchen. Das letztere entspricht in seiner Grundstruktur dem vor allem durch das Basketballspiel bekanntgewordenen Streetball.

Wichtig ist die Festlegung eines *Wechselmodus*. Dazu gibt es folgende Möglichkeiten:

- Jede Mannschaft hat eine bestimmte Anzahl von Angriffen (z.B. fünf), gleichgültig ob erfolgreich oder nicht.
- Bei erfolgreichem Abschluß darf die angreifende Mannschaft weiterspielen, bei erfolglosem wird gewechselt.
- Es wird nach jedem Angriff gewechselt.

Das Anspiel erfolgt jeweils von der hinteren, d.h. dem Ziel abgewandten Spielfeldgrenze oder an der Seitenlinie.

Bei *Ballverlust* der angreifenden Mannschaft *vor* Abschluß des Angriffs kann wie folgt verfahren werden:

- Es wird gewechselt, was zunächst für alle Spiele empfehlenswert ist.
- Es wird sofort weitergespielt, was nur für das Basketballspiel (gelegentlich auch für das Fußballspiel) sinnvoll ist.
- Es darf weitergespielt werden, nachdem der neue Ballbesitzer mindestens einmal abgespielt hat. Dies setzt einen neutralen Torwart voraus.

Um beim Hallenfußball die nicht ganz ungefährlichen „wilden“ Torschüsse zu vermeiden, ist es ratsam, mit „*umgekehrtem Schußkreis*“ zu spielen: Gültige Torerfolge können nur erzielt werden, wenn die letzte Ballberührung durch einen Angreifer innerhalb des (Handball-)Schußkreises, der Freiwurflinie oder der Drei-Punkte-Linie stattgefunden hat.

Das Spiel auf ein Tor bietet gute Möglichkeiten, bestimmte *Deckungs- oder Verteidigungssysteme* und die ihnen entsprechenden *Angriffssysteme* einzuüben.

An dieser Stelle sollen jedoch nicht die Vor- und Nachteile der Mann-Mann-Verteidigung, der Raumverteidigung oder der kombinierten Ball-Raum-Verteidigung diskutiert, sondern lediglich einige allgemeine Hinweise gegeben werden:

- Eine konsequente Raumverteidigung läßt sich beim Handballspiel z.B. dadurch erreichen, daß kein Verteidiger die Freiwurflinie (ggf. die Drei-Punkte-Linie) verlassen darf. Beim Fußballspiel kann ähnlich verfahren werden. Die Zonenverteidigung des Basketballspiels erfordert eine genauere Festlegung der Positionen.
- Die Angreifer sollten die ihnen zugewiesenen Positionen einhalten, es sei denn, daß ein Platzwechsel durchgeführt wird.
- Bei obligatorischer Mann-Mann-Verteidigung sollten nicht nur das Anspiel, sondern zumindest noch ein weiterer Paß ohne gegnerische Behinderung ausgeführt werden können.

Varianten des Spiels auf ein Tor bzw. Ziel

Das Bestreben, das Spiel auf ein Tor zu intensivieren und zugleich für Anfänger etwas zu vereinfachen, hat zu einer Reihe von Vorschlägen geführt, die überwiegend dem „Burgballprinzip" folgen.

Dieses läßt sich als *Spiel im Kreis um ein neutrales Ziel* definieren: In einem Kreis, der je nach Spielart, aber auch nach Alter und Leistungsstand der Schüler sehr unterschiedlich groß ist, befindet sich ein Ziel, z.B. ein Medizinball, ein kleiner oder großer Kasten, ein „Viereckt or" aus Malstangen oder ein Korbballständer. Es kann zusätzlich von einem neutralen Torhüter bewacht werden. Außerhalb des Kreises – oder auch durch die Kreislinie getrennt – spielen zwei Mannschaften von je drei bis sechs Spielern gegeneinander. Überzahl- und Gleichzahlspiele sind möglich.

Folgende „Wechselregelung" bietet sich an: Bei „Torerfolg" darf die angreifende Mannschaft weiterspielen; wird der Ball vom Torwart gehalten, erhält die andere Partei den Ball; bei Fehlversuchen darf die Mannschaft weiterspielen, die den Ball in ihren Besitz bringt, doch darf erst nach mindestens einem Abspiel erneut auf das „Tor" geworfen werden.

Als Abwandlungen, speziell für das Basketballspiel, sind möglich:

- Spiel im Kreis auf einen neutralen „Fänger", der etwas erhöht, z.B. auf einem kleinen Kasten, steht („Kapitänball").
- Spiel auf mehreren, quer zur Hallenlängsachse liegenden Kleinspielfeldern auf eine in der Mitte zwischen den Basketballbrettern gespannte „Bandgasse". („Körbe" können von beiden Seiten erzielt werden; Pässe über die Bandgasse sind jedoch nicht erlaubt.)

Eine speziell für das Handballspiel entwickelte Abwandlung ist das Burgballspiel als Parteispiel (vgl. Themenbeispiel 35): Jede der beiden Mannschaften besetzt einen Halbkreis mit ihren Angreifern und den gegenüberliegenden Halbkreis mit ihren Verteidigern und ggf. einem Torwart. Gespielt wird mit *einem* Ball.

Einem ähnlichen, jedoch noch weitergehenden Spielgedanken folgt das „Spiel auf mehrere neutrale Tore" (oder auch Korbballständer), die unregelmäßig über das Spielfeld verteilt sind. Beide Mannschaften können überall Tore erzielen.

Beim Handball- und Fußballspiel auf „Stangentore" kann z.B. die Regel gelten, daß Tore zwar von beiden Seiten geschossen werden können, jedoch nur dann gültig sind, wenn der Ball auf der anderen Seite von einem eigenen Spieler angenommen wird.

Das „Wechselspiel"

Es spielen drei Mannschaften im Wechsel auf zwei Tore nach folgendem Ablaufschema: Zwei Mannschaften besetzen in Verteidigungsaufstellung die beiden Spielfeldseiten. Eine dritte Mannschaft greift aus der einen Spielfeldhälfte heraus die anfangs entferntere Mannschaft an, setzt aber nach Abschluß des Angriffs vorübergehend aus, während die bisherigen Verteidiger ihrerseits zum Angriff übergehen. Das Wechselspiel entspricht in seiner Grundstruktur dem Spiel auf ein Tor (vgl. S. 251, Abb. 1).

Es ist wichtig, eindeutige Wechselregeln festzulegen. Hierfür gibt es zwei Möglichkeiten unterschiedlichen Schwierigkeitsgrades:

– Zunächst sollte, um das Spielfeld freizumachen, nach jedem – erfolgreich oder erfolglos – abgeschlossenen Angriff neu angespielt werden.
– Sodann kann vereinbart werden, daß die verteidigende Mannschaft sofort zum Angriff übergeht, wenn der Torwart oder ein anderer Spieler in Ballbesitz kommt.

Das Wechselspiel wird sehr schnell unübersichtlich, wenn zu viele vorzeitige Ballverluste auftreten. Es wird meist als *Überzahlspiel*, z.B. 3:1, 3:2 und 4:2, organisiert.

„Spiel auf zwei Tore"

Das Spiel auf zwei Tore bzw. Ziele entspricht der üblichen, und damit auch den Schülern bekannten und von ihnen bevorzugten Form des Sportspiels. Als wesentliches neues Element kommt das sofortige *Umschalten vom Angriff zur Abwehr* hinzu.

Überzahlspiele haben jetzt nur noch eine nachrangige Bedeutung, z.B. als Spiel 4:3 oder 5:4. Gelegentlich wird auch mit einer *Unterzahl* von Angreifern gespielt. Solche Über- und Unterzahlverhältnisse lassen sich am einfachsten dadurch herstellen, daß eine Mannschaft beim Basketballspiel einen „Korbwächter" unter dem Korb zurückläßt oder beim Handball- und Fußballspiel einen zweiten Torhüter einteilt.

Bei *Gleichzahlspielen* sollte – zumindest bei weniger erfahrenen Schülern – nicht mit voller Mannschaftsstärke gespielt werden: Ein Handballspiel läuft selbst auf dem wettkampfgerechten Spielfeld mit fünf Feldspielern (Standardaufstellung: je zwei Rückraum- und Außenspieler, ein Kreisläufer) besser als mit sechs, ein Basketballspiel mit vier Spielern (die Centerposition bleibt frei) besser als mit fünf.

Beim Hallenfußballspiel ist – relativ unabhängig von der Spielfeldgröße – mit insgesamt vier, höchstens fünf Spielern die Grenze erreicht. Hier wird überwiegend „mit Bande" gespielt, doch sollte auch das Spiel „mit Aus" (z.B. auf dem Hallenhandball- oder Basketballfeld) nicht vernachlässigt werden. Aus methodischen (flaches Spiel) und organisatorischen Gründen (Unfallgefahr, vor allem wenn auf mehreren parallelen Feldern gespielt wird) empfiehlt es sich, auf möglichst niedrige Ziele zu spielen. Hier haben sich nach vorn gekippte Bänke bestens bewährt. Im Freien sollte Fußball, wenn irgend möglich, im „Querbetrieb" auf halbem Spielfeld mit höchstens sieben Spielern gespielt werden.

„Spiel auf zwei Tore" heißt aber nicht unbedingt „Spiel nach den offiziellen Wettkampfregeln". Methodische Einflußmöglichkeiten bieten vor allem:

– die Dribbelregeln, meist im Sinne einer Einschränkung der Dribbelmöglichkeiten,
– die Schrittregeln, meist im Sinne einer großzügigen Auslegung,
– die Foulregeln, meist im Sinne einer Verschärfung.

Alle weiteren, didaktisch oder methodisch begründeten Regeländerungen sind mehr oder weniger als Sonderfälle zu betrachten.

Varianten des Spiels auf zwei Tore bzw. Ziele

Auch für das Spiel auf zwei Tore gibt es eine Reihe von Varianten, die vor allem darauf abzielen,

- den Aktionsraum zu vergrößern und damit auch zu häufigeren Wurf- oder Schußversuchen herauszufordern,
- die Spieler gleichmäßiger über das Spielfeld zu „verteilen“ und damit auch die Spielanteile von stärkeren und schwächeren Spielern einander anzugleichen.

Es sind im wesentlichen die folgenden:

a) Spiel auf das „breite Tor“ oder viele „kleine Tore“:

Die beiden Stirnseiten einer Halle bilden bis zu einer bestimmten Höhe (Leine, Klebestreifen, Kreidestrich) das „Tor“, das von mehreren Torleuten bewacht wird. Entsprechend lassen sich, z.B. durch Malstangen oder Kastenteile, viele kleine Tore mit je einem Torwart an der Spielfeldgrenze errichten. Im Idealfall ist die „Torpartei“ einer Mannschaft ebenso groß wie die „Feldpartei“, damit regelmäßig gewechselt werden kann. Auf diese Weise kann, vor allem im Fußballspiel, auch quer zur Halle gespielt werden Beim Basketballspicl wird dieses vergrößerte Ziel durch eine „Bandgasse“ gebildet.

b) Spiel auf zwei Tore oder Ziele innerhalb des Spielfeldes:

In beiden Spielfeldhälften wird mit einigem Abstand von der Hallenwand bzw. der Spielfeldgrenze je ein Ziel aufgebaut (Kastenteil, Übungshürde, „Stangentor“, Korbballständer o.ä.) mit einem je nach Spielart unterschiedlich großen Torraumkreis. Es kann zusätzlich von einem Torhüter bewacht werden. Tore können von beiden Seiten (beim Korbball von allen Seiten) erzielt werden. Der Korbballständer kann auch durch einen von der gegnerischen Mannschaft entsandten, auf einem kleinen Kasten stehenden Fänger ersetzt werden („Kapitänball“).

c) Spiel auf das „umgedrehte Tor“:

Die beiden Tore werden mit einigem Abstand von der Hallenwand umgekehrt aufgestellt (Vorsicht, Kippgefahr!). Tore können also nur indirekt, d.h. durch Abpraller von der Wand erzielt werden, entweder von überall oder nur von den Seiten her.

d) Spiel auf mehrere Tore oder Ziele:

In den Ecken oder mit einigem Abstand an den Längsseiten des Spielfeldes sind vier „Tore“ aufgebaut. Jede Mannschaft verteidigt zwei Tore und spielt auf die beiden anderen. Diese Spielform eignet sich vor allem für das Fußballspiel, läßt sich aber (mit Korbballständern) auch auf das Basketballspiel und (mit über die Spielfeldecken gezogenen Schußkreisen) auf das Handballspiel übertragen. In extremer Auslegung dieses Spielgedankens läßt sich daraus ein „Viereckspiel“ mit vier Mannschaften entwickeln: Jede Mannschaft spielt gegen jede; sie verteidigt dabei „ihr“ Tor und greift nach Belieben die anderen an.

e) Spiel auf bewegliche Ziele:

Auf beiden Seiten des Spielfeldes ist ein Torraum von entsprechender Größe abgegrenzt, in den die jeweils gegenüberstehende Mannschaft einen „Fänger“ entsendet. Beide Mannschaften versuchen nun, diesen ihren eigenen Mann („Kapitän“) möglichst oft anzuspielen. In basketballspezifischer Abwandlung dieses Prinzips kann in einen von einem Fänger gehaltenen Papierkorb o.ä. geworfen werden, in handball- und fußballtypischer Abwandlung auch durch einen von ihm gehaltenen Reifen.

Auswertung

(1) Die großen Mannschaftsspiele Basketball, Handball und Fußball haben gemeinsame *Grundstrukturen*, die sich gewissermaßen herauslösen und unter *integrativen Aspekten* vermitteln lassen. Dabei ist freilich zu bedenken, daß die daraus gewonnenen Übungs- und Spielformen für die einzelnen Spiele einen durchaus unterschiedlichen methodischen Stellenwert haben.

Bei den (im ersten Teil aufgelisteten) *Übungsformen* geht es vor allem um das *Spiel mit dem Ball* in zwei, ggf. miteinander verknüpften *Grundsituationen*:

- den Transport des Balls zum abschließenden Zielwurf oder -schuß,
- das Sich-Durchsetzen gegen einen oder mehrere Gegenspieler.

Bei den (im zweiten Teil zusammengefaßten) *Spielformen* kommt das *Spiel ohne Ball* hinzu mit den beiden komplementären Grundprinzipien des *Deckens und Freilaufens*, d.h. des Behinderns und Abschirmens der Angreifer einerseits und des fortgesetzten Lösens vom Gegner und Sich-Anbietens zum Zuspiel andererseits.

(2) Aus diesen Überlegungen folgt der grundsätzliche didaktische Vorrang der Spielformen vor den Übungsformen. Dennoch widerspricht das *Üben* keineswegs dem Sinn des Spiels. „Spielen" erfordert zu seinem Gelingen ein gewisses Können, das sich am rationellsten und effektivsten in entsprechenden Übungsformen erwerben läßt. Dies liegt vor allem im Interesse der schwächeren Schüler, verleiht aber auch den besseren eine größere Sicherheit.

(3) Die Anpassung der hier verzeichneten – wie auch aller anderen – Übungs- und Spielformen an die speziellen Erfordernisse der einzelnen Spiele einerseits und an den Könnens- und Leistungsstand der Schüler andererseits ist in der Praxis keineswegs so einfach, wie es sich in diesem und in anderen Büchern liest. Dies betrifft sowohl die Einschätzung der tatsächlichen Schwierigkeit (sie kann in den verschiedenen Spielen sehr unterschiedlich sein) als auch die organisatorische Gestaltung (z.B. hinsichtlich der Aufstellung der Spieler, der „richtigen" Abstände und Entfernungen, der Ausführungsgeschwindigkeit u.a.m.). Das alles muß an Ort und Stelle ausprobiert und entschieden werden. Erfahrung kann dabei viel helfen, ersetzt aber nicht immer den kritischen Blick für das wirklich Machbare.

Theoretische Bezüge

„Spielvermittlungsmodelle" („Handbuch" S. 196); Die Veränderung des Regelwerks der großen Spiele („Handbuch" S. 306); Üben („Handbuch" S. 227); Gruppenbildung („Handbuch" S. 80).

Zeichenerklärung

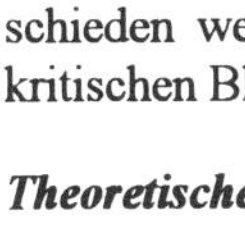

Weg des Spielers
Weg des Balls
Dribbling
Torschuß

Individuelles Angriffs- und Abwehrverhalten

Inhalte

- Aufgabenstellungen zur Schulung des Angriffs- und Abwehrverhaltens.

Ziele

- „Spielfähigkeit“ als Einheit von Wahrnehmen und Handeln darstellen.
- Auf die methodischen Möglichkeiten des Lehrens in „offenen“ Handlungssituationen hinweisen.

Programm

Zum Thema

Individuelles taktisches Verhalten im Spiel kann nicht einfach „gelehrt“, sondern nur in der Spielsituation „erfahren“ werden. Dies ist ein langfristiger Prozeß, der ein spezielles methodisches Vorgehen erfordert, z.B. wie folgt: Im Rahmen von ausgewählten Spiel- und Übungsformen (vgl. das vorangegangene Themenbeispiel) stellt der Lehrer eine *Aufgabe*, die der Schüler mit Hilfe der ihm verfügbaren körperlichen und technischen Mittel lösen soll. Es wird also nur ein allgemeines Handlungsziel vorgegeben, die Ausführung im einzelnen aber freigestellt. Die dabei gewonnenen Erfahrungen werden reflektiert und zu konkreten *Handlungsregeln* verdichtet.

In der praktischen Seminararbeit wird es nicht möglich sein, alle nachfolgend formulierten Handlungsregeln „nachzuspielen“, zumal sie im Hinblick auf den Ausbildungsstand der Teilnehmer wohl selbstverständlich sind. Das methodische Vorgehen sollte jedoch anhand einiger Beispiele etwas genauer verdeutlicht werden.

Im wesentlichen geht es dabei um folgende *Handlungssituationen:*

Ballführen ohne direkte gegnerische Einwirkung

- Führe den Ball kontrolliert, nimm den Blick vom Ball, suche freie Räume, wechsle Tempo und Richtung, um den Gegner so lange wie möglich über deine Absichten im unklaren zu lassen.
- Beobachte deine Mitspieler, um die Signale oder „Auslöser“ für ein erwartetes Abspiel zu erkennen. Ein Mitspieler kann sich z.B. durch Zeichen (nicht Rufen) zum Zuspiel anbieten oder durch einen entsprechenden Laufweg den „Paß in die Tiefe“ fordern.

Spiel 1:1 als Angreifer

- Sichere den Ball durch Abdecken mit dem Körper; führe den Ball niedrig bzw. dicht am Fuß, wenn du zunächst nicht abspielen kannst oder willst.
- Versuche stets, die Initiative zu ergreifen, damit der Gegenspieler *re*agieren muß. Das sichert dir am ehesten den – gelegentlich entscheidenden – spielerischen Vorteil.

- Versuche, durch plötzliche Aktionen, z.B. Tempowechsel (Antreten, Abstoppen) oder Körperbewegungen (Drehungen, Sidesteps), dich vom Gegenspieler zu lösen.
- Beginne, wenn du in Ballbesitz kommst, keine Aktion, die dir keinen Freiraum verschafft. Dribble beispielsweise im Basketballspiel nicht auf der Stelle, weil du dann in den möglichen Aktionen durch die Dribbelregel festgelegt bist.
- Versuche, in der Situation 1:1 zunächst dir selbst zu helfen, z.B. in eine bessere Schußposition zu gelangen. Für einen erfolgreichen Durchbruch brauchst du aber genügend Platz.
- Versuche, die Lücke zwischen zwei Gegenspielern zu erkennen, in die du als Angreifer hineineinlaufen („stoßen") kannst.
- Nutze jede Gelegenheit zu einer Finte; tue so, als ob du schießen, passen oder dribbeln wolltest.
- Versuche, deine Gefährlichkeit als Schütze zu zeigen; dribble zum Tor oder Korb, hole aus zum Torwurf, dreh dich zum Korb.

Spiel ohne Ball als Angreifer

- Merke: Wenn deine Mannschaft im Ballbesitz ist, bist du auch ohne Ball ein wichtiger Spieler.
- Laufe stets mit Blick zum ballführenden Mitspieler.
- Laufe möglichst in einen freien Raum, der nicht vom Gegner kontrolliert wird.
- Besetze einen Raum in der Tiefe des Spielfeldes in Richtung auf das Tor. Das macht dich zu einem gefährlichen Spieler. Positionen im Rückraum der Mitspieler oder auf Ballhöhe verlangsamen das Angriffsspiel.
- Laufe nicht zu dicht am ballführenden Mitspieler. Ein Paß zu dir hätte keine wesentliche Änderung der bisherigen Spielsituation zur Folge.
- Zeige durch deine Hände an, daß du anspielbereit bist.
- Laufe einem Paß entgegen, um den Ball schnell unter Kontrolle zu bringen.
- „Freilaufen" heißt, sich aus dem Deckungsschatten eines Abwehrspielers seitwärts hinauszubewegen.
- Wechsle auf die Position deines Mitspielers, wenn dieser sich mit dem Ball auf deine Seite bewegt.
- Versuche, eine Position einzunehmen, die mit dem Ballbesitzer und einem weiteren Spieler ein Dreieck ergibt. Bei einem Paß läuft sich der nicht angespielte Mitspieler parallel zum Ballweg frei.
- Nach einem Paß zu einem Mitspieler wirst du sofort ein Spieler ohne Ball. Bleibe nicht stehen, bewege dich sofort („give and go"). Ein stehender Spieler ist für den Gegner ungefährlich und für die eigene Mannschaft nutzlos.

Verhalten als Abwehrspieler

- Bewege dich in „tiefer" Körperhaltung mit Nachstellschritten; schau nicht nur auf den Ball, sondern beobachte auch die Aktionen deines Gegenspielers; achte z.B. auf seine Fußstellung.

- Begleite eine Angriffsaktion möglichst auf der Ballseite; dränge den ballführenden Gegenspieler zur Seite ab, wenn du ihn nicht zum Abspielen oder Abstoppen zwingen kannst.
- Stelle dich als Abwehrspieler im Feld zwischen Gegner und Ziel; orientiere dich beim Basketballspiel am Ball und besetze die „innere Linie“ zwischen Ball und Korb.
- Rücke nicht zu dicht auf den Gegenspieler auf, um nicht plötzlich überlaufen zu werden. Greife aber schon bei der Ballannahme an, um die Ballkontrolle zu stören.
- „Zähle ab“, wieviele Gegenspieler auf dich zukommen; decke in der Situation 1:1 den Mann; schirme in der Situation 1:2 den Raum zum Ziel ab.
- Ergreife auch als Abwehrspieler die Initiative, um den Gegner zu einer Reaktion zu zwingen.
- Halte deine Position in einem „Spielstreifen“; hilf aber auch rechts und links neben dir aus. Übergib und übernimm einen Gegenspieler ohne Ball in deinem Bereich.
- Spiele auch als Abwehrspieler mit deinen Mitspielern zusammen; verabrede Positionen und Aufgaben.

Torwartverhalten

- Stelle dich als Torwart in Richtung auf den Ball etwas vor die Torlinie, um den Schußwinkel zu verkürzen.
- Bewege dich parallel zur Torlinie, um je nach Bedarf die kurze (z.B. bei einem Dribbling des Angreifers) oder die lange Torecke (z.B. bei einer Flanke) abdecken zu können.

Hinweise zur Gruppentaktik

Gruppentaktische Formen, bei denen mehr als zwei Mitspieler aktiv beteiligt und Ballwege über mehr als zwei Anspielstationen erforderlich sind, können in der Schule nur unter besonderen Voraussetzungen mit Erfolg gelehrt werden.

Das bloße Einüben komplizierter Spielzüge bringt nämlich nicht viel, da diese in der Hektik des Spiels wieder „vergessen“ werden und die Schüler die „Auslöser“ nicht erkennen.

Solche Auslöser, die auch dem Anfänger bewußt gemacht werden können, sind z.B.:

- im Basketballspiel: die Situation „Erobern des Defensiv-Rebounds“, bei der die Flügelspieler zum Schnellangriff starten und der Ballbesitzer entscheidet, wer den Paß erhält,
- im Handballspiel: die Situation „Ballbesitz des Torwarts nach (erfolglosem) Torwurf“, bei der die Außenspieler zum Gegenstoß ansetzen und zum Anspiel nach innen kurven,
- im Fußballspiel: die Situation „Spurt in den freien Raum“, bei der vom Ballbesitzer ein Paß in den Laufweg zum Tor gespielt wird.

(Vgl. auch das Themenbeispiel 33, Grundformen der großen Spiele).

Auswertung

(1) *Taktisches Verhalten* ist immer situationsangemessenes Verhalten. Der Spieler muß also eine Spielsituation

- *wahrnehmen* und in ihrem Bedeutungsgehalt erfassen,
- in ihrem Fortgang ein Stück *vorwegnehmen*,
- mit der *erfolgversprechendsten Aktion* beantworten.

Taktisches Verhalten repräsentiert somit in besonderer Weise die *Einheit von Wahrnehmen und Handeln.*

(2) *Taktikschulung* ist nicht einfach die Vermittlung vorgefertigter Spielzüge, sondern enthält zwei miteinander verklammerte Aufgaben:

a) Zum einen geht es darum, den „Blick für das Spiel" zu schärfen. Der Schüler muß lernen, die *Handlungsintentionen* der Mit- und Gegenspieler zu erfassen und in einem gewissen Umfang vorauszusehen. Dabei muß er vor allem die Signale der Mitspieler erkennen, die als „Auslöser" eine bestimmte Spielhandlung in Gang setzen sollen.

b) Zum anderen muß der Schüler befähigt werden, in den schnell wechselnden Spielsituationen jeweils angemessen und erfolgreich zu handeln. Dazu bedarf es eines *Handlungsrepertoires*, das in Form von schnell abrufbaren Programmen „im Kopf" gespeichert ist.

Beide Fähigkeiten entwickeln sich nicht von selbst, sondern müssen anhand der konkreten Spielsituation erfahren werden. Der Lehrer hat dabei die Aufgabe, dem Schüler immer wieder die Palette der *Handlungsmöglichkeiten* bewußt zu machen, z.B. durch spezielle Situationsvorgaben, durch entsprechende „Regieanweisungen", durch gezielte Aufgabenstellungen oder durch „Nachstellen" kennzeichnender Spielsituationen.

Wenn irgend möglich, sollten die Schüler dabei die erfolgversprechendste Problemlösung selbst herausfinden. Dies wird am ehesten dadurch erreicht, daß relativ *offene Handlungssituationen* geschaffen werden, die zu selbständigem Probieren und Experimentieren herausfordern.

(3) Erfolgreiches taktisches Verhalten setzt die Beherrschung der technischen Mittel voraus. Technik- und Taktikschulung stehen also einerseits in einer methodischen Abfolge, andererseits in einem Wechselverhältnis: Sobald eine spielerische Fertigkeit „gekonnt" wird, muß sie in einer Spielsituation angewandt und bis zu ihrer Beherrschung „eingeübt" werden. Das ist aber nur möglich, wenn jeder Spieler auch einen ausreichenden Spielanteil hat. Dabei müssen bessere und schwächere Spieler gleichermaßen zum Zug kommen. Wichtigstes methodisches Mittel hierfür ist die Vereinfachung des komplexen Spielgeschehens, vor allem durch Verringerung der Spielerzahl und ggf. durch Homogenisierung der Übungsgruppen.

Theoretische Bezüge

„Spielvermittlungsmodelle" („Handbuch" S. 196); Spiel – pädagogischer Ideal- oder Problemfall? („Handbuch" S. 316).

Kleine Spiele als methodische Vorstufen der großen Spiele

Inhalte

- Ausgewählte kleine Spiele aus dem Bereich der Ballspiele.

Ziele

- Struktur und Charakteristik der kleinen Spiele verdeutlichen.
- Die methodische Funktion der „kleinen“ Spiele für die Vermittlung der „großen“ Spiele untersuchen.

Programm

Zum Thema

Das Themenbeispiel legt eine Zweiteilung nahe:

In einem ersten Teil soll am Beispiel der „Leinenspiele“ mit Hilfe von Leinen unterschiedlicher Höhe in praktischer Erprobung der Begriff des „kleinen Spiels“ geklärt werden. Dabei ist freilich zu beachten, daß für Schüler, zumal im jüngeren Schulalter, andere Voraussetzungen und Dimensionen gelten als für erwachsene Seminarteilnehmer. Die ständige Frage, die – auch – gestellt werden muß, lautet also: „Was wird sich dabei vermutlich bei Schülern herausstellen?“

In einem zweiten Teil soll der Beitrag, den die kleinen Spiele zur Vermittlung der großen leisten können, vorwiegend am Beispiel der Wurfspiele näher verdeutlicht werden. Beide Teile verfolgen das Ziel, einige allgemeine und transferierbare Erkenntnisse zur Spieldidaktik und -methodik zu gewinnen. Die Darstellung ist deshalb etwas ausführlicher als sonst üblich.

Erster Teil

Was ist ein kleines Spiel?

Um diese Frage zu klären, betrachten wir das „Spiel mit einem oder mehreren Bällen unter oder über eine Leine“ in verschiedenen Formen.

Spielform 1

Entlang der Mittellinie der Halle wird eine etwa kniehohe Leine gespannt oder von zwei Helfern gehalten. Auf jeder Seite steht die Hälfte der Klasse bzw. Gruppe. „Tor“ ist die gesamte Hallenrückwand. Es ist zunächst ein Ball im Spiel, der ***unter*** der Leine hindurch ins Ziel geworfen werden soll. Jeder darf werfen und abwehren. Nach einiger Zeit kommt ein zweiter Ball ins Spiel und schließlich ein dritter.

Welche speziellen Beobachtungen kann man machen?

Zum Beispiel folgende: Das Spiel kann nur gelingen, wenn man den Ball in die Hand nehmen und fest genug werfen kann. Es ist mit einem Ball schon recht bewegungsreich, wird mit zweien aber entschieden lebhafter und mit dreien bereits recht unübersichtlich. Die erfolgreichste Taktik besteht darin, den Ball möglichst nahe an der Leine und in eine unerwartete Richtung abzuspielen, die erfolgreichste Gegentaktik, den Ball direkt hinter der Leine zu blocken, aber auch einige Spieler im „Rückraum" zu belassen. (Wenn diese „Blockadetaktik" zu erfolgreich wird, kann man ihr durch eine neutrale Zone beiderseits der Leine begegnen.) Bei mehreren Bällen ist es für die Angreifer vorteilhaft, die Bälle zu „sammeln" und unmittelbar hintereinander zu werfen.

Welche allgemeinen Erkenntnisse lassen sich gewinnen?

Zum Beispiel folgende: Der Spielgedanke ist sehr einfach und wird von jedem Schüler sofort erfaßt. Es sind keine besonderen technischen Fertigkeiten erforderlich und zudem werden die Bälle nur auf einer bestimmten Ebene gespielt, so daß auch der Ungeübte sofort mitmachen kann. Im Gegenzug muß aber auch festgestellt werden, daß dieses Spiel zur Schulung technischer Fertigkeiten (hier vor allem für das Fangen) nur wenig beitragen kann. Durch bestimmte Regelvorgaben kann ein annäherndes „Erfolgsgleichgewicht" zwischen Angreifern und Verteidigern hergestellt werden: Die Abwehr der Bälle kann z.B. mit allen Körperteilen oder nur mit den Händen zulässig sein. Das Spiel ist – die beiderseitigen Extreme ausgenommen – mit kleiner und großer Spielerzahl spielbar. Zwischen der Hallengröße und der Wurfkraft der Spieler muß allerdings ein realistisches Verhältnis bestehen: Je nachdem muß das Spielfeld längs oder quer zur Halle liegen. Im letzteren Fall sollte man auf mehreren, z.B. durch Bänke abgetrennten Feldern spielen.

Was kann durch dieses Spiel geschult werden?

Vor allem ein allgemeines Verteidiger- und Torwartverhalten: hin zum Ball, Ball annehmen und selbst angreifen oder abspielen; daneben auch Wurfkraft und Wurfgewandtheit, Wurftäuschungen und verdeckte Würfe.

Als erste generelle Erkenntnis ergibt sich aus diesem „Experiment", daß „kleine Spiele" selbst in ihrer einfachsten Form bereits recht komplexe technische, taktische und methodische Gebilde sind.

Spielform 2

Die Leine wird in mittlerer Höhe, z.B. Brusthöhe, gespannt oder gehalten: Es wird sich sehr schnell herausstellen, daß eine Leine in dieser Höhe irrelevant ist und entfallen kann. Dafür wird es notwendig, den Zielraum an der Hallenwand auf die durchschnittliche Reichhöhe der Teilnehmer zu begrenzen (Klebestreifen, Kreidestrich), weil das „Spiel über die Köpfe" von den Schülern jetzt fast automatisch bevorzugt wird. Spielfeldgröße und Wurfkraft müssen noch genauer aufeinander abgestimmt sein, z.B. wie folgt:

- Das Spielfeld ist zu klein: Abhilfe durch eine „neutrale Zone" beiderseits der Mittellinie, die von beiden Parteien nicht betreten werden darf.
- Das Spielfeld ist zu groß: Die neutrale Zone darf von den jeweiligen Ballbesitzern betreten und „ausgenützt" werden.

Wahrscheinlich wird sich auch zeigen, daß die geübteren Schüler durch ihr besseres Stellungsspiel sich die Mehrzahl der Bälle „herausfangen". Dem kann man mit der Regel: „Wer fängt, darf selbst nicht werfen", begegnen, muß dabei aber möglicherweise in Kauf nehmen, daß nun die „Stars“ sich von den „Wasserträgern“ die Bälle zuspielen lassen. Daraus läßt sich wiederum als allgemeine Einsicht ableiten, daß jede Regeländerung nicht nur erwünschte, sondern auch unerwünschte Auswirkungen hat. Es kommt diesem Spiel durchaus zugute, wenn die Schüler mit dem Ball beliebig laufen dürfen, doch sind auch bestimmte Schritt- und Dribbelregeln denkbar.

Die übergeordnete Erkenntnis besteht darin, daß ein kleines Spiel *einfach* bleiben muß, aber nicht *einseitig* werden darf.

Zusammenfassend läßt sich zu dieser Spielform, dem „Torballspiel“, sagen, daß hier das denkbar einfachste kleine Spiel vorliegt, das auch bei größeren Spielerzahlen, vor allem wenn es mit zwei Bällen gespielt wird, recht bewegungsintensiv ist und den Schülern eine große Zahl von Aktionsmöglichkeiten eröffnet.

Spielform 3

Die Leine wird etwas über Kopfhöhe ausgespannt: Jetzt sind nur noch „hohe“ Würfe und Sprungwürfe möglich. Außerdem wird der Anreiz, das „Mittelfeld“ preiszugeben und nur noch das „Tor“ zu verteidigen, immer größer. Die Manipulationsmöglichkeiten über die neutrale Zone entfallen. Das Spiel wird damit mehr oder weniger zur speziellen Übungsform für das Handballspiel. Aber auch dabei ist es schwierig, die „richtige“ Leinenhöhe zu finden: Eine zu niedrige ist für die größeren Schüler belanglos, eine zu hohe grenzt die kleineren aus.

Spielform 4

Die Leine erreicht jetzt – auch für die größeren Spieler – Reichhöhe: Schon die ersten Versuche lassen erkennen, daß nunmehr das Spiel „auf das Tor“, zumindest für Schüler mit begrenzter Wurfkraft, wenig sinnvoll ist. Als Trefferfläche bietet sich jetzt ein abgegrenzter Bereich auf dem Boden an. Damit wird es andererseits aber problematisch, mit mehr als einem Ball zu spielen. Dieses Spiel, allgemein bekannt als „Ball über die Schnur“, wird damit zum Urbild der sogenannten *Parteispiele*.

Bei genauerem Hinsehen wird sich zeigen, daß dabei die Größe des Spielfeldes, sowohl absolut als auch in Relation zur Spielerzahl, zum entscheidenden Problem wird: Bei einem zu großen Feld „zerfließt“ das Spiel, bei zu großer Spielerzahl auf begrenztem Feld „erstickt“ es. Es gilt also die allgemeine Regel, mit möglichst kleinen Mannschaften auf einem nicht allzu großen Feld, z.B. dem Volleyballfeld, zu spielen. Die vom Volleyballspiel vertraute Zahl von sechs Spielern dürfte normalerweise schon jenseits der Obergrenze liegen. Zudem gilt der auf den ersten Blick paradoxe Grundsatz, daß Anfänger auf gleicher Fläche weniger Mitspieler „verkraften“ als Fortgeschrittene.

Vielleicht ist an dieser Stelle ein Hinweis angebracht, wie das kleine Spiel „Ball über die Schnur“ zum *Volleyballspiel* wird: Der entscheidende Punkt liegt darin, daß der Ball nach dem Überqueren der Leine nicht mehr gefangen, sondern nur noch „abgewehrt“ werden darf. Darauf muß methodisch weiter aufgebaut werden.

Abschließend ist vielleicht noch zu fragen, wie weit sich die hier behandelten Spielformen auf das *Fußballspiel* übertragen lassen: Beim „Ball unter der Schnur“ ergeben sich keine Probleme. Es dürfte sich hier ein einfaches und bewegungsreiches Spiel entwickeln. Um ein bloßes „Bolzen“ zu vermeiden, sollte man die Trefferfläche nach oben, z.B. auf Hüfthöhe, begrenzen. Dann kann auch die Leine entfallen. Ein Spiel *über* eine (relativ niedrige) Leine an die Hallenwand wird unweigerlich zur Übungsform für weite Pässe und setzt entsprechende Raumverhältnisse voraus. Auf abgegrenztem Raum gespielt, wird dieses Spiel zu dem bekannten *„Fußballtennis“*, das vor allem den Umgang mit dem Ball schult.

Zusammenfassend läßt sich feststellen:

- Die kleinen Spiele haben einen einfachen Spielgedanken.
- Sie erfordern keine ausgeprägten technischen Fertigkeiten.
- Die Spielregeln, und zwar sowohl die Inventar- als auch die Handlungsregeln, können variabel gehandhabt werden und bieten den methodischen Einfluß- und Manipulationsmöglichkeiten einen breiten Raum.

Damit erscheinen die kleinen Spiele auch als geeignete methodische Vorstufen für die großen Spiele, was implizit im bisher Dargelegten bereits zum Ausdruck gekommen ist und explizit im folgenden etwas genauer untersucht werden soll.

Zweiter Teil

Die methodische Funktion der kleinen Spiele für die Vermittlung der großen Spiele

Zielwurfspiele

Auf die Zielwurfspiele ist bereits im Zusammenhang mit dem leichtathletischen Wurf hingewiesen worden (vgl. Themenbeispiel 23, Leichtathletik in der Halle). Dabei wurde als empfehlenswerte Form auch das *Treffballspiel* mit „Abtreffen“ von auf Bänken liegenden Medizinbällen beschrieben. Im Interesse der Wurfvielfalt kann dieses Spiel (als „Ballvertreiben“) auch auf rollende Bälle, die aus einer bestimmten Zone „hinausgeschossen“ werden sollen, gespielt werden.

Beide Spiele sind auch als Fußballspiele möglich, doch setzt dies einen ausreichenden Abstand zwischen den beiden Parteien voraus.

Zielwurfspiele dieser Art reduzieren die spieltypischen Verhaltensweisen, wie der Name schon sagt, auf das Treffen von festen Zielen, allerdings mit dem Vorteil, daß jeder Mitspieler fortlaufend und ungehindert werfen kann. Das kann einer intensiven Wurfschulung nur dienlich sein.

Zielwurfspiele mit „Verteidigung“ werden von den sogenannten *Keulenballspielen* repräsentiert: Auf beiden Seiten der Halle bzw. des Spielfeldes wird eine Reihe von Zielen, z.B. Gymnastikkeulen, aufgestellt. Zwei Parteien versuchen, jeweils von ihrer Spielfeldhälfte aus diese Ziele gegen die Abwehrmaßnahmen des Gegners zu treffen. Es wird vorteilhafterweise mit zwei Bällen gespielt. Wie ein praktischer Versuch zeigen wird, kann dieses Spiel jedoch kaum Möglichkeiten eröffnen, die über das oben beschriebene Torballspiel hinausgehen.

Ertragreicher dürften die „Zielwurfspiele am Kreis“, die sogenannten *Burgballspiele* sein, weshalb sie auch als Ausgangspunkt für ein bestimmtes Spielvermittlungsmodell gewählt worden sind (vgl. Themenbeispiel 36, Spielvermittlungsmodelle).

Hier kommt das Moment des Zusammenspiels zum Zweck des „Herausspielens einer Torwurf- bzw. Torschußgelegenheit“ dazu. In der Grundform spielen zwei Mannschaften jeweils für sich auf ein Ziel (z.B. einen auf dem Boden liegenden oder auf einen Kasten aufgelegten Medizinball), das durch einen oder auch zwei von der anderen Mannschaft entsandte „Burgwächter“ verteidigt wird.

Das Burgballspiel ist auch als Parteispiel auf dieselbe „Burg“ möglich: Jede Mannschaft besetzt einen Halbkreis und stellt einen „Torhüter“ auf die Gegenseite (Abb. 1).

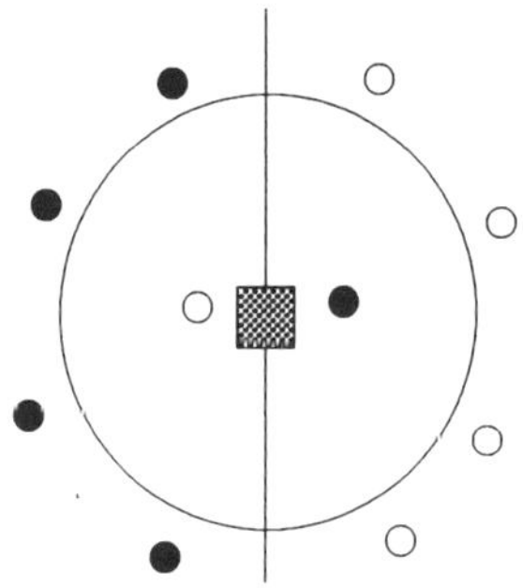

Abb. 1

Der – relative – Nachteil dieser Spiele liegt darin, daß nur mit einem Ball gespielt werden kann. Bei niedrigen Zielen ist eine Übertragung auf das Fußballspiel möglich.

Hetzball- und Jägerballspiele

Die Grundform des *Hetzballspiels* ist einfach: Mehrere Spieler in Kreisaufstellung versuchen, einen im Kreis sich bewegenden Mitspieler „abzutreffen“. Zweifellos liegt diesem Spiel ein altes Jagdspiel zugrunde: Die Beute wird gestellt und erlegt. Spielmethodisch erwünscht ist hierbei das Zusammenspiel der Kreisspieler, um den jeweils am günstigsten stehenden Mitspieler zum Wurf zu bringen. Wie die Praxis zeigt, wird dies aber nicht immer erreicht.

Geeigneter erscheint hier das *Jägerballspiel*, vor allem wenn es als Parteispiel organisiert wird: Zwei Mannschaften von beispielsweise vier Spielern spielen auf demselben (begrenzten) Spielfeld gegeneinander und versuchen dabei, einen beliebigen Gegenspieler zu treffen. Gelingt dies, darf dieselbe Mannschaft weiterspielen; bei Fehlwurf erfolgt Rollentausch. Wichtigste Regel: Der Ballbesitzer darf nicht laufen (ggf. Basketball-Schrittregel anwenden), wohl aber seine Mitspieler.

Unbefriedigend bleibt bei allen solchen Spielen,

- daß auf lebende Ziele geworfen wird, was bei den großen Spielen gerade nicht der Fall ist (der Ball soll am Torhüter vorbei ins Tor),
- daß häufig einige – störende – Emotionen geweckt werden,
- daß die jeweils gejagte Partei vor dem Ball davonlaufen muß, also kein „Verteidigerverhalten“ eingeübt wird (was ggf. auch positiv ausgelegt werden kann, da die „Angreifer“ ungestört kombinieren können).

Noch kritischer muß eine Sonderform des Hetzballspiels, das bei den Schülern so beliebte *Völkerballspiel* beurteilt werden, da dort auch der Zwang zu einem sinnvollen Zusammenspiel weitgehend entfällt.

Vom Tigerball- zum Parteiballspiel

Das Tigerball- und das Parteiballspiel stehen in einem inneren Zusammenhang, wie folgender Versuch zeigen kann:

a) Tigerball, z.B. 7:1: Die in einem Kreis stehenden Außenspieler spielen sich den Ball zu, ein „Tiger" soll ihn herausfangen. Gelingt ihm dies, ist er „erlöst" und wird durch den zuletzt ballbesitzenden Spieler ersetzt.
b) Bei geübteren Schülern wird der Tiger kaum eine Chance haben. Wir versuchen es also mit zwei Tigern im „Spiel 6:2".
c) Ein dritter Tiger kommt dazu, also 5:3. Vermutlich wird sich jetzt herausstellen, daß die Außenspieler kaum noch aktionsfähig sind, wenn sie sich ihrerseits nicht auch bewegen können. Damit wird die Einhaltung eines abgegrenzten Spielfeldes notwendig. Es entsteht ein „Parteiballspiel im Überzahlverhältnis".
d) Mit dem letzten Schritt, dem Spiel 4:4, ist es zum „klassischen" Parteiballspiel gekommen: Zwei gleichstarke Parteien versuchen, so viele Zuspiele wie möglich zu erreichen; die jeweilige Gegenpartei will in den Ballbesitz gelangen.

Parteiballspiele schulen in hervorragender Weise das elementare, zumeist als „Freilaufen und Decken" bezeichnete Angriffs- und Verteidigungsverhalten. Man muß jedoch auch sehen, daß das „Eigentliche" der großen Spiele, ihr Kernstück und Höhepunkt, nämlich der abschließende Zielwurf bzw. Zielschuß, hier fehlt. Parteiballspiele sind deshalb bei den Schülern auch nicht sonderlich beliebt, weil sie als das empfunden werden, was sie sind: konstruierte Übungsformen für die großen Spiele.

Im Gleichzahlverhältnis ist das Parteiballspiel für Anfänger zu anspruchsvoll. Man hat deshalb nach erleichternden Varianten gesucht, z.B. folgenden:

- Parteiball mit „neutralen Anspielern" in den Spielfeldecken oder an den Seitenlinien, die nicht angegriffen werden dürfen und den Ball jeweils an die Mannschaft zurückspielen, von der er kam.
- Parteiball mit „Durchbruch": Jede Partei hat außerhalb des (möglichst rechteckigen) Spielfeldes einen Spieler, der im geeigneten Moment angespielt wird und zum Durchbruch ansetzt. Seine Mitspieler versuchen, ihm dabei durch „Sperren" zu helfen.

Parteiballspiele sind auch als Fußballspiele möglich, werden da aber noch anspruchsvoller. Bei Anfängern (und auch bei schon Geübteren) wird deshalb durchweg mit einem – zumeist recht deutlichen – Überzahlverhältnis gespielt (z.B. 3:1, 4:2, 5:3).

Der Vollständigkeit halber sei zum Schluß darauf hingewiesen, daß auch eine ganze Reihe von Lauf- und Reaktionsspielen, vor allem die altbekannten Fangerles- oder Haschespiele, viel zu einem spielgerechten Verhalten beitragen können.

Zusammenfassend läßt sich feststellen:

- Die kleinen Spiele können einen wesentlichen Beitrag zur Vermittlung der großen

Spiele leisten. Sie werden dabei, wie ein Vergleich mit Themenbeispiel 36 zeigen kann, zum Teil identisch mit den vereinfachten Spielformen dieser Spiele.
- Nicht alle der in diesem Zusammenhang in der Literatur genannten und empfohlenen Spiele sind in gleicher Weise geeignet. Ihre tatsächliche methodische Funktion muß in jedem Einzelfall näher bestimmt werden. Dabei ist abzuwägen, welche Vorteile man erwarten kann und welche Nachteile man ggf. in Kauf nehmen muß.
- Die kleinen Spiele haben zunächst und vor allem einen Eigenwert; sie dürfen nicht einseitig als „Zulieferer" für die großen Spiele betrachtet werden.

Theoretische Bezüge

„Spielvermitlungsmodelle" („Handbuch" S. 196); Fangerles – Analyse eines „kleinen" Spiels („Handbuch" S. 311); Völkerball – Anmerkungen zu einem beliebten Schulspiel („Handbuch" S. 314).

Themenbeispiel 36

„Spielvermittlungsmodelle"

Inhalte

- Spielreihen zur Einführung der großen Sportspiele.

Ziele

- Didaktisch-methodische Modelle für die Vermittlung komplexer spielerischer Strukturen vorstellen.
- Auf den integrativen Aspekt der Sportspielvermittlung hinweisen.
- Die Begriffe „Modell" und „Inszenierung" klären.

Programm

Zum Thema

Auch dieses Themenbeispiel ist zweigeteilt: Zunächst werden einige „Spielvermittlungsmodelle", vor allem solche, die durch Beiträge in Büchern und Zeitschriften allgemeiner bekannt geworden sind, dargestellt und methodisch eingeordnet. Sodann soll an ausgewählten Beispielen auf das Problem der „Inszenierung" kurz eingegangen werden. Als Arbeitsweisen bieten sich hier – jeweils für sich oder in verschiedenen Kombinationen – folgende an:
- Die Seminarteilnehmer spielen die Modelle (ggf. nur andeutungsweise) selbst durch.
- In zuvor vergebenen Arbeitsaufträgen werden die Modelle in Klassen geeigneten Alters erprobt; die Ergebnisse werden diskutiert und mit den eigenen Erfahrungen verglichen.

- Es werden „Vorführstunden“ im Rahmen von Unterrichtshospitationen organisiert; die Beobachtungen und Eindrücke werden ausgewertet.

Erster Teil

Spielvermittlungsmodelle in Theorie und Praxis

Im folgenden sind nur die in der jeweiligen Konzeption enthaltenen *Spielreihen* als „methodische Hauptstraßen“ der Spielvermittlung dargestellt. Es ist ist ausdrücklich darauf hinzuweisen, daß alle angeführten Modelle – in mehr oder weniger großem Umfang – auch *ergänzende Übungsreihen* vorsehen, die im Sinne von „Nebenstrassen“ die notwendigen technischen und taktischen Fertigkeiten schulen sollen.

Spielreihe 1: Das Wechselspiel im Überzahlverhältnis

Dieses Modell geht auf Anregungen in der seinerzeit sehr populären Broschüre des DFB „Mit kleinen Spielen zum großen Spiel“ zurück und ist speziell durch den Beitrag von HEIL (1970) zum Handballspiel bekannt geworden. Es wird hier gleichfalls am Beispiel des Handballspiels in seinen Grundzügen wiedergegeben:

a) Torwurfspiel 2:2 im Wechsel von drei Mannschaften:
Die Zweiergruppen spielen im Rollenwechsel von „Angreifern“ und „Torleuten“ auf improvisierte Tore.

b) 3:1 im Wechsel von drei Mannschaften:
Die jeweils verteidigende Mannschaft spielt mit zwei Torleuten und einem Verteidiger. Das Spielfeld sollte nicht allzu groß sein. (Bei jüngeren Schülern kann also auch quer zu einer Normalhalle gespielt werden.)

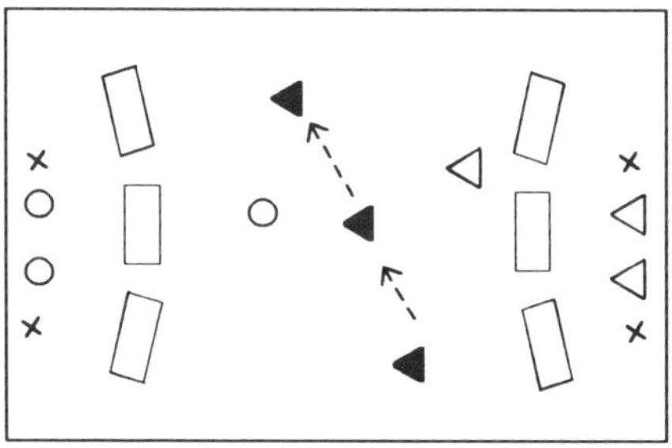

Abb. 1

Die Breite der durch Malstangen gebildeten Ersatztore muß jeweils ausprobiert werden. Damit der Schußkreis auch respektiert wird, ist zu empfehlen, ihn durch Matten (ggf. nur eine Matte in der Mitte mit zusätzlichen Kreidestrichen) zu markieren (Abb. 1).

Gewechselt wird nach jedem erfolgreich oder erfolglos abgeschlossenen Angriff. Die angreifende Mannschaft scheidet vorübergehend aus. Das neue Anspiel sollte jeweils am Schußkreis erfolgen, auch wenn der Ball vorzeitig abgefangen wurde.

c) 3:2 im Wechsel von drei Mannschaften:
Die Mannschaften spielen jetzt nur noch mit einem Torwart. Das Tor wird entsprechend verkleinert.

d) 3 + Anspieler : 3 + Torwart mit zwei Mannschaften:
   Mit dieser Spielform, die allerdings eine Neuformierung der Mannschaften bedingt, erfolgt die Umstellung auf das reguläre Spiel auf zwei Tore. Das (eingeschränkte) Überzahlverhältnis wird dadurch erreicht, daß bei der jeweils angreifenden Mannschaft der Torhüter – der in diesem Fall der beste Spieler der Mannschaft sein sollte – als „Anspieler" oder „Spielmacher" in den Rückraum vorrückt, jedoch selbst nicht auf das Tor werfen darf (Abb. 2).

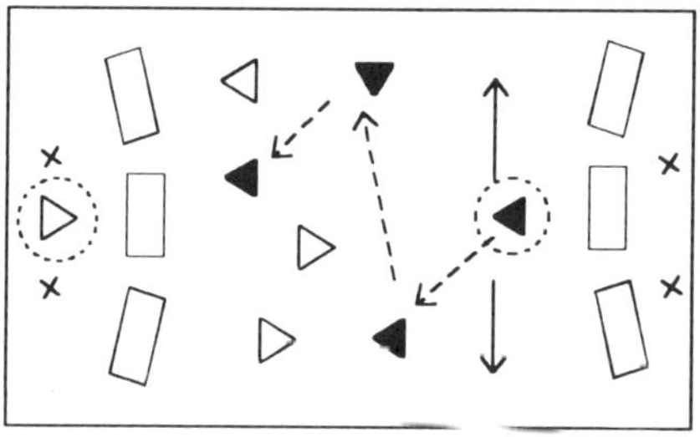

Abb. 2

Dies bedeutet, daß ein von der verteidigenden Mannschaft herausgespielter Ball zunächst zu diesem Anspieler zurückgespielt werden muß (was bei Anfängern durchaus der Spielübersicht zugute kommt). Dieselbe Spielform kann auch in Fünfermannschaften mit einem festen Torwart gespielt werden; die jeweils verteidigende Mannschaft hat dann zwei Leute im Tor.

Für diese Spielreihe kann man auch von Anfang an Vierermannschaften bilden: Bei der Spielform a werden diese zweigeteilt; bei den Spielformen b und c wechselt der überzählige Spieler nach jedem zweiten Angriff, wenn die Mannschaft wieder auf derselben Spielfeldseite „parkt" .

Die weitere Fortführung erfolgt in Gleichzahlspielen, beginnend mit dem Spiel 3:3 (zunächst auf ein Tor).

Dieses Modell läßt sich ohne weiteres auf das Basketballspiel übertragen. Die „Torleute" stehen dabei als passive Verteidiger in Korbnähe. Um die Trefferfläche zu vergrößern und das Spiel zu entzerren, kann dabei auf die schon mehrfach erwähnte „Bandgasse" gespielt werden. Bei der – gleichfalls unproblematischen – Übertragung auf das Fußballspiel sind vielleicht andere Überzahlverhältnisse angebracht: Nach dem Torschußspiel 2:2 und dem Spiel 3:1 geht man besser zur Spielform 4:2 über, die vermehrte Abspielmöglichkeiten bietet und vor allem den Steilpaß „durch die Gasse" provoziert.

Auswertung

Diese Spielreihe führt sehr schnell zu einem flüssigen und ansprechenden Spiel, sofern keine gravierenden Mängel in der Ballannahme bestehen. Es verleiht freilich, zumindest in den ersten Schritten, den Angreifern ein deutliches Übergewicht und veranlaßt die Verteidiger zur Raumdeckung. Diese beiden spielmethodischen Grundpositionen sind jedoch keineswegs unumstritten, weshalb im Anschluß das konkrete „Gegenmodell"' dargestellt werden soll.

Spielreihe 2: Das Gleichzahlspiel auf ein Tor

Dieses Modell entspricht weitgehend der von den Sportfachverbänden vertretenen Konzeption und enthält Elemente aus den „Straßenspielen“ (Streetball, Straßenfußball) der Kinder und Jugendlichen.

a) Torwurf-, Torschuß- oder Korbwurfspiel 1:1:

   In Zweiergruppen spielen die Schüler wechselseitig auf improvisierte Tore. Für das Basketballspiel sind mehrere Körbe oder eine „Bandgasse“ erforderlich. Während der eine Partner wirft, geht der andere zum Rebound. Hilfsweise kann auch in größeren Gruppen auf ein Tor mit neutralem Torwart bzw. auf einen Korb geworfen werden. Aufgabe: Wer erzielt bei einer bestimmten Anzahl von Versuchen die meisten Treffer?

b) Spiel 1:1 auf ein Tor:

   In mehreren Spielstreifen spielt jeweils ein Angreifer gegen einen aktiven Verteidiger auf ein (vorhandenes oder improvisiertes) Ziel. Bei größeren Toren wird mit einem neutralen Torwart gespielt.

c) Spiel 2:2 auf ein Tor:

   Hier kann ggf. noch auf zwei Spielstreifen in jeder Hallen- bzw. Spielfeldhälfte gespielt werden.

d) Spiel 3:3 auf ein Tor:

   Diese Spielform setzt reguläre Tore oder Körbe voraus.

Die weitere Fortführung dieser Spielreihe erfolgt im Spiel auf zwei Tore oder Körbe. Hinsichtlich der Mannschaftsstärken sollte je nach Spielart differenziert werden, z.B. wie folgt:

Basketball: 3:3, 4:4, ggf. auch 5:5.

Handball: vier oder fünf Feldspieler.

Fußball: 3:3 und 4:4 ohne Tore (z.B. auf umgelegte Bänke); Hallenfußball mit 4 Feldspielern; Kleinfeldfußball (halbes Feld) mit bis zu 7 Spielern (einschließlich Torwart).

Auswertung

Diese Spielreihe ist für Anfänger recht mühsam, was den Schülern aber nicht immer bewußt wird. Die Angreifer sind jetzt eher benachteiligt; die Verteidiger werden zur Manndeckung gezwungen. Dies erfordert das systematische Einüben bestimmter Angriffs- und Verteidigungsstrategien (z.B. Passen und Freilaufen, Lösen vom Gegner und Freilaufen, Ballbesitzer angreifen, Paßwege besetzen). Langfristig wird damit sicherlich eine bessere technische und individualtaktische Ausbildung erreicht, kurzfristig aber können technische Mängel zu kaum überwindbaren Hindernissen führen. Dem sollte man, soweit möglich, mit einer differenzierten Unterrichtsgestaltung begegnen.

Die beiden bisher behandelten Modelle repräsentieren also einen grundlegenden methodischen Gegensatz, der bislang noch nicht ausdiskutiert ist. Dies wird auch an einigen weiteren Spielreihen deutlich, die hier – etwa in der Reihenfolge ihres Erscheinens – vorgestellt und kommentiert werden sollen.

Spielreihe 3: Fußball in „Grundsituationen"

Diese Konzeption wurde von DIETRICH erstmals 1968 vorgelegt und zuletzt 1994 veröffentlicht. Danach läßt sich das Fußballspiel – und mit einigen praktischen Einschränkungen auch das Basketball- und Handballspiel – in drei Grundsituationen zerlegen, von denen die jeweils nachfolgenden die vorhergegangenen mit enthalten:

Grundsituation 1: Torschuß – Torabwehr

Es sind dies die Torschußspiele, die entweder im Wechsel von Torschützen und Torwart, im „Hin und Her" aus zwei improvisierten Toren, als „Elfmeterwettkampf" und in vielen anderen Formen durchgeführt werden können.

Grundsituation 2: Herausspielen der Torschußgelegenheit und Abschirmen des Tores

Diese Grundsituation entspricht dem „Spiel auf ein Tor", für das es gerade im Fußballspiel eine Menge von Varianten gibt, z.B. folgende:

- Drei oder vier Spieler spielen „jeder gegen jeden" (bei kleinen Toren ohne, bei großen mit neutralem Torwart). Wer schießt die meisten Tore?
- Zweier- oder Dreiermannschaften mit einem neutralen Torwart spielen ohne bestimmte Wechselregeln gegeneinander.
- Eine Mannschaft von zwei bis vier Spielern darf so lange gegen eine andere angreifen, bis sie dreimal vorbeigeschossen hat („Drei aus").
- Angreifer und Verteidiger wechseln nach einer bestimmten Zeit.

Grundsituation 3: Aufbauen und Stören des Angriffs

Hier kommt das Spiel auf zwei Tore zum Zug mit Mannschaften von drei bis sieben, ggf. auch elf Spielern (jeweils mit oder ohne Torwart).

Auswertung

Dieses Modell entspricht weitgehend der Übungsreihe 2, freilich in fußballtypischer Ausrichtung. Seine besonderen Kennzeichen liegen in der konsequenten Einbeziehung von Formen und Verhaltensweisen, wie man sie im „Straßenfußball" der Kinder und Jugendlichen beobachten kann.

Daraus lassen sich durchaus auch einige Anregungen für das Basketball- und Handballspiel gewinnen.

Spielreihe 4: Vom „Ball über die Schnur" zum Volleyballspiel

Das Spielvermittlungsmodell von DÜRRWÄCHTER zum Volleyballspiel (1967 ff., 1994) gilt allgemein als die ideale methodische Konzeption im Bereich der Sportspiele. In der Tat ergeben sich die einzelnen Stufen der Spielreihe geradezu zwangsläufig aus der jeweils vorhergehenden, wobei die technischen Fertigkeiten sozusagen die Verbindungsglieder darstellen (Abb. 3).

Ausgangspunkt ist das den Schülern in der Regel vertraute kleine Spiel *„Ball über die Schnur"* (2:2 auf einem Spielfeld von 4 x 4 m, 3:3 auf 6 x 6 m).

Durch Hinzunahme des Pritschens wird daraus *Volleyball mit Auffangen* (gleichfalls 2:2 oder 3:3). Dabei wird der über die Leine geworfene Ball zuerst in die Höhe gepritscht und dann von einem Mitspieler aufgefangen.

Mit der Einführung des Zuspielbaggers folgt *Volleyball ohne Aufschlag* (3:3 auf 4 x 4 bis 6 x 6 m). Bei Bedarf können zwischen diese beiden Spielformen drei Sonderformen zwischengeschaltet werden, nämlich *Volleyball-Tennis* (1:1 oder 2:2 auf kurzem Spielfeld mit hoher Leine), *Volleyball mit Doppelpritschen* (3:3 auf 6 x 6 m), *„Der dritte fängt"* (3:3 auf einem Spielfeld von 6 m Breite und 4 m Tiefe; Regel: Der erste baggert, der zweite pritscht, der dritte oder erste fängt).

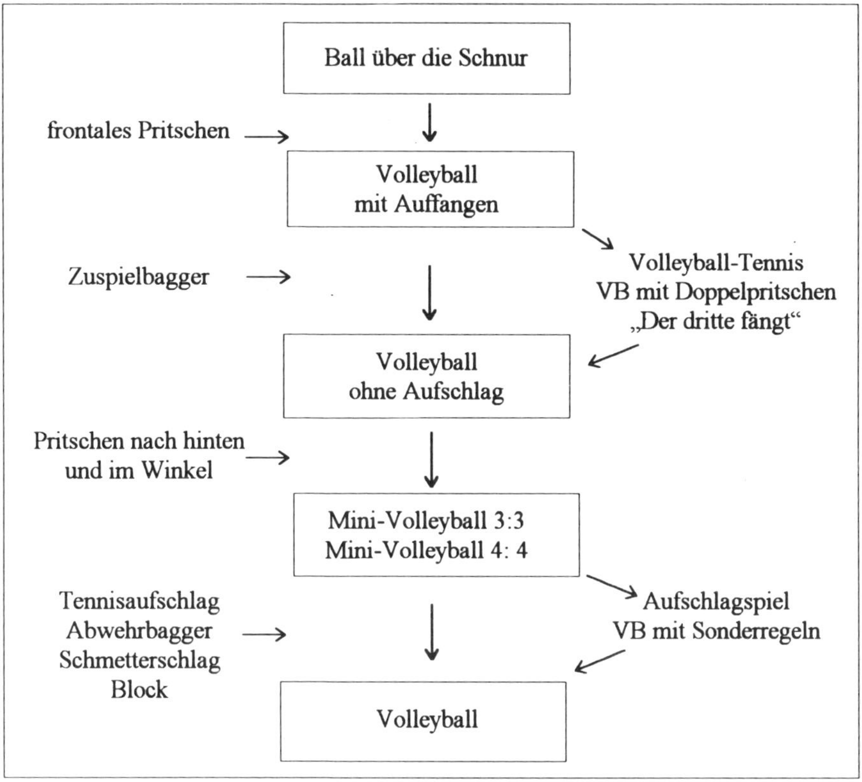

Abb. 3: DÜRRWÄCHTER 1976/1994 (vereinfacht)

Mit dem Erlernen des Pritschens nach hinten und im Winkel sowie des Aufschlags von unten ergibt sich der Übergang zum *Minivolleyball*, zunächst 3:3 und alsbald auch 4:4, jeweils auf 6 x 6 m. Vor allem beim Spiel 4:4 sind unterschiedliche Aufstellungsformen möglich (2 – 2, 3 – 1, 1 – 3, 1 – 2 – 1).

Mit der allmählichen Einführung des Tennisaufschlags, des Abwehrbaggers, des Schmetterschlags und des Blocks wird daraus das *wettkampfgerechte Volleyballspiel*.

Als Verbindung zwischen diesen beiden Stufen dient das *Aufschlagspiel* aus einer Aufschlagentfernung von 4 bis 6 m. Als Sonderregeln bieten sich außerdem die Verkürzung der Aufschlagentfernung und das Verbot des sofortigen Rückspiels an.

Auswertung

Trotz zahlloser konkurrierender Vorschläge ist das Vermittlungsmodell von DÜRRWÄCHTER bis heute die bestimmende Basiskonzeption geblieben. Die besondere Struktur des Volleyballspiels erlaubt freilich auch eine klare Strukturierung der Spielreihe. Die Erweiterung der Handlungsmöglichkeiten erfolgt durch die stufenweise Hinzunahme der jeweils benötigten spieltechnischen Fertigkeiten. Damit entspricht diese Konzeption in besonderer Weise dem „Haupt- und Nebenstraßenprinzip".

Eine Übertragung auf die übrigen großen Spiel ist jedoch nur eingeschränkt möglich.

Spielreihe 5: Vom „Spiel am Kreis" zum Handballspiel

Diese Spielreihe wurde 1972 von SCHALLER speziell für das Handballspiel entwickelt und zuletzt 1994 veröffentlicht. Sie ist weiter unten in einem anderen Zusammenhang in den Schemazeichnungen vollständig wiedergegeben. Sofern davon kein Gebrauch gemacht werden soll, ist vielleicht die Betrachtung der folgenden „absoluten Kurzfassung" (letzte Spielform modifiziert) angezeigt:

a) Hetzball, z.B. mit vier Spielern auf einen „Torwart". Kreisdurchmesser 7 - 8 m.
b) Burgball, z.B. mit vier Spielern auf eine „Burg" aus zwei Medizinbällen oder aus einem kleinen Kasten, die von einem „Torwart" verteidigt wird. Der Kreisdurchmesser ist dem Alter und Leistungsstand der Schüler anzupassen.
c) „Bahnball": Um einen inneren Kreis, in dem die „Burg" steht, wird ein zweiter, größerer gezogen. Damit entsteht eine „Bahn", die z.B. mit vier Abwehrspielern besetzt ist. Etwa sechs Angreifer spielen außerhalb des großen Kreises, der von beiden Mannschaften nicht überschritten werden darf. Es kann ohne und mit (zusätzlichem) Torwart gespielt werden.
d) „Doppeltorhandball": Zwei Kästen stehen in der Mitte eines Kreises, dazwischen ein Weichboden (um die jeweils abgewandten Mitspieler zu schützen). Außerhalb der dadurch entstehenden Halbkreise spielen jeweils zwei Mannschaften im Überzahl- oder Gleichzahlverhältnis gegeneinander. Torleute nach Bedarf.

Diese letzte Spielform ist identisch mit dem „Spiel auf ein Tor", doch lassen sich auf diese Weise auf demselben Spielfeld mehr Tore unterbringen als sonst üblich.

Auswertung

Diese Spielreihe bringt die handballtypische Grundsituation des „Herausspielens der Torwurfgelegenheit" auf der einen, und der „Verteidigung am Kreis unter Preisgabe des Mittelfeldes" auf der anderen Seite besonders deutlich zum Ausdruck. Sie kann darin als Gegenposition zur Spielreihe 1 gelten, in der Handball mehr als Laufspiel mit schnellem Torwurf gesehen wird. Beiden Spielreihen gemeinsam ist das durchgehende Überzahlprinzip.

Die Übertragung auf das Basketballspiel (mit Hilfe von Korbballständern) und auf das Fußballspiel (z.B. mit „Viereck-" oder „Doppeltoren") ist möglich, doch erhalten die Spielformen hier sehr schnell den Charakter von Übungsformen.

Spielreihe 6: Spiel mit neutralem Anspieler

Von mehr als nur speziellem Interesse dürfte auch die folgende, von GETROST/ WICH-

MANN 1982 für das Basketballspiel konzipierte Spielreihe sein, die hier gleichfalls verkürzt wiedergegeben ist:

Ein neutraler „Ballverteiler“, der selbst nicht auf den Korb werfen darf, steht im Freiwurfkreis und spielt jeweils mit dem oder den Angreifern zusammen. Er muß vor jedem Angriff mindestens einmal angespielt werden. Bei Ballverlust erfolgt Rollenwechsel zwischen Angreifern und Verteidigern.

Gespielt wird zunächst auf einen Korb in folgenden Formen:

- Spiel 1 + 1 : 1
- Spiel 1 + 2 : 2
- Spiel 1 + 3 : 3
- Spiel 3 : 3

Es schließt sich das Spiel auf zwei Körbe an, und zwar wie folgt:

- Spiel 1 + 3 : 3
- Spiel 1 + 4 : 4
- Spiel 5 : 5

Dabei verbleiben zwei feste „Neutrale“ auf den beiden Post-Positionen und spielen jeweils mit den Angreifern. Bei Spielerzusammenballungen unter dem Korb können auch – z.B. beim Spiel 2:2 und 3:3 auf einen Korb – zwei in den Spielfeldecken postierte neutrale Anspieler eingesetzt werden.

Auswertung

Auch diese Spielreihe geht von einer Überzahlsituation aus, die jedoch stets nur von einem Spieler hergestellt wird und sich somit nur zu Beginn voll auswirkt. Das hier durchgehende Prinzip des „Ballverteilers“ oder „Spielmachers“ kann ohne weiteres auf die anderen Spiele übertragen werden.

Spielreihe 7: „Weingartner Übertragungsmodell“

Das „Weingartner Übertragungsmodell“ (SCHEUER 1978/1982/1996) ist als betont integratives Spielvermittlungsmodell angelegt. In einer großen Zahl von Varianten mit möglichst „offenen“ Handlungssituationen versucht es, die *allgemeine Spielfähigkeit* als Vorstufe der sportspielspezifischen Spielfähigkeit zu entwickeln. Wie die Übersicht (Abb. 4) zeigt, ist es in drei deutlich unterscheidbare *Stufen* gegliedert :

a) Balltransport mit Abspiel bzw. Zielwurf-/Zielschußspiele in der Situation 1:1, 2:2 und 3:3, vorwiegend im Wechsel von drei Mannschaften auf zwei Ziele,
b) Überzahlspiele (3:1, 3:2; 4:2, 4:3), vorwiegend im Wechsel von drei Mannschaften auf zwei Ziele,
c) Gleichzahlspiele (3:3, 4:4, 5:5), vorwiegend mit zwei Mannschaften auf zwei Ziele.

Bei geringen Schülerzahlen kann auch von Anfang an mit jeweils zwei Mannschaften auf zwei Ziele gespielt werden.

Ziele können sein: die Hallenrückwand, eine „breites“ Tor, ein oder mehrere Kleintore, die regulären Tore oder Ersatztore, eine „Bandgasse“, die Körbe u.a.m.

Als *Spielgeräte* können dienen: Hohlbälle aller Art (auch Rugbybälle), Weichbälle, Schaumstoffwürfel u.a.m. Das Spielgerät kann getragen, gerollt, am Fuß geführt, geprellt oder auf verschiedene Art geworfen und geschlagen werden.

Von Anfang an werden Technik und Taktik miteinander verbunden. Durch geschickte „Regieanweisungen“ werden vom Lehrer Situationen geschaffen, die *Entscheidungshandlungen* ermöglichen. Der Schüler soll die Spielsituation *wahrnehmen* und *Lösungsmöglichkeiten* entwickeln, die möglichst erfolgversprechend sind. Es geht vor allem darum, die „Auslöser“ zu erkennen, die bestimmte Handlungsabläufe in Gang setzen.

Die praktische Umsetzung des „Weingartner Modells“ ist nicht an eine bestimmte Spielreihe gebunden. Auch hier gelten die Prinzipien der Variabilität und Differenzierung in der Anpassung an die jeweilige Spielart und den Leistungsstand der Schüler, z.B. im Rahmen der nachfolgend beschriebenen *Grundsituationen*:

Grundsituation 1:
Am Anfang steht die einfachste aller Spielformen, die 1-1-Situation. Gespielt wird dabei auf acht, quer zur Normalhalle angeordneten Spielstreifen in zwei Varianten:

- „Spiel 1 mit 1“ als Balltransport mit Abspiel. Der jeweils annehmende Spieler gibt dabei durch Handzeichen und Laufrichtung zu erkennen, wie er den Ball erhalten möchte: hoch, tief, in den Lauf auf die jeweils vorgestreckte Hand.
- „Spiel 1:1“ als Zielwurf-/Zielschußspiel. Hier wird die Verbindung von Balltransport und Zielwurf geübt. Je nach Spielart und Größe des Ziels gilt dabei für den jeweils angreifenden Spieler: „Gehe bis zur Mitte, bis zur Abwurflinie, bis zu einer günstigen Wurfposition vor.“

Grundsituation 2:
Durch Hinzunahme eines Partners entsteht die 2-2-Situation, wiederum in den beiden Varianten des „Spiels 2 mit 2“ und des „Spiels 2:2“ ohne gegnerische Behinderung, also als Balltransport einerseits und Torschußspiel andererseits. Gespielt wird auf vier Spielstreifen.
Als neue Elemente kommen jetzt hinzu: Zuspiel und Annahme in der Bewegung, Zielwurf bzw. Zielschuß aus einem Zuspiel heraus. Auch der Platzwechsel wird möglich, wobei es darum geht, daß die beiden Spieler die entsprechenden Signale geben und erkennen.

Grundsituation 3:
Die dritte Grundsituation bringt die Dreiergruppe, und zwar nach wie vor in den Varianten des Spiels 3 mit 3 und 3:3. Die Zahl der Spielstreifen wird auf drei verringert.

Der Aktionsraum der Abwehrspieler kann jetzt vergrößert werden (z.B. durch „Stören an der Abwurflinie“), doch wird weiterhin ohne gegnerische Behinderung im Mittelfeld gespielt. Die Abspielmöglichkeiten sind jetzt vielfältiger. Es bietet sich die Bildung eines „Angriffsdreiecks“ aus einem „Spielmacher“ und zwei Außenspielern oder aus zwei Rückraumspielern und einer Spitze an. Damit kann der „Paß in die Tiefe“ und die Unterscheidung von Paß- und Laufweg, z.B. im Doppelpaßspiel, bewußt gemacht werden.

Grundsituation 1 Spiel 1 mit 1 (Balltransport mit Abspiel) Spiel 1:1 (als Zielwurf-/Zielschußspiel) jeweils im Wechsel von drei Spielern auf zwei Ziele Hallenaufteilung: 8 Spielstreifen	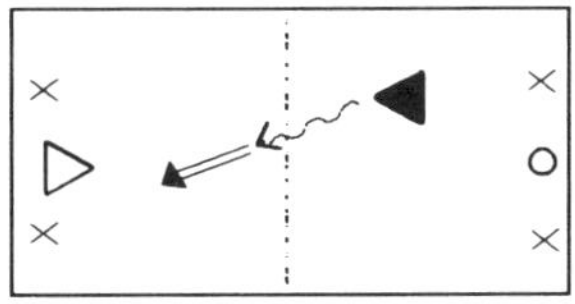
Grundsituation 2 Spiel 2 mit 2 Spiel 2:2 wie in Grundsituation 1 Hallenaufteilung: 4 Spielstreifen	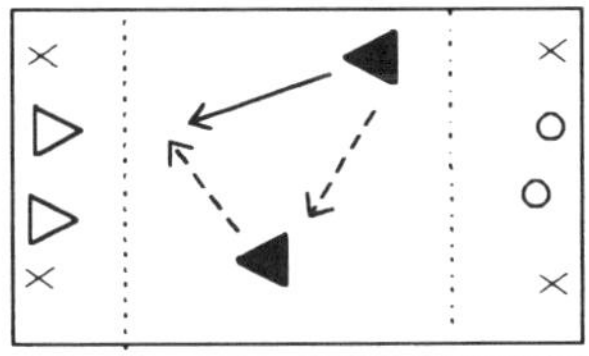
Grundsituation 3 Spiel 3 mit 3 Spiel 3:3 wie in Grundsituation 2 Hallenaufteilung: 3 Spielstreifen	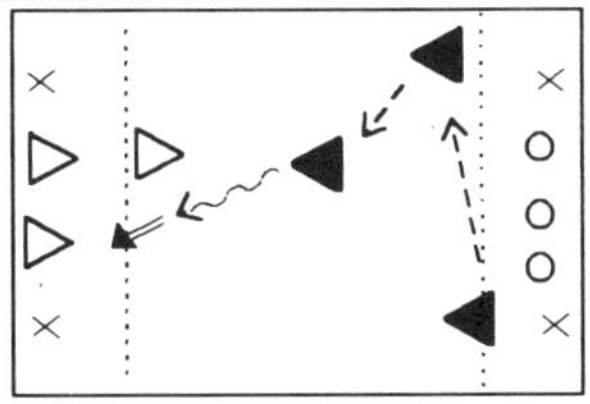
Grundsituation 4 Spiel 3:1 oder 3:2 (je nach Leistungsstand) im Wechsel von drei Mannschaften auf zwei Ziele Hallenaufteilung: 3 Spielstreifen	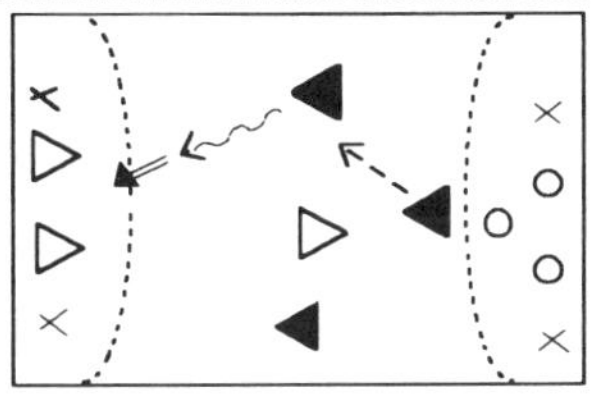
Grundsituation 5 Spiel 4:2 oder 4:3 (je nach Leistungsstand) wie bei Grundsituation 4 Hallenaufteilung: 2 Spielstreifen	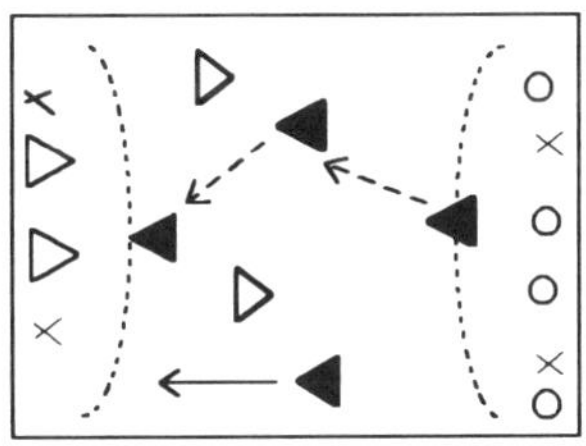
Grundsituation 6 Spiel 3:3, 4:4, 5:5 (je nach Spielart und Leistungsstand) mit zwei Mannschaften auf zwei Ziele 2 Spielstreifen oder ganzes Spielfeld	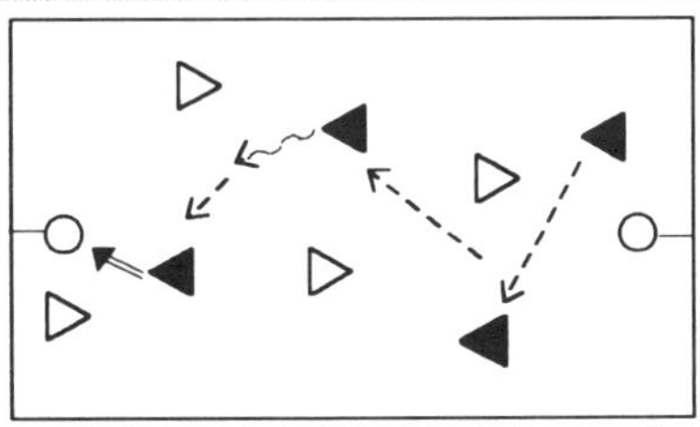

Abb. 4: Weingartner Übertragungsmodell nach SCHEUER 1978/1982/1996

Grundsituation 4:

Die vierte Grundsituation bringt die Weiterführung der Spielreihe zum Überzahlspiel, zunächst im Spiel 3:1, bei entsprechendem Könnensstand auch 3:2.

Da bei weniger erfahrenen Spielern bereits ein „Störer“ im Mittelfeld sehr effektiv sein kann, müssen die durch das „Angriffsdreieck“ gegebenen taktischen Möglichkeiten gezielt angewandt und ausgenützt werden. Die Rollenverteilungen auf dem Spielfeld werden immer deutlicher. Der Verteidiger wird angewiesen, den direkten Weg zum Ziel abzuschirmen.

Grundsituation 5:

Als fünfte Grundsituation folgt die Erweiterung des Überzahlspiels auf das Spiel 4:2, bei guten Spielern auch 4:3. Es sind nur noch zwei Spielstreifen möglich.

Die Verteidiger können jetzt nicht nur die Raumwege besetzen, sondern auch versuchen, in den Ballbesitz zu kommen. In diesem Fall sollte der eroberte Ball aber zunächst in den eigenen Torraum zurückgespielt werden. Für die Angreifer empfiehlt sich die Bildung einer „Angriffsraute“ aus einem Rückraumspieler, zwei Außenspielern und einer Angriffsspitze. Die Schüler müssen lernen, die Positionen zu halten, aber auch gezielt zu wechseln. Damit wird die Rolle des „Spielmachers“ immer bedeutsamer.

Grundsituation 6:

In der sechsten und letzten Grundsituation erfolgt der Übergang zum Gleichzahlspiel, und dies vorwiegend im Spiel von zwei Mannschaften auf zwei Ziele. Je nach Spielart, Könnensstand und Raumverhältnissen wird dies im Spiel 3:3, 4:4 oder auch 5:5 verwirklicht. Je nach Mannschaftsstärke wird auf zwei Spielstreifen oder auf dem ganzen Feld gespielt.

Die Angreifer können jetzt nur noch durch die situationsangemessene Anwendung aller technischen und taktischen Mittel erfolgreich sein. Die individuellen taktischen Fähigkeiten, d.h. das Sich-Durchsetzen gegenüber dem unmittelbaren Gegenspieler, werden zum ausschlaggebenden Faktor. Als mögliche Variante bietet sich an, den Torhüter als zusätzlichen Feldspieler (Rückraumspieler) mit einzusetzen.

Auswertung

Das Weingartner Übertragungsmodell ist auf möglichst weitgehende Vereinfachung der Spielsituation für den Anfänger bei möglichst frühzeitiger Einbeziehung taktischer Elemente in den Lehrweg ausgerichtet. „Spielvermittlung“ wird damit zu einem komplexen Prozeß, der auch die zugrundeliegenden koordinativen, perzeptiven und kognitiven Fähigkeiten entwickeln soll. Dieser betont integrative Ansatz soll durch weitgehende Offenheit im technischen und taktischen Repertoire noch weiter vertieft werden.

Die „Nicht-Spielreihe“

Ausgehend von neueren Erkenntnissen der Bewegungslehre, wonach motorisches Lernen sich in der Auseinandersetzung mit der Umwelt ereignet und sich als Erschließung von Bewegungsräumen verstehen läßt, hat LOIBL 1995 einen bemerkenswerten Ansatz zum Basketballspiel vorgelegt:

Es wird sofort „richtig" gespielt. Die Mannschaftsstärken sind nur geringfügig vermindert (4:4, allenfalls 3:3). Es wird jedoch auf das Dribbelgebot verzichtet; die Schüler dürfen den Ball auch tragen, um ihn im geeigneten Moment abzuspielen oder auf den Korb zu werfen. Der Schüler soll also seine volle Aufmerksamkeit auf das „Spielen" richten. Er soll Möglichkeiten erkennen, die das Spiel weiterzutreiben vermögen, z.B. die Lücke wahrnehmen, durch die hindurch er zum Korbleger ansetzen kann. Dieser soll also nicht als Einzelfertigkeit erlernt und dann im Spiel „angewandt", sondern aus dem Spiel heraus als Möglichkeit, zum Korberfolg zu kommen, erfahren werden. Anfangs wäre ein größerer Korb wünschenswert, um auch die Präzisionsanforderungen zu verringern.

Nach den bisherigen Erprobungen entwickelt sich daraus umgehend ein sehr schnelles und abwechslungsreiches Spiel unter Einbeziehung aller, auch der schwächeren Mitspieler. Die spätere Einführung des Dribbelns und die allmähliche Beachtung der Schrittregel machen keine größeren Probleme.

Auswertung

Diese Konzeption geht am konsequentesten vom „Spiel selbst" und seinen Grundstrukturen aus. Die methodische Erleichterung erfolgt durch Vereinfachung der Techniken, nicht der Spielsituation. Die gängige Spielmethodik wird gleichsam auf den Kopf gestellt. Dagegen könnte man einwenden, daß es dem Schüler nicht schaden würde, die zum Spiel notwendigen Techniken zu beherrschen. Es ist jedoch zu unterscheiden zwischen Fertigkeiten, die den Blick vom Spiel weg auf den Ball lenken (wie das Dribbeln, vor allem in der Form des für Anfänger typischen „Verlegenheitsdribbelns") und solchen, die zur Beachtung der Spielsituation zwingen (wie das Passen). Gegenüber der häufig praktizierten Alternative, das Dribbeln, und damit die Fortbewegung mit dem Ball gänzlich zu verbieten, hat das Tragen des Balls den Vorteil, daß das Spiel dynamischer wird und den Angreifern ein gewisses (erwünschtes) Übergewicht verleiht. Positive Transfereffekte auf andere Spiele sind wahrscheinlich.

Zweiter Teil

„Inszenierungen"

Gewissermaßen als Anhang zu den dargestellten Spielvermittlungsmodellen sollen hier drei Inszenierungen vorgelegt werden, die auf verschiedenen Ebenen liegen. Damit soll die Spannweite dieses Begriffes aufgezeigt und dem Eindruck entgegengewirkt werden, daß es sich hierbei um eine Spielwiese für gelangweilte Schüler handelt. Das gemeinsame Merkmal dieser drei Beispiele besteht darin, daß die praktische Erprobung mehr in Form eines „Gedankenexperiments" erfolgt mit der durchgehenden Frage: „Was würden Schüler tun, wenn ..?"

Beispiel 1: Fußball

Auf beiden Seiten der Halle oder zweier quer zu ihr verlaufender Spielfelder wird eine nach vorn gekippte Bank „ausgelegt". Die Schüler erhalten Fußbälle.

Was wird geschehen?

⇒ Die Schüler werden Mannschaften einteilen und anfangen, Fußball zu spielen.

Und aller Wahrscheinlichkeit nach werden auch alle, ob mehr oder weniger Geübte, ihren Spaß daran haben.

Probleme könnten sich allenfalls in folgenden Punkten ergeben:

a) Die Schüler verlangen nach „richtigen“ Toren.

Hier wäre darauf hinzuweisen, daß Fußball in der Halle nicht gänzlich ungefährlich ist und deshalb mit Hilfe der Bänke ein flaches Spiel erreicht werden soll.

b) Die Schüler spielen mit zu großen Mannschaften.

Hier könnte die Anregung helfen, die für eine bestimmte Spielfeldgröße optimale Spielerzahl durch Ausprobieren herauszufinden.

c) Die Schüler bilden die Mannschaften in einem umständlichen Wahlverfahren.

Hier könnte die Aufgabe, sich doch auch andere Möglichkeiten der Mannschaftsbildung zu überlegen, Abhilfe schaffen.

d) Die Schüler klagen über Foulspiel und verlangen nach einem Schiedsrichter.

Dieses Problem ist das weitaus interessanteste, weshalb etwas näher darauf eingegangen werden soll:

Die schlechteste Lösung wäre hier, wenn sich der Lehrer in diese Rolle drängen ließe. Aller Erfahrung nach werden die Schüler nach der bekannten Devise: „Foul ist, wenn der Schiedsrichter pfeift“ (oder umgekehrt: „Solange der Schiedsrichter nicht pfeift, ist es kein Foul“) dadurch nur herausgefordert, die Grenzen des Erlaubten (und Nichterlaubten) bewußt „auszutesten“.

Besser wäre schon der Ratschlag, es sollten doch alle reihum die Schiedsrichterfunktion übernehmen, um so das Problem sozusagen von beiden Seiten kennenzulernen.

Am besten aber spricht man das hier aufscheinende grundsätzliche Problem direkt an, natürlich mit möglichst einfachen Worten, z.B. folgendermaßen: „*Spielen* heißt, eine stillschweigende Übereinkunft zu treffen, die sich etwa so ausdrücken läßt: ‚Spiele so, daß der andere jederzeit wieder mit dir spielen würde.‘ Eine solche Übereinkunft kann man auch Fairneß nennen.“ (Oder noch einfacher: „Es ist *euer* Spie*l*, also müßt *ihr* euch einigen, was geht und was nicht.“) Bezeichnenderweise können Kinder und Jugendliche unter sich sehr wohl ohne Schiedsrichter spielen. Warum sollte ihnen dies in der Schule nicht auch gelingen? Und vermutlich können sie dabei mehr lernen als mit einem amtlichen Aufpasser.

Die beiden ersten hier angesprochenen Punkte können den Schülern vielleicht einige Einsichten in methodische, die beiden letzten in pädagogische Probleme vermitteln.

Auswertung

Im Normalfall werden bei dieser Inszenierung keine besonderen Probleme auftreten. Somit kann dieses Beispiel zeigen, daß es im Sportunterricht Dinge gibt, die völlig „von alleine laufen“.

Das mag für den Lehrer vielleicht etwas enttäuschend sein. Aber muß er denn fortlaufend Wissen (und damit auch Macht) demonstrieren, wenn die Schüler von sich aus zurechtkommen (und dabei auch noch etwas lernen) können? Dagegen läßt sich freilich einwenden, daß in diesem Fall die Schüler lediglich Dinge in die Schule übertragen, die ihnen von draußen her bekannt und vertraut sind. Das wird beim nächsten Beispiel nicht in demselben Ausmaß der Fall sein, und so könnte sich dort ein anderes Wechselspiel von Schüler- und Lehrertätigkeit ergeben.

Beispiel 2: Basketball

Ausgangspunkt sind zwei – scheinbar einfache – Fragen:

Die *erste*: „Was würden die Schüler, z.B. einer Unterstufenklasse, vermutlich tun, wenn man jedem von ihnen einen Basketball gibt?

⇒ Sie würden anfangen zu dribbeln und auf die Körbe zu werfen.

Was müssen die Schüler, außer der Technik des Dribbelns und des Korbwurfs, dabei lernen, um regelgerecht Basketball zu spielen?

Die Verbindung Dribbeln – Korbwurf:

- entweder als Abstoppen mit nachfolgendem (ein- oder beidhändigen) Korbwurf (ggf. auch Sprungwurf)
- oder als Korbleger aus der Bewegung heraus.

Hinweis:

Ob die spezifischen Techniken des sogenannten Schritt- und Sprungstopps besonders geübt werden müssen, hängt im wesentlichen von der bei den Schülern erkennbaren Dribbelgeschwindigkeit ab.

Die *zweite*: Was würden die Schüler vermutlich tun, wenn man jeweils zweien von ihnen einen Basketball gibt (und ggf. das Dribbeln bis hin zum völligen Dribbelverbot einschränkt)?

⇒ Sie würden sich den Ball zuspielen, bis sie in Korbnähe kommen und werfen können.

Was müssen sie dazu lernen?

Die korrekte Ballannahme und -abgabe, indem sie beispielsweise:

- den Ball nur im Stand annehmen und weiterspielen,
- nach der Ballannahme zum Dribbeln übergehen und daraus mit oder ohne Abstoppen weiterspielen,
- nach der Ballannahme abstoppen und abspielen,
- den Ball im Laufen annehmen und abspielen,

wobei die gewählten Formen sehr stark von der Fortbewegungsgeschwindigkeit abhängen und ggf. isoliert geübt werden müssen.

Auswertung

Wie das Beispiel zeigt, können mit zwei „Inszenierungen“ die wesentlichen technischen Elemente des Basketballspiels erfaßt werden. Fast zwangsläufig werden dabei „offene“, an die Vorkenntnisse und Reaktionen der Schüler anknüpfende, und „geschlossene“, d.h. vom Lehrer eingegebene und vorstrukturierte Elemente abwechseln.

Es handelt sich hier also um eine komplexe Methodenkonzeption, die nur in den Grundzügen vorgegeben werden kann und flexibel – gelegentlich geradezu improvisatorisch – an die jeweils vorgefundene Situation angepaßt werden muß.

In diesem Zusammenhang ist auch auf das Vermittlungsmodell von SCHALLER (1971 und 1994) zum Basketballspiel hinzuweisen. Dieses beruht auf einem vergleichbaren Grundgedanken, bezieht jedoch auch den taktischen Bereich mit ein.

Beispiel 3: Handball

Der Fachleiter bzw. Lehrer hängt in Zeichnungen, die ggf. mit zusätzlichen Kurzbeschreibungen versehen sind, eines der behandelten Vermittlungsmodelle „öffentlich" aus und fordert die Seminartelnehmer bzw. Schüler auf, es in die Praxis umzusetzen.

Als zwar recht anspruchsvolles, aber durchaus geeignetes Beispiel hat sich das auf Seite 265 wiedergegebene (und nach dem Stand von 1994 in Schemazeichnungen umgesetzte) Handballmodell von SCHALLER erwiesen.

Wahrscheinlich wird wegen des ungewohnten Vorgehens zunächst eine gewisse Ratlosigkeit herrschen, die jedoch nur von kurzer Dauer ist. Im weiteren Verlauf dürfte sich zeigen, daß der Grundgedanke des Modells zwar schnell zu erfassen ist, daß die unterrichtspraktische Umsetzung aber fortlaufend auf unvorhergesehene und zum Teil nur schwer lösbare Schwierigkeiten stößt.

Als solche könnten sich z.B. folgende herausstellen:

- Auf welche Ziele soll gespielt werden; wie groß sollten sie sein; sollten sie eher stabil sein oder bei einem Treffer umfallen?
- Wann ist es angezeigt, mit Burgwächter oder Torleuten zu spielen, wann nicht; wieviele sollten es sein; wie schützt man sie ggf. vor unbemerkten Treffern?
- Wie groß müssen die benötigten Kreise sein; wie stellt sich die Relation zwischen Größe der Ziele und Durchmesser der Kreise dar, wie die Relation dieser beiden Größen zum Alter und Leistungsstand der Schüler?
- Wie kommt man überhaupt zu den benötigten Markierungen; können vorhandene genutzt werden; wie schafft man sich behelfsmäßige? (Kreidestriche verwischen, Leinen verrutschen, Klebestreifen sind umständlich anzubringen und erregen den Ärger des Hallenwartes usw.).
- Stimmen die angegebenen Spielerzahlen; könnte z.B. auch mit größeren Mannschaften gespielt werden; hat die optimale Spielerzahl etwas mit dem Alter und dem Leistungsstand der Schüler oder mit der Größe der Spielfläche zu tun?
- Mit welchen Bällen sollte gespielt werden; welche besonderen Eigenschaften sollten sie haben?

  (Handbälle sind wohl zu hart für Anfänger; der Ball sollte mit einer Hand gehalten werden können).
- Für welches Alter ist das Modell überhaupt geeignet; welche Formen sind welchem Könnensstand angemessen?
- Wie lange dauert es, bis das Modell – erfolgreich – bewältigt ist?
- Müssen alle Spielformen dieses Modells „durchgespielt" werden; wenn nicht, auf welche kann verzichtet werden und welche haben eher eine Schlüsselfunktion?

Diese Probleme werden sich im Rahmen eines *Fachseminars* allenfalls ansprechen, aber nicht ausdiskutieren lassen.

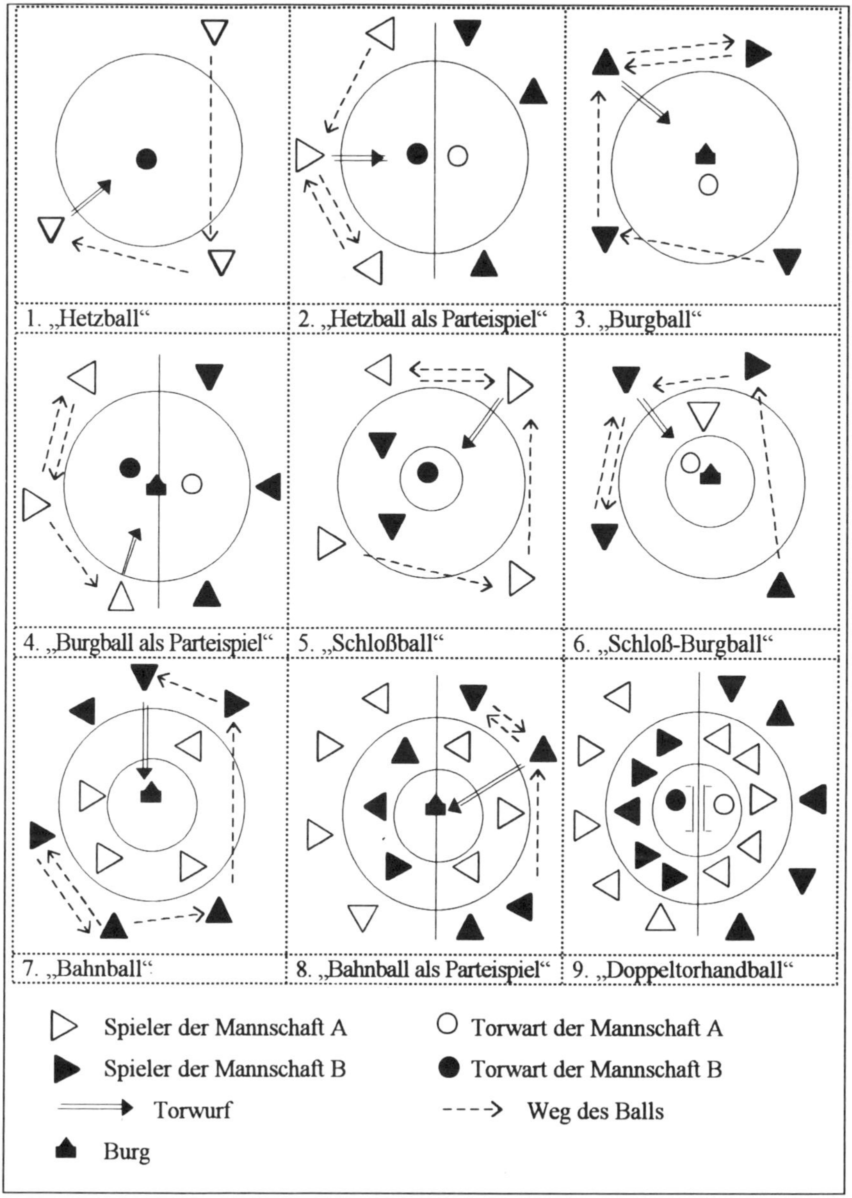

Handball-Modell nach SCHALLER 1972/1994

Bei der Umsetzung im *Unterricht* ist den Schülern reichlich Zeit zur Verfügung zu stellen. Das je nach Lage der Dinge mehr steuernde oder mehr beratende Eingreifen des Lehrers dürfte fast unabdingbar sein.

Auswertung

Dieses Beispiel ist für angehende Lehrer sicherlich interessanter als für Schüler. Dennoch sollte man seine Eignung für den „Klassenunterricht" – zunächst freilich anhand einfacherer Gegenstände – nicht von vornherein in Frage stellen. Die Selbsttätigkeit der Schüler, auch im Rahmen von größeren Projekten, bei denen die Schüler sich selbst Informationen verschaffen und auswerten, ist durchgängiges pädagogisches und didaktisches Prinzip. Im Sportunterricht kommt hinzu, daß die Schüler die dabei gefundenen Lösungen auf ihre jeweiligen Bedürfnisse anpassen können.

Bei den Seminarteilnehmern kann ein solches Beispiel vor allem *Problembewußtsein* wecken, und sei es nur in dem Sinn, daß ein Problem allein schon dadurch, daß man es kennt, viel von seinem Gewicht verliert.

Es kann weiterhin den *Begriff des Modells* verdeutlichen: Ein solches ist nie die Wirklichkeit selbst, sondern stets ein weitgehend abstrahiertes und idealisiertes Abbild davon. Diese – auf den ersten Blick ärgerliche – Reduktion eines Modells ist deshalb notwendig, damit es transferierbar wird auf die unterschiedlichen Verhältnisse und Situationen, aus denen eben die „Unterrichtswirklichkeit" besteht.

Daraus läßt sich wiederum die allgemeine Erkenntnis ableiten, daß alle didaktisch-methodischen Modelle – auch und vor allem in der Spielvermittlung – „Langzeitmodelle" darstellen, die nach vielen Richtungen hin „offen" sind. Die hier geforderte Anpassungsleistung macht einen großen Teil des unterrichtlichen Könnens eines Lehrers aus.

Schlußbemerkung

Bei allem Interesse, das dem Thema „Spielvermittlung" seit einiger Zeit entgegengebracht wird, sollte man das hier anstehende Grundproblem nicht übersehen: „Spielen lehren und lernen" erschöpft sich nicht in der Anwendung methodischer Verfahren und Maßnahmen, sondern bedeutet die Vermittlung eines bestimmten Bewußtseins und der richtigen Sichtweise von „Spiel". Das aber ist ein langfristiger Prozeß, der sich vielleicht wie folgt gliedern läßt:

a) Zunächst muß das Spiel *gelingen*. Es muß „zum Laufen kommen", und dabei müssen die beiden Parteien bisweilen mehr miteinander als gegeneinander spielen.

b) Sodann muß das Spiel *Form gewinnen*. Es sollte zu einem kleinen Kunstwerk werden. Beide Parteien müssen die Möglichkeit haben, „ins Spiel zu kommen" und daraus Befriedigung zu gewinnen.

c) Erst auf dieser Grundlage kann man *spielen, um zu gewinnen*. Damit ist aber nicht „Erfolg um jeden Preis" gemeint, sondern der effektive Einsatz aller technischen, taktischen und körperlichen Mittel.

Diese Reihenfolge ist auch eine Rangfolge. Ihre häufig zu beobachtende Umkehrung, die wohl gesellschaftliche Ursachen hat und keineswegs erst neueren Datums ist, zerstört das Spiel von seinem Wesen her. Dies zu verhindern ist Aufgabe der Sportpädagogik und Sportmethodik gleichermaßen.

Theoretische Bezüge

Zum Verhältnis von Theorie und Praxis („Handbuch“ S. 9); „Spielvermittlungsmodelle“ („Handbuch“ S. 196); Gruppenbildung („Handbuch“ S. 80).

Zitierte Literatur: DFB: Mit kleinen Spielen zum großen Spiel. Frankfurt o.J. DIETRICH, K.: Fußball spielgemäß lernen – spielgemäß üben. Schorndorf 1984 (1. Aufl. 1968). DÜRRWÄCHTER, G.: Volleyball. Spielend lernen – Spielend üben. Schorndorf 1993 (1. Aufl. 1967). DIETRICH, K/DÜRRWÄCHTER, G./ SCHALLER, H.J. (Red.): Die großen Spiele. Aachen 1994 (1. Aufl. 1976). GETROST, V./ WICHMANN, K.: Einführung des Basketballspiels nach spielgemäßem Konzept. In: SportPraxis 10 u. 11/1992. HEIL, F.: „Mit kleinen Spielen zum großen Spiel“. In: Die Leibeserziehung 10/1970, Lehrhilfen. LOIBL, J.: Basketball vermitteln und erfahren lassen. In: Sportpädagogik 1/1995. SCHALLER, H.J.: Grundformen des Basketballspiels. In: Die Leibeserziehung 10/1971, Lehrhilfen. SCHALLER, H.J./FAULENBACH, W.: Grundformen des Hallenhandballspiels. In: Die Leibeserziehung 9/1972, Lehrhilfen. SCHEUER, W.: Basketball – schulgerecht. In: sportunterricht 11/1978, Lehrhilfen. SCHEUER, W.: Hockey. Stuttgart 1982. SCHEUER, W.: Entwicklung der allgemeinen Spielfähigkeit. Lehrgangsskriptum 1996.

Themenbeispiel 37

Methodische Hinweise zur Einführung des Volleyballspiels

Inhalte

- Spiel- und Übungsformen für das Anfänger-Volleyballspiel.

Ziele

- Auf die grundsätzliche Problematik der „Rückschlagspiele“ aufmerksam machen.
- Die didaktische Funktion des „Miteinander-Spielens“ herausstellen.
- Den methodischen Stellenwert von Komplexübungen verdeutlichen.

Programm

Zum Thema

Diesem Themenbeispiel liegt das in sportunterricht 3/1995, Lehrhilfen, veröffentlichte „Modell einer Spielreihe für das Anfänger-Volleyballspiel“ zugrunde. Während dieses, dem Begriff des Modells entsprechend, vorwiegend nach systematisch-logischen Gesichtspunkten aufgebaut ist, werden in den nachfolgenden Ausführungen methodische Erwägungen in den Mittelpunkt gestellt.

Zum besseren Verständnis der Gesamtkonzeption erscheint es angebracht, die dabei eingenommenen *methodischen Grundpositionen* den Seminarteilnehmern vorab mitzuteilen. Es sind im wesentlichen die folgenden:

- das Miteinander-Spielen auch über die Leine hinweg im Rahmen von Komplexübungen nach dem Prinzip des „Volleyballs mit Auffangen",
- die Sicherstellung der Annahme als der für das Anfängerspiel entscheidenden spielerischen Aktion.

Außerdem sollte herausgestellt werden, daß die zum Volleyballspiel erforderlichen Fertigkeiten und Fähigkeiten nicht von jetzt auf nachher „gelernt" werden können, sondern in einem ***einheitlichen Prozeß des Lernens und Übens*** allmählich entwickelt werden müssen. Dies bedeutet weiterhin, daß von Anfang an bestimmte *taktische Grundverhaltensweisen* in das methodische Vorgehen integriert werden.

Diese Überlegungen führen zu der nachfolgend dargestellten kombinierten Spiel- und Übungsreihe, die in *drei variable Grundformen* gegliedert ist:

- Anspiel – Annahme („der zweite fängt"),
- Anspiel/Aufschlag – Annahme – Zuspiel („der dritte fängt"),
- Anspiel/Aufschlag – Annahme – Zuspiel – Rückspiel („vollständiges" Aufschlagspiel).

Grundform 1

Ausgangspunkt ist das „Spiel 2:2" in zwei qualitativ unterschiedlichen *Grundsituationen:*

a) Aufstellung versetzt hintereinander (Abb. 1):

Der Vorderspieler wirft den Ball über die Leine zum gegenüberstehenden Hinterspieler. Dieser pritscht möglichst hoch und möglichst genau nach vorn zu seinem Vorderspieler. Dort wird der Ball gefangen und von neuem angeworfen. Die ständige Abfolge ist also: Werfen – Pritschen – Fangen.

Es stellt jedoch für die Schüler zumeist keine Erschwerung dar, den Ball auch „anzupritschen", d.h. durch leichtes Hochwerfen und Pritschen ins Spiel zu bringen. Nach einiger Zeit sollten die Mannschaften auch die jeweils gegengleichen Aufstellungen einnehmen.

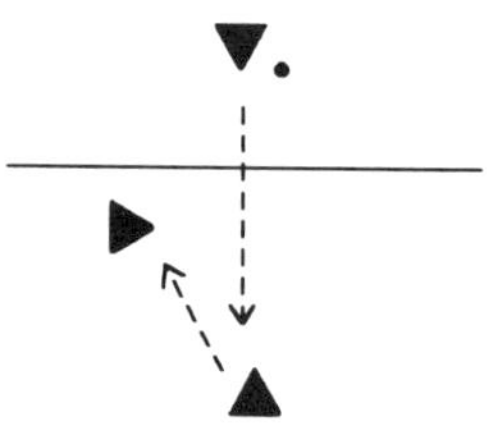

Abb. 1

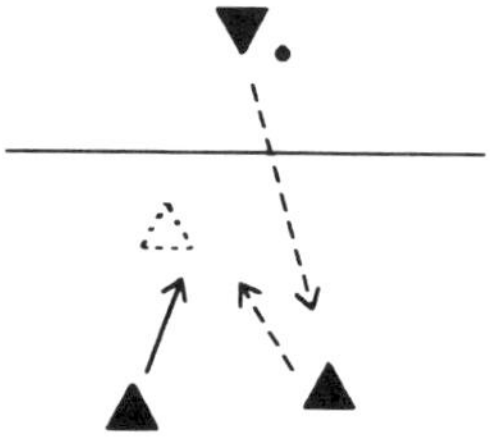

Abb. 2

b) Aufstellung nebeneinander (Abb. 2):

Der annehmende Spieler pritscht den Ball hoch und schräg nach vorn, der nichtannehmende läuft auf diese Position und fängt dort.

Diese Spielform bringt die entscheidende Erschwerung. Es kommt jetzt nämlich das für die Mannschaftsrückschlagspiele kennzeichnende Moment der *Entscheidungsun-*

gewißheit, d.h. der Unsicherheit darüber, „wer vom Ball gemeint ist", hinzu. Mit der Grundsituation „zwei annehmende Spieler" sollte dieses Schlüsselproblem des Volleyballspiels aber nicht zu spät und möglichst gezielt angegangen werden. Dabei sind anfangs folgende Erleichterungen möglich:

- Anwurf oder Anspiel werden möglichst genau auf einen bestimmten Gegenspieler gerichtet.
- Der anspielende Schüler ruft den Namen dessen, der annehmen soll.

Im übrigen gelten die Regeln: „Wer besser steht, nimmt an" und „Wer reagiert, muß auch annehmen". Vielleicht kann man auch die Schüler dazu bringen, diese Aktion durch Zuruf („ich", „weg", „ja") anzukündigen.

Möglicherweise wird es von den Schülern als Erleichterung empfunden, wenn die nunmehr freigewordene Position des Vorderspielers durch einen dritten Mitspieler besetzt wird. Damit steht jedoch die Entscheidung an, ob mit Zweier- oder Dreiermannschaften weitergespielt werden soll. Grundsätzlich ist beides möglich (vgl. die Originalveröffentlichung). Dabei gilt folgendes:

- Das Spiel 2:2 ist bewegungsreicher, aber taktisch anspruchsvoller, da der jeweils nicht annehmende Spieler als „Läufer" die Position des „dritten Mannes" einnehmen muß.
- Das Spiel 3:3 ist für Anfänger durchsichtiger, verführt aber zu einer gewissen Bequemlichkeit.

Es bietet sich also an, diese Entscheidung als differenzierende Maßnahme zu nutzen. Ein ständiges Hin- und Herwechseln zwischen Zweier- und Dreiermannschaften schafft wegen der unvermeidlichen Mannschaftsumstellungen immer einige Unruhe.

Des besseren Überblicks wegen wird im folgenden nur noch das Spiel 3:3 dargestellt.

Grundform 2

Der über die Leine gespielte Ball soll jetzt von der annehmenden Mannschaft zweimal gespielt werden, bevor der „dritte fängt". Zur Bewältigung dieser Schwierigkeit ist es angebracht, zunächst wieder auf die Grundsituation „ein annehmender Spieler" zurückzuschalten. Damit ergeben sich auch hier zwei Aufstellungsformen:

a) Ein Hinter-, zwei Vorderspieler (Abb. 3):

Der Ball wird vom Hinterspieler angenommen, zu einem der beiden Vorderspieler gespielt und vom anderen gefangen.

Für den Hinterspieler kann dabei die Abspielrichtung vorgegeben werden oder von ihm frei wählbar sein. Ebenso kann festgelegt werden, daß bei der ersten Ballberührung gebaggert und bei der zweiten gepritscht wird, eine Maßnahme, die sich vor allem dann anbietet, wenn bei dieser Gelegenheit der Aufschlag von unten (aus verkürzter Entfernung) eingeführt wird.

Stehen die Vorderspieler weit genug auseinander, wird außerdem die taktische Maßnahme des „Stellens über die Position II oder IV" vorbereitet. Diese hat gegenüber dem üblichen Stellen über die Position III den Vorteil, daß günstigere Abspielwinkel entstehen und ein besserer Überblick gewährleistet ist.

All dies sind aber methodische Einzelentscheidungen, die von Fall zu Fall zu treffen sind und das Grundprinzip der Spielreihe nicht berühren. Im allgemeinen wird es in dieser Phase noch beim „Volleyball ohne Aufschlag“ bleiben.

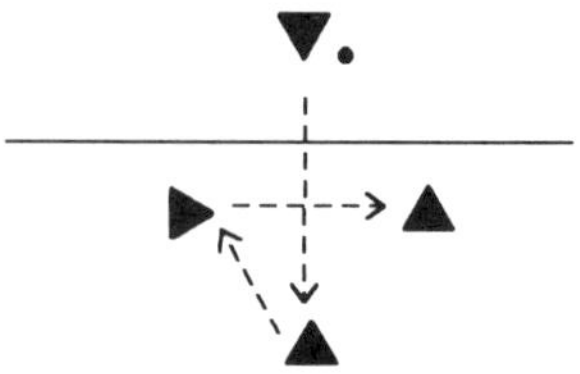

Abb. 3

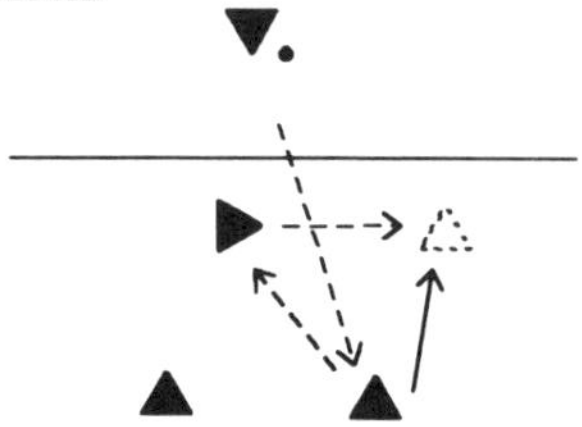

Abb. 4

b) Zwei Hinter-, ein Vorderspieler (Abb. 4):

Wer von den Hinterspielern besser steht, nimmt an, spielt zum Vorderspieler und läuft nach vorn, um den Ball dort zu fangen.

Der „Stellspieler“ spielt zunächst also immer zu dem Spieler zurück, von dem er den Ball erhalten hat. Später laufen beide Hinterspieler nach vorn und bieten sich zur Ballannahme an; der Vorderspieler stellt ggf. auch durch Pritschen nach hinten („Stellen über die Position III“).

Grundform 3

Der Ball wird jetzt mit einem dritten Kontakt wieder über die Leine zurückgespielt; es entsteht ein „vollständiges Aufschlagspiel“ mit einer Aufschlag- und einer Rückspielpartei, unabhängig davon, ob der Ball zunächst noch durch Anwerfen oder Anpritschen ins Spiel gebracht wird.

Wieweit auch hier von den beiden genannten Grundsituationen Gebrauch gemacht wird, ist nach Bedarf zu entscheiden. Der methodische Schwerpunkt dürfte eher auf der Aufstellungsform „zwei Hinter-, ein Vorderspieler“ liegen.

Mit Hilfe dieser – auch das wettkampfgerechte Spiel kennzeichnenden – Komplexübung lassen sich alle Grundfertigkeiten des Volleyballspiels einführen und einüben.

Bemerkungen zum „freien“ Spiel

Sowohl in Zweier- als auch in Dreiermannschaften ist auch ein „freies Spiel“, also ein „Spiel gegeneinander“ möglich (und wird von den Schülern wohl auch gewünscht). Dabei sollten zunächst aber noch folgende Regeln gelten:

- Das Anspiel kann durch Anwerfen, Anpritschen oder Aufschlag von unten aus verkürzter Entfernung erfolgen, Hauptsache, es gelingt.
- Ein „schlechter Ball“ wird gefangen und neu angespielt (Ausnahme: der erste, die Leine überquerende Ball).

Geeignete Spielfeldgrößen sind 4 x 4 m (2:2) und 6 x 6 m (3:3). Die Netz- bzw. Leinenhöhe liegt zunächst über der Wettkampfhöhe. Als geeignet hat sich ein von Basketballkorb zu Basketballkorb gespanntes Baustellen-Absperrband erwiesen. Damit entstehen in einer Normalhalle mindestens drei, quer zur Hallenlängsachse liegende Spielfelder.

Der Übergang zum Großfeldspiel sollte – zumeist entgegen den Wünschen der Schüler – möglichst spät erfolgen. Eine empfehlenswerte Zwischenstufe stellt das Spiel 4:4 dar (vgl. das vorangegangene Themenbeispiel, S. 255).

Auswertung

(1) Die unbefriedigenden Ergebnisse beim Volleyballspiel in der Schule (mißlungene Aufschläge, keine oder unkontrollierte Annahmen, ungenaue Pässe) werden zumeist auf „technische Defizite" zurückgeführt. Das aber ist eine allzu verkürzte Sichtweise des Problems. Im Grunde handelt es sich hier um eine generelle *Überforderung* der Schüler hinsichtlich ihrer Wahrnehmungs-, Antizipations- und Reaktionsfähigkeit.

Solche Fähigkeiten lassen sich aber nur in einem langen Lern- und Übungsprozeß entwickeln und verbessern. Dieser läßt sich nicht beliebig abkürzen und erfordert sowohl bei den Lernenden als auch bei den Lehrenden einige Geduld: Die „didaktische Einheit von Lernen und Üben" tritt im Volleyballspiel der Anfänger besonders deutlich in Erscheinung. Damit erhält auch das spielgerechte und situationsangemessene Verhalten der Schüler eine spezifische Bedeutung, ohne daß sich deshalb eine vorbereitende und den weiteren Übungsprozeß begleitende Technikschulung erübrigen würde.

(2) Ausgangspunkt für die methodischen Überlegungen ist die *Sicherstellung der Annahme* als der für das Anfängerspiel entscheidenden Aktion. Dies wird erreicht

- durch das „Miteinander-Spielen" im Rahmen von Komplexübungen,
- durch die Reduktion der volleyballtypischen „Entscheidungsungewißheit" bis hin zur Situation „ein annehmender Spieler",
- durch die Entschärfung des Aufschlags bis herab zum zielgenauen Anwerfen aus relativ geringer Entfernung.

(3) Das Miteinander-Spielen kann in der Volleyballmethodik einen höheren Stellenwert beanspruchen als bei den übrigen großen Spielen. Das „Hin- und Herspielen" als Grundprinzip der Rückschlagspiele macht es nämlich zwingend erforderlich, zunächst auch den „Gegner" in das „Zusammenspiel" einzubeziehen. Ein solches Verhalten ergibt sich jedoch nicht von selbst, es muß organisiert werden. Dies erfolgt nach dem *Prinzip der Komplexübung*. Das heißt,

- daß der Ball an einer bestimmten Position ins Spiel gebracht und nach einer bestimmten Anzahl von Pässen an einer anderen Position wieder aufgefangen wird,
- daß alle Spieler ihre Position für eine bestimmten Anzahl von Durchgängen beibehalten,
- daß dann aber systematisch gewechselt wird, bis jeder Spieler jede Position eingenommen hat.

Das allgemeine Prinzip der Komplexübung wird mit dem speziellen Prinzip *„Volleyball mit Auffangen"* kombiniert. Dieses besagt, daß der die Leine überquerende Ball in jedem Fall regelgerecht (also mit Pritschen oder Baggern) angenommen und erst dann (oder auch nach einem oder mehreren weiteren Pässen) aufgefangen wird.

Die Entscheidung für die Komplexübung enthält zugleich einen gewissen Vorbehalt gegenüber allen „fortlaufenden" Spiel- und Übungsformen, z.B. auch gegenüber dem fortgesetzten Zuspiel in Zweier- und Dreiergruppen. Nur allzuoft wird dabei jeder nachfolgende Paß qualitativ schlechter gespielt als der vorangegangene. Dem ist als allgemeiner Grundsatz entgegenzustellen, daß gerade der Anfänger einen „Anspruch auf einen guten Ball" hat.

(4) Die Entwicklung der volleyballspezifischen Spielfähigkeit erfolgt im Rahmen der dargestellten Grundformen jeweils in zwei *Grundsituationen:*

a) In der Grundsituation „ein annehmender Spieler" ist größtmögliche Entscheidungssicherheit gegeben: Der Spieler weiß, daß er den Ball annehmen muß und wird sich darauf einstellen. Hier geht es primär um die Antizipationsfähigkeit.
b) In der Grundsituation „zwei annehmende Spieler" ist nach der Regel: „Wer besser steht, nimmt an", vor allem die Entscheidungsfähigkeit gefordert.

Erst wenn beide Grundsituationen bewältigt werden und einigermaßen automatisiert sind, ist es möglich, sie in das „richtige" Spiel zu integrieren. Treten dort Schwierigkeiten auf, sollte man umgehend wieder auf sie zurückgreifen. Entsprechende Unterrichtserfahrungen lassen nämlich vermuten, daß Schülern, die im „wilden Spiel" groß geworden sind, im nachhinein ein solcher Transfer nicht mehr gelingt. Was dann im „Üben" mühsam erarbeitet worden ist, bricht sofort wieder zusammen, wenn es ans „Spielen" geht.

Theoretische Bezüge

„Spielvermittlungsmodelle" („Handbuch" S. 196); Üben („Handbuch" S. 227); Lehrpläne – moderne Märchenbücher? („Handbuch" S. 43).

Themenbeispiel 38

Spielen – Spiele – Spiel

Inhalte

- Ausgewählte Spiele von unterschiedlicher und zum Teil gegensätzlicher Art.

Ziele

- Einblicke in das Wesen des Spiels vermitteln.
- Auf unterschiedliche Sichtweisen und Interpretationsmöglichkeiten des Phänomens „Spiel" hinweisen.
- Auf das Problem der „Verzweckung" des Spiels aufmerksam machen.

Programm/Auswertung

Das Programm besteht aus einer Abfolge speziell ausgewählter Spiele, die mehr oder weniger ausführlich „angespielt" und sodann unter bestimmten Gesichtspunkten analysiert werden.

„Fangerles"

Da die Grundform der Fang- oder Haschespiele allgemein bekannt sein dürfte, braucht an sie nur kurz erinnert zu werden.

Auswertung

Betrachtet man dieses Spiel als Ganzes, kann man folgendes feststellen:

- Fangerles beruht, wie jedes Spiel, auf einer *Vereinbarung*. Ihr liegt eine denkbar einfache *Spielidee* zugrunde.
- Ist das Spiel einmal in Gang gebracht, „läuft" es von sich aus weiter. Es ist in einer eigentümlichen Weise endlos, jedenfalls aber beliebig *wiederholbar*.
- Jede beliebige Örtlichkeit könnte zum „*Spielraum*" werden, in dem sich das Spiel gleichsam eine eigene, raum- und zeitenthobene Welt schafft.

Betrachtet man dieses Spiel im einzelnen, zeigt sich, daß es aus einer Kette von *Vergleichssituationen* besteht, die jeweils zu einer Entscheidung führen. Dabei ist der Erfolg des einen Spielers gleichbedeutend mit dem Mißerfolg des anderen.

„Fangerles" steht damit genau auf der Grenze vom „Nur-Spiel", das sozusagen nur aus Ablauf, Fortgang oder Geschehen besteht, und dem „Vergleichsspiel", das außerdem nach bestimmten Kriterien (Zufall, Können, körperliche Fähigkeiten) den Erfolg oder Mißerfolg feststellt. Die Sportspiele gehören durchgängig dieser zweiten Gruppe an, die kleinen Spiele nur teilweise.

„Ball über die Schnur"

Etwa in Höhe eines Volleyballnetzes wird eine Leine oder ein Baustellenband gespannt. Wir spielen (z.B. in Vierermannschaften) auf dem Volleyballfeld zunächst mit einem leichten Ball. Es ist dies das bekannte Spiel „Ball über die Schnur", das nach verschiedenen Regeln gespielt werden kann (vgl. Themenbeispiel 35). Eine erfolgversprechende Taktik besteht darin, den Ball möglichst schnell und überraschend in einen nicht abgedeckten Teil des gegnerischen Feldes zu spielen.

Nun geben wir einen (relativ schweren) Medizinball ins Spiel. Es wird sich schnell zeigen, daß dadurch das Spiel seinen Charakter verändert. Werfen und Fangen des Balls werden jetzt selbst zum Problem. Die beste Taktik wäre nun, mit dem Ball nach vorn zu laufen und direkt an der Leine zu werfen. Dem kann man entgegenwirken durch die Anweisung: „Der Ball muß von da geworfen werden, wo er gefangen worden ist." Dies zwingt zu einer neuen Taktik, nämlich den Ball so weit ins gegnerische Feld zu werfen, daß das Rückspiel erschwert oder unmöglich wird. Auf Schülerverhältnisse übertragen, bedeutet dies, daß mit aller Kraft geworfen werden muß. Das Spiel wird zu einem „*Konditionsspiel*".

Auswertung

Die kleinen Spiele haben ein variables Regelwerk. Durch entsprechende Regeländerungen lassen sich sowohl Ablauf wie Zielsetzung eines Spiels, und damit sein „Sinn" gezielt verändern. Sosehr man es als Lehrer nun aber begrüßen muß, bestimmte didaktische und methodische Mittel in der Hand zu haben, seine Absichten auch in eingekleideter Form – „spielerisch" und „freudvoll" – durchzusetzen, sosehr muß man sich auch darüber im klaren sein, daß der Schüler damit in irgendeiner Weise manipuliert und hinters Licht geführt wird (und man muß auch darauf gefaßt sein, daß er dies gelegentlich durchschaut).

Das hier anklingende Problem der Verzweckung oder Instrumentalisierung ist keineswegs auf das Spiel beschränkt, es betrifft den Sport im ganzen. Häufig genannte Instrumentalisierungsmuster sind z.B. Gesundheit und soziales Lernen: Sport als Mittel der Gesundheitspolitik und der Sozialerziehung.

Sehr pointiert läßt sich der Widerspruch, der sich hier auftut, wie folgt formulieren: Wir Lehrer würden gerne das „Spiel an sich" und ebenso auch „Bildung an sich" vermitteln, doch ist die Schule auch eine gesellschaftliche Institution mit einer konkreten *Ausbildungsfunktion* zum Nutzen des einzelnen und der Allgemeinheit.

Basketball und Fußball unter ungewöhnlichen Bedingungen

Zunächst versuchen wir, Basketball mit einem Rugbyball zu spielen. Es wird schnell klar, daß man damit nicht dribbeln kann und genaue Pässe nur über kurze Entfernungen möglich sind. Das Spiel ändert seinen Charakter: Es wird entweder zu einem „Stehspiel" oder, wenn das Tragen des Balls erlaubt wird, zu einem „Laufspiel".

Wenn wir in einem zweiten Durchgang versuchen, Fußball z.B. mit einem Schaumstoffwürfel zu spielen, werden wir gleichfalls eine Veränderung im Spielcharakter feststellen: Das „Kicken" mit einem so leichten Gegenstand macht zwar viel Spaß, doch sind genaue Pässe kaum möglich. Die Komponente „Zufall" wird deutlich größer; Spiel wird zum „Glücksspiel".

Auswertung

Dieses Beispiel kann zeigen, daß die Regeln eines Spiels im Grundsatz zwar willkürliche Setzungen sind (z.B. Spielen des Balls mit der Hand bzw. dem Fuß), daß sie aber innerhalb dieses Rahmens in sich schlüssig sein müssen. In jedem anderen Fall entsteht ein „neues" Spiel, für das ein entsprechendes Regelwerk erst noch gefunden werden muß. In der historischen Entwicklung der Spielregeln der großen Spiele läßt sich beispielsweise das Bestreben erkennen, eine gewisse Chancengleichheit zwischen Angreifern und Verteidigern herzustellen und ggf. durch Regeländerungen zu erhalten. Regeländerungen aus methodischen Gründen müssen sich also innerhalb einer bestimmten Bandbreite bewegen und sollten in die „richtige" Richtung zeigen.

Raufball und Tschoukball

Raufball:

An beiden Enden der Halle wird, etwas von der Wand abgerückt, jeweils ein Weichboden ausgelegt; auf der Mittellinie liegt ein Medizinball. Die beiden Mannschaften von je vier bis sechs Spielern nehmen vor oder neben ihrem „Tor" Aufstellung. Auf ein Zeichen versuchen sie, den Ball in ihren Besitz zu bringen und im gegnerischen „Tor" niederzulegen. Die jeweils verteidigende Mannschaft versucht, dies mit allen Mitteln, also auch mit körperlichem Einsatz, zu verhindern. Es darf jedoch nur der jeweilige Ballbesitzer gefaßt oder gehalten werden. In diesem Fall muß er den Ball freigeben.

Tschoukball:

Der Weichboden wird an die Wand gerückt, ein Sprungbrett auf ihm an die Wand angelehnt. (Dieser Aufbau ist nur für Demonstrationszwecke geeignet. Für das reguläre Spiel ist ein trampolinähnliches Netz, das Frame, in einem Schußkreis von drei Metern erforderlich.)

Die auf der Grundlinie anspielende Mannschaft muß spätestens nach dem vierten Paß auf das gegenüberliegende Tor werfen, und zwar so, daß der zurückprallende Ball vom Gegner *nicht* gefangen werden kann und außerhalb des Schußkreises den Boden berührt. Die Angreifer dürfen dabei *in keiner Weise behindert* werden.

Wird der Ball nach dem Torwurf oder bei einem Paß vom Gegner abgefangen, darf dieser seinerseits ohne Behinderung – jetzt aber spätestens nach dem dritten Paß – nach Belieben auf eines der beiden Tore werfen, jedoch nicht mehr als dreimal auf dasselbe. Dribbeln ist nicht erlaubt.

Auswertung

In beiden Fällen wird sich sehr schnell ein flüssiges und abwechslungsreiches Spiel ergeben, technische und taktische Perfektion natürlich ausgenommen.

Ganz offensichtlich drücken sich in diesen beiden Spielen aber diametral entgegengesetzte Sichtweisen des Spiels aus: *Körpereinsatz* wird im ersten Fall geradezu zum Sinn des Spiels, im zweiten wird er durch die Spielregel verhindert.

Dahinter stehen zwei unterschiedliche *Aggressionstheorien*, die Trieb- oder Instinkttheorie einerseits und die Lern- oder Sozialisationstheorie andererseits.

Die *Triebtheorie* geht davon aus, daß Aggression ein aus Urzeiten überkommener Trieb ist, der seinerzeit sehr wohl eine lebenserhaltende Funktion hatte, bis heute aber irgendwie nach Befriedigung strebt. Das angestaute Aggressionspotential muß also unter möglichst unschädlichen und sozial verträglichen Bedingungen immer wieder „abgearbeitet" werden. Sport, und hier besonders die Kampf- und Raufspiele, könnten dafür geeignete Mittel sein.

Die *Lerntheorie* besagt, daß Aggressionen erworben werden, und zwar durch „Lernen am Erfolg" (am eigenen ebenso wie in Nachahmung des Erfolgs anderer). Danach sollte der Mensch aggressionsfördernden Situationen möglichst wenig ausgesetzt werden. Der Sport wäre in dieser Hinsicht also zu „entschärfen". Konsequenterweise wird Tschoukball auch als das „non-aggressive Spiel" bezeichnet (vgl. HECKER in: sportunterricht 6/1978, Lehrhilfen).

Über diese Theorien wurde vor einiger Zeit heftig gestritten. Das Ergebnis war, daß beide etwas zur Erklärung des Phänomens „Aggression" beitragen können. Betrachtet man diese Kontroverse nun aber nicht „von außen", von der Theorie her, sondern „von innen", aus dem Blickwinkel des Spiels selbst, macht man eine überraschende und auf den ersten Blick paradoxe Feststellung:

Ein Spiel wie Raufball (oder auch Rugby) *kann* nur fair gespielt werden. Spielt auch nur ein einziger Spieler bewußt unfair, zerstört er das Spiel, sofern es nicht gelingt, ihn zu eliminieren.

In einem Spiel wie Tschoukball kann ein Spieler diesen „Beweis", aus freien Stücken fair spielen zu können, erst gar nicht erbringen.

Das spricht nicht für und nicht gegen ein bestimmtes Spiel, zeigt aber, wie schwierig es ist, in kontroversen Fragen zu eindeutigen und pädagogisch begründeten Entscheidungen zu kommen.

Prellball und Federball

Prellball:

Auf der Hallenlängsachse werden mit etwas Abstand einige (umgedrehte) Bänke aufgestellt. An jeder Bank spielen zwei Zweiermannschaften nach folgender Regel: Der Ball (Volleyball, Faustball, Gymnastikball) wird mit der Faust über das Hindernis geschlagen, jedoch so, daß er zuvor im eigenen Feld aufprallt. Im gegenüberliegenden Feld darf er ebenfalls einmal aufspringen, bevor er in gleicher Weise zurückgespielt wird.

Es wird sich, ob bei den Seminarteilnehmern oder bei Schülern, sehr schnell ein recht lebhaftes Spiel entwickeln, das nur geringfügige Leistungsunterschiede erkennen läßt. Durch das zweimalige Aufspringen ist der ankommende Ball nämlich gut berechenbar und leicht spielbar. Dabei wird er in der Regel von dem einen Spieler angenommen und von dem anderen zurückgespielt. Sehr bald wird sich aber auch zeigen, daß die eine oder andere Mannschaft versucht, mit hart und flach geschlagenen Bällen die Annahme durch den Gegner zu erschweren.

Aus dem Spiel miteinander wird fast unversehens ein Spiel gegeneinander. Damit erhebt sich aber zwangsläufig die Forderung nach einem abgegrenzten Spielfeld. Auch die übrigen Prellballregeln (z.B. die Drei-Schlag-Regel) erhalten jetzt ihren Sinn. Ist das Spielfeld (z.B. Badminton- oder Volleyballfeld) groß genug, kann man auch mit der Erhöhung der Spielerzahl, z.B. auf die bei Wettspielen üblichen Vierermannschaften, experimentieren.

Federball:

Das Beispiel Federball/Badminton läßt sich in ähnlicher Weise mit den Seminarteilnehmern durchspielen oder im „Gedankenexperiment" nachvollziehen: Gibt man Schülern eines geeigneten Alters Federballschläger, werden sie vermutlich beginnen, sich den Ball zuzuspielen. Anfangs werden dabei zahlreiche mißglückte Schläge für Abwechslung sorgen.

Es ist jedoch abzusehen, daß die Schüler mit wachsendem Können versuchen werden, sich gegenseitig „auszuspielen". Damit werden eine Leine von optimaler Höhe und ein Spielfeld von optimaler Größe notwendig. Die „richtigen" Maße hierfür kann man selbst ausprobieren oder dem Regelheft entnehmen. Ein solches Spielfeld provoziert nun geradezu gezielte Angriffsschläge und als Gegenmaßnahme entsprechende Abwehrschläge. Folgerichtig kennt das wettkampfmäßige Badmintonspiel ein differenziertes Schlagrepertoire in Verbindung mit einem ausgefeilten Stellungsspiel.

Auswertung

Die beiden hier vorgelegten Beispiele zeigen, daß „Spielen" auf verschiedenen Ebenen stattfinden kann. Vor allem kann mehr „kooperativ" oder mehr „konkurrenzorientiert" gespielt werden. Das aber ist weniger eine pädagogische Grundsatzentscheidung, als vielmehr eine Frage des Könnensstandes. Für den Anfänger ist das Gegeneinander-Spielen zu schwer, für den Könner wird das Miteinander-Spielen alsbald langweilig.

Dieser Umschlag vom „Gelegenheitspiel" zum „Wettspiel" erfolgt bisweilen recht unvermittelt. Der methodische Aspekt dieses Problems liegt darin, daß die Schüler – wahrscheinlich, weil sie es nicht anders kennen – dazu tendieren, vorzeitig, d.h. ohne die notwendigen Voraussetzungen zu besitzen, gegeneinander zu spielen. Der didaktische Aspekt liegt darin, daß ein Spiel miteinander zumeist ohne große Vorkehrungen möglich ist, ein Spiel gegeneinander aber ein festes, oft recht kompliziertes Regelwerk erfordert.

„Plastikhockey" und Speedplay

„Plastikhockey":

Da wohl alle Mitspieler, ob Seminarteilnehmer oder Schüler, von diesem Spiel eine konkrete Vorstellung haben, genügt es, die Geräte, also die Plastik-Hockeyschläger, auszuteilen und das Spielfeld freizugeben. Aus Sicherheitsgründen muß lediglich eine Regel vorgegeben werden: Der Schläger muß unten bleiben („nie über Kniehöhe"). Flaches Spiel erreicht man dadurch, daß auf niedrige Ziele (z.B. umgekippte Bänke) gespielt wird. Es sollte mit einer Scheibe gespielt werden. Wahrscheinlich wird sich sehr schnell ein lebhaftes und bewegungsreiches Spiel ergeben. Seine besonderen Kennzeichen lassen sich wie folgt wiedergeben: Es gibt keinen sicheren „Ballbesitz", die Scheibe ist immer irgendwie umkämpft. Die Pässe kommen (bei Anfängern) nicht immer genau, was dem Spiel einen gewissen Zufallscharakter verleiht. Man kann nicht (mit „Bogenlampen") *über* einen Gegner spielen, die „Gasse" für den Paß muß frei sein. Dies zwingt zu einem exakten Stellungsspiel im „Spiel ohne Ball".

Speedplay:

Mit ziemlicher Sicherheit werden die Teilnehmer dieses Spiel nach einem ähnlichen Muster spielen wie das vorangegangene Hockeyspiel. Die Spielgeräte (weicher Schläger, leichter Ball) sind jedoch völlig ungefährlich. Besondere Sicherheitsvorschriften sind nicht mehr notwendig. Es kann auf beliebige Ziele gespielt werden. Ein durchaus robuster Körpereinsatz wird möglich. Die Paßgenauigkeit ist allerdings noch geringer, der Zufallscharakter wird entsprechend größer.

Auswertung

Während man „Plastikhockey" als die Freizeitversion des Hockeyspiels bezeichnen kann, ist Speedplay das typische „Freizeitspiel". Dieser Charakter wird in allen einschlägigen Veröffentlichungen (z.B. STÜNDL in: sportunterricht 9/1978, Lehrhilfen, ZUGCK in: sportunterricht 6/1983, Lehrhilfen) besonders hervorgehoben.

Grob vereinfachend läßt sich ein solches Spiel wie folgt beschreiben:

– Es erfordert keine speziellen technischen Voraussetzungen; es hat eine einfache Spielanlage; es ist stark vom Zufall bestimmt.

- Es kommt schnell in Gang und „läuft“ dann fast von allein; es ist sehr bewegungsreich; es kann in alters- und geschlechtsheterogenen Gruppen gespielt werden.

Leistungsunterschiede sind also – zunächst wenigstens – weitgehend nivelliert.

Ist es damit vielleicht das „richtige“ Schulspiel?

Diese Frage ist keineswegs hypothetisch gemeint. Hinter ihr steht eine sportdidaktische und sportpädagogische Grundsatzfrage, die in äußerster Überspitzung und in Erweiterung auf den gesamten Schulsport wie folgt formuliert werden könnte:

Welches ist die „richtige“ Schulsportart, diejenige, für die man möglichst wenig zu können braucht, oder diejenige, für die man möglichst viel lernen muß?

Glücklicherweise sind solche Entweder-oder-Entscheidungen in der Praxis selten. Als ideal für die Schule würde sich eine Sportart darstellen, die möglichst allen Schülern einen leichten Zugang gewährleistet und dennoch die größtmögliche technische und taktische Gestaltungsmöglichkeit und damit auch die größtmögliche individuelle und kollektive Entfaltungsmöglichkeit bietet (und außerdem vielseitige körperliche Anforderungen stellt). Natürlich ist das der Idealfall, aber es gibt Sportarten, die ihm näherkommen als andere.

Theoretische Bezüge

Fangerles – Analyse eines „kleinen“ Spiels („Handbuch“ S. 311); Völkerball – Anmerkungen zu einem beliebten Schulspiel („Handbuch“ S. 314); Spiel – pädagogischer Ideal- oder Problemfall? („Handbuch“ S. 316); Was heißt „spielerisch“? („Handbuch“ S. 207); Ziele und Inhalte im Sportunterricht („Handbuch“ S. 15); Lernziele oder Bildungsziele? („Handbuch“ S. 21); Sportunterricht ohne Sportarten? („Handbuch“ S. 32).

Allgemeine Hinweise zur Gestaltung der praktisch-methodischen Ausbildung im Fachseminar Sport

Warum praktisch-methodische Ausbildung?

Es erscheint angebracht, zunächst die Frage zu klären, ob in der zweiten Phase der Lehrerausbildung noch eine praktisch-methodische Ausbildung notwendig ist. Man könnte sich ja auf den Standpunkt stellen, daß dies in den Aufgabenbereich der Hochschule falle und die Seminare andere, weitergehende Funktionen hätten. Es gibt jedoch einige Argumente, die für eine solche Einbeziehung der Praxis in die Seminararbeit sprechen. Es sind dies zunächst zwei grundsätzliche:

1. Die Referendare müssen unterrichten, und sie haben einen *Anspruch* darauf, in den begleitenden fachdidaktischen Seminaren ganz konkret zu erfahren, wie man das macht. Dies kann dadurch geschehen, daß Unterricht im Seminar „nachgestellt" wird, der Fachleiter mit seinen Schülern Unterricht vorführt oder durch einen Unterrichtsmitschnitt eigenen und fremden Unterricht vorzeigt.
2. Das vieldiskutierte Problem der *Verschränkung von Theorie und Praxis* läßt sich nur dadurch lösen, daß die Praxis explizit mit einbezogen wird. Hier ist Unterrichtsmitschau nicht mehr gefragt; dabei geht es um Erfahrung durch Eigentätigkeit. Selbstverständlich sind die Voraussetzungen bei Schülern und Referendaren nicht die gleichen. Eigenrealisation, Unterrichtshospitation und selbständiger Unterricht müssen sich sinnvoll ergänzen.

Es kommt hinzu, daß die praktische Ausbildung an der Hochschule, zwar nicht überall im gleichen Ausmaß, aber doch in der Tendenz,

- weniger auf die Bedürfnisse der Schüler als spätere „Abnehmer", sondern mehr auf die der Studierenden, d.h. auf das Bestehen der fachpraktischen Prüfungen ausgerichtet ist,
- sich sehr stark an den Inhalten, Prinzipien, Methoden und Regeln des organisierten Wettkampfsports orientiert.

Es wäre nicht gerechtfertigt, den Hochschulen daraus einen Vorwurf zu machen. Angesichts der Vielzahl konkurrierender sportdidaktischer Modelle verbleibt ihnen, wollten sie sich nicht einseitig einer bestimmten Richtung anschließen, kaum eine andere Wahl, als „Sport an sich" zu lehren. Es ist ja gerade die Aufgabe der zweiten Phase, die Anpassung an die verschiedenen Schularten und Altersstufen, an die unterschiedlichen Lehrplanvorgaben der Bundesländer und an die besonderen regionalen Traditionen vorzunehmen.

Zur Dauer der praktisch-methodischen Ausbildung

Die zeitliche Ausdehnung einer – selbstverständlich theoriebegleiteten – praktisch-methodischen Ausbildung dürfte in aller Regel ein Schuljahr nicht überschreiten. Dies entspricht auch am ehesten den praktischen Bedürfnissen, da die meisten Schulen, ob bewußt oder unbewußt, einem stets wiederkehrenden Jahresplan folgen. Als geeigneter Zeitabschnitt bietet sich das erste Ausbildungsjahr an.

Zur Erstellung eines Ausbildungsplans

Es wird sich nicht erreichen lassen, die Ausbildungsinhalte im Seminar mit den entsprechenden Unterrichtsgegenständen in der Schule in eine zeitliche Übereinstimmung zu bringen. Zu unterschiedlich sind die Verhältnisse an den Ausbildungsschulen, zu verschieden, gelegentlich fast willkürlich die Gewohnheiten der einzelnen Lehrer. Somit verbleiben nur zwei, vom Ansatz her gegensätzliche Prinzipien zur Erstellung eines Ausbildungsplans:

1. Die Ausbildungsinhalte werden im Seminar in der Tendenz *vor* dem Zeitpunkt ihrer vermutlichen Durchnahme in der Schule behandelt. Dieser Modus hat den Vorteil, daß die Seminararbeit relativ planmäßig ablaufen kann und wenig Rücksichtnahme auf die – zumeist divergierenden – aktuellen Bedürfnisse notwendig ist. Er entspricht im großen und ganzen auch dem Wunsch der Referendare, weil sie dann mit konkreteren Vorstellungen und einer größeren Sicherheit in ihren Unterricht gehen können. Allerdings könnte dies auch zu einer gewissen „Methodengläubigkeit" im Sinne des Fachleiters führen, die prinzipiell aber wohl kaum vermeidbar ist. Als Nachteil verbleibt weiterhin, daß die Referendare nur ihre allgemeinen, nicht aber ihre themenspezifischen Unterrichtserfahrungen in die Seminararbeit einbringen können.
2. Die Ausbildungsinhalte werden im *nachhinein*, also nach ihrem Erscheinen im üblichen Zeitplan der Schulen, im Seminar behandelt. Damit ist zweifellos eine breitere Diskussionsbasis gegeben, was die Seminararbeit sehr befruchten und die Akzeptanz des dort Gesagten erhöhen kann. Dennoch muß dies nicht immer ein Vorteil sein. Von „Erfahrung" kann man nämlich erst sprechen, wenn die erzielten Ergebnisse und die gewonnenen Erkenntnisse nicht mehr nur rein zufällig sind. Dies ist vor allem dann von Belang, wenn Vorschläge der Referendare kritisch analysiert werden müssen. Manch einer fühlt sich dann persönlich angegriffen und beharrt umso mehr auf seinem Standpunkt. Gerade dann muß das Thema aber auch ausdiskutiert werden, was oft einen erheblichen Zeitaufwand erfordert. Das aber ist nur bei zentralen Fragen vertretbar.

In der Praxis wird sich keines der beiden Prinzipien in reiner Form verwirklichen lassen. Also kann man sich auch der beiderseitigen Vorteile bedienen. Dabei bietet sich – im Sinne einer generellen Leitlinie und mit den notwendigen situativen Modifikationen – folgendes Vorgehen an:

- Das „Ganzjahresthema" *Spiel* sollte eher am Ende der praktisch-methodischen Ausbildung liegen, einerseits weil es das komplexeste Themengebiet ist, andererseits weil hier die zumeist sehr eingehenden Vorerfahrungen der Referendare am besten nutzbar gemacht werden können.
- Für die Themenbereiche *Gerätturnen* und *Leichtathletik* ist eine „Vorwegbehandlung" anzuraten, vor allem deshalb, um die meist sehr diffusen Vorstellungen über „Methodik" etwas zu ordnen. Schwimmen kann an einen dieser Themenbereiche „angehängt" werden.

- Allgemeine Themen, z.B. zur Entwicklung konditioneller und koordinativer Fähigkeiten, stellen einen geeigneten Einstieg in die Seminararbeit dar.

Damit ergibt sich in etwa die in diesem Buch gewählte (und zugleich dem Alphabet entsprechende) Reihenfolge.

Im Rahmen eines solchen „gemischten“ Vorgehens lassen sich, wie im Text wiederholt angemerkt, auch gezielte *Arbeitsaufträge* an die Referendare, vor allem zur Erprobung bestimmter methodischer Konzeptionen und Verfahrensweisen mit Schülern, vergeben. Dabei sollte der Untersuchungsgegenstand möglichst genau definiert werden. Außerdem sind folgende Vorgaben zu empfehlen:

- Es sollten konkrete didaktische (z.B. über eine mehr „offene“ oder „geschlossene“ Konzeption) und methodische Vorentscheidungen (z.B. über ein mehr ganzheitliches oder analytisches Vorgehen) getroffen und eingehalten werden.
- Die Ergebnisse und Erkenntnisse (z.B. über Ausgangs- und Endniveau, Lernfortschritt und Zeitbedarf) sollten etwas genauer registriert werden.
- Die Reaktionen und Verhaltensweisen der Schüler sollten in die Beobachtung mit einbezogen werden.

Zusammen mit anderen gelten diese Hinweise auch für die Anfertigung von schriftlichen Prüfungsarbeiten.

Auf derselben Linie liegen auch die Vorgaben für den Einsatz von *Referendarexperten* in der praktischen Seminararbeit. Fast unumgänglich ist es, den „Lehrauftrag“ genau abzugrenzen. Außerdem sollte man den Referendar dazu anhalten, sich auf das Naheliegende und Grundlegende zu konzentrieren und dies mit Schülern (nicht mit Vereinssportlern) zuvor auszuprobieren.

Zur Rolle das Fachleiters

In den vorangegangenen Überlegungen ist implizit auch das Problem des dienstlichen Auftrags und der fachlichen Kompetenz des Fachleiters angesprochen. Dies ist zweifellos ein sensibles Thema, da pädagogisches Handeln (und im Nachgang dazu auch die generellen didaktischen und methodischen Entscheidungen) sehr stark ideologiebefrachtet sind und jede konkrete Anweisung oder Anleitung hierzu sehr schnell als Eingriff in die Persönlichkeitsrechte und Gewissensentscheidungen des Betroffenen gedeutet werden könnte. Dennoch sollte man sich stets dessen bewußt sein,

- daß der Fachleiter den Auftrag hat, seinen Referendaren Anleitung, Unterstützung und Hilfe zu geben,
- daß die Referendare eben diese Hilfe vom Fachleiter auch erwarten und einfordern können.

Der Fachleiter ***kann*** also nicht nur, er ***muß*** in pädagogischen, didaktischen und methodischen Fragen Stellung beziehen. Er sollte diese Rolle akzeptieren und sich nicht hinter einer Nebelwand von allgemeinen Aussagen verstecken. Daß er dabei dem moralischen und wissenschaftlichen Prinzip der Redlichkeit verpflichtet ist, braucht hier nicht weiter diskutiert zu werden. Dennoch ist es vielleicht angebracht, auf einen Teilaspekt dieses Problems hinzuweisen: Man sollte sich, wie in diesem Buch wiederholt angedeutet, vor dem in diesem und in anderen gesellschaftlichen Bereichen verbreiteten „Richtig-falsch-Denken“ hüten, z.B. dadurch,

- daß Plausibilitätserwägungen als solche gekennzeichnet werden („Lerntheoretische und trainingsphysiologische Überlegungen sprechen *eher* für dieses Vorgehen“),
- daß die Gültigkeit von Aussagen eingeschränkt wird („Das sind *meine* Erfahrungen, andere sind möglicherweise zu anderen Ergebnissen gekommen“),
- daß bestehende Unsicherheiten offen zugegeben werden („Normalerweise bin ich *so* ganz gut durchgekommen, habe damit aber auch schon Schiffbruch erlitten“).

Die Referendare sollen ja keine vorgefertigten Meinungen übernehmen, sondern selbst nachdenken und eigenständig handeln. Dazu gehört auch die kritische Distanz zu allem, was gesagt und geschrieben wird (und nicht zuletzt zu sich selbst).

„Schulsportarten“: Begriff, Herkunft, Funktion

Eine Durchsicht der in der Bundesrepublik Deutschland gültigen Lehrpläne ergibt in den alten und neuen Bundesländern gleichermaßen, daß acht Sportarten eine herausgehobene Position innehaben, die „Individualsportarten“ Gerätturnen, Gymnastik/Tanz, Leichtathletik, Schwimmen und die „Mannschaftssportarten“ Basketball, Fußball, Handball, Volleyball. Nur sie sind in allen Lehrplänen vertreten und nur sie sind, zumindest in der Sekundarstufe I und in ihrem Grundstock, auch obligatorisch.

Diese Dominanz wird jedoch zunehmend in Frage gestellt. Daraus ergeben sich drei Fragen, auf die hier kurz eingegangen werden soll: Woher stammt dieses Konzept der „Schulsportarten“? Wie läßt es sich begründen? Wie soll es weitergehen?

Zur Entstehung des „Schulsportartenkonzepts“

Die ersten Hinweise auf ein solches „Denken in Sportarten“ finden sich im *reichseinheitlichen Lehrplan von 1937*. Zuvor waren nämlich, was weithin in Vergessenheit geraten ist, die Lehrpläne gerade nicht nach Sportarten gegliedert, sondern – in der Tradition von GutsMuths und Jahn – nach Grundtätigkeiten, wie Laufen, Springen, Werfen, oder allgemeinen Kategorien, wie Freiübungen, Gleichgewichtsübungen, Hang- und Stützübungen.

Im – bis auf den ideologischen Überbau recht konventionellen – Lehrplanwerk von 1937 erscheinen nun bei den Bestimmungen zur Notengebung – und nur hier – Gerätturnen, Leichtathletik und im wesentlichen auch Schwimmen erstmals in der heute gewohnten Gestalt. Auf die damals so genannten „Mannschaftskampfspiele“ Fußball und Handball wird besonders hingewiesen. In den entsprechenden Lehrplänen für die Mädchen von 1941 lassen sich die Anfänge der „Schulgymnastik“ feststellen.

Diese Entwicklungslinie wurde in der Nachkriegszeit von den seit 1951 durchgeführten *Bundesjugendspielen* wieder aufgenommen. In ihrer ursprünglichen Form bestanden diese bei den Sommerspielen aus drei leichtathletischen und einer schwimmerischen Disziplin, bei den Winterspielen aus vier Gerätübungen für die Jungen, drei Gerätübungen und einer Gymnastikübung für die Mädchen. Es lassen sich also deutlich zwei „Hauptsportarten", nämlich Gerätturnen und Leichtathletik, und zwei „Nebensportarten", nämlich Schwimmen und Gymnastik (diese freilich nur für die Mädchen), feststellen.

In den 50er und verstärkt in den 60er Jahren hatten auch das Basketball- und Volleyballspiel Eingang in die Schulen gefunden. Das bis dahin als einheitliches Fachgebiet gesehene „Spiel" spaltete sich in die vier *„Mannschaftssportarten"* Basketball, Fußball, Handball und Volleyball auf. Dieses *„4+4-Modell der Schulsportarten"* fand Eingang in die Lehrpläne aller Bundesländer und bildet bis heute ihren Grundstock. Die äußere Konsequenz dieser Entwicklung war die allgemein mit dem Jahr1970 gleichgesetzte Umbenennung der „Leibeserziehung" in „Schulsport" oder „Sportunterricht" und des Faches „Leibesübungen" in „Sport".

Wie läßt sich ein „Sportartenkonzept" begründen?

Das Konzept der acht Schulsportarten ist zweifellos historisch gewachsen. Es könnte also sein, daß es mehr durch Zeitströmungen bedingt ist, als daß es einer inneren Logik folgt. Diese Sicht der Dinge ist jedoch, was das Grundsätzliche betrifft, nicht begründet, wie folgende Überlegungen zeigen können:

Versucht man, die Vielzahl der Sportarten zu ordnen, erkennt man sehr schnell, daß es *drei Grundverhaltensweisen in der Auseinandersetzung mit der Bewegung* gibt:

- eine im engeren Sinne *sportliche*, bei der mit der Bewegung eine durch ein Aussenkriterium nachweisbare Leistung angestrebt wird,
- eine *sportlich-künstlerische*, bei der das Tätigkeits- und Leistungsziel die Bewegung selbst ist,
- eine *sportlich-spielerische*, bei der ein Geschehnisablauf in Gang gesetzt wird, der den fortlaufenden Vergleich mit einem unmittelbaren Gegenüber erlaubt.

Ordnet man diese drei Sportartengruppen auf einem Kontinuum an, das von der Kunst über den Sport zum Spiel reicht (und sozusagen auf der Rückseite vom Spiel wieder zur Kunst führt), – einem Kontinuum also, das die *menschliche Bewegungskultur* darstellen soll –, so ergibt sich das in Abb. 1 wiedergegebene Bild.

In der Mitte stehen die „Sport"-Sportarten als Sport im engeren Sinne, auf der einen Seite bilden die Kunstsportarten den Übergang zur Bewegungskunst, auf der anderen Seite die Sportspiele den Übergang zum Bewegungsspiel. Die Gymnastik und die kleinen Spiele stehen jeweils genau auf der Grenze.

Dieses Schema kann eine weitere wesentliche Erkenntnis vermitteln: „Bewegungskultur" verwirklicht sich nicht nur im Bereich des Sports, sondern auch in der Kunst und im Spiel. Von diesen drei Bereichen ist jedoch nur der Sport ausschließlich auf die Bewegung orientiert, für die beiden anderen stellt sie nur einen Teilaspekt dar.

Die Charakteristika der genannten Sportartengruppen sind im „Handbuch" S. 34 f. am

Beispiel der *Leichtathletik*, des *Gerätturnens* und des *Sportspiels* etwas eingehender dargestellt, zumal kein Zweifel daran bestehen kann, daß diese drei Sportarten (beim Sportspiel ist in erster Linie an ein „Hand“-Ballspiel gedacht) als kennzeichnend für ihre Gruppe angesehen werden dürfen und somit *exemplarisch* für die Bewegungskultur abendländischer Prägung einstehen können.

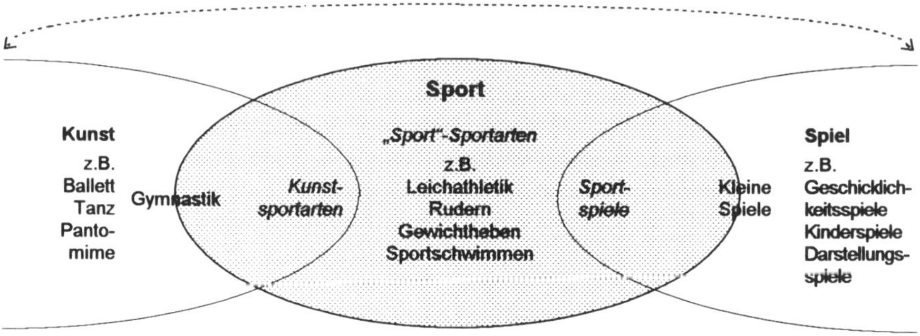

Abb. 1

Es wäre also durchaus sachgerecht, ein Schulsportkonzept auf der Basis von drei Sportarten zu entwickeln, doch dürfte eine solche Reduktion allgemein nicht akzeptiert werden. Es bietet sich daher an, den drei „.Haupt- oder Leitsportarten“ jeweils eine – im Rahmen der übergeordneten Kategorien möglichst strukturverschiedene – „Nebensportart“ zuzuordnen. Man erhielte auf diese Weise ein „3+3-Modell“, das bei drei Wochenstunden Sport noch zu bewältigen wäre und vielleicht auch etwas Raum für anderes ließe. Diese Konzeption entspräche, was die Grundzüge betrifft, der Schulsportkonzeption der ehemaligen DDR, wie sie in den Präzisierten Lehrplänen der Jahre 1966 bis 1970 und im Lehrplanwerk von 1989 zum Ausdruck gekommen ist. Es muß überraschen, daß sie bei der Wiedervereinigung so widerspruchslos aufgegeben worden ist.

Wie soll es weitergehen?

Es ist keine Frage, daß das Konzept der Schulsportarten in der Auflösung begriffen ist. Vor allem im Wahl- und Ergänzungsbereich der Lehrpläne findet sich eine große Anzahl weiterer Sportarten. In Bayern sind es zusammen mit dem Pflichtbereich 28, es folgen Sachsen-Anhalt, Brandenburg, Berlin und Mecklenburg-Vorpommern mit mehr als 20; kein Bundesland benennt weniger als 12, in Baden-Württemberg ist diese Frage offengelassen. Die Fachliteratur quillt geradezu über von Vorschlägen, die weit über das hinausgehen, was Sport ist und sein kann. Dies wird zumeist damit begründet, daß sich die Interessen der Schüler im Gefolge des gesellschaftlich bedingten Wandels in der „sportlichen Landschaft“ gravierend verändert hätten. Dennoch ist diese Entwicklung, auf die im einzelnen hier nicht eingegangen werden kann, höchst bedenklich. Wie sich immer deutlicher zeigt, führt sie nämlich dazu,

– daß im Sportunterricht vieles angetippt, aber nichts gründlich behandelt wird (was pädagogisch bedenklich ist),

- daß der Sportunterricht sich immer mehr solchen Gegenständen zuwendet, die geringe physische Anforderungen stellen (was den gesundheitlichen Wert in Frage stellt),
- daß die Interessen der Schüler sich immer deutlicher dem „Spaß-, Fun- und Erlebnissport“ zuwenden (womit der Schulsport zu den kommerziellen „Sportanbietern“ in Konkurrenz tritt).

Es kommt ein – scheinbar – formales Argument hinzu: Die beschriebene „Öffnung“ des Schulsports wird dazu führen, daß „Sport“ von Schule zu Schule und innerhalb einer Schule von Klasse zu Klasse etwas Verschiedenes wird, das Sportangebot für den Schüler also zum Spielball zufälliger personeller und materieller Konstellationen an der jeweiligen Schule wird.

Mit einem Wort: Der Schulsport wird seine Identität verlieren. Und damit wird er austauschbar werden gegen „Sportangebote“ gleich welcher Art und Herkunft.

Es gibt also einige Argumente, die dafür sprechen, am Konzept der Schulsportarten festzuhalten. Dies führt weiter zu der abschließenden Frage, welche Aufgaben der Schulsport hat und welche Anforderungen demzufolge an eine „Schulsportart“ zu stellen sind.

Zur didaktischen Funktion der Schulsportinhalte

Es ist davon auszugehen, daß der Sportunterricht, analog zu den anderen Fächern, einen doppelten Auftrag hat,

- einen Bildungsauftrag, die Einführung des Schülers in die Bewegungskultur unserer Gesellschaft betreffend,
- einen Ausbildungsauftrag, die Gewährleistung einer allgemeinen und grundlegenden körperlichen Ausbildung betreffend.

Diese beiden Aufgaben lassen sich in die komplementären Begriffe der *Bewegungsbildung* und *Körperbildung* fassen. Beiden übergeordnet ist der generelle *Erziehungsauftrag* der Schule (Abb. 2).

Mit dem Problem der Bewegungsbildung haben sich die vorangegangenen Ausführungen befaßt. Zur Frage der Körperbildung sei in aller Kürze hier folgendes bemerkt:

„Körperbildung“ im Sinne einer allgemeinen körperlichen Ausbildung mit den Aspekten der *Entwicklung konditioneller und koordinativer Fähigkeiten* stützt sich vor allem auf einfache und elementare Bewegungstätigkeiten, z.B.

- auf Grundtätigkeiten, die sich mehreren Sportarten zuordnen lassen (wie Laufen, Springen, Werfen),
- auf die Grundfertigkeiten und Basistechniken der Sportarten, die allgemein als Grundsportarten gelten (wie Leichtathletik und Gerätturnen),
- auf komplexe Handlungsabfolgen, die sich aus einfachen Bewegungsfertigkeiten zusammensetzen (wie in den Sportspielen),
- auf Bewegungsfertigkeiten, die im Umfeld bestimmter Sportarten angesiedelt sind und dort seit jeher als Spiel-, Übungs- und Trainingsformen methodisch nutzbar gemacht werden.

Eine *Schulsportart*, die den Erfordernissen der Körperbildung und Bewegungsbildung gleichermaßen genügen soll, muß somit bestimmten Ansprüchen genügen. Sie sollte

- möglichst vielseitige körperliche Anforderungen stellen,
- einen möglichst einfachen, jedenfalls aber zumutbaren Zugang für alle Schüler gewährleisten
- und dennoch ein breites Spektrum von Bewegungs- und Handlungsmöglichkeiten bieten, ohne vorzeitig in extreme körperliche oder technisch-artistische Anforderungen hineinzuführen.

Außerdem sollte sie keine allzu speziellen materiellen Voraussetzungen erfordern, in größeren Gruppen unterrichtet werden können, keine besonderen Risiken enthalten, möglichst umweltverträglich sein und sich auch einiger Bekanntheit erfreuen.

Unter diesen Gesichtspunkten dürften die sogenannten traditionellen Schulsportarten noch immer einen gewissen Vorsprung vor allen anderen haben, wenngleich in dieser Frage sich wohl kaum eine endgültige Übereinstimmung herstellen lassen wird.

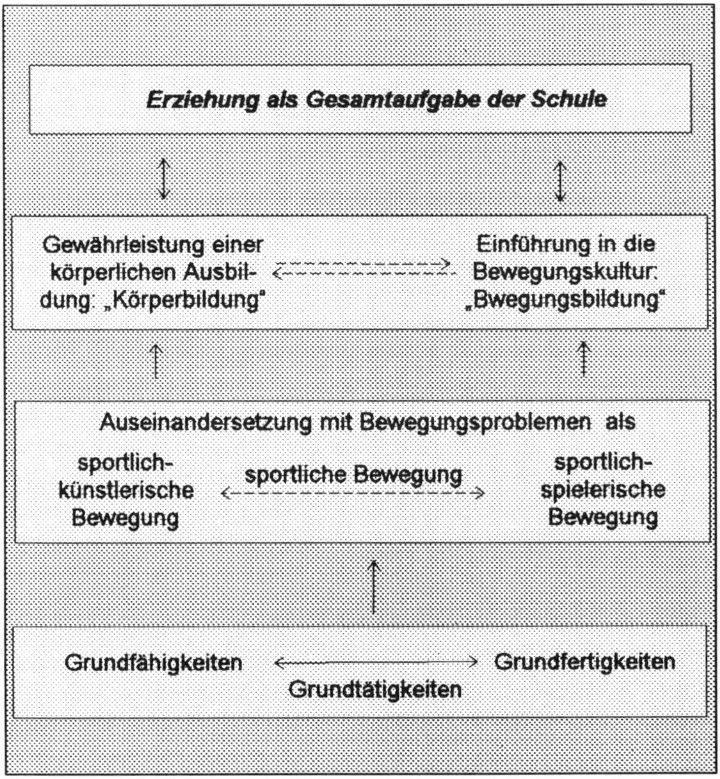

Abb. 2